W0190268

Hans-Werner Jarosch (Hrsg.)

Immer im Einsatz

50 Jahre Luftwaffe

Hans-Werner Jarosch (Hrsg.)

Immer im Einsatz

50 Jahre Luftwaffe

Seit  1789

Verlag E.S. Mittler & Sohn
Hamburg · Berlin · Bonn

Ein Gesamtverzeichnis der lieferbaren Titel
der Verlagsgruppe Koehler/Mittler schicken
wir Ihnen gern zu. Senden Sie eine E-Mail mit
Ihrer Adresse an: vertrieb@koehler-mittler.de
Sie finden uns auch im Internet unter:
www.koehler-mittler.de

Bibliografische Information Der Deutschen Bibliothek
Die Deutsche Bibliothek verzeichnet diese Publikation in der
Deutschen Nationalbibliografie; detaillierte bibliografische
Daten sind im Internet über http://dnb.ddb.de abrufbar.

ISBN 3-8132-0837-0

Layout und Produktion: Anita Krumbügel
Marketing: Rainer Metzner, Alexander Müller
Fachliche Beratung: Oberst a.D. Henning Bartels
Druck und Weiterverarbeitung: B.o.s.s Druck und Medien GmbH, Kleve
Printed in Germany

Inhalt

Menschen, die die Luftwaffe prägten

Grußwort

Bundespräsident a. D.
Prof. Dr. Roman Herzog

Herzlich gratuliere ich der Luftwaffe zu 50 Jahren erfolgreichen Wirkens für Frieden und Freiheit!

Solch ein Glückwunsch klingt beinahe selbstverständlich, ist es aber keineswegs: Die Luftwaffenangehörigen haben ihn in fünf Jahrzehnten redlich verdient – durch vorbildliche Pflichterfüllung, unter Hinnahme mancher Entbehrung, sogar in Einsätzen, die das eigene Leben unter Risiko stellten.

In den vergangenen 50 Jahren ist die Luftwaffe immer wieder ins Bild der Öffentlichkeit getreten. Sie leistete Großartiges bei Hilfsaktionen, betrat technologisches Neuland, nahm an internationalen Einsätzen teil und garantiert ständig, bereits im Frieden, die Unverletzlichkeit unseres Luftraums. Schwere Unfälle zeigten, daß der Auftrag der Luftwaffe auch Gefährdungen mit sich bringt, die niemals ganz beherrschbar sein werden. Solche Risiken und die unvermeidbaren Belastungen für die Bevölkerung – ich erinnere an die Tiefflugdiskussion der 80er Jahre – haben es der Luftwaffe nicht immer leicht gemacht, ihren fordernden und verantwortungsreichen Auftrag zu erfüllen.

Auch deswegen spreche ich allen Soldaten und zivilen Mitarbeitern unserer Luftwaffe zu diesem Jubiläum ein Wort der Anerkennung aus. Ich habe die Luftwaffe als ein Team kennengelernt, das in der Lage ist, zukunftsorientiert zu denken und hoch komplexe Systeme zu beherrschen, das sich professionell und mit Selbstvertrauen einem faszinierenden Aufgabenspektrum stellt und das selbst in schwierigsten Situationen besonnen agiert. Insofern habe ich gern zugestimmt, als ich darum gebeten wurde, Mentor für einen Offizierjahrgang der Luftwaffe zu werden.

Ich wünsche allen Luftwaffenangehörigen auch für die Zukunft Kraft und Mut, das notwendige Glück und stets Erfolg bei der Erfüllung ihres für die Sicherheit und die Souveränität unseres Vaterlandes so wichtigen Auftrags!

Roman Herzog

Vorwort

Liebe Leser, liebe Leserinnen,
liebe Freunde und Freundinnen der Luftwaffe,
liebe Angehörigen der Luftwaffe!

Der Titel »Immer im Einsatz« charakterisiert sehr treffend die Rolle von Luftstreitkräften und unserer Luftwaffe. Seit ihren Anfängen stand die Luftwaffe mit ihren Menschen und Systemen für ein breites Aufgabenspektrum.

Die ersten Soldaten der Luftwaffe haben seit 1956 alles daran gesetzt, um eine moderne, leistungsfähige und zukunftsorientierte Luftwaffe aufzubauen, die gleichermaßen an den Grundsätzen der Auftragstaktik und Inneren Führung ausgerichtet ist. Sie haben damit Grundlagen geschaffen, die auch noch heute Gültigkeit besitzen. Den Männern dieser ersten Stunde gebührt unser besonderer Dank. Die Soldaten und Soldatinnen, die Reservisten und Reservistinnen sowie die zivilen Angehörigen des »Teams Luftwaffe« bauen in ihrem Wirken auf den Erfolgen dieser Gründungsphase auf.

Wir, das heutige »Team Luftwaffe«, sind von der Gestaltungskraft in dieser Gründerzeit immer noch begeistert. Mich selbst hat die Faszination Fliegen von Anfang an gefesselt – ich wollte unbedingt dabei sein! Für mich ist es deshalb etwas ganz Besonderes, im Jubiläumsjahr an der Spitze der Luftwaffe zu stehen.

Allen Aktiven und Ehemaligen sowie allen Wegbereitern außerhalb der Luftwaffe danke ich für ihre engagierte Arbeit in und an der Luftwaffe. Lassen Sie uns aber auch der Luftwaffenangehörigen gedenken, die im Dienst für unser Land ihr Leben verloren haben. Diese Verluste zeigen sehr deutlich, daß das Leben unseres Volkes in Frieden und Freiheit einen hohen individuellen Einsatz abverlangen kann. Wir werden den Toten ein ehrendes Gedenken bewahren.

Die Aufgaben der Luftwaffe waren von Anfang an durch das Nordatlantische Bündnis geprägt. Wie bei keiner anderen Teilstreitkraft sind viele Verbände der Luftwaffe bereits im Frieden der NATO unterstellt. Dies erforderte ein ständiges Anpassen an die unterschiedlichen Ausformungen der jeweiligen Strategie des Bündnisses. In jeder Phase der Geschichte der Bundeswehr war die Luftwaffe in besonderem Maße gefordert. Ob in der Zeit des Kalten Krieges, der Phase der Wiedervereinigung und der Erlangung der vollen Souveränität Deutschlands sowie bei der Beteiligung an friedenserhaltenden oder friedenserzwingenden Auslandseinsätzen. Die Luftwaffe war und ist ein kompetenter und verläßlicher Partner im Nordatlantischen Bündnis und in Europa.

Oft waren im Zuge der Anpassung an sich wandelnde politische und strategische Rahmenbedingungen Änderungen der Struktur der Luftwaffe erforderlich. Diese Veränderungen, aber auch die Einführung neuer Waffensysteme, haben den Angehörigen der Luftwaffe stets viel abverlangt. Rückblickend erfüllt es mich mit Stolz, wie die tiefgreifenden Veränderungen von den Soldatinnen und Soldaten sowie den zivilen Mitarbeiterinnen und Mitarbeitern gemeistert wurden.

In den zurückliegenden fünf Jahrzehnten wurde die Luftwaffe auch mit kontroversen Diskussionen konfrontiert. Flugunfälle waren ein solch beherrschendes Thema. Mit der sogenannten »Starfighter-Krise« erreichte diese Diskussion in den 60er Jahren ihren Höhepunkt. Auch mit den Themen »Tiefflug« und »Lärmbelastung« verbindet sich eine bis heute anhaltende Diskussion.

Durch den ersten Kampfeinsatz der Luftwaffe im Jahr 1999 im Rahmen der NATO-Operation »Allied Force« während des Jugoslawien-Krieges wurde der deutschen Öffentlichkeit aber auch bewußt, daß auch nach dem Ende des Kalten Krieges der Einsatzauftrag der Luftwaffe mit allen seinen Konsequenzen unverändert Bestand hat. In der Wahrnehmung unserer Bevölkerung wird die Luftwaffe immer auch untrennbar mit erfolgreichen Hilfeleistungen verbunden sein. Ob national oder international, bei Naturkatastrophen oder Hungersnöten: Hilfe aus der Luft für in Not geratene Menschen ist und bleibt eine Einsatzaufgabe der Luftwaffe mit hoher Priorität.

Die Luftwaffe befindet sich, wie die gesamte Bundeswehr, in einem tiefgreifenden Prozeß der Umgestaltung und Neuausrichtung auf ein verändertes Aufgabenspektrum, das durch globale Einsätze und asymmetrische Bedrohungen charakterisiert ist. Wesentliches Ausprägungsmerkmal der Transformation der Bundeswehr ist der streitkräftegemeinsame Ansatz. In diesem Prozeß ist und bleibt die Luftwaffe der Kompetenzträger für Luftmacht. Um die Luftwaffe und ihr breites Fähigkeitsspektrum relevant und leistungsfähig für die Aufgaben der Zukunft zu halten, werden kontinuierlich neue Organisationsformen, Strukturen, Konzepte und Technologien untersucht und implementiert.

Mein besonderes Augenmerk gilt den Menschen im »Team Luftwaffe«. Zum einen muß durch Auswahl sowie Aus-, Fort- und Weiterbildung ein handlungsfähiger, motivierter Nachwuchs für alle Tätigkeiten und Führungsebenen herangeführt werden. Zum anderen müssen die Rahmenbedingungen des Dienens in der Luftwaffe attraktiv gehalten werden.

Das »Team Luftwaffe« geht die Herausforderungen und Chancen für die Zukunft tatkräftig an, damit auch in den kommenden Jahrzehnten die Luftwaffe erfolgreich im Dienste unseres Landes gestaltet werden kann.

Abschließend möchte ich jenen danken, die an diesem Buch mitgewirkt haben. Allen voran Generalleutnant a.D. Hans-Werner Jarosch, der als Mitherausgeber dieses Buch maßgebend gestaltet hat. Er hat die Luftwaffe über vier Jahrzehnte erlebt und auch an entscheidenden Stellen geprägt. Ohne sein hohes Engagement hätte die Aufbereitung von 50 Jahren Luftwaffengeschichte in der vorliegenden Form nicht entstehen können.

Lassen Sie sich nun beim Lesen und beim Betrachten der Bilder auf eine interessante Zeitreise über 50 Jahre Luftwaffe mitnehmen.

Ihr

Klaus-Peter Stieglitz
Generalleutnant
Inspekteur der Luftwaffe

Zu diesem Buch

Die Entwicklung der Luftwaffe in den vergangenen 50 Jahren bietet unzählige berichtenswerte, darunter viele spannende Abschnitte. Aus Anlaß des runden Jubiläums in diese Abschnitte hineinzublicken, ist sicher lohnenswert. Jedes einzelne Ereignis war ein Mosaikstein für das Bild der Luftwaffe. Den beteiligten Soldaten aller Ebenen, zivilen Mitarbeitern, den Reservisten, Standortgemeinden oder ganz einfach den Freunden der Luftwaffe bedeuten die Erinnerungen daran viel.

Und dennoch: Eine isolierte Darstellung der internen Geschehnisse würde unweigerlich zu einem unvollständigen, für viele unverständlichen Bild führen. Denn die Geschichte der Luftwaffe ist nicht nur zugleich Teil der Geschichte der Bundeswehr und über ein halbes Jahrhundert durch die politischen und gesellschaftlichen Rahmenbedingungen in der Bundesrepublik geprägt. Als Bündnisluftwaffe unterlag sie auch Faktoren, die weit über die nationalen Horizonte reichten.

Freilich ist es unmöglich, alle Aspekte in einem Werk gemeinsam abzubilden. Schon das Spektrum jener Themen, die die Luftwaffe unmittelbar betreffen, überfordert einen einzigen Band. Andererseits müssen auch bei knapper Darstellung die sicherheitspolitischen oder sonstigen Einflüsse zumindest dort genannt werden, wo sie für das Verständnis der Zusammenhänge, Abläufe oder Ereignisse unverzichtbar sind.

In diesem Sinne soll im Jubiläumsband versucht werden, bei der Rückschau in die Luftwaffengeschichte das Ganze im Auge zu behalten und doch immer wieder nahe genug an einzelne Geschehnisse heranzutreten. Dazu sind drei Blickwinkel gewählt:

Ein dokumentarischer Teil enthält die Geschichte der Luftwaffe im streitkräftegemeinsamen Auftrag für unser Land. In den zurückliegenden 50 Jahren waren der Luftwaffe wesentliche, oftmals zeitkritische Aufgaben gestellt. Diese Aufgaben wurden mit beispielhaftem Engagement, oft unter extremen Bereitschaftsforderungen erfüllt. Der Titel »Immer im Einsatz« steht für unzählige aktive Soldaten, Reservisten und zivile Mitarbeiter in den Verbänden, Schulen und Kommandobehörden der Luftwaffe, die in ihrer persönlichen Haltung und in ihrer täglichen Leistung den »typischen Eigenschaften der Luftstreitkräfte« nicht nachstanden: Reaktionsschnell und flexibel waren sie bereit, wenn es um Auftragserfüllung ging.

Doch war die Luftwaffe in den vergangenen 50 Jahren weit mehr als eine leistungsfähige Organisation der Friedenssicherung: Sie war Heimat, manchmal Familie für ihre militärischen und zivilen Angehörigen. Deshalb kommen in diesem Band die verschiedenen Dienstbereiche zu Wort, Persönlichkeiten und Ereignisse werden herausgestellt, Verluste und schwere Stunden gehören hierzu, die – speziell im militärischen Flugbetrieb – auch bei größter Vorsorge niemals völlig ausgeschlossen werden können.

Die Bilder sollen dem Betrachter einen persönlichen Zugang zur Luftwaffe überlassen. Worte sind ein ideales Mittel, um Fakten und meßbare Ergebnisse auszudrücken. Doch reichen sie oft nicht aus, Gefühle angemessen wiederzugeben. Die zahlreichen Bilder in diesem Buch sollen dem Betrachter das Wesen der Luftwaffe erschließen. Sie sollen jene Mischung aus faszinierender Aufgabe, professioneller Einstellung, Teamarbeit und Hingabe spiegeln, ohne die jeder Bericht über die Luftwaffe unvollständig wäre.

Bei denen, die dabei waren, soll der Band Erinnerungen wachrufen, bei anderen Anerkennung der Leistungen unserer Luftwaffe, vielleicht Neugier und Interesse oder sogar den Wunsch, Teil des »Teams Luftwaffe« zu werden.

Zukunftsgerecht im Wandel der Zeit

Entstehung und Aufbau 1950 bis 1964

Erste Überlegungen

Es begann in Himmerod. In dem abgelegenen Zisterzienserkloster in der Eifel trafen sich vom 3. bis zum 6. Oktober 1950 militärische Experten, um erste Vorstellungen für die Aufstellung eines westdeutschen Wehrbeitrags zu entwickeln. Die in dieser Sitzung entstandene »Denkschrift des militärischen Experten-Ausschusses über die Aufstellung eines deutschen Kontingentes im Rahmen einer übernationalen Streitmacht zur Verteidigung Westeuropas« gilt heute als der erste Schritt zur Gründung der Bundeswehr. In der gelegentlich als »Magna Charta der Bundeswehr« bezeichneten Schrift wurde skizziert, wie die künftige westdeutsche Armee aussehen sollte. Um zu verstehen, welche Rolle dabei den künftigen deutschen Luftstreitkräften zugeordnet wurde, müssen der allgemeine Hintergrund und das Umfeld in die Betrachtung einbezogen werden.

Initiator des nach außen geheimen Treffens von Himmerod war Konrad Adenauer. Der Bundeskanzler wußte, daß die westlichen Demokratien von einer wirtschaftlich erstarkenden Bundesrepublik einen substantiellen Beitrag zur Verteidigung des Westens verlangen würden, um die eigenen Lasten angesichts der Kräfteverhältnisse entlang des Eisernen Vorhangs in Grenzen zu halten. Gleichzeitig verband Adenauer mit dem Angebot eines deutschen Wehrbeitrags weitreichende politische Ziele: Zum einen glaubte er, mit der Bewaffnung der Bundesrepublik einen wichtigen Schritt auf dem Weg zur staatlichen Souveränität zu schaffen. Zweitens sah er in dem Wehrbeitrag die Möglichkeit, ein Gegengewicht zur beginnenden Militarisierung der »Sowjetzone« zu bilden. Und schließlich wollte er mit einem entsprechenden Angebot deutsche Mitsprache bei Überlegungen zu künftigen westeuropäischen Sicherheitskonzepten erreichen.

Zum Zeitpunkt des Treffens befand sich die Welt in einer neuartigen, bipolar auf die Supermächte USA

Militärischer
Experten-Ausschuss.

VS - Nur für den Dienstgebrauch

9.10.1950

Fü S VII
Eingang 27. Aug. 1968

~~Geh.~~ Bundessache
Nur durch verpflichtete Personen unmittelbar an Empfänger zu überbringen.

Diese Denkschrift ist Geheime Bundessache.

Sie darf nur mit Genehmigung des Herrn Bundeskanzlers oder in seinem Auftrage des Beraters für Sicherheitsfragen anderen Personen als den im Verteiler bezeichneten ganz oder teilweise im Original oder in Abschrift zur Kenntnis gebracht werden.

Weitergabe und Bearbeitung der Denkschrift im Geschäftsgang darf nur durch besonders beauftragte Personen unter Wahrung strengsten Geheimschutzes erfolgen.

Die Denkschrift ist in vier Ausfertigungen hergestellt.

Es erhält die
1. Ausfertigung der Herr Bundeskanzler
2. Ausfertigung Herr Min.Dir. Dr. Blankenhorn
3. Ausfertigung Herr Graf v. Schwerin
4. Ausfertigung das Sekretariat des Ausschusses.

Jede Ausfertigung enthält 52 Blätter und 1 Anlage.

Dies ist die 4. Ausfertigung.

Aufgrund der politischen Brisanz anfangs restriktiv gehandhabt – später Basisdokument für die Bundeswehr: die Himmeroder Denkschrift

und Sowjetunion ausgerichteten Weltordnung. Bisherige Großmächte wie Großbritannien oder Frankreich fanden sich »in der zweiten Reihe« wieder.

Die Außenpolitik der beiden Supermächte war durch ihre militärischen Fähigkeiten zu weltweitem Handeln geprägt. Im Westen agierten die Vereinigten Staaten dabei partnerschaftlich mit ihren Verbündeten, im Osten kontrollierte die Sowjetunion ihre Satellitenstaaten zentralistisch. Die NATO und der Sowjetblock standen sich mitten in Europa gegenüber. Auf der Schnittstelle zwischen den Bündnissen lag das geteilte Deutschland: hier die Bundesrepublik, unbewaffnet und vollständig auf den Schutz der Besatzungsmächte angewiesen, dort die Deutsche Demokratische Republik, zwar von der Sowjetunion abhängig, aber mit ihrer Kasernierten Volkspolizei bereits teilmilitarisiert.

Der Koreakrieg führte dem Westen im Juni 1950 vor Augen, daß auch Mitteleuropa durch den kommunistischen Block gefährdet war. Die Westmächte hatten nach dem Zweiten Weltkrieg umfassend abgerüstet. Die Sowjetunion hingegen hatte nicht nur eine Truppenstärke von rund fünf Millionen Mann beibehalten, sondern zusätzlich die von ihr gelenkten Volksdemokratien aufgerüstet. Zudem hatte sie ihren Machtbereich unübersehbar nach Westen vorgeschoben.

In dieser Lage bewerteten viele westliche Politiker den Koreakrieg als einen Test, mit dem die Sowjetunion prüfen wollte, inwieweit die freien Staaten zur Verteidigung bereit wären. Ein militärischer Kräftevergleich in Europa fiel eindeutig zuungunsten der westeuropäischen Staaten aus: Sie verfügten, einschließlich der hier stationierten US-amerikanischen Truppen, über knapp 30 Divisionen und rund 2.000 Flugzeuge. Diesem begrenzten Potential standen seitens der Sowjetunion und ihrer Verbündeten rund 133 Divisionen und 8.000 Flugzeuge gegenüber.

Bundeskanzler Konrad Adenauer

Als sich Konrad Adenauer im August 1950 mit einem Sicherheitsmemorandum an die Alliierten Hohen Kommissare wandte, war ihm bewußt, daß für eine Bewaffnung der Bundesrepublik die Zustimmung aller westlichen Alliierten erforderlich wäre. Die US-amerikanische Besatzungsmacht hatte früh begriffen, daß mit einem westdeutschen Beitrag die sicherheitspolitische Lage in Europa günstiger gestaltet werden konnte. Schon im Juni hatte die Alliierte Hohe Kommission die Aufstellung einer Bereitschaftspolizei in den Ländern bewilligt. Etwas später folgte die Genehmigung für den Bundesgrenzschutz, der mit gepanzerten Fahrzeugen und leichten Geschützen ausgestattet werden sollte. Aber nicht alle westlichen Nationen waren ähnlich wohlwollend wie die Amerikaner. Die Wunden des Zweiten Weltkriegs waren in Westeuropa noch nicht geheilt.

Dies war die Situation, in der ehemalige Offiziere der Wehrmacht in Himmerod die ersten militärpolitischen Vorstellungen von künftigen deutschen Streitkräften niederschrieben. Angesichts der wehrgeographischen Lage forderten sie in ihrer Denkschrift, daß in einem Kriege die Verteidigung Deutschlands so weit wie möglich östlich, beweglich und offensiv geführt werden müsse. Es ist bezeichnend für die damalige Einschätzung der Probleme, daß die Verfasser in ihrer Schrift neben den operativ bedeutsamen Faktoren auch eine Ehrenerklärung für die deutschen Soldaten forderten – eine Forderung übrigens, der für die NATO durch den Oberbefehlshaber und späteren US-Präsidenten Eisenhower bereits im Januar 1951 entsprochen wurde, innenpolitisch kurz danach durch den Bundeskanzler vor dem Bundestag.

Im Zentrum der Himmeroder Denkschrift standen die Rechengrößen, die den Umfang der künftigen deutschen Streitkräfte umrissen. Zwölf Divisionen gepanzerter Truppen bei einer Gesamtstärke von rund 500.000 Mann wurden gefordert und später umgesetzt.

Von einer eigenständigen Luftwaffe mit operativen oder gar strategischen Fähigkeiten war in der Denkschrift nicht die Rede. Luftstreitkräfte waren ausschließlich als taktisch ausgerichtete »Heeresluftwaffe« zur Unterstützung der Landstreitkräfte angesprochen. Daneben standen Luftschutz und Luftverteidigung im Blickpunkt der Sachverständigen. Diese Beschränkung trug den damaligen luftfahrt-industriellen Möglichkeiten der Bundesrepublik und den begrenzten personellen Ressourcen Rechnung, die von den Heeresgeneralen Dr. Speidel und Heusinger realistisch eingeschätzt wurden. Ob und wie stark sich die Zusammensetzung der Himmeroder Runde – die Luftwaffe war deutlich unterrepräsentiert – auf die Aussagen zur Rolle und zur Einordnung der künftigen Luftstreitkräfte auswirkte, ist schwer einschätzbar. Im Vorfeld der Tagung in Himmerod war durchaus darüber nachgedacht worden, eine eigenständige Luftwaffe zu gründen. In jedem Fall hätten jedoch die finanziellen und vor allem die technischen Einschränkungen in Deutschland eine Übernahme von operativen oder strategischen Aufgaben zunächst ausgeschlossen.

So mußte die Denkschrift vor allem die numerische Überlegenheit der sowjetischen Luftstreitkräfte in Rechnung stellen. Zwar besaßen die westlichen Alliierten qualitative Vorteile im Flugzeugbau und die besseren operativen Konzepte, und die US Air Force hatte der Sowjetunion noch eine weitreichende, strategische Komponente voraus. Doch die Sowjetunion besaß bereits die »Bombe« und konnte, trotz technischer Unterlegenheit, jeden Punkt in Europa bedrohen. Für die Bundesrepublik war die Lage besonders risikoreich, da ihr gesamtes Territorium von den Einsatzflugplätzen der Roten Armee aus gut erreichbar war.

Die Generale Dr. Speidel (re.) und Heusinger (li.) beeinflußten die Himmeroder Überlegungen maßgeblich – hier später mit Verteidigungsminister Blank

Die Ausführungen der Himmeroder Experten zu den künftigen deutschen Luftstreitkräften spiegelten die aktuelle Lage wider – soweit diese von ihnen zutreffend beurteilt werden konnte. Ebenso beeinflußten die eigenen Fronterfahrungen aus dem Zweiten Weltkrieg und die Zerstörungen deutscher Städte durch die alliierten Luftangriffe die Überlegungen. Außerdem galt es, angesichts begrenzter Mittel Prioritäten zu setzen und auf politische Rahmenbedingungen Rücksicht zu nehmen. Vor diesem Hintergrund sind die drei wesentlichen Empfehlungen zu Luftstreitkräften nachvollziehbar:

Erstens wies die Denkschrift mit Nachdruck auf die Dringlichkeit einer wirksamen Luftverteidigung hin. Doch selbst für diese vorrangige Aufgabe, wurde befürchtet, könnten die Mittel fehlen. Und so formulierte die Himmeroder Expertenrunde beinahe visionär: »Die Luftverteidigung des westdeutschen Raumes kann nur im Rahmen der einheitlichen Luftverteidigung von Gesamt-Europa gelöst werden. Sie liegt daher automatisch in der Hand des Oberkommandierenden der Streitkräfte zur Verteidigung Europas.« Unter dieser Bedingung – und wenn durch die Alliierten die erforderlichen Kräfte bereit gestellt würden – könnte auf deutsche Jagdverbände verzichtet werden.

Auch die zweite Empfehlung der Denkschrift resultierte aus der Sorge um ausreichenden Schutz vor Luftangriffen: Sie galt der bodengebundenen Flugabwehr. Hier stand der Objektschutz im Vordergrund, wie es ihn schon im Zweiten Weltkrieg gegeben hatte. Mit der Beschränkung auf eine luftwaffeneigene Flak-Artillerie blieben freilich die technischen Entwicklungen der Zeit, vor allem in der Flugabwehrraketen- und Radartechnik, unberücksichtigt.

Drittens skizzierte die Denkschrift die »offensiven« Fähigkeiten einer künftigen deutschen Luftstreitmacht. Heeresfliegerverbände sollten den Erdkampf unterstützen und taktische Luftaufklärung leisten. Nach heutigen Maßstäben erscheinen die nach den Vorstellungen der Experten benötigten 831 Flugzeuge als eine große Anzahl, doch darf hier nicht die Leistungsfähigkeit moderner Kampfflugzeuge unterstellt werden. Die sechs Aufklärungsgruppen bei den Generalkommandos (Armeekorps) mit je 30 Flugzeugen sowie die 279 Schlacht- und 372 Jagdflugzeuge, jeweils in drei Geschwadern den »Heeresgruppen Nord, Süd und Mitte« zugeteilt, wurden im Lichte der Kräfteverhältnisse in Europa gerade noch den heeresspezifischen Anforderungen gerecht.

In Himmerod wurden jedoch nicht nur Aufgaben, Umfang und grundsätzliche Strukturen der künftigen Streitkräfte bedacht, die Experten gingen einer ganzen Reihe nicht gelöster Fragen nach. Mit Blick auf die Luftstreitkräfte war ein vordringliches – wenn nicht gar das größte – Problem die Frage des verfügbaren Personals. Es gab in der Bundesrepublik Deutschland 1950 annähernd 6.000 ehemalige Piloten, die in der Wehrmacht zum Flugzeugführer ausgebildet worden waren.

Von dieser stattlichen Zahl wurde ein Kern von rund 2.000 als geeignet angenommen. Tatsächlich traten sogar nur 181 Piloten mit Vordienstzeit in die spätere Bundeswehr ein, und viele der »alten Adler« waren zehn Jahre lang nicht geflogen. Ein Staffelkapitän in einem Geschwader, der 1945 gerade 23 Jahre alt gewesen war, befand sich bei Aufstellung der Luftwaffe im 34. Lebensjahr und hatte möglicherweise einen neuen Berufsstart erfolgreich hinter sich gebracht. Ein Blick nach vorn zeigt, daß letztendlich 84 Prozent der 1956/57 in die Bundeswehr eingestellten Pilotenanwärter ungediente Freiwillige waren. 1957 befanden sich bereits rund 1.000 Pilotenanwärter zur fliegerischen Ausbildung an Schulen in den USA, in Großbritannien und in der Bundesrepublik Deutschland. Kriegsgediente waren kaum noch dabei.

Eine weitere Schwierigkeit: Von den einst über 100 Einsatzflugplätzen der Wehrmachtluftwaffe war 1955/56 gut die Hälfte von den Alliierten belegt. Einige, wie Nörvenich, waren von ihnen neu errichtet worden. Auch hierzu ein Blick nach vorn, der hilft, die frühen Himmeroder Überlegungen zu würdigen: 1970 betrieb die Bundeswehr 49 militärische Flugplätze, einschließlich der Plätze von Marine und Heer.

Die Himmeroder Experten erkannten aber ebenso, daß die vollkommene Demilitarisierung Deutschlands auch Chancen eröffnet hatte. Da die Bundesrepublik keinerlei militärisches Material besaß, konnte die im Westen angestrebte Vereinheitlichung von Anfang an mitbetrieben und gefördert werden. In Ausbildungsfragen sah man in Patenschaften zu den führenden Verbündeten den »Königsweg«. Großbritannien kam für die Ausbildung der Jagd- und Seeflieger in Frage, die USA für die Jagdbomber-, Schlacht- und Aufklärungsflieger. Die zu diesem Thema knapp gehaltenen Ausführungen begründeten die Verlagerung der Ausbildung mit den besseren Wetterbedingungen im Süden der USA und mit dem engen Luftraum in Mitteleuropa. In diesem Punkt zeichnete die Himmeroder Denkschrift 1950 bereits treffend vor, was nach 1956 umgesetzt wurde.

Insgesamt empfahl das Gremium eine taktische Luftwaffe, die unter einem europäischen Luftverteidigungsschirm der Alliierten zur Gefechtsfeldunterstützung modern ausgerüsteter deutscher Heeresverbände einsatzfähig sein sollte. Neu und zukunftsweisend war die Erkenntnis, daß eine wirkungsvolle Luftverteidigung künftig nur durch eine einheitliche integrierte Gesamtluftverteidigung in Mitteleuropa, inklusive Flugmelde- und Luftschutzwarndienst, gewährleistet werden könne. Von umfassenden Gürtelüberlegungen war allerdings noch nichts zu finden, und auf schnell einfliegende Strahlflugzeuge hatte man noch keine überzeugende Antwort.

Ausbildung und Ausrüstung der deutschen Luftstreitkräfte sollten mangels einer westdeutschen Luftfahrtindustrie an »Patenmächte« mit technologischem Potential angelehnt werden.

Ungeachtet aller für den Aufbau vorausgesehenen Probleme nahmen die Experten in Himmerod an, bis 1952 eine einsatzbereite Luftwaffe »aus dem Boden stampfen« zu können. Trotz dieser Fehleinschätzung ist beachtlich, daß bereits in Himmerod zu Ausbildung und Material Wegmarken gesetzt wurden, die sich in der Luftwaffe ab 1956 wiederentdecken lassen. In seinen Grundzügen unterschied sich das Luftwaffen-Konzept von Himmerod von der späteren Luftwaffe allerdings fundamental: Eine »Heeresluftwaffe« hat es in der Bundeswehr niemals gegeben.

Der Weg in die Allianz

Unter dem Eindruck der amerikanischen Entschlossenheit, die Bundesrepublik Deutschland zu bewaffnen, bemühte sich die französische Regierung um die Verwirklichung eigener Vorstellungen. Wenige Wochen nach der Tagung in Himmerod präsentierte der französische Ministerpräsident René Pleven seinen Plan einer europäischen Armee, die oberhalb der Bataillonsebene vollständig integriert sein sollte. Insbesondere sollten in dieser Armee alle deutschen Verbände aufgehen, auf einen deutschen Generalstab sollte explizit verzichtet werden. Die Initiative mündete schließlich in der Idee einer Europäischen Verteidigungsgemeinschaft (EVG). Doch erst nachdem Frankreich versichert hatte, daß Deutschland nicht diskriminiert werden solle, griff Adenauer den Pleven-Plan auf.

Der Bundeskanzler sah in der Idee einer Europäischen Verteidigungsgemeinschaft die Chance, auf dem Weg zur internationalen Gleichberechtigung voranzukommen. Die Ernennung des Bundestagsabgeordneten Theodor Blank zum »Bevollmächtigten (später Beauftragten) des Bundeskanzlers für die mit der Vermehrung der alliierten Truppen zusammenhängenden Fragen« im Range eines Staatssekretärs im Oktober 1950 war der erste sichtbare Schritt auf dem Weg zur Bewaffnung der Bundesrepublik. Ihm folgte zwei Monate später seitens des NATO-Bündnisses eine Erklärung der Außen- und Verteidigungsminister zu Verhandlungen mit der Bundesrepublik Deutschland über einen deutschen Verteidigungsbeitrag.

In den Jahren bis 1954 wurde die Bundesrepublik in verschiedene europäische Organisationen aufgenommen; parallel fanden umfangreiche Konsultationen zur Wiederbewaffnung statt. Die dabei entstandenen Vertragswerke ermöglichten es der Bundesrepublik, ihrer Souveränität schrittweise näher zu kommen.

Eine wesentliche Wegmarke sollte hierbei der Deutschlandvertrag vom Mai 1952 werden, der zur Aufhebung des Besatzungsstatuts führte. Allerdings war der Deutschlandvertrag mit der EVG verknüpft, deren vertragliche Grundlage ebenfalls im Mai 1952 unterzeichnet worden war. Als die EVG zwei Jahre später an französischen Bedenken gegen die angestrebte Gleichberechtigung Deutschlands sowie gegen die Einbindung sämtlicher französischer Streitkräfte in EVG-Kommandostrukturen scheiterte, mußte nicht nur die Aufstellung eines westdeutschen Wehrbeitrags neu verhandelt, sondern auch die Frage der Souveränität der Bundesrepublik neu geregelt werden.

In dieser Phase wurden – für Außenstehende überraschend – in London im Oktober 1954 die Weichen für die Aufnahme der Bundesrepublik Deutschland in die NATO gestellt. Dort einigten sich die Regierungen Großbritanniens, Kanadas, der Niederlande, der USA, Belgiens, Frankreichs, Luxemburgs und Italiens mit der Bundesrepublik darauf, mit den Verhandlungen umgehend zu beginnen. Gleichzeitig erklärte die Regierung Adenauer einen Gewaltverzicht sowie den Verzicht auf die Produktion atomarer, biologischer oder chemischer Waffen sowie von Rüstungsgütern mit großer Reichweite. Im Gegenzug sicherten die Vertragspartner der Bundesrepublik die innere Souveränität zu. Sie wurde in einem zweiten Deutschlandvertrag festgeschrieben, mit dem die Partner den Alleinvertretungsanspruch der Bundesrepublik für ganz Deutschland anerkannten. Wenige Wochen später wurden die Pariser Verträge unterzeichnet.

Zuvor war die Bundesrepublik Deutschland in den ehemaligen »Brüsseler Pakt« aufgenommen worden, der zwischenzeitlich in »Westeuropäische Union« (WEU)

Theodor Blank – erster Bundesminister für Verteidigung

umbenannt worden war. In dem Brüsseler Pakt hatten sich 1948 frühere Kriegsgegner Deutschlands zusammengeschlossen, um ihre Sicherheitsinteressen gegenüber Deutschland gemeinsam zu wahren. Und nun wurde ausgerechnet die WEU das erste Militärbündnis mit gegenseitiger Beistandsverpflichtung, in das die junge Bundesrepublik aufgenommen wurde. Doch trotz der Signalwirkung dieses Schrittes trat die WEU in ihrer sicherheitspolitischen Bedeutung auch für die Bundesrepublik hinter die NATO zurück, da sie über keine eigenen militärischen Strukturen verfügte und im Krisen- oder Kriegsfall auf die NATO angewiesen gewesen wäre. Als die Bundesrepublik Deutschland am 5. Mai 1955 schließlich in die NATO aufgenommen wurde, begann – zehn Jahre nach der bedingungslosen Kapitulation der Wehrmacht – ein neues Kapitel deutscher Militärgeschichte. Erstmals trat ein deutscher Staat einem Bündnis bei, das sich zur Sicherung des Friedens und der Freiheit als »Wertegemeinschaft« verstand.

Doch wo stand das Bündnis zum Zeitpunkt des deutschen Beitritts? Die Zusage der USA, Truppen und sogar Atomwaffen für die Verteidigung Westeuropas zur Verfügung zu stellen, war eine der entscheidenden Grundlagen des NATO-Vertrags vom Herbst 1949. Die erste NATO-Strategie, die »Forward Strategy« (MC 14/1) vom September 1950, war unter dem Eindruck des Korea-Krieges entstanden. Sie sah vor, Europa so weit östlich wie möglich zu verteidigen; faktisch plante sie die Verteidigung jedoch erst ab der Rhein-Linie. Die Tatsache, daß das amerikanische Atomwaffenmonopol die kommunistische Aggression in Korea weder verhindern noch den Verlauf des Krieges wesentlich beeinflussen konnte, führte zu der Erkenntnis, daß für die Verteidigung Westeuropas zusätzliche konventionelle Kräfte erforderlich wären.

Noch vor der Geburt der neuen Luftwaffe wurden zunächst von den USA (1952) und später der UdSSR (1953) die ersten Wasserstoffbomben gezündet. Damit hatten die USA ihr Nuklearwaffenmonopol endgültig verloren. In den USA entbrannte eine Strategiediskussion, in der die Forderung erhoben wurde, die eigene nukleare Macht zu nutzen, um eine maximale Abschreckung bei tragbarem Kostenaufwand zu bewirken. 1953 verkündete die US-Regierung ein militärpolitisches Programm, das – in Erwartung eines länger aufrecht zu erhaltenden Vorsprungs bei den Atomwaffen – auf umfangreiche konventionelle Kräfte verzichtete. Statt dessen sollte die Sicherheit der USA fast ausschließlich durch die strategischen Nuklearwaffen garantiert werden. Im Januar 1954 formulierte die US-Regierung eine entsprechende Strategie, die durch die NATO 1957 mit der »MC 14/2« unter der Bezeichnung »Massive Retaliation« als Bündnisstrategie übernommen wurde.

Das Rational für diese Strategie beruhte auf Abschreckung. Konventionellen Kräften kam nur noch die Funktion eines »Stolperdrahtes« zu, bevor man Atomwaffen einsetzte. Der sofortige und massive nukleare Gegenschlag war die eigentliche Antwort auf jede Art von Angriff. Entsprechend sollten die Nuklearstreitkräfte ausgebaut werden. Doch sorgten die europäischen NATO-Staaten dafür, daß diese Strategie durch die »Schwert-Schild-Doktrin« ergänzt wurde. »Die konventionellen Kräfte und taktischen Nuklearwaffen sollten den Schild bilden, um begrenzte oder lokale Angriffe abzuwehren. Er sollte den Angreifer zu umfangreichen Vorbereitungen zwingen, die klar erkennen lassen würden, daß es sich um eine groß angelegte Aggression handelte. In diesem Fall hätte die NATO einen konventionellen Angriff mit dem massiven Einsatz ihrer strategischen Nuklearwaffen, dem Schwert, zurückgeschlagen.« So weit die Definition der Doktrin in einem aktuellen Handbuch.

Die USA verließen sich zu dieser Zeit vor allem auf ihre strategischen Fähigkeiten. Mit seinen Langstreckenbombern konnte das Strategic Air Command der US Air Force jeden Punkt der Erde erreichen. Verstärkt wurde das Potential sehr bald schon durch Interkontinentalraketen.

Angesichts des Rahmens, innerhalb dessen sich der Streitkräftebeitrag der Bundesrepublik bewegen sollte, mag der Eindruck entstehen, daß diese Ebene der strategischen Überlegungen für die Planung deutscher Streitkräfte eine »Nummer zu groß« und damit streng genommen ohne Bedeutung gewesen sein könnte. Doch muß man berücksichtigen, daß die spätere Luftwaffe eben genau in diese militärpolitische Landschaft hineingeboren wurde.

Hinzu kam, daß die Strategie wenig Spielraum in den militärischen Handlungsoptionen ließ. Daher wurde sie bereits Mitte der 50er Jahre noch einmal modifi-

B-47 Stratojet – ein strategisches Kernelement der USA

ziert: Fast zeitgleich mit der Aufstellung der deutschen Streitkräfte wurde der »Schild« weiter aufgewertet, also die konventionellen Bündniskräfte. Indem man ihnen taktische Nuklearwaffen zuordnete, sollte vermieden werden, im Falle eines Konflikts ohne Alternative sofort zur allgemeinen nuklearen Reaktion greifen zu müssen.

Begünstigt wurde diese Neuorientierung durch die Entwicklung von Nuklearwaffen mit geringer Sprengkraft. Daß den deutschen Streitkräften schon kurz nach ihrer Aufstellung Trägermittel für nukleare Waffen zugestanden wurden, hatte nicht nur für die betroffenen Verbände der Luftwaffe weitreichende Folgen. Es war vor allem unter politischen Aspekten bedeutsam, denn nur Nationen, die Waffenträger für den atomaren Einsatz bereitstellten, konnten in Fragen der nuklearen Zielplanung mitsprechen. Da das geteilte Deutschland im Falle eines Konflikts Gefechtsfeld gewesen wäre, war dieses Mitspracherecht für die Bundesrepublik von überragendem Interesse.

Die militärpolitischen Entwicklungen im Bündnis waren bereits vor dem deutschen NATO-Beitritt Gegenstand zahlreicher militärischer Verhandlungen mit den Alliierten um den westdeutschen Verteidigungsbeitrag gewesen. Und so hatte bald nach Himmerod ein Umdenkprozeß auf deutscher Seite eingesetzt, insbesondere mit Blick auf das strukturelle und operative Profil der zukünftigen westdeutschen Luftstreitkräfte. Das Konzept einer »Heeresluftwaffe unter nationaler Führung« war für die Alliierten völlig inakzeptabel. Es paßte weder in ihre operative Luftkriegsdoktrin noch in ihre organisatorischen Vorstellungen, die für die konventionellen Luftangriffs- und Luftverteidigungskräfte eine amerikanisch-britisch geführte, integrierte Struktur vorsahen.

Schon vor dem Beitritt zum Nordatlantischen Bündnis hatten die Alliierten keinen Zweifel daran aufkommen lassen, daß selbst eine im EVG-Rahmen beteiligte deutsche Luftwaffe sich der NATO-Doktrin unterordnen müsse. Ab Herbst 1952 stand auch für die deutsche Seite fest, daß ein künftiges Luftwaffenkontingent voll in die Luftstreitkräfte der Westmächte integriert werden müsse. Sahen die deutschen Luftwaffenplaner aber in erster Priorität Jagdflugzeuge für den Schutz des Landes vor, so gewann auf Seiten der Alliierten eine offensive Luftkriegführung im Rahmen der defensiven Bündnisstrategie zunehmend an Bedeutung. Unterhalb eines mit amerikanischem Potential atomar zu führenden strategischen Luftkrieges gegen das gesamte gegnerische Kräftedispositiv wurde taktisch-operativen Luftangriffen, beispielsweise gegen feindliche Flugplätze, erheblich größeres Gewicht eingeräumt.

Für den deutschen Beitrag bedeutete dies nicht nur eine Schwerpunktverlagerung von der Jagdwaffe zu den Jagdbombern. Die nunmehr vorgesehenen nuklearen Trägermittel gaben dem Luftwaffenbeitrag eine neue Qualität. Für Vorstellungen à la Himmerod blieb kaum mehr Spielraum.

Schwierige Ausplanung

Die Planzahlen für die künftige Luftwaffe schwankten in den Jahren bis zur Aufstellung beträchtlich. Eine Reihe unterschiedlicher Konzepte ist heute noch historisch interessant, obwohl sie niemals umgesetzt wurden:

- Bei den Petersberger Gesprächen im Januar 1951 hatte man die Aufgaben der Luftwaffe als verlängerte Artillerie, in der Luftaufklärung und zum Schutz der eigenen (Boden-)Truppen gegen Angriffe formuliert. Man forderte Jagdflugzeuge, leichte und schwere Jagdbomber, Aufklärer und Flak-Geschütze, wobei die Jagdflugzeuge vor allem zur Erringung der Luftherrschaft als Präventivmittel gegen gegnerische Luftangriffe verstanden wurden. In der Summe sollte die Luftwaffe 1.900 (!) Flugzeuge und 50.000 Soldaten umfassen, 2.500 davon Piloten. Zurückgreifen wollte man dabei auf Piloten, die während des Zweiten Weltkriegs ausgebildet worden waren. Man sprach von 25 Flugplätzen, die mit 100 (!) Flakbatterien geschützt werden sollten.
- Die ersten, in der »Denkschrift Blank« niedergelegten Planungen sahen eine taktische Luftwaffe mit 40.000 Mann und 1.250 Flugzeugen vor. Sie sollte aus 20 Geschwadern (vier Jagd-, acht Jabo-, drei leichte Jabo-, drei Aufklärungs- und zwei Lufttransportgeschwader mit je drei fliegenden Staffeln sowie einer Technischen- und einer Fliegerhorstgruppe), Flugabwehr-, Fernmelde- und elektronischen Verbänden sowie den erforderlichen Ausbildungs- und Unterstützungseinrichtungen bestehen. Ihre Erstausstattung sollte im wesentlichen aus US-Beständen erfolgen, wobei die erforderliche Modernisierung von vornherein zu berücksichtigen und einzuplanen war. Während die zwölf Divisionen des Heeres bereits 1959 stehen sollten, war die Aufstellung der Marine und der Luftwaffe bis 1963 geplant.

II/6 Bonn, am 8. Oktober 1955

II/6/ Grp. 3

Nur für den Dienstgebrauch

Luftwaffen-Aufstellungs-Befehl Nr. 1

Vorg.: 1.)Aufstellungsweisung Nr. 1
2.)Aufstellungsbefehl Nr. 1

1.)Gemäss Bezug 2) stellt Abteilung Luftwaffe auf:

1.) 1 Luftwaffen-Lehr-Komp. in Nörvenich

S t ä r k e

5 Offz. 26 Uffz. 12o Mannsch. = 151

2.) 1 MDAP-Lehr-Gruppe in Fürstenfeldbruck, Lechfeld und Kaufbeuren

212 Offz. 45o Uffz. - - = 662

Gesamt:217 Offz. 476 Uffz. 12o Mannsch. = 813

2.) Leitung d. Aufst. innerhalb II/6:

Herr W e h n e l t

(In Zukunft II/6 / A / genannt = Aufstellungsstab)

3.) Stärke- und Ausrüstungsnachweisung gemäss Anlage 1)

4.) zum 1.12.1955 sind folgende Vorkommandos nach Bonn zur Einweisung bei Abteilung Luftwaffen einzuberufen:
a) für Luftwaffen-Lehrkomp. 1 Major als Komp.Chef
4 Hptm. als Zug-Führer
b) " MDAP-Lehr-Gruppe 1 Oberstlt.)d. Lehrgangs-
3 Majore) leitung

5.) Die Vorkommandos verlegen am 1o.12.55 nach dem Aufstellungsort.

6.) Die Einberufung erfolgt nach Zeitplan gemäss Anlage 2). 1. Gruppe beginnend am 15.12.55 unter Berücksichtigung der Weihnachtsfeiertage.

Ergebnis der Aufstellungsplanung – Befehl Nr. 1

- Aus dem Jahr 1954 sind Pläne überliefert, wonach die Luftwaffe 450 Jagdflugzeuge, 750 taktische Jagdbomber, 150 Schlechtwetterjäger, 192 leichte Jagdbomber, 108 taktische Aufklärer und 96 Transportflugzeuge umfassen sollte – insgesamt also 1.746 Flugzeuge.
- In den Verhandlungen zu einem deutschen EVG-Kontingent stellte sich heraus, daß SHAPE, das NATO-Hauptquartier in Europa, für die deutschen Luftstreitkräfte nur eine Stärke von 1.158 Luftfahrzeugen vorgesehen hatte. Letztlich wurden der Bundesrepublik 1.328 Flugzeuge zugestanden.

Konzipiert wurden die Streitkräfte von Anfang an nicht als nationale Armee, sondern als Beitrag der Bundesrepublik Deutschland für das Bündnis. Eigene militärische Handlungsfähigkeit war nicht vorgesehen. So waren Umfang, Struktur und Auftrag der Luftwaffe ausschließlich im Rahmen der NATO zu sehen. Alle einsatzorientierten Anteile wurden ihr unterstellt. In nationaler Verantwortung verblieben lediglich Logistik, Personalführung, Ausbildung und Einsatzunterstützung. Für die Planung und den Aufbau der Luftwaffe war die ehemalige Unterabteilung II/6 des Amtes Blank zuständig.

Die Gründung des Bundesministeriums für Verteidigung am 7. Juni 1955, bei der es sich faktisch um eine Umbenennung des »Amtes Blank« handelte, war der offizielle Startschuß für den Aufbau der Bundeswehr – und damit der Luftwaffe. Wenngleich die ersten Soldaten ihre Ernennungsurkunden erst am 12. November erhielten, dem 200. Geburtstag des preußischen Heeresreformers Gerhard von Scharnhorst, begann auch für die Luftwaffe schon im Sommer 1955 die Ausplanung der Strukturen und Verbände.

Nach dem Scheitern der EVG und unter Maßgabe der NATO-Strategie erfolgte die Revision der bisherigen Vorstellungen über den deutschen Wehrbeitrag. Bei einem Umfang der Gesamtstreitkräfte von 488.000 Mann sollte die Luftwaffe 76.000 Mann umfassen, eine Planzahl, die zuvor mehrfach angepaßt worden war, weil man befürchtete, daß zu wenige Kasernen und zu wenige Freiwillige bereitstanden. Ein gestaffelter Planungsansatz sollte sicherstellen, daß der Aufbau nicht zu schnell, oder gar überstürzt, vorangetrieben wurde. Die Planung von 1.328 Kampfflugzeugen blieb zunächst unverändert.

Doch die Probleme waren vielfältig und gewaltig – ein Beispiel: Infrastruktur. 1953 hatte es in der Bundesrepublik 560 Kasernenanlagen gegeben. Davon nutzten die Besatzungsmächte 360. Von den 180 Kasernen, die anderweitig belegt waren, z. B. durch Flüchtlinge, hielt man 100 für »remilitarisierbar«. Bei einem angenommenen Bedarf von 200 Kasernen im ersten Jahr der Aufstellung des deutschen Kontingentes, wären also 100 neu zu errichten. Diese Situation betraf alle Teilstreitkräfte gleichermaßen.

Als Ergebnis der Ausplanung standen letztlich vier Jagd-, acht Jagdbomber-, drei Aufklärungs- und zwei Lufttransportgeschwader auf dem Programm. Damit hatte die deutsche Luftwaffe den Charakter einer taktischen Luftwaffe erhalten. Der Einfluß der NATO auf diese Planung legt den Schluß nahe, daß der deutsche Beitrag gezielt die Lücken schließen sollte, die bei der US Air Force durch deren Schwerpunktverlagerung hin zu den strategischen Fähigkeiten entstanden waren. Und die Einflüsse aus dem Bündnis waren groß: General Lauris Norstad, der Oberbefehlshaber der alliierten Luftstreitkräfte in Mitteleuropa und zugleich Oberbefehlshaber der US Air Force in Europa, hatte bereits Anfang 1955 seinen Stab beauftragt, planerische Grundlagen für die deutsche Luftwaffe zu entwickeln. Deutsche Offiziere hatten ihm zuvor in informellen Kontakten signalisiert, daß es im Amt Blank noch keine hinreichende Planung für eine Luftwaffe gab. Es ist letztlich Norstads konzeptionellen Vorstellungen zuzurech-

General Lauris Norstad spielte für die Ausgestaltung der Luftwaffe eine wichtige Rolle

nen, daß eine eigenständige deutsche Luftwaffe aufgestellt wurde.

Nachdem die Grundausrichtung der neuen Luftwaffe und ihre Einbettung in die NATO-Strukturen entschieden waren, galt es im Lichte der aktuellen sicherheitspolitischen und militärstrategischen Lage, ihre konkreten Aufgaben zu bestimmen. Konzeptioneller Ausgangspunkt aus westlicher Sicht war der Warschauer Pakt als aggressives Bündnis, das mit einem Angriff auf die NATO seinen Machtbereich ausdehnen könnte. Eine Zerschlagung der USA, die nur mit strategischen Luftstreitkräften möglich gewesen wäre, wurde damals allerdings ausgeschlossen, weil die atomare Entwicklung in der UdSSR 1956 für einen derartigen Angriff noch nicht weit genug fortgeschritten war. Dennoch durfte in den Planungen der ungünstigste Fall nicht unberücksichtigt bleiben: ein Atomkrieg, zumindest gegen Westeuropa, mit einem Erstschlag des Warschauer Paktes aus seinen Friedensstellungen heraus.

Vordringlich war jedoch, das NATO-Territorium gegen einen zahlenmäßig weit überlegenen Gegner konventionell zu verteidigen. Dabei mußten sich Verteidigungs- und Angriffsoperationen gegenseitig derart ergänzen, daß ein Vordringen des Gegners möglichst früh aufgehalten und der Gegner in seiner Bewegung gelähmt werden konnte. Während die Angriffsfähigkeit vor allem durch die Bomberflotten der NATO-Partner gestellt wurde, benötigte die Luftwaffe wirksame Verteidigungskräfte, insbesondere, da die Bundesrepublik unmittelbar am Eisernen Vorhang lag und der erste Schlag voraussichtlich über sie hinweggehen würde. Die NATO forderte eine taktische Luftwaffe, deren Hauptaufgabe es sein sollte, das Gefechtsfeld abzuriegeln. Damit sollten der Gegner am Angriff gehindert und die alliierten Bomber in ihrer Aufgabe unterstützt werden, die gegnerischen Angriffsformationen zu durchbrechen, um das Bündnisgebiet zu verteidigen. Da die Bundesrepublik nach der NATO-Strategie Operationsgebiet der Alliierten Streitkräfte war, bekam die Luftverteidigung, als interalliierte Aufgabe, eine neue Bedeutung.

So teilte sich der Auftrag der Luftwaffe fortan in zwei Kernbereiche: die Verstärkung der »NATO Strike Forces« durch taktische Verbände und die Ergänzung der Luftverteidigung in Mittel- und Westeuropa, mit einem Schwergewicht auf der lokalen Luftverteidigung.

Neben dem nuklearen Beitrag mußten dazu folgende Einzelaufgaben erfüllt werden:

- Erringen der Luftüberlegenheit durch offensive wie defensive Bekämpfung des gegnerischen Luftkriegspotentials (Counter Air) als Vorbedingung für jede erfolgreiche Kampfführung. Neben einer leistungsfähigen Luftverteidigungskomponente zum Schutz der eigenen Kräfte galt es, die gegnerischen Luftstreitkräfte niederzuringen, ihre Absprungbasen zu zerstören, Einflüge von Atomträgern zu verhindern und den Luftraum über dem Kampfgebiet freizukämpfen.
- Abriegelung der Kampfzone und Lähmen des Hinterlandes (Air Interdiction), um einem gegnerischen Erstangriff den Rückhalt zu nehmen und damit seine Vorwärtsbewegung zumindest zu verzögern.
- Erdkampfunterstützung (Ground Support) der eigenen Heereskräfte.
- Luftaufklärung (Air Reconnaissance) für die Planung und Auswertung eigener Einsätze.
- Lufttransport (Air Lift) von Personal und Material.
- Frühwarnung (Early Warning). Aufbau und Ergänzung eines NATO-Frühwarnsystems zur lückenlosen Überwachung des Luftraumes der Bundesrepublik einschließlich des östlichen Vorfeldes und zur Warnung der Bevölkerung.
- Elektronische Kriegführung (Electronic Warfare) zur Aufklärung und Störung gegnerischer sowie zum Schutz eigener Operationen.
- Luftrettung (Search-and-Rescue) im Einsatz, aber auch im Frieden als Unterstützungsleistung.

Zur Gewährleistung all dieser Aufgaben bedurfte es entsprechender Einsatzverbände mit Jagdbombern, Aufklärern, taktischen Jagdflugzeugen, Abfangjägern, Lufttransportkräften und bodengebundener Luftverteidigung. Neben der Führungsstruktur mußten insbesondere auch Kräfte für den Radarführungs-, Fernmeldeverbindungs-, Flugsicherungs-, Nachschub-, Sanitäts-, Wetter-, Ausbildungs- und Technischen Dienst aufgestellt werden, um Ausbildung, Unterstützung und Versorgung zu gewährleisten.

Dies waren die konzeptionellen Zielvorstellungen. Doch sollte mehr als ein Jahrzehnt vergehen, bis sich die Realität halbwegs an ihnen messen lassen konnte.

Der Aufbau

Nörvenich: die Geburtsstunde

»Mit der Aufstellung der Lehrkompanie in Nörvenich hat die Geburtsstunde der neuen deutschen Luftwaffe geschlagen. Sie stehen heute hier vor mir als die Ersten, die eines Tages als Flugzeugführer oder in vielseitigen technischen Verwendungen Dienst tun sollen. Sie haben sich damit einer Waffe verpflichtet, die auf eine noch junge, aber hervorragende Tradition zurückblicken kann. Eine Tradition großer Taten und stiller aufopfernder Pflichterfüllung.« Bevor Verteidigungsminister Theodor Blank mit diesen Worten am 9. Januar 1956 die ersten Soldaten der Luftwaffe in Nörvenich begrüßte, mußte noch vieles vorbereitet werden. Bereits am 8. Dezember 1955 hatten drei Beamte die »Verwaltungsstelle für die Luftwaffenlehrkompanie« begründet, um die administrativen Voraussetzungen für diese erste Einheit der Luftwaffe zu schaffen. Am 15. Dezember 1955 traten die ersten Soldaten, noch in Zivil, ihren Dienst als Stamm- und Ausbildungspersonal für die Rekrutenausbildung auf dem Fliegerhorst Nörvenich an.

Die ersten Luftwaffenrekruten waren Offizier- und Unteroffizieranwärter. Als Keimzelle der Luftwaffe verfügte die Lehrkompanie unter ihrem ersten Chef Major Schroeder über zehn Offiziere, 30 Unteroffiziere und Mannschaften als Stammpersonal. Die meisten stammten aus der ehemaligen Fallschirmjägertruppe. Hinzu traten am 2. Januar 105 Rekruten, davon 56 Offizieranwärter. In den ersten drei Monaten erhielten sie ihre Grundausbildung, ergänzt durch einen dreimonatigen Unteroffizierlehrgang vor Ort. Bereits am 30. April 1956, nach Ablauf der Eignungsübung, erfolgte die Übernahme in das Verhältnis eines Soldaten auf Zeit.

Die Ausbildungsweisung 1/55 vom 20. Dezember 1955 beschrieb den Auftrag der Einheit wie folgt: »Am 3. Januar beginnt in Nörvenich die Ausbildung der ersten jungen Luftwaffensoldaten der neuen deutschen Luftwaffe. Sie sind als künftige Offiziere und Unteroffiziere vorgesehen. Die Ausbildung wird nach den Grundsätzen der neuen deutschen Streitkräfte erfolgen. Die damit gestellte Aufgabe muß mit Vertrauen und im Geiste gegenseitiger Kameradschaft angepackt und durchgeführt werden. Jeder Mann der Luftwaffenlehrkompanie muß sich darüber im Klaren sein, daß er mit als einer der Ersten beim Aufbau der Luftwaffe dabei sein darf.«

Die Zeit der Ausbildung der ersten Luftwaffensoldaten war nicht nur durch Improvisation geprägt, sondern auch durch eine Reihe dienstlicher Höhepunkte wie die Übergabe der Ernennungsurkunden durch den Bundesverteidigungsminister Theodor Blank am 9. Januar sowie mehrere Ehrenzugeinsätze bei Staatsbesuchen in Bonn. Unbestrittener Höhepunkt war für alle »Nörvenicher« jedoch der Appell vor Bundeskanzler Adenauer am 20. Januar 1956 in Andernach, dem ersten öffentlichen Auftreten deutscher Soldaten nach dem Zweiten Weltkrieg.

Nach der Versetzung am 30. Mai begann für die fliegertauglichen Rekruten die Ausbildung zum Flugzeugführer, erst in Landsberg/Lech, dann in Fürstenfeldbruck, anschließend in den USA.

Ein Teil des Stammpersonals war bereits ab dem 22. Mai nach Uetersen versetzt worden. Dort bildete es den Stamm des neuen Luftwaffenausbildungsregiments 1. Der Rest der Ausbilder und Rekruten folgte am 22. Juni. Die Luftwaffenlehrkompanie in Nörvenich wurde nach knapp sechs Monaten wieder aufgelöst.

Einkleidung der ersten Freiwilligen im Januar 1956 in Nörvenich

Bis Ende 1956 war die Luftwaffe auf 12.000 Mann angewachsen. Noch während des ganzen Jahres lebte der Aufbau der Verbände von pragmatischem Zupacken und Improvisation.

Zeitzeugenbericht von Hauptmann Helmut Schwarz, Dienstbeginn 16. Juli 1956, S 1 Offizier im III. Bataillon des Ausbildungsregiments 1, zu dessen Aufstellung zum 1. August 1956:

»Als Arbeitsunterlagen erhielt ich eine Kopie des Soldatengesetzes und Namenslisten von neun Offizieren, von denen zwei als Chefs der 7. und 8. Kompanie benannt wurden, und von rund 20 Unteroffizieren, davon drei Kompaniefeldwebel. Die Genannten waren bereits 14 Tage Soldat oder mit mir eingestellt worden. Es blieb etwa eine Woche, die Kompaniereviere so herzurichten, daß jeder Rekrut ein Bett und einen Spind vorfand. Dazu mußte jeder anfassen, unabhängig vom Dienstgrad. Am 31. Juli war alles bereit.
Sie kamen pünktlich. Die 7. Kompanie war bald aufgefüllt und schon bald auch die 8. Und es kamen immer noch mehr. Es war keine Zeit zu fragen, es mußte improvisiert werden. Am frühen Nachmittag war das III. Bataillon doppelt so groß wie vorgegeben. Und dann das unvergessene Ferngespräch mit der einberufenden Dienststelle. Frage: ›Hat es bei der Einberufung einen Irrtum gegeben? Wie viele sollten denn kommen?‹ – Antwort: ›200, sind die nicht gekommen?‹ ›Nein – aber 400!‹ Nach einer Schreckpause: ›Um Himmels willen, sind denn alle gekommen?‹ – ›Ja, was bedeutet das?‹ – ›Wir meinten, es kommt eh' nur die Hälfte, deshalb haben wir 400 einberufen!‹«

Der Führungsstab und die Kommandobehörden

Bereits mit der Gründung der Ausbildungskompanie in Nörvenich war vom Grundsatz abgewichen worden, die Luftwaffe »von oben« aufzustellen. Und Nörvenich war nur der Anfang. Weitere Verbände und Ausbildungseinrichtungen der Luftwaffe wurden 1956 aus der Taufe gehoben. So scheint die stufenweise Etablierung der Luftwaffenabteilung im Ministerium in einem gewissen Kontrast zur ursprünglichen Planung zu stehen, eine Führungsorganisation, den Führungsstab der Luftwaffe, im Bundesministerium für Verteidigung zu schaffen, bevor Verbände und Schulen für die neue Luftwaffe aufgestellt werden sollten. Doch war paralleles Vorgehen auf allen Ebenen – vom Ministerium bis in die Einheiten – zwingend, wollte man die Terminvorstellungen auch nur annähernd erfüllen.

Seit Anbeginn stand das Ministerium unter ziviler Führung. Die Bundeswehr unterlag dem Primat der Politik und sollte parlamentarisch kontrolliert werden. Neben den zivilen Abteilungen gab es militärische Anteile, unter anderem die Gruppe Luftwaffe der vormaligen Unterabteilung II, Planung, geführt von Oberstleutnant a.D. Werner Panitzki, der im Amt Blank »Chefplaner der Luftwaffe« gewesen war. Es dauerte aber noch bis Ende Mai 1957, ehe aus dieser Gruppe, mit dem Zwischenstadium »Abteilung VI«, der Führungsstab der Luftwaffe mit Generalleutnant Josef Kammhuber als erstem Inspekteur entstand.

Um die Gründung des Bundesministeriums für Verteidigung, besonders hinsichtlich der Aufgabenabgrenzung sowie der Rolle der Spitzenmilitärs, zog sich ein

Werner Panitzki nach der Wiedereinstellung als Oberst

längerer Streit hin. Dabei spielte der Personalgutachterausschuß eine zentrale Rolle. Er prüfte alle Bewerber in Offizierrängen intensiv, vor allem diejenigen in den Dienstgraden ab Oberst aufwärts, und gab Einschätzungen zur charakterlichen Eignung mit Blick auf mögliche Laufbahnerwartungen und Verwendungen der Kandidaten ab. Eine Folge des Verfahrens war, daß zahlreiche Verbände und Kommandobehörden zunächst unter einer interimistischen Führung standen, da die seitens der Luftwaffe vorgesehenen Kandidaten noch nicht zur Verfügung standen.

Mit dem Ziel der schnellen und funktionalen Angleichung an die Luftwaffen der Bündnispartner sollte eine rein aufgabenbezogene Luftwaffe aufgestellt werden. Zu dem ministeriellen Teil sollten auf Korpsebene das Kommando der Schulen für die Ausbildung, das Materialkommando für die Unterstützung sowie zwei »Fliegerkorps« aufgestellt werden, deren Kräfte den für die Verteidigung zuständigen Allied Tactical Air Force (ATAF) der NATO unterstellt werden sollten. Jedes Fliegerkorps sollte aus zwei Jagdbomber- und je einem Jagd-, Aufklärungs- und Lufttransportgeschwader bestehen. Dazu sollten acht Luftverteidigungsdivisionen mit je einem Jagdgeschwader, bodengebundener Luftverteidigung sowie Flugmelde- und Radarleitkräften aufgestellt und taktisch direkt den ATAF unterstellt werden. In der Summe sollten demnach 18 fliegende Geschwader aufgebaut werden. Bevor jedoch an einsatzbereite Verbände gedacht werden konnte, war die vordringliche Aufgabe das Schaffen der Grundlagen, der Aufbau und die Ausstattung der Schulen und Ausbildungseinrichtungen, der erforderlichen Infrastruktur sowie der personellen und materiellen Voraussetzungen.

Am 25. Mai 1956 stellte die Luftwaffe auf dem Fliegerhorst in Köln-Wahn die »Kommandos der Fliegerhorste« Nord und Süd in Dienst, die am folgenden Tag in Münster und Karlsruhe ihre Arbeit aufnahmen. Sie bildeten die Vorstufen zu den Luftwaffengruppenkommandos Nord und Süd. Die Gruppe Nord in Münster war der britisch dominierten 2. ATAF in Mönchengladbach zugeordnet, die Gruppe Süd der amerikanisch geführten 4. ATAF in Ramstein. Damit waren diese nationalen Kommandos weder für die operativen Grundsätze noch für die Führung im Einsatz verantwortlich. Als truppendienstlich vorgesetzte Stellen der Kampfverbände hatten sie deren personelle und materielle Einsatzbereitschaft sicherzustellen. Unter ihrem Kommando waren die operativen Verbände der Luftwaffe in Divisionen zusammengefaßt. Die Divisionen waren nach Aufgaben gegliedert und entsprechend benannt. Den »Fliegerführern« bzw. »Luftwaffendivisionen« waren die Luftangriffsverbände, den Luftverteidigungsdivisionen die Jagd- und Flugabwehrverbände unterstellt.

Der Aufbau der Divisionsebene sollte einige Jahre in Anspruch nehmen:

Datum	Kommandobehörde	Ort
Aug. 1957	1. LV-Div	München
Aug. 1957	3. LV-Div	Münster
Okt. 1958	Fliegerführer Süd ab 1963: 5. LwDiv	Trier-Euren
Apr. 1959	2. LV-Div	Trier-Euren
Okt. 1959	4. LV-Div	Aurich
Aug. 1960	Fliegerführer Nord ab 1963: 7. LwDiv	Münster, ab 1963 Schleswig
Okt. 1963	6. LwDiv (Unterstützung)	Münster

Die Zuordnung der Verbände zeigt, daß die Luftverteidigungsdivisionen sehr unterschiedliche Verbandstypen, die »Fliegerführer« (später: »Luftwaffendivisionen«) ausschließlich fliegende Verbände führten. So umfaßte beispielsweise die 1. Luftverteidigungsdivision 1960 das Jagdgeschwader 74 in Neuburg, das Flugabwehrregiment 1 in Lechfeld und das Fernmelderegiment 31 in Ulm. Zu dieser Zeit waren dem »Fliegerführer Nord« das Jagdbombergeschwader 31 (Nörvenich), das Jagdbombergeschwader 35 (Husum), das Aufklärungsgeschwader 52 (Eggebek), das Lufttransportgeschwader 62 (Ahlhorn) sowie das Lufttransportgeschwader 63 (Celle) zugeordnet.

Kernaufgabe der Divisionskommandos war die Bereitstellung personell und materiell einsatzbereiter Verbände. Dabei blieb die personelle Einsatzbereitschaft bis weit in die 60er Jahre das wohl gravierendste Problem.

Brigadegeneral Hannes Trautloft, erster Kommandeur des Kommandos der Schulen, zuletzt Generalleutnant und Kommandierender General Luftwaffengruppe Süd, mit Bundesverteidigungsminister Franz-Josef Strauß

Unter dem Ministerium firmierte als wichtigste Einrichtung der Luftwaffe in den Anfangsjahren das »Kommando der Schulen« (KdS), Juni 1956 in Dienst gestellt, bereits 1962 wieder aufgelöst. In dieser Höheren Kommandobehörde war die Ausbildungsexpertise gebündelt, ihr waren sämtliche Ausbildungsverbände »in jeder Hinsicht unterstellt«. Das KdS trug mit seinen Ausbildungseinrichtungen maßgeblich dazu bei, daß die Aufstellung der Luftwaffe – trotz aller Hemmnisse – weitgehend wie geplant vollzogen werden konnte.

Die enge Einbindung in das Bündnis und die Abhängigkeit von der Erstausstattung durch die USA führten neben der Übernahme amerikanischer Technologie auch zur Übernahme von Organisationsprinzipien, Ausbildungskonzepten und Einsatzverfahren. Die starke Unterstützung mit Personal, Ausrüstung und Ausbildung durch die USA war dabei mehr als nur eine Erleichterung des Neuanfangs: Die Hilfe des transatlantischen Verbündeten war die entscheidende Voraussetzung dafür, daß die Luftwaffe in kurzer Zeit, aus dem Nichts heraus, eine leistungsfähige Ausbildungsorganisation aufbauen konnte. So wie die USA in Form der Military Assistance and Advisory Group (MAAG) zum Ziehvater der jungen Luftwaffe werden sollten, führten der alltägliche Gebrauch der englischen Sprache und die Anwendung amerikanischer Ausbildungskonzepte in Teilen zu einer Amerikanisierung der Luftwaffe. Gerade bei den »Altgedienten« verlief dieser Übergang nicht immer reibungsfrei, dennoch sollte sich der eingeschlagene Weg bewähren.

Eine Besonderheit stellte das Materialkommando als das logistische Herz der Luftwaffe dar. Dem Führungsstab der Luftwaffe unmittelbar nachgeordnet, führte es sämtliche logistischen Verbände und Einrichtungen. Aus der Vorbereitungsstelle für Material der Luftwaffe, der Vorbereitungsstelle für Materialübernahme der Luftwaffe (sie wurde 1958 in das spätere Materialamt der Luftwaffe eingegliedert) und der Vorbereitungsstelle für Nachschub der Luftwaffe hervorgegangen, die im Sommer 1956 alle in Köln entstanden waren, wurde dieses neue Kommando bereits im Juni 1956 nach Erding bei München verlegt.

Die Kommandostruktur wurde bis 1963 mehrmals den Aufbauerfordernissen angepaßt. Die »Luftwaffenplanung 1958« zeigt zwar noch die Luftwaffengruppen Nord und Süd sowie das Kommando der Schulen, doch sind die Verbände teilweise bereits neu zugeordnet. Daneben wurden das Allgemeine Luftwaffenamt und das Materialamt der Luftwaffe etabliert, die zentrale Pilot- und Fachaufgaben in den jeweiligen Bereichen übernahmen.

Aufstellung der Verbände

Bevor Verbände für Einsatzaufgaben aufgestellt werden konnten, waren die Grundlagen zu schaffen. Vorrang hatten zunächst der Aufbau und die Ausstattung der Schulen und Ausbildungseinrichtungen, die Infrastruktur sowie die personelle und materielle Ausstattung.

Ausbildungsverbände

Die Flugzeugführerschulen A in Landsberg (Anfängerschulung auf Piper L-18 und North American T-6), B in Fürstenfeldbruck (Jet-Schulung auf Lockheed T-33) und S in Memmingen, ab 1958 in Faßberg (mehrmotorige Propellerflugzeug- und Hubschrauberschulung), nahmen bereits 1956 ihren Dienst auf. Im folgenden Jahr begann die technisch-logistische Ausbildung in den Technischen Schulen K (Kaufbeuren), L (Lechfeld) und S (Faßberg). In Faßberg wurde 1956 auch die Offizierschule der Luftwaffe aufgestellt, die bereits 1957

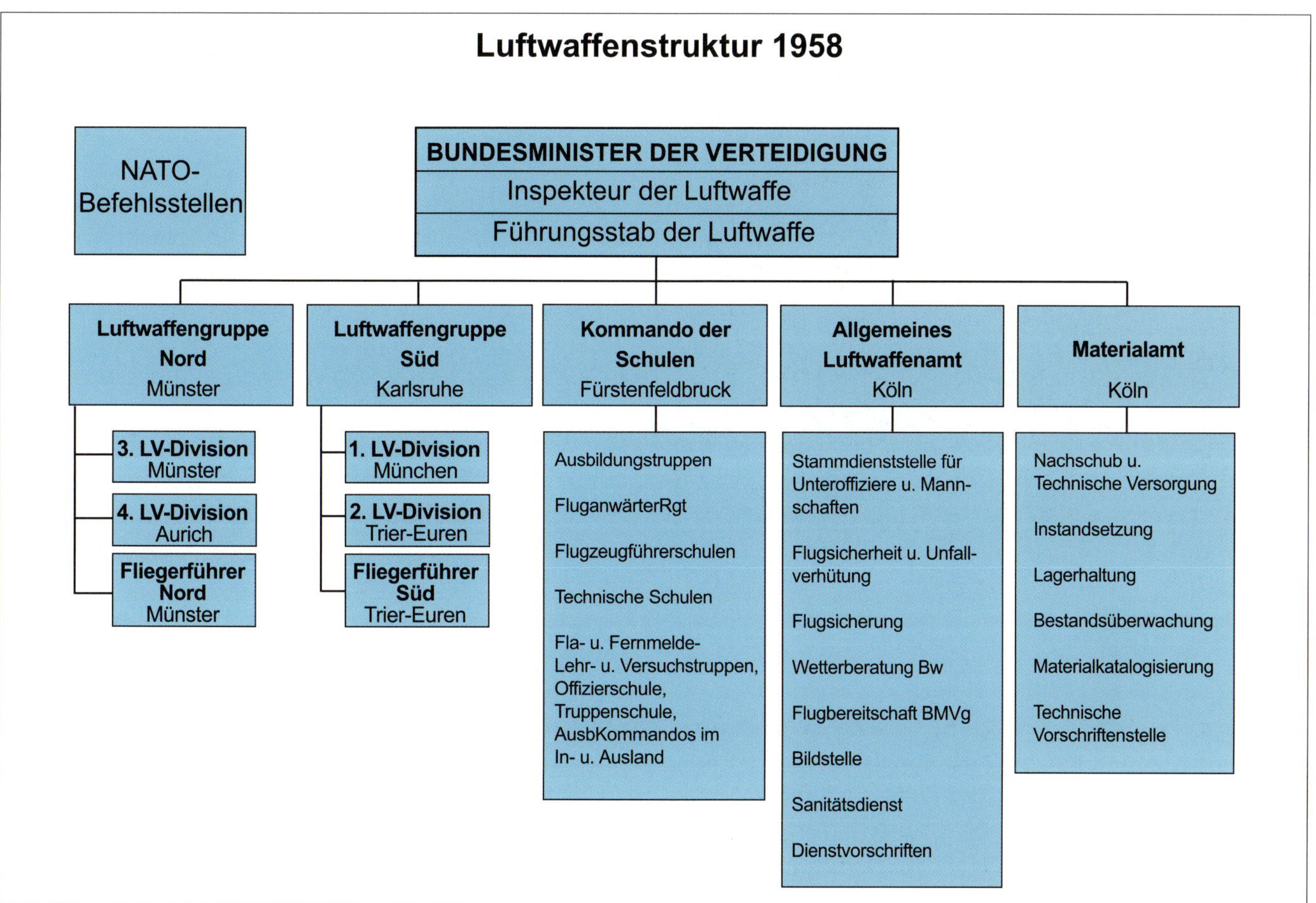

an den »Endstandort« nach Neubiberg verlegte. Zusammen mit den Ausbildungsregimentern 1 bis 4 in Uetersen, Stade, Roth bei Nürnberg und Bückeburg, die die Ausbildung der Rekruten aufnahmen, war damit die Basis des Ausbildungssystems der Luftwaffe geschaffen. Für die Unteroffizierausbildung sowie allgemeinmilitärische Lehrgänge für Offiziere stellte das Kommando der Schulen die Truppenschule der Luftwaffe in Hamburg-Osdorf auf. Ihr Ausbildungsschwerpunkt galt in den Anfangsjahren den Unteroffizieren und ihren Verwendungen als militärische Gehilfen.

Ein Grundzug des damals eingerichteten Ausbildungssystems, die Trennung von Laufbahn- und Fachausbildung, blieb bis heute erhalten. Während an der Offizierschule die Offizieranwärter und Offiziere ihre Laufbahnausbildung absolvieren, bilden die Technischen Schulen Offiziere und Unteroffiziere nach wie vor in Fachlehrgängen aus.

Drei Standorte sind in der Entstehungsphase besonderer Erwähnung wert: Unter dem Stichwort »Three-Base-Training-Complex« firmierte bei der US Air Force Europe (USAFE) die Ausbildungsstruktur der deutschen Luftwaffe – in Landsberg, Fürstenfeldbruck und Kaufbeuren. In Fürstenfeldbruck, als »Fürsty« auch wegen der Nähe Münchens ein begehrter Standort bei der US Air Force, begann im Januar 1956 die Ausbildung der ersten Piloten. Bereits am 3. Januar etablierte sich dort eine deutsche »MDAP-Lehrgruppe«. Im Rahmen des Mutual Defense Assistance Program (MDAP) erhielten europäische Staaten, die finanziell nicht in der Lage waren, ihre Luftwaffen angemessen auszubilden und auszurüsten, von den USA Ausbildungs- und Materialhilfe.

Die Ausbildung wurde von Fürstenfeldbruck aus gesteuert und bei der 7330 FTW (Flying Training Wing) in Fürstenfeldbruck sowie der 7351 Training Wing in Landsberg am Lech schon ab 4. Januar begonnen, unmittelbar nach dem Eintreffen der ersten deutschen Flugzeugführeranwärter. Diese »ersten« waren freilich allesamt Männer, die im letzten Krieg schon einige hun-

Im November 1956 erhielt die Luftwaffe in Fürstenfeldbruck die ersten Einsatzflugzeuge F-84F

dert, manche tausend und mehr Flugstunden absolviert hatten. Oftmals waren sie ihren Fluglehrern fliegerisch klar überlegen. Vor dem Einstieg ins Cockpit mußten sie jedoch die notwendigen Englischkenntnisse erwerben, »eine letztlich unumgängliche Notwendigkeit, wollte man sich mit den US-amerikanischen Fluglehrern verständigen, wenn man Hände und Füße zum Fliegen nutzen mußte«.

Einen Monat später, im Februar 1956, begann in Landsberg auf dem »Yellow Monster«, der T-6, die erste Stufe des »Refreshings«, dem in Fürstenfeldbruck auf der T-33A die »Jet-Familiarization« folgte. Am ersten Lehrgang nahm unter anderem der spätere Inspekteur Gerhard Limberg teil. Im Frühsommer 1956 verfügte die Luftwaffe über zehn ausgebildete Flugzeugführer, die auf Jets als Fluglehrer oder in den künftigen Einsatzverbänden als Staffelkapitäne eingesetzt werden konnten. Ihnen zur Seite standen einige Offiziere, die in den USA, in Kanada und in Großbritannien ausgebildet worden waren. Diese brachten allerdings auch Empfehlungen für mögliche Ausbildungsstandorte im Ausland mit. Denn es war klar, daß die fliegerische Grund- und Waffenausbildung intensiviert werden mußte, um 25 fliegende Verbände mit mehr als 1.300 Luftfahrzeugen mit fliegerischem Personal zu versehen. Dies konnte nicht allein in Deutschland geschehen. Zum einen fehlten zunächst mit den Flugzeugmustern vertraute Ausbilder, zum anderen beeinträchtigen die in Deutschland vorherrschenden Wetterbedingungen den kontinuierlichen Ausbildungsbetrieb.

Am 24. September war der große Tag: Im Beisein von rund 6.000 Zuschauern wurden die ersten drei Schulflugzeuge, eine L-18, eine T-6 Harvard und eine T-33A, mit dem Eisernen Kreuz als Hoheitszeichen offiziell der »Bundesluftwaffe« übergeben. Gleichzeitig überreichte Bundesverteidigungsminister Theodor Blank die ersten zehn deutschen Flugzeugführerabzeichen und Militärflugzeugführerscheine. Für viele Luftwaffenangehörige gilt Fürstenfeldbruck deswegen als die »Wiege der Luftwaffe«.

In Fürstenfeldbruck erhielt die Luftwaffe dann auch im November 1956 die ersten 20 Jagdbomber vom Typ Republic F-84F Thunderstreak. Im Beisein des neu ernannten Verteidigungsministers Franz-Josef Strauß wurden sie der 1. Staffel der Waffenschule 30 übergeben, die damit zur ersten fliegenden Einheit der Luftwaffe wurde.

Die »Technische Schule K«, später Technische Schule der Luftwaffe 1 (TSLw 1), in Kaufbeuren wurde zur Keimzelle für die technische Ausbildung der Luftwaffe. In Kaufbeuren hatte die 7331 Technical Training Wing MDAP bereits seit einigen Jahren das technische Personal der am MDAP teilnehmenden Nationen in Luftfahrzeug- und Treibwerkinstandsetzung, Flugsicherung, Waffen und Munition, Elektronik, Luftbild- und Nachrichtenwesen und Logistik geschult. Ab März 1956 begann auf dem von der US Air Force bis 1957 genutzten Platz die Ausbildung des deutschen luftfahrzeugtechnischen Personals, die sich anfangs auf die F-84F Thunderstreak konzentrierte. Auch die ersten technischen Offiziere für die Jagdbombergeschwader erhielten ihre Einweisung in dieses Waffensystem in Form eines Mechanikerlehrganges.

In Lechfeld, südlich von Augsburg, entstand im Juni 1956 die »Technische Schule L«, später TSLw 2, die sich der Ausbildung des fernmeldetechnischen und anfangs auch des flugzeugtechnischen Personals widmete. Die flugzeugtechnische Ausbildung wurde wenig später nach Faßberg, auf einen von den Briten genutzten Flugplatz in der Lüneburger Heide, verlagert. Die dort zu Jahresbeginn 1957 gegründete Technische Schule der Luftwaffe 3 umfaßt seither die Fachrichtungen Luftfahrzeugtechnik, Waffenmechanik und Flugausrüstung. Später wurde in Faßberg die Brandschutzausbildung zentralisiert.

Diese Technischen Schulen garantierten bis weit in die 90er Jahre mit hochwertiger Ausbildung ein hohes Kompetenzniveau des Luftwaffenpersonals – zu keinem Zeitpunkt standen sie vergleichbaren zivilen Ausbildungsgängen nach.

Die Waffenschule 10 wurde zur ersten Ausbildungseinrichtung für die Jagdflieger. Am 1. April 1957 in Nörvenich in Dienst gestellt, verlegte die Waffenschule 10 bereits kurz danach nach Oldenburg. Die Ausbildung erfolgte auf der North American F-86F Sabre bzw. der weitgehend baugleichen Canadair CL-13 Sabre Mark V und Mark VI.

Nörvenich war nach dem Krieg von der britischen Besatzungsmacht aufgebaut worden, auch der Stamm der Ausbilder war 1956 in Großbritannien oder Kanada taktisch geschult worden. Erster Kommandeur

Die ersten drei Flugzeugführer mit britischen »Wings« – Major Gerhard Barkhorn, Kommodore Jagdbombergeschwader 31, Oberstleutnant Herbert Wehnelt, Kommandeur Waffenschule 10, und Major Walter Krupinski, Kommandeur Waffenschule 30 (v.r.n.l.)

Datum	Verband	Standort
1956	Flugzeugführerschule A	Landsberg/Lech
1956	Flugzeugführerschule B	Fürstenfeldbruck
Jun. 1956	Luftwaffenausbildungsregiment 1	Uetersen/Pinneberg
Jul. 1956	Luftwaffenausbildungsregiment 2	Stade
Okt. 1956	Offizierschule der Luftwaffe	Faßberg, 1958 Neubiberg, seit 1977 Fürstenfeldbruck
Okt. 1956	Luftwaffenausbildungsregiment 4	zunächst Buxtehude, später Landsberg/Lech
Nov. 1956	Waffenschule 30	Fürstenfeldbruck
Dez. 1956	Technische Schule der Luftwaffe 1	Kaufbeuren
Dez. 1956	Technische Schule der Luftwaffe 2	Lechfeld
Dez. 1956	Technische Schule der Luftwaffe 3	Faßberg
1957	Flugzeugführerschule S	Memmingen, ab 1959 Wunstorf
Jan. 1957	Truppenschule der Luftwaffe	Hamburg-Osdorf
Mär. 1957	Flugabwehrschule (gemeinsame Ausbildung mit der Heeresflugabwehr bis Oktober 1964)	Rendsburg
Apr. 1957	Waffenschule 10	Nörvenich, 1958 in Oldenburg, 1964 Verlegung nach Upjever
Mai 1958	Fluganwärterregiment	Appen
Jul. 1958	Luftwaffenausbildungsregiment 3	Roth
1959	Waffenschule 50	Erding, 1964 Zusammenlegung mit FFS B Fürstenfeldbruck
1963	Luftwaffenausbildungsregiment 5	Wentorf

war Oberstleutnant Herbert Wehnelt, der nach einem »Refresher Training« bei den Alliierten sein Können und Wissen auf dem zweisitzigen Trainer T-33 und der Sabre weitergeben konnte. Neben ihrer Hauptaufgabe, der taktischen Ausbildung der Flugzeugführer zu Jagdfliegern, hatte die Einheit die Jagdgeschwader 71 bis 74 bei der Aufstellung materiell und personell zu unterstützen. Nachdem die vier deutschen Jagdgeschwader aufgestellt waren, schulte die Waffenschule 10 die Flugzeugführer auf den neuen »Superjäger« F-104G um. Dazu stellte sie eine 4. Staffel in Nörvenich auf – obgleich die Schule inzwischen in Oldenburg stationiert war.

Für den Bereich der bodenständigen Flugabwehr gab es in der Luftwaffe zunächst keine eigenständige Ausbildungseinrichtung. Schlüsselpersonal wurde an der gemeinsam mit dem Heer betriebenen Flugabwehrschule in Rendsburg, das restliche Personal von diesen Kadern in den Verbänden ausgebildet. Als gegen Ende der 50er Jahre die Aufstellung von Flugabwehrraketenverbänden entschieden wurde, erfolgte die Ausbildung primär in den USA, in Fort Bliss, Texas, an der US Army Air Defense School und an der Ordonnance Guided Missile School in Huntsville, Alabama. Parallel dazu wurde in Aachen 1964 die Raketenschule der Luftwaffe aufgebaut, die zwei Jahre später bereits nach Fort Bliss verlegte.

Fliegende Verbände

In den beiden ersten Jahren 1956/57 wurden zunächst die Fliegerhorstgruppen in Uetersen, Stade, Büchel und Diepholz als Vorläufer späterer Einsatzverbände aus der Taufe gehoben. Alle anderen frühen Aktivitäten an Flugplätzen galten der Ausbildung – eine Abfolge, die sich als sinnvoll erweisen sollte. Die Planungsgrundlagen hatten vorgesehen, daß die Luftwaffe folgende fliegenden Verbände aufzustellen hatte:

- vier Jagdgeschwader,
- ein Allwetterjagdgeschwader,
- acht Jagdbombergeschwader,
- vier Aufklärungsgeschwader,
- drei Lufttransportgeschwader.

Die zeitlichen Vorstellungen waren anspruchsvoll. Bis 1962 sollten die Verbände einsatzbereit sein. Tatsächlich wurden weniger Einsatzverbände und diese langsamer als geplant aufgebaut: Im Jahre 1957 wurde ausschließlich das Lufttransportgeschwader 61 in Dienst gestellt. Es war übrigens der erste Verband, bei dem die Zusammenführung von ausgebildetem Personal und neuem Material in neuer Infrastruktur funktionierte – eine sachgerechte Vorgehensweise, die jedoch bei einer Reihe der später aufzustellenden Verbände nicht durchgehalten werden konnte. 1957 begann die Aufstellung des Jagdbombergeschwaders 31 in Büchel, seine Indienststellung erfolgte aber erst 1958 in Nörvenich. 1958 folgten das Jagdbombergeschwader 32 auf dem Lechfeld und das Jagdbombergeschwader 33 in Büchel, dessen personeller Stamm von der Waffenschule 30 gekommen war, die zeitgleich aufgelöst wurde.

Indienststellung des Jagdgeschwaders 72 in Leck – im Hintergrund F-86 Sabre

Die genannten Verlegungen und Umwidmungen geben bei weitem nicht alle Turbulenzen für den fliegerischen Dienst in der Anfangsphase wieder. Denn auch in der praktischen Umsetzung der ursprünglichen Planung gab es Probleme: Die fliegenden Verbände waren strukturell anders gegliedert als die der Luftwaffe des Zweiten Weltkrieges. Es wurde eine Dreiergliederung der Verbände nach dem Muster der USAF festgeschrieben. Jedes Geschwader hatte eine Fliegende Gruppe mit den Einsatzstaffeln, eine Technische Gruppe zur Sicherung der materiellen Einsatzbereitschaft sowie eine Fliegerhorstgruppe, die Schutz und Routinebetrieb für den Flugplatz zu gewährleisten hatte.

Diese Gliederung ergab sich allerdings nicht ausschließlich aus der Anlehnung an die USAF. Sie war auch durch die Infrastrukturlage diktiert, mit der die Luftwaffe lange Zeit kämpfen mußte: Für die geplanten 20 Einsatzgeschwader gab es nicht genügend Flugplätze, wenn man an der früheren Aufteilung – drei Einsatzstaffeln auf drei verschiedenen Flugplätzen – festhalten wollte. Die meisten Militärflugplätze wurden von Alliierten genutzt, auf die man angewiesen war. Eine »Landnahme« war nicht gesetzlich regelbar. Angesichts der unzähligen Probleme ist es erstaunlich, mit welcher Geschwindigkeit die Luftwaffe in den Jahren bis 1965 doch noch ihre Verbände aufstellte: Infrastruktur für den Flugbetrieb existierte noch gar nicht, und so verlegten Teile des Jagdbombergeschwaders 34 kurzerhand nach Memmingen. Das auf gleiche Weise in Nörvenich aufgestellte Geschwader mit der Endnummer 35 kam dann nach Husum.

Nörvenich war Keimzelle für die Flugbereitschaft und nicht weniger als vier Jagdbombergeschwader, die Verbände 31, 34, 35, 36. Das Jagdbombergeschwader 36 in Rheine-Hopsten nahm dabei eine Sonderrolle ein, da es als letzter »Tochter-Verband« vom Jagdbombergeschwader 31 im Zuge der Umrüstung auf das Waffensystem Lockheed F-104G Starfighter nicht nur die F-84F Thunderstreak, sondern auch einen großen Teil des Personals erhielt. Piloten, Techniker und selbst das neue Waffensystem F-104 für das in Nörvenich neu aufgestellte JaboG 31 kamen überwiegend frisch aus den USA beziehungsweise aus Kaufbeuren.

Datum	Verbandsbezeichnung	Standort
Apr. 1957	Flugbereitschaft BMVg	zunächst Nörvenich, später Köln-Wahn, 1959 in Lufttransportgeschwaders 62 integriert; ab April 1962 wieder »Flugbereitschaft«
Aug. 1957	Lufttransportgeschwader 61	Erding, ab März 1958 Neubiberg, ab 1971 Penzing
Jun. 1958	Jagdbombergeschwader 31	Nörvenich
Jul. 1958	Jagdbombergeschwader 33	Büchel, aus Waffenschule 30 (Fürstenfeldbruck)
Jul. 1958	Jagdbombergeschwader 32	Lechfeld
Apr. 1959	Jagdgeschwader 72	Oldenburg, ab November 1959 Leck
Apr. 1959	Jagdgeschwader 73	Ahlhorn, ab 1961 Sobernheim
Mai 1959	Jagdbombergeschwader 34	Memmingerberg
Jun. 1959	Jagdgeschwader 71	Ahlhorn, ab 1963 Wittmund
Jul. 1959	Aufklärungsgeschwader 51	Erding, ab 1961 Manching, ab 1969 Bremgarten
Okt. 1959	Jagdbombergeschwader 35	Husum
Dez. 1959	Lufttransportgeschwader 62	Celle, ab 1963 Ahlhorn, später Wunstorf, Diepholz, Holzdorf
Dez. 1959	Aufklärungsgeschwader 52	Erding, später Eggebek, zuletzt Leck
Okt. 1960	Aufklärungsgeschwader 53	Erding, später Jagdbombergeschwader 44 Leipheim
Mai 1961	Jagdgeschwader 74	Neuburg/Donau, aus Jagdgeschwader 75
Dez. 1961	Jagdbombergeschwader 36	Rheine-Hopsten
Nov. 1961	Lufttransportgeschwader 63	Celle, aus Lufttransportgeschwader 62, ab 1967 Hohn

Diese knappe Übersicht kann nicht zum Ausdruck bringen, daß die Verbände nach dem Prinzip der »Zellteilung« aufgestellt wurden. So diente der Standort Nörvenich der Gründung mehrerer Jagdbombergeschwader. Vom Jagdbombergeschwader 34, das ursprünglich in Husum seinen Endstandort finden sollte, wurden in Nörvenich der Stab und die erste Staffel aufgestellt. Als das Vorkommando zur Übernahme des Fliegerhorstes in Nordfriesland eintraf, war der Platz noch nicht bereit, einen Verband aufzunehmen. Die

Aus Nörvenich ging auch die später nach Oldenburg verlegte Waffenschule 10 hervor, die mit ihren vier Ausbildungsstaffeln das fliegende Personal der Jagdgeschwader 71, 72, 73 und 75 (später in 74 umbenannt) schulte und anschließend sämtliche Verbände, die mit der F-104 ausgerüstet wurden.

Und es gab Fliegerhorste, die – trotz der dort herrschenden Enge – mehrere Einsatzverbände oder Ausbildungseinrichtungen beheimateten. Über die Sonderstellung von Fürstenfeldbruck und über Kaufbeuren wurde schon berichtet. Auch Erding diente – ähnlich wie Nörvenich – als Geburtsort für nicht weniger als vier Einsatzverbände, die nach der Aufstellung der Kader an andere Standorte verlegten. Ahlhorn war nicht nur Geburtsort und langjähriger Stationierungsort eines Lufttransportgeschwaders (LTG 62), sondern auch der Jagdgeschwader 71 und 73.

Flugkörperverbände

Grundsätzlich anders verlief die Gründung der Flugkörpergeschwader. 1958 wurde die Flugkörpergruppe 11 in Kaufbeuren aufgestellt, die das Waffensystem Matador im Rahmen einer Truppenerprobung für eine spätere Beschaffung testen sollte. Aus der Keimzelle in Kaufbeuren gingen zwischen 1963 und 1965, als die fliegenden Verbände schon bestanden, die beiden Flugkörpergeschwader 1 in Landsberg und 2 in Geilenkirchen hervor. Anfangs beabsichtigte die Bundeswehr, die vier Flugkörpergruppen mit Fernlenkgeschossen vom Typ Matador bzw. Mace auszustatten. Truppenversuche ergaben jedoch, daß beide Systeme den Ansprüchen an eine schnell verfügbare, treffsichere Waffe nicht gerecht wurden. Die Verbände erhielten daher statt dessen ab 1963/64 die taktische Boden-Boden-Rakete Pershing I. In den ersten Jahren waren die Flugkörpergeschwader in provisorischen Kasernen und Stellungen untergebracht. Es gab weder Bereitschaftsstellungen noch angemessene Lager für die Raketen und die nuklearen und konventionellen Sprengköpfe.

Konnte bei der Erprobung nicht überzeugen – Flugkörper Matador

Sep. 1963	Flugkörpergeschwader 1 aus Flugkörpergruppe 11	Landsberg Kaufbeuren
Dez. 1964	Flugkörpergruppe 21 und 22 ab 1965 Flugkörpergeschwader 2	Geilenkirchen

Die Flugkörperverbände mußten über Jahre ihren Dienst aus Provisorien heraus verrichten. Im Falle des FKG 2 war lange Zeit unklar, wo es seinen Endstandort finden würde. 1968 wurden seine Teile schließlich in Geilenkirchen auf einem zuvor britisch genutzten Flugplatz zusammengefaßt. Die infrastrukturelle Lage verbesserte sich erst in den 70er Jahren spürbar.

Die NATO-Assignierung der Flugkörperverbände erfolgte im Dezember 1970. Dabei wurden die Flugkörpergruppen der NATO direkt unterstellt.

Flugabwehr-/FlaRak-Verbände

Ihre Anfänge hatte die Flugabwehrtruppe der Luftwaffe in den »bodenständigen Flugabwehrbataillonen«. Ab 1957 stellte die Luftwaffe zunächst fünf, später drei weitere Flugabwehrbataillone mit Flugabwehrkanonen auf. Die Personalstämme für diese Verbände, Offiziere und Unteroffiziere, kamen teilweise aus dem Heer. Die Flugabwehrtruppe sollte im Objektschutz bei Großradaranlagen und Flugplätzen gegen Tiefflieger eingesetzt werden. Die Bofors 40 mm L 70 war eine im Zweiten Weltkrieg bewährte, inzwischen durch ein Feuerleitradar unterstützte Kanone. Sie konnte wahlweise manuell oder elektrisch gerichtet werden und war für die Tieffliegerabwehr gut geeignet.

Flak Bofors 40 mm L 70 in Stellung

In den Jahren 1959 bis 1961 wurden die Bataillone in Regimentern zusammengefaßt. Waren sie nach der Gründung noch den Kommandos der Luftwaffenbodenor-

Datum	Verband	Standort
Jul. 1957	Flugabwehrbataillon 41	Göttingen, später Essen-Kupferdreh
Jul. 1957	Flugabwehrbataillon 42	Bremen, später Oldenburg
Jul. 1957	Flugabwehrbataillon 43	München-Oberwiesenfeld
Jul. 1957	Flugabwehrbataillon 44	Hamburg-Osdorf, später Aurich
Jul. 1957	Flugabwehrbataillon 45	Lindau/Bodensee
Jul. 1958	Flugabwehrbataillon 47	Lechfeld, 1964 deaktiviert
Jul. 1959	Flugabwehrbataillon 48	Goslar, ab 1961 in Büchel
Aug. 1959	Flugabwehrbataillon 46	Nörvenich

ganisation und ab dem 1. April 1958 den Luftverteidigungsdivisionen direkt unterstellt gewesen, so zog die Luftwaffe nun eine Zwischenebene ein, um die Divisionskommandos zu entlasten.

Bereits im Jahr 1961 wurden die Flugabwehrbataillone regelmäßig personell abgeschöpft, um die Kader für Flugabwehrraketenverbände zu gewinnen. Allein das Bataillon 42 gab im Jahr 1962 rund 150 Mann an Nike-Verbände ab.

Die ersten Jahre waren, wie in vielen Bereichen der Bundeswehr, durch Improvisation geprägt. Ungeachtet aller Hemmnisse entwickelte sich die Flugabwehr der Luftwaffe schnell zu einer einsatzbereiten Truppe. Nach erfolgreichen Flugabwehrschießen in Todendorf an der Ostsee meldeten sich alle Verbände um die Jahreswende 1961/62 einsatzbereit. Und sie traten den Beweis an: Während der Kuba-Krise standen die Flugabwehrverbände binnen kürzester Zeit an ihren Schutzobjekten.

Im Zuge der Umstellung der bodengebundenen Luftverteidigung auf Flugabwehrraketen wurden ab Anfang der 60er Jahre die Flak-Geschütze an das Heer gegeben, das sie weiter im Einsatz hielt.

Die neuen Raketenverbände sollten in Riegeln aufgestellt werden, um im Rahmen der integrierten NATO-Luftverteidigung gemeinsam mit den Bündnispartnern einen undurchlässigen Gürtel zu bilden, der vom Nordkap bis zur Osttürkei reichen sollte. Dieser umfassende Anspruch wurde jedoch nie realisiert. Nur in Mitteleuropa wurde aus deutschen, amerikanischen, niederländischen und belgischen Flugabwehrraketenverbänden ein durchgängiger Gürtel etabliert. In Norwegen und der Türkei wurden ausschließlich die wichtigen Metropolen und Industriegebiete durch Flugabwehrstellungen geschützt.

Schon früh fiel die Entscheidung, für den Luftwaffenbeitrag zu diesem Gürtel das Flugabwehrraketensystem Nike zu beschaffen. Nike war in den USA bereits seit 1957 zum Schutz der Küsten und der Industriezonen eingesetzt. Mit zwei Flugkörpervarianten ausgestattet, galt Nike als bewährtes System. Die Nike Ajax war in der Lage, Flugzeuge in Höhen bis knapp 20.000 Meter auf rund 40 Kilometer Entfernung zu bekämpfen. Das reichte gegen alle bekannten Bombertypen. Die modernere Nike Hercules unterschied sich vor allem durch ihre Schnelligkeit und ihre Reichweite von 150 Kilometern. Sie konnte zusätzlich mit amerikanischen Atomgefechtsköpfen zur Bekämpfung von Bomberpulks eingesetzt werden.

Provisorische Nike-Stellung in den frühen Jahren mit Hercules und Ajax

Die Luftwaffe verfügte anfangs über beide Raketentypen, zumal diese im Nike-Universal-System auch gemeinsam verschossen werden konnten. Aus der Reichweite der Hercules ergaben sich die Standorte ca. 150 Kilometer von der innerdeutschen Grenze entfernt. Der Gürtel war damit in der Lage, die Ballungs- und Industrieräume sowie militärische Einrichtungen, vor allem Flugplätze und Lagerstätten für atomare Munition in der Bundesrepublik zu schützen.

Die Ausbildung deutscher Soldaten am Waffensystem Nike begann im Mai 1958 in den USA. In nur drei Jahren, beginnend 1959, wurden die Nike-Verbände aufgestellt. Das Flugabwehrraketenbataillon 21 existierte formal bereits, als sich das Schlüsselpersonal noch in Ausbildung befand.

Kohlehalde auf dem Gelände des späteren Gelsenkirchener Parkstadions als Stellung vor.

Mit dem Nike-System und den Jagdflugzeugen verfügten die Luftwaffe und damit auch die NATO über leistungsfähige Mittel gegen hochfliegende Angreifer. Anders sah die Situation bei tieffliegenden Flugzeugen aus. Die Erfahrungen der US-Streitkräfte aus dem Korea-Krieg hatte in den USA für die rasche Entwicklung eines FlaRak-Systems gesorgt, das den unteren Höhenbereich abdecken sollte: Hawk. Seit 1960 befand sich dieses System in den Einsatzverbänden der US Army.

Im Unterschied zur kommandogelenkten Nike besaß Hawk ein halbaktives Lenksystem, bei dem die vom Ziel reflektierte Radarenergie von der Rakete direkt genutzt wurde. Mit diesem Lenksystem und seiner Mobilität war das System der Nike um Längen voraus. Taktisch voll beweglich wurde das Hawk-System in einem zweiten, vor dem Nike-Riegel liegenden Gürtel stationiert, der von der Ostsee bis zu den Alpen reichte.

Datum	Verband	Standort
Apr. 1959	FlaRakBtl 21	Köln-Wahn, ab 1960 Gelsenkirchen, ab 1971 Möhnesee-Echtrop
Apr. 1960	FlaRakBtl 22	Köln-Wahn, ab 1961 Lager Stegskopf, ab 1969 Burbach
Apr. 1960	FlaRakBtl 23	Bocholt, ab 1962 Kransberg/Taunus, ab 1965 Kiliansstädten
Jan. 1961	FlaRakBtl 24	Schwarmstedt/Oldenburg, ab 1962 Delmenhorst
Okt. 1961	FlaRakBtl 25	Diepholz, ab 1963 Barnstorf
Okt. 1961	FlaRakBtl 26	Jever, ab 1973 Hohenkirchen/Wangerland

Die Aufstellung der Nike-Verbände war schwierig: Jede Batteriestellung, und davon wurden allein für die deutschen Bataillone im Luftverteidigungsgürtel 24 errichtet, benötigte für ihren Abschuß- und Feuerleitbereich 19 Hektar Land. Außerdem mußte für die Booster-Fallzone ein unbesiedelter Landstrich vorgesehen werden. So waren manche Kommunen von den Stationierungsplänen nicht begeistert. Zudem hatten die Menschen die Sorge, daß die Stellungen der atomar einsetzbaren Nike vorrangige Ziele der Gegenseite sein würden. Der Kreistag von Siegen beispielsweise lehnte »im Interesse unserer Bevölkerung eine Stationierung von Nike- oder Hercules-Raketen mit aller Schärfe ab ..., da ... auch die Abschußbasen solcher Flugabwehrraketen die Atombomben des Gegners anziehen werden, weil er ihre Ausschaltung zu erreichen sucht«.

Es sollte bis 1973 dauern, bevor alle Batteriestellungen für die Nike errichtet und bezogen waren. Bis zu diesem Zeitpunkt erlebte die FlaRak-Truppe mit Nike – wie später auch beim Waffensystem Hawk – kuriose Situationen. So bereitete man beispielsweise eine

Ein weiterer Vorteil der Entscheidung für das Hawk-System: Die NATO-Staaten Belgien, Frankreich, Deutschland, Italien und die Niederlande hatten 1960 mit den USA vereinbart, Hawk in Europa zu fertigen. Sie gründeten das »NATO Hawk Management Office« (NHMO), das zum Mittler zwischen dem amerikanischen Hersteller und den europäischen Lizenznehmern wurde. Die beteiligten Länder erhielten einen Anteil an der Produktion. So fand die deutsche Rüstungsindustrie einen Einstieg in die Raketentechnologie.

Als Grundstock für den Aufbau der Hawk-Verbände wurden die bodenständigen Flugabwehrbataillone herangezogen, für die ersten beiden Hawk-Verbände sogar Heeresverbände. Wie bei der Nike wurde das Hawk-Personal in den USA geschult. Doch obwohl für die Hawk-Verbände mit den Flugabwehrbataillonen eine tragfähige Basis vorhanden gewesen war, gestaltete sich der Weg zur vollen Einsatzbereitschaft auch

FlaRak wird beweglich – Waffensystem Hawk

Datum	Verband	Standort	Herkunft
Jul. 1961	FlaRakBtl 31	Rheine, ab 1963 Westertimke	FlaBtl 180 (Heer)
Jul. 1961	FlaRakBtl 32	Kempten, ab 1963 Freising	FlaBtl 280 (Heer)
Jun. 1964	FlaRakBtl 33	Lindau, ab 1973 Lenggries	LwFlaBtl 45
Jun. 1964	FlaRakBtl 34	München, ab1969 Rottenburg	LwFlaBtl 43
Jul. 1964	FlaRakBtl 35	Oldenburg, ab 1969 Delmenhorst	LwFlaBtl 42
Jun. 1965	FlaRakBtl 37	Aurich, ab 1974 Cuxhaven	LwFlaBtl 44
Jul. 1965	FlaRakBtl 36	Varel, ab 1971 Bremervörde	LwFlaBtl 41
Jul. 1965	FlaRakBtl 39	Ulmen, ab 1973 Eckernförde	LwFlaBtl 48
Sep. 1965	FlaRakBtl 38	Krummenort, ab 1967 Heide	LwFlaBtl 46

hier nicht einfach, wie das Beispiel des Flugabwehrraketenbataillons 31 belegt:

Nach der Aufstellung im Juli 1961 dauerte es bis Oktober 1963, ehe die ersten Geräte kamen. Das »Ende der Schlammschlacht«, also der Zeit in Provisorien, wurde erst im Oktober 1966 erreicht. Damit waren die »31er« das erste Hawk-Bataillon in festen Stellungen. Im Dezember 1968 wurden zwei Batterien der NATO unterstellt, im April 1969 wurde das gesamte Bataillon der NATO assigniert. Fast acht Jahre waren vergangen, bis dieser Verband den Aufbau abgeschlossen hatte. Ähnliche Zeitspannen galten für die übrigen Verbände. Die Gründe lagen in der langen Zulaufzeit der Geräte wegen der angespannten Finanzlage, aber auch immer wieder in Verzögerungen beim Stellungsbau.

Die vielen Probleme beim Aufbau und die Unzulänglichkeiten der Provisorien haben in der Verbindung mit den hohen Bereitschaftsforderungen und ständigen Überprüfungen in der Flugabwehrraketentruppe einen Teamgeist entstehen lassen, der weit über die Aufbauphase hinaus manche Schwierigkeit überwinden half.

Führungsdienstverbände

Die aufwachsende Luftwaffe war von Beginn an darauf angewiesen, daß die Aufstellung der Führungsdienste Schritt hielt. Ob Radarführung, Flugsicherung oder Fernmelder – sie waren für eine funktionierende Luftwaffe unerläßlich.

Die Radarführungsverbände waren in Fernmelderegimentern zusammengefaßt, die nach Abschluß der Aufstellungsphase den Luftraum flächendeckend überwachen und kontrollieren sollten. Von den jeweils vier Abteilungen (Bataillonsebene) der Regimenter waren drei für den Radarflugmeldedienst (d.h. Fliegerleitung vom Boden und Führung der Flugabwehrraketenverbände im Rahmen der Luftverteidigung) und eine für den Luftraumbeobachtungsdienst (LRB) vorgesehen. Die Führung im Einsatz, auch im täglichen Routine-

Operationszentrale eines Control and Reporting Centers (CRC)

Gründung	Verband	Regimentsstandort	Funktion/Standorte
1957	Fernmelderegiment 34	Osnabrück, später Aurich, später Schleswig	Betrieb SOC Brockzetel und der CRC Brockzetel, Visselhövede, Brekendorf sowie der LRBAbt 343
Mai 1960	Fernmelderegiment 31	Lechfeld/Ulm, später Meßstetten	Betrieb CRC Meßstetten und Freising sowie später (ab 1988) SOC Meßstetten sowie LRBAbt 313
Jun. 1960	Fernmelderegiment 33	Wunstorf, später Goch	Betrieb SOC Uedem und CRC Auenhausen, Uedem und Erndtebrück sowie LRBAbt 333
Apr. 1963 (Auflösung 1968)	Fernmelderegiment 37	Rendsburg	Betrieb CRC Brekendorf
Okt. 1963	Fernmelderegiment 32	Ulm, später Birkenfeld	Betrieb SOC Sembach und CRC Erbeskopf und Lauda-Königshofen sowie LRBAbt 323

betrieb, erfolgte ausschließlich durch die NATO. Dazu waren im Verantwortungsbereich der jeweiligen ATAF Luftverteidigungssektoren eingerichtet, die durch »Sector Operation Center« (SOC) geführt wurden. Die Fernmelderegimenter unterstützten den Betrieb der alliierten SOC mit jeweils einem Bataillon unmittelbar. Die SOC führten die taktisch unterstellten »Control and Reporting Center« (CRC), die von den anderen Abteilungen der Regimenter betrieben wurden. Da die SOC keine eigenen Radaranlagen besaßen, wurden ihnen radarbesitzende CRC zugeordnet.

SOC und CRC sollten über verbunkerte Gefechtsstände verfügen, die allerdings z.T. erst viel später fertiggestellt wurden. Das Fehlen der Gefechtsstände und Radaranlagen war ein Grund dafür, daß die Aufstellung der Fernmelderegimenter und Abteilungen schrittweise erfolgte.

Im Laufe der Zeit wurden die CRC mit den Stellungen der Flugabwehrraketenverbände und den Gefechtsständen der Jagdgeschwader verknüpft. Damit waren die SOC über die CRC in der Lage, den Kampf gegen einen Gegner in der Luft wahlweise mit Jagdflugzeugen oder mit Raketen aufzunehmen.

Bei der Übernahme der Verantwortung in der integrierten Luftverteidigung wirkte es sich positiv aus, daß die Luftwaffe im Norden auf Einrichtungen der Briten und im Süden auf amerikanische Anlagen zurückgreifen konnte. Beide Nationen hatten ein erstes Netz von Radarstationen errichtet, um den Luftraum in ihren Zonen zu überwachen. Und so konnten Anlagen, Radarstationen wie auch abgesetzte Radargeräte, beispielsweise auf der Wasserkuppe oder dem Großen Arber, übernommen werden.

Der Luftraumbeobachterdienst, in LRB-Abteilungen organisiert, ergänzte in den Anfangsjahren der Luftwaffe die Radarüberwachung. »Nach alter Väter Sitte« wurde mit Auge und Ohr der Luftraum beobachtet – ein wenig effizientes Verfahren. Denn im Zeitalter des Jets den Himmel mit dem Fernglas zu beobachten, um anschließend über Funk Typ und Anzahl der Flugzeuge, vermutete Flugroute und Geschwindigkeit an einen Gefechtsstand zu melden, schien antiquiert. Für denjenigen, der womöglich einen Feuerbefehl an die Flugabwehrbataillone geben mußte, konnte solch eine Meldung nicht mehr sein als ein Hinweis.

Zwischen dem 1. April 1959 und dem 1. Juni 1962 entstanden entlang der innerdeutschen Grenze vier Luftraumbeobachterabteilungen, in denen rund 2.200 Soldaten Dienst taten. Im November 1962 wurden die Einheiten der NATO assigniert. Da die Radarabdeckung aufgrund der Topographie der Mittelgebirge in niedrigen Höhenbereichen sehr eingeschränkt war, erfuhr der LRB-Dienst (später radargestützt als Tieffliegermelde- und Leitdienst/TMLD entlang der Grenze eingesetzt) bei der NATO eine hohe Wertschätzung.

Für ihre internen Fernmeldeverbindungen stellte die Luftwaffe die Fernmelderegimenter 11 und 12 auf. Das Fernmelderegiment 11 entstand 1958 in Münster und verlegte 1960 nach Osnabrück. Es übernahm die britischen Richtfunkverbindungen und baute sie zum Einsatzstammnetz der Luftwaffe aus. Bis 1967 errichtete das Regiment drei Abteilungen mit über 2.000 Mann.

Luftraumbeobachtung – »Auge und Ohr« in den 60er Jahren

Zum Regiment gehörten 47 Fernmeldestationen in den nördlichen Bundesländern.

Für den Süden der Bundesrepublik war das Fernmelderegiment 12 in Karlsruhe verantwortlich. Aufgestellt in Büchel, folgte 1957 die Verlegung an seinen Endstandort. Ihre Richtfunkstationen hatten »die Zwölfer« von Amerikanern und Franzosen übernommen.

Bis April 1980 wurde die »überörtliche« Flugsicherung durch die jeweils III. Abteilungen der Regimenter 11 und 12 geleistet, danach wurde sie im Fernmelderegiment 81 in Karlsruhe, dem Sitz der deutschen Flugsicherung, zusammengefaßt. Die örtliche Flugsicherung zur Kontrolle des unteren Luftraums in der Nähe der militärischen Flugplätze war von Anfang an den Geschwadern zugeordnet.

Die Fernmelde- und Elektronische Aufklärung (FmEloAufkl) nahm – wie manches in der jungen Bundeswehr – einen verschlungenen Weg. 1956 fanden in Uetersen die ersten »Horchfunker« und »Auswerter« zueinander. Ein Teil dieses Fachpersonals richtete in Nörvenich die erste Hochfrequenz-Peilstelle mit eigener Auswertung ein. In Osnabrück entstand 1957 das Fernmelderegiment 71 mit den Sektoren in Großenbrode, im Danneberger Zipfel und in Osterode. Das Fernmelderegiment 72 in Feuchtwangen führte ab 1960 die Sektoren in Wunsiedel und Kötzting. Der Auswertebetrieb der Sektoren erfolgte anfangs aus behelfsmäßigen Stellungen, die typischen Horchtürme standen erst 1967 zur Nutzung bereit.

1960 nahm die Zentrale für Funkanalyse in Köln-Wahn den Betrieb auf, 1965 verlegten die ersten Auswerter nach Trier, wo 1971 alle Auswertungskapazitäten im Fernmelderegiment 70 zusammengefaßt wurden. Damit erreichte die FmElo-Aufklärung der Luftwaffe eine Struktur, die sie über das Ende des Kalten Krieges hinaus behielt.

Logistikverbände

»Als erstes Versorgungsregiment der Luftwaffe wurde mit Luftwaffenaufstellungsbefehl Nr. 21 vom 22. September 1956 zum 1. Oktober das Luftwaffenversorgungsregiment 1 auf dem Fliegerhorst Erding aufgestellt und dem Materialkommando der Luftwaffe in jeder Hinsicht unterstellt. Der Verband ist damit

Lehrlingsausbildung am Triebwerk J-65 in Erding

Aufstellung	Verband	Standort
Okt. 1956	Luftwaffenversorgungsregiment 1, 1959 bis 1968 Parkregiment 1, danach wieder LVR 1	Erding
Mär. 1957	Luftwaffenversorgungsregiment 2, 1959 bis 1968 Parkregiment 2, danach wieder LVR 2	Diepholz
Mär. 1957	Versorgungsgruppe Büchel, ab 1959 Luftwaffenversorgungsregiment 4	1959 in Trier, ab 1972 in Mosbach-Neckarzimmern
Okt. 1957	Versorgungsgruppe Nörvenich, ab Januar 1959 Luftwaffenversorgungsregiment 6	Nörvenich, ab 1959 Oldenburg
Jan. 1959	Luftwaffenversorgungsregiment 3	Erding, ab 1963 Landsberg
Apr. 1959	Munitionsnachschubstaffel, ab Januar 1960 Luftwaffenversorgungsregiment 5	Köln-Wahn, danach Dortmund, ab 1965 Essen-Kupferdreh
Mai 1959	Aus Parkregiment 2 hervorgegangen, ab 1973 Luftwaffenversorgungsregiment 8	Mechernich
Dez. 1960	Luftwaffenversorgungsregiment 7	Westerland und Eggebek, ab 1963 Husum

der älteste logistische Verband der Luftwaffe. ... Durch das Regiment wurden Arbeiten bis zur Materialerhaltungsstufe 2 (leichte Feldinstandsetzung) sowie Aufgaben zur Lagerung von entsprechendem Wehrmaterial durchgeführt«, so weit eine auszugsweise Bestandsbeschreibung des Bundesarchivs.

Die Luftwaffe organisierte ihre materielle Versorgung und Instandhaltung anfangs nach regionalen Gesichtspunkten. Dies läßt sich an den Stationierungsorten der Truppenteile und ihrer Zuordnung zu den Divisionen ablesen. Die Instandsetzungsverbände wurden zwischenzeitlich zu Parkregimentern umgegliedert und damit zu »ortsfesten« Einrichtungen der Instandhaltung für Luftfahrzeuge und Raketen.

Erding war Keimzelle und Geburtsort für zahlreiche Logistikverbände. Dort entstand vor allem die einsatzunterstützende Logistik, die bis heute mit dem Standort verbunden ist.

Die in Büchel und Nörvenich gegründeten Regimenter waren anfangs als logistische Komponenten für die Waffenschulen gedacht. In Landsberg, Mosbach und Mechernich wurden weitläufige Untertageanlagen als Depots oder Werkstätten genutzt.

Die Musikkorps der Luftwaffe

Die Musikkorps der Bundeswehr wurden bereits sehr früh aufgestellt, obwohl es in der Unterabteilung Innere Führung um Graf Baudissin Vorbehalte gegen

Das Luftwaffenmusikkorps 2 beim Einzug des Jagdbombergeschwaders 33 in die Garnisonsstadt Cochem

»Regimentskapellen« gegeben hatte. Die Luftwaffe erhielt vier Musikkorps, die ursprünglich nach Gründungsdatum, später regional numeriert wurden. Ihre Aufgaben waren die Umrahmung militärischer Appelle und Veranstaltungen, vor allem bei Vereidigungen oder Gelöbnissen von Rekruten. Doch zunehmend gewann die Militärmusik als Sympathieträger in der Öffentlichkeitsarbeit der Luftwaffe und bei Benefizkonzerten an Bedeutung.

Bis 1970 waren die Musikkorps den Gruppenkommandos Nord und Süd direkt, danach den Unterstützungsgruppenkommandos und seit 1990 dem Luftwaffenamt unterstellt.

Datum	Verband	Standort	Bemerkung
Jul. 1956	Luftwaffenmusikkorps 1	Münster	später LMK 3
Aug. 1956	Luftwaffenmusikkorps 2	Karlsruhe	später LMK 2
Apr. 1958	Luftwaffenmusikkorps 3	Hamburg	als LMK 4 1991 aufgelöst*
Apr. 1958	Luftwaffenmusikkorps 4	Neubiberg	später LMK 1
* Als neues LMK 4 wurde ein NVA-Musikkorps übernommen und in Berlin stationiert.			

1962 sorgte eine Entscheidung zu einem Luftwaffenmusikkorps einmal für Aufsehen: Weil bei einem Besuch des Inspekteurs, Josef Kammhuber, in Fürstenfeldbruck die erwartete Militärmusik fehlte, ordnete er die Gründung eines Musikkorps an diesem Standort an. Angesichts des in Neubiberg bereits bestehenden Luftwaffenmusikkorps 1 machte sein Nachfolger, Generalleutnant Werner Panitzki, die Entscheidung wenige Monate später rückgängig. Die bereits eingestellten Musiker wurden vom Heeresmusikkorps 13 in Münster übernommen.

Die zentralen Herausforderungen der Aufbauphase

Der Aufbau der Luftwaffe war von Anbeginn in besonderem Maße von den vorherrschenden Rahmenbedingungen der Nachkriegszeit in der Bundesrepublik und der engen Verknüpfung mit alliierten Luftwaffen geprägt. Die wirtschaftliche Lage war schwierig, eine eigene Luftfahrtindustrie fehlte völlig. Aber auch die kritische Stimmung und Grundhaltung der eigenen Gesellschaft zu den Streitkräften und der Mangel an geeignetem und ausgebildetem Personal, insbesondere bei den so dringend benötigten Ausbildern, machte die Luftwaffe abhängig von der Ausstattung und Unterstützung durch Alliierte, insbesondere durch die USA.

Personal

Als hoch technische Teilstreitkraft benötigte die Luftwaffe vor allem langdienende Spezialisten, deren Laufbahnen, Verwendungen, Dienstbereiche und Fachgebiete in den ersten Jahren häufigen Veränderungen unterlagen. Damit war ein hoher Prozentsatz an Freiwilligen programmiert, so daß auch die Einführung der Wehrpflicht das Regenerationsproblem der Luftwaffe nur unzureichend lindern konnte. In der Aufbauphase mußten vor allem ehemalige Wehrmachtsangehörige gewonnen werden. Soweit diese bereit waren, Dienst in der Luftwaffe zu leisten, hatte die zwölfjährige Pause zu Defiziten im Ausbildungsniveau, speziell bei der technischen Vorbildung geführt, zumal die technologische Entwicklung inzwischen rasant vorangeschritten war. Der Mangel an Pilotenanwärtern war das offensichtlichste Personalproblem, mit dem die Luftwaffe in den ersten Jahren zu kämpfen hatte. Denn ohne Flugzeugführer war die Erfüllung der NATO-Forderung nach einer schnellen Einsatzbereitschaft von fliegenden Verbänden nicht zu erfüllen.

1956 formulierte die Luftwaffe einen Bedarf von 3.220 Flugzeugführern. In die Berechnung waren auch Fluglehrer und Flugzeugführer einbezogen, die für Stabsverwendungen vorgesehen waren. Zum Jahres-

Berufsperspektive über den Wolken – Nachwuchswerbung 1958

beginn 1956 hatten sich jedoch nur 1.135 ehemalige Piloten gemeldet, von denen gerade 181 bis September 1956 nachgeschult werden konnten (weitere 381 erwartete man bis April 1957). Viele Kriegspiloten waren zu alt, nicht »wehrfliegerverwendungsfähig«, sprachen kein Englisch oder fielen bei den Prüfungen durch. Zudem waren unter ihnen zahlreiche Kampfflieger, die eher mäßige, wenn nicht gar langsame Geschwindigkeiten gewöhnt waren. Plötzlich sollten sie mit Geschwindigkeiten knapp unter Mach 1 zurecht kommen. Folglich fanden vor allem ehemalige Jagdflieger den Weg in exponierte Führungspositionen der Luftwaffe: »Sie waren das schnelle Fliegen gewohnt.« Unter ihnen Barkhorn, Hartmann, Hrabak, Krupinski, Rall und Steinhoff.

Knapp 90 Führungspositionen mußten in den Geschwadern qualifiziert besetzt werden. Es war nicht immer leicht, die erwünschten Kandidaten in Verwendungen zu bringen, die ihren Kriegserfahrungen entsprachen. Erst auf Intervention Kammhubers wurden 1957 unter anderem Erich Hartmann und Friedrich Obleser jeweils einen Dienstgrad höher eingestellt. Major Hartmann wurde mit der Führung des Jagdgeschwaders 71 betraut, normalerweise eine Oberstenstelle. Oberstleutnant Walter Krupinksi wurde der erste Kommodore des Jagdbombergeschwaders 33, Obleser übernahm bereits vier Jahre nach seiner Einstellung 1961 als junger Oberstleutnant das Jagdgeschwader 72. Die Reihe ließe sich fortsetzen. Kurzum: Im Krieg bewährte und zumeist hochdekorierte Jagdflieger gaben der neuen Luftwaffe im Bündnis ihr Gesicht und auch Gewicht.

Die Luftwaffe hatte anfangs geplant, ausschließlich Offiziere in der Flugzeugführerlaufbahn zu verwenden, wie dies bei den Verbündeten der Fall war. 1957 öffnete sie die Pilotenlaufbahn für Unteroffiziere, um den Bedarf möglichst rasch zu decken. Doch bereits Ende der 60er Jahre verließ sie diesen Weg wieder. Unter anderem, weil sonst im Bündnis nur Offiziere flogen und Rangunterschiede die gemeinsame Arbeit behinderten. Leutnant Eberhard Eimler erlebte als junger Flugschüler in den späten 50er Jahren, daß er im Rahmen eines Ausbildungsfluges nach England in das Offizierkasino eingeladen wurde und sein Fluglehrer, ein erfahrener Hauptfeldwebel, vor der Tür blieb.

Trotz aller Maßnahmen hatte die Luftwaffe bis Oktober 1958 nur 750 der bis dahin vorgesehenen 1.360 Piloten ausgebildet. Die Pilotenausbildung könnte als Beispiel dafür gelten, wie schleppend der Aufbau der Bundeswehr und der Luftwaffe vor sich ging. Auch im Amt Blank gab es selbst für die wichtigen Bereiche Personal, Logistik, Ausrüstung und Organisation kein Personal. So war die Abteilung Luftwaffe 1954/55 zwar mit 26 Sektionen, Untergruppen und Referaten ausgeplant, doch nur wenige waren ausreichend besetzt. Quer durch alle Verwendungen fehlte es an geeigneten Soldaten. Steinhoffs Feststellung vor Offizieren der Royal Air Force im Jahr 1958, man werde in West-Deutschland eben »Bäcker, Frisöre und Berufslose zu technischen Spezialisten machen«, erwies sich nicht als praktikable Lösung.

Verteidigungsminister Strauß und Generalleutnant Kammhuber (re.) mit zwei Flugzeugführern nach deren Irrflug in die Tschechoslowakei (1959)

Ein Bericht des Führungsstabes der Luftwaffe aus dem Jahr 1961 bezifferte das voraussichtliche Fehl:

»Zur Besetzung der vollen STAN-Stärken aller in den kommenden Jahren bis zum Zwischenziel 1964 aufgestellten und noch aufzustellenden Einheiten werden der Luftwaffe voraussichtlich fehlen:
1961 – 2.760 Offiziere, 19.650 Unteroffiziere,
1964 – 2.500 Offiziere, 16.400 Unteroffiziere.«

Ein Grund für den Mangel an Freiwilligen war in den Anfangsjahren wohl die fehlende Attraktivität des Soldatenberufes. Die Wehrverwaltung befand sich noch im Aufbau. Die ohnehin niedrige Besoldung wurde oftmals unregelmäßig gezahlt. So manchen jungen Familien reichte die soldatische Motivation des Mannes nicht zum Leben, ohne die zupackende Unterstützung der Ehefrauen wären sie wohl kaum über die Runden gekommen.

An vielen Standorten war die Wohnungslage desaströs. Aufstellungsbedingte Standortwechsel, oftmals weg von einer gerade noch ausreichenden Infrastruktur an einen Standort, an dem noch gar nichts vorhanden war, machten die Luftwaffe wenig attraktiv. Es gab Standorte, an denen die Soldaten in Gasthöfen untergebracht waren und das Gerät in Schuppen untergestellt werden mußte, denn der Einsatzinfrastruktur wurde regelmäßig Vorrang eingeräumt. Verteidigungsminister Strauß erst brachte den Bau von Unterkünften für Familien in Kasernennähe nachhaltig in Gang. Wohnungsbaugesellschaften schufen mit staatlichen Zuschüssen ganze Siedlungen, gelegentlich mit Spitznamen wie »Stuffzhausen« belegt. Dennoch war dieser Siedlungsbau notwendig, um auch an entlegenen Standorten angemessenen Wohnraum für die Truppe und ihre Angehörigen bereitzustellen.

Material/Ausrüstung

Bereits bei den ersten Planungsüberlegungen war klar, daß die Luftwaffe mit Material aus dem Ausland aufgestellt werden mußte. Eine Luftfahrtindustrie gab es 1955 nicht, sie hatte im Krieg ihre Anlagen und ihr Personal verloren. Aber auch die anderen technischen Industriezweige in Deutschland waren nicht in der Lage, eine Erstausstattung für die Bundeswehr – Heer und Marine waren ebenfalls zu bedienen – im geforderten Maße bereitzustellen. Folglich blieb nur die Möglichkeit, bei den Alliierten Anleihen zu machen und einzukaufen, was man brauchte – und bekommen konnte. Der Löwenanteil der Erstausstattung für die Luftwaffe kam von der US Air Force. Die ersten Luftfahrzeuge waren freilich in der USAF bereits ausgemustert; sie hatten ihre Leistungsgrenzen erreicht oder überschritten.

Andererseits war schon 1955 offenkundig, daß die nächste Flugzeuggeneration Mach 2 erreichen und Raketenbewaffnung besitzen würde. So wurden die der Luftwaffe übergebenen F-84F Thunderstreak oder F-86F Sabre von Anfang an als Übergang verstanden. Ein zusätzliches Problem bei der Erstausstattung an Flugzeugen war, daß von den Einsatzmustern F-84F und F-86F keine zweisitzige Variante zur Ausbildung der Piloten genutzt werden konnte. Deshalb wurde auf der T-33 geflogen, bis die Piloten die Einsatzreife erworben hatten. Danach folgte die Umschulung auf das Einsatzmuster, die einem »Sprung ins kalte Wasser« glich.

Die Typenvielfalt in den Anfangsjahren widersprach jedem wirtschaftlichen Denken. Allein als Kampfflug-

Team F-86 – Pilot und Bodenpersonal mit Maschine und Bewaffnung

zeuge wurden sieben vollkommen unterschiedliche Typen in Luftwaffe und Marine eingeführt: Es gab die F-86F Sabre, Mark V, sowie die weitgehend baugleiche CL-13 Sabre, Mark VI, die in Lizenz bei Fiat gebaute North American F-86K Sabre Dog, die F-84F Thunderstreak als Jagdbomber, die Republic RF-84F Thunderflash als taktischen Aufklärer, die Fairy Gannet, ein U-Bootjäger der Marineflieger, sowie die Hawker Sea Hawk Mk 100 und Mk 101 als Marinejagdbomber und Aufklärer.

1957 setzte die Luftwaffenführung eine Arbeitsgruppe ein, die auf der Grundlage neuer taktischer Forderungen ein geeignetes Flugzeug identifizieren sollte. Sicher waren die begrenzte Leistungsfähigkeit der vorhandenen Systeme ebenso wie das Fehlen eines Trainers auf Basis des Einsatzmusters zwei gewichtige Gründe dafür, daß die Luftwaffe so früh schon nach einem neuen Flugzeug suchte, dem dann die Zukunft gehören sollte. Gleichzeitig wünschte man ein Flugzeug, das bereits 1960 verfügbar sein sollte. Die Empfehlung war die F-104 Starfighter.

Eine wichtige Aufgabe konnte in der Anfangsphase überhaupt nicht angemessen erfüllt werden, da die Luftwaffe über kein geeignetes Flugzeug verfügte: die Luftnahunterstützung. Die übernommenen Flugzeuge waren entweder zu schnell oder nicht wendig genug und besaßen zu wenig Zuladekapazität. Aus diesem auch bei den Alliierten vorhandenen Mangel – selbst die US Air Force verfügte nach dem Koreakrieg erst Ende der 70er Jahre mit der A-10 über ein wirkliches Erdkampfflugzeug – entstand die NATO-Forderung nach einem »Light Weight Strike Fighter«. Die Luftwaffe trug dieser Forderung ab 1964 mit der Fiat G-91 Rechnung.

Beim Aufbau der Flugabwehr und ihrer Einpassung in die Kommandostrukturen der NATO-Luftverteidigung war von Anfang an offensichtlich, daß es nicht um die Flak des letzten Krieges gehen konnte. Raketen zur Flugabwehr befanden sich bei Aufstellung der Luftwaffe auch bei den Alliierten gerade erst in der Einführung. Dabei war die Vielzahl der verwendeten Systeme, Bloodhound bei den Briten, Nike bei den Amerikanern, bei anderen Verbündeten noch ausschließlich Flak, für eine integrierte Luftverteidigung problematisch. Durch die Entscheidung für die Beschaffung von 24 Nike- und 36 Hawk-Batterien wurde die Luftwaffe zum wichtigsten Träger der Luftverteidigung in Mitteleuropa. Dabei darf nicht verschwiegen werden, daß die Aufgabe der Bofors 40 mm L 70 eine Lücke beim Objektschutz öffnete, die erst mit der Einführung der Zwillingsflak 20 mm in den 70er Jahren geschlossen wurde.

Seit 1956/57 baute die deutsche Luftfahrtindustrie das französische Transportflugzeug Nord Aviation 2501 Noratlas in Lizenz. Doch das Flugzeug entsprach nicht dem Bedarf der Luftwaffe an taktischem Lufttransport. Zuladung, Limitierungen bei der Landung auf unbefestigten Pisten sowie Reichweite und Geschwindigkeit der Noratlas waren unzureichend. Schon 1957/58 forderte die Luftwaffe einen neuen Kampfzonentransporter. Das Ergebnis war die Transall C-160, ein deutsch-französisches Gemeinschaftsprodukt.

Mit den Streitkräfteforderungen wurden in der MC 70 (»Minimum Essential Force Requirements 1958–1963«) seitens der NATO die gewünschten Beiträge der Nationen umrissen. Für die deutsche Luftwaffe waren dort neben der Aufstellung von nuklearen »Strike«-Verbänden, Luftangriffs-, Aufklärungs- und Jagdkräfte sowie bodengebundene Luftverteidigungskräfte und Boden-Boden-Flugkörperverbände vorgesehen. Die Luftwaffenplanungen zur zweiten Phase des Aufbaus sollten diese Forderungen berücksichtigen. Zunächst war aber die erste Phase, deren Umsetzung bereits lief, anzupassen und abzuschließen.

So sollten fünf Jagdbombergeschwader mit F-84F, zwei leichte Geschwader zur Heeresunterstützung in der Übergangsphase mit G-91, zwei Geschwader für die Aufklärung mit RF-84F, fünf Jagdgeschwader mit F-86F/K, zwei Lufttransportgeschwader mit Noratlas, eine Flugkörper-Gruppe mit Matador, Flugabwehrraketenverbände und Fernmelderegimenter sowie die erforderlichen Unterstützungselemente aufgestellt werden. Bei der Darstellung der Luftwaffenverbände wurden die Zulaufraten der materiellen Ausrüstung bereits einbezogen, insbesondere die Beschaffung der F-104.

Ausbildung

Die Neuformierung eines »Ausbildungssystems Luftwaffe« während der Aufbauphase setzte alliierte Hilfe bzw. die Verlagerung der Ausbildung ins Ausland voraus, weil in der Bundesrepublik nicht auf bestehende Einrichtungen zurückgegriffen werden konnte. In wesentlichen Bereichen, zum Beispiel der fliegerischen

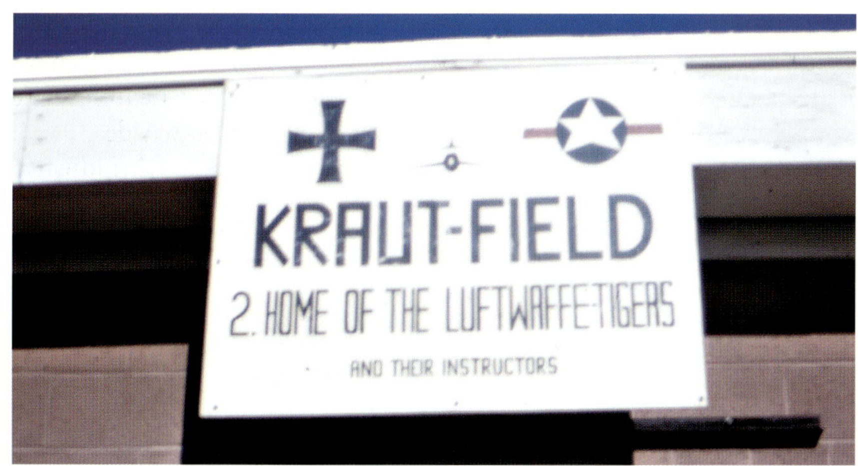

Barackenschild in Luke Air Force Base, Phoenix, Arizona

Ausbildung und der Schulung des Personals der Flugabwehrraketentruppe, konnte die Einsatzbereitschaft nur mit Hilfe der Verbündeten hergestellt werden. Die fliegerische Ausbildung fand bereits seit 1955 in den USA statt. Anfänglich, in einer Probephase, waren sogar die Royal Canadian Air Force und die Royal Air Force beteiligt.

Die zu Beginn der 60er Jahre durchgeführte Typenbereinigung bei den Kampfflugzeugen zugunsten US-amerikanischer Flugzeugmuster führte schließlich dazu, daß die Jet-Flugzeugführerausbildung komplett in die USA verlagert wurde. Die ersten Kontakte zur Flugabwehrausbildung wurden schon 1956 in Fort Bliss geknüpft, die erste Ausbildung für Flugsicherung fand ab März 1956 in Keesler Air Force Base (AFB) statt. Zwischen 1965 und 1980 wurden in den USA ca. 30.000 deutsche Soldaten (Piloten und FlaRak-Personal) ausgebildet. Allein in Luke AFB wurden zwischen 1957 und 1983 über 2.600 Piloten auf F-84 und F-104 geschult.

Die Anfangsausbildung in Deutschland war eine kurze Episode. Mit der Einführung der F-104G Starfighter kamen seit 1965 aus den USA grundgeschulte Piloten nach ihrer Waffensystemausbildung nur noch zur »Europäisierung« an die Waffenschule 10. Die Waffenschule 30 war, nachdem die Ausbildung der Jagdbomberpiloten weitgehend nach Luke AFB verlagert worden war, als Jagdbombergeschwader 33 zu einem Einsatzverband umgegliedert worden. An ihre Stelle traten die Luftwaffenausbildungsstaffeln in Sheppard AFB, Texas, und in Phoenix, Arizona. Die Vorzüge des Ausbildungsortes lagen auf der Hand: klimatische Bedingungen, ein alle Möglichkeiten bietender Platz mit zwei Start- und Landebahnen und pausenlosem Übungsflugbetrieb.

Ein wesentliches Merkmal der bei den US-Streitkräften stattfindenden Ausbildung, gleich ob fliegerische, technische, FlaRak oder Flugsicherung, war die dominierende Rolle der Checklists. Bei allen Waffensystemen und operativen Verfahren gab es Vorgaben, die abzuarbeiten waren. Vor dem Einstieg in das Flugzeug oder der Meldung der Einsatzbereitschaft eines Flugabwehrraketensystems war mit der Checkliste Punkt für Punkt zu prüfen, einzustellen, zu melden. Das Verdienst der ersten Luftwaffensoldaten aller Ebenen, die mit diesem Checklistendenken umzugehen hatten, war es, daß sie sehr früh die Vorteile des Systems – Handlungssicherheit – mit dem Prinzip der Eigenverantwortung der Inneren Führung verbanden. Damit haben sie für die Folgegenerationen Flexibilität und gesicherte Auftragserfüllung erhalten.

Die Ausbildung der Techniker, die an den Technischen Schulen in Kaufbeuren, Faßberg und Lechfeld etabliert wurde, entwickelte sich schnell zu einem teamorientierten Modell. Nicht nur, daß die Soldaten lernten gemeinsam zu arbeiten, auch Dienstgrad-

Ausbildungshalle der Technischen Schule der Luftwaffe 3 in Faßberg

schranken wurden überwunden. Vielleicht liegt dort eine Keimzelle des »Teams Luftwaffe«.

Vollkommen neu war für die Luftwaffe die Konzeption der Inneren Führung, die Wolf Graf von Baudissin entwickelt hatte. Der Staatsbürger in Uniform unterschied sich fundamental vom Wehrmachtssoldaten. Befürchtungen, daß die kriegsgedienten Soldaten Probleme mit dieser Auffassung des Soldatenberufes haben würden, bestätigten sich nicht. Tatsächlich schien die Luftwaffe weniger Probleme mit der Inneren Führung zu haben als man annahm. Peter Haarhaus, Teilnehmer des zweiten Offizierlehrganges 1957 in Faßberg, berichtet, daß die Offizieranwärter Kommiß alter Art nicht duldeten. Da es keine Vorschriften für die Innere Führung gab – das erste Handbuch erschien erst 1958 – befand sich der Lehrgang sozusagen in einer Testphase. Man fand zueinander nach der Erkenntnis: »Innere Führung ist zeitgemäße Menschenführung«.

Infrastruktur

Dauerthema über die gesamte Gründungs- und Konsolidierungsphase hinweg war in allen Bereichen der Luftwaffe die schwierige Infrastrukturlage. Viele Verbände waren jahrelang unzureichend untergebracht. Flugzeugschutzbauten, FlaRak-Stellungen und andere einsatzwichtige Infrastrukturvorhaben wurden erst in der zweiten Hälfte der 60er Jahre realisiert, manche noch später. Bis dahin standen hochtechnische Geräte, für die sich in den Werfthallen kein Platz fand, im Freien. Immerhin konnten die fliegenden Verbände auf ehemaligen Flugplätzen der Wehrmacht oder der Alliierten die notwendigsten Einrichtungen nutzen. In Ahlhorn, Oldenburg, Wunstorf und Fürstenfeldbruck hatten die Alliierten die Plätze sogar renoviert.

Doch für die meisten Verbände war zu Beginn eine angemessene Unterbringung nicht möglich. Husum, Standort des Jagdbombergeschwaders 35, ist ein Beispiel: Im Krieg gab es hier einen »Scheinflughafen«, der nun zu einem Einsatzflugplatz ausgebaut werden mußte. Bei Startbahn und Rollfeld ging dies zügig. Aber die Hallen standen erst Mitte der 60er Jahre zur Verfügung. Zwischenzeitlich errichtete Leichtbauhallen wurden mehrfach ein Raub des Windes. Als Tanklager dienten abgestellte Züge, die aus Lastkraftwagen befüllt werden mußten, weil der Bahnanschluß nur provisorisch angelegt war.

Über die teilweise haarsträubende Infrastrukturlage bei der Flugabwehrraketentruppe berichtete General Steinhoff:

»Als alle Versuche gescheitert waren, eine Moorstellung (Hawk) aus dem bejammernswerten Provisorium in permanente Friedensumgebung zu bringen, entschloß ich mich zu einer ungewöhnlichen Maßnahme. Weil es mir nicht gelungen war, dem damaligen Minister vor Ort den Jammer vorzuführen, drehten wir einen ›Tatort‹-Film und führten ihn dem Minister vor.
Gottlob hatte es an dem Tage geregnet. Der Minister und die Abteilungsleiter sahen sich das Trauerspiel stumm an. Was über die Leinwand flimmerte, kam einer Abwerbung für die Bundeswehr gleich. Am Schluß starrte der Herr Minister lange auf die Latrine der Stellung, die windschief vor Stacheldrahtrollen als Schlußpunkt gezeigt wurde. ›Was ist das?‹ fragte er. ›Das Sch...haus, Herr Minister!‹ antworte ich. Tage später hatten wir die Mittel zum Ausbau einer permanenten Stellung frei.«

Und dennoch: Gerade bei der Flugabwehrraketentruppe ließen Pioniergeist und Kameradschaft die Mißstände in den Hintergrund treten. Man tat seinen Bereitschaftsdienst, war ständig überraschenden Überprüfungen ausgesetzt – und in der übrigen Zeit beschäftigte man sich mit dem Stellungsbau.

Ende der Aufbauphase

Die Luftwaffe entstand zu einer Zeit, als das Konzept der Massiven Vergeltung die gültige Strategie der westlichen Verteidigungsgemeinschaft war. Strategie und geographische Lage gaben den Ausschlag dafür, daß mit dem deutschen Beitrag für die NATO im wesentlichen zwei Bereiche gefördert wurden: die integrierte Luftverteidigung und schwere Jagdbomber. Hinzu sollte eine Flugkörperkomponente kommen, für die allerdings erst 1962 entschieden wurde, mit welchem Waffensystem sie ausgestattet sein sollte. Die anderen Bereiche standen in Dringlichkeit und Bedeutung dahinter.

Schon in den ersten Jahren erlebte die Luftwaffe mehrere Zäsuren. Im Herbst 1956 bereits waren die ehrgeizigen Aufstellungsplanungen durch Minister Strauß im Umfang reduziert und zeitlich gestreckt worden. 1962 folgte eine erneute Revision der Planung, deren Ergebnisse als »3. Lösung« in die Luftwaffengeschichte eingingen: Es sollte »das vorhandene Einsatzpotential erhalten« werden; Neuaufstellungen sollten nur noch erfolgen, wo sie »durch politische Forderungen und Materialzuwachs unabänderlich« wurden.

Als Folge wurde das Aufbautempo gedrosselt. Ausgehend von den Personal- und Infrastrukturproblemen wurden zudem weniger Verbände aufgestellt. Die Luftwaffe mußte auf die ehemals angedachten Lufttransportgeschwader 64, 65 und 66 endgültig verzichten, die neun Flugabwehrraketenbataillone Hawk konnten nicht zusätzlich zum vorhandenen Luftverteidigungsschirm, sondern nur unter Aufgabe der Flugabwehrbataillone 41 bis 48 aufgestellt werden.

Doch trotz dieser Anpassungen der Planung an die Wirklichkeit war die Aufbaurate noch beachtlich: Ende der 50er Jahre hatte die Luftwaffe eine Stärke von 54.000, Ende 1961 bereits von 80.000 Mann erreicht. Zum Jahresende 1962 waren fünf schwere und zwei leichte Jagbombergeschwader, drei Jagdgeschwader, je ein Aufklärungs- und Lufttransportgeschwader sowie zwei Flugabwehrraketenbataillone mit Nike der NATO unterstellt. Sieben Staffeln mit schweren Jagdbombern standen für »Strike-Einsätze« bereit. Mit leichten Jagdbombern und Lufttransportkräften beteiligte sich die Luftwaffe an der zum Flankenschutz der NATO geschaffenen ACE Mobile Force. Bis 1965

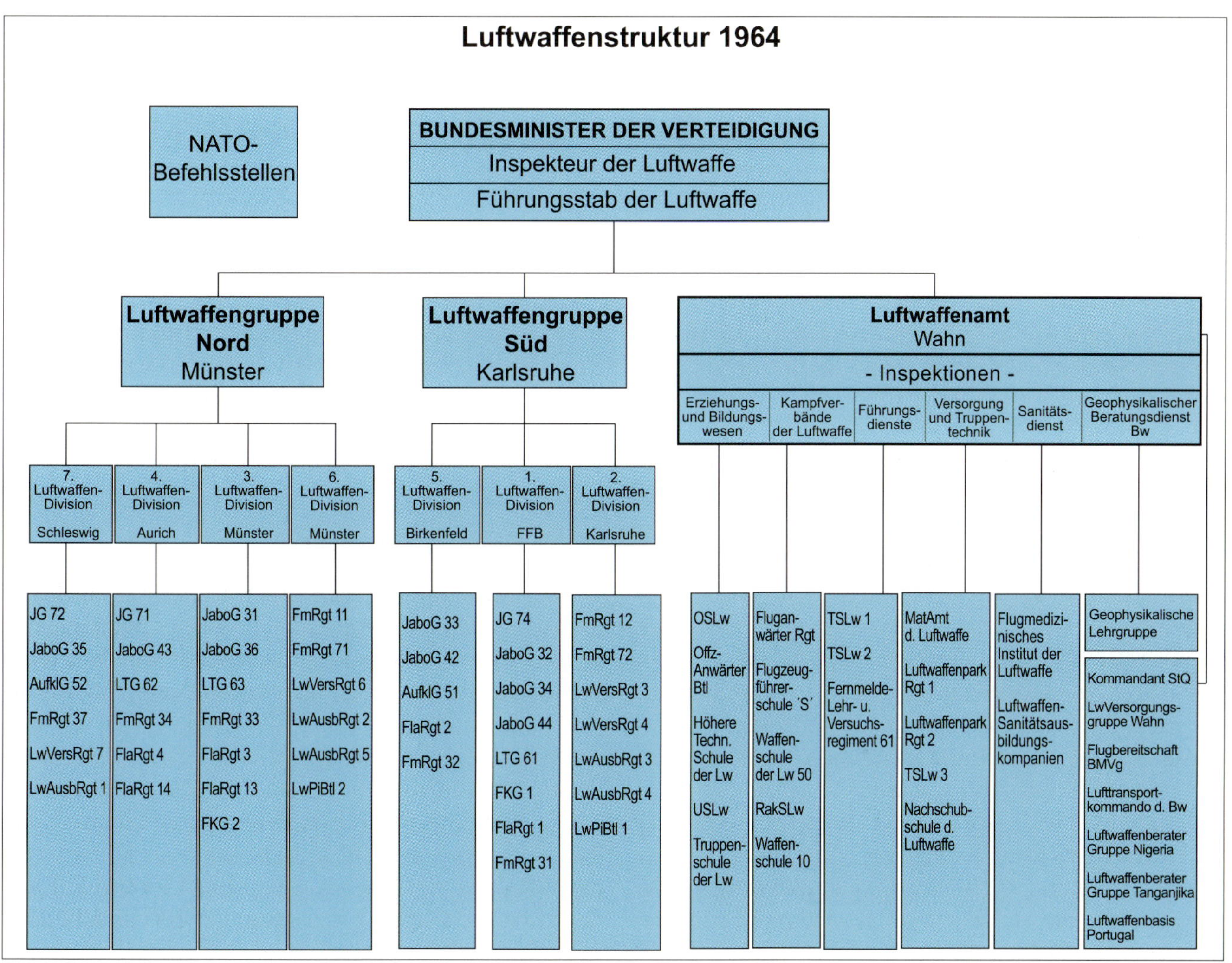

wurden zwei Pershing-Geschwader aufgestellt, eine neue Qualität an nuklearen Trägermitteln. Die Douglas C-47 Dakota führte luftgestützte elektronische Aufklärung durch. Zusätzlich waren zwei Parkregimenter und fünf Versorgungsregimenter mit modernem Gerät ausgestattet worden.

Bei den Fortschritten zur vollen Einsatzbereitschaft konnten die ursprünglichen Planungen jedoch nicht gehalten werden. Erste Übungen und Manöver im Verbund mit anderen Teilstreitkräften hatten gleichwohl bewiesen, daß der Weg erfolgreich sein würde. Die Luftwaffe war dabei, ihre Fähigkeiten auszubauen. Seit 1960 hatte sie diverse internationale und nationale Hilfseinsätze unterstützt. Sie hatte an den ersten Auslandskommandos teilgenommen, allerdings auch ihre ersten Verluste aufgrund tödlicher Unfälle hinnehmen müssen.

Der Aufbau der Luftwaffe hatte sich in zwei Phasen vollzogen. Die erste schuf die Grundvoraussetzungen und dauerte bis Mitte 1961. Die zweite diente der Anpassung des Gerätes an die Bedrohung und dem Ausbau zu einer einsatzbereiten Luftwaffe und sollte bis 1964 abgeschlossen sein. Die frühen Entscheidungen zur Einführung der Waffensysteme F-104 und G-91 entsprachen diesen Vorstellungen. Denn naturgemäß stand der fliegerische Dienst zunächst im Brennpunkt des Aufbaus der Luftwaffe. Bis der Gedanke des »Teams Luftwaffe« mit gleichwertiger Behandlung aller Bereiche geboren wurde, sollten fast drei Jahrzehnte vergehen. Dies festzustellen, kritisiert nicht die damaligen Prioritäten: Aus den Erfahrungen des Zweiten Weltkriegs und den Bündnisforderungen waren die gewählten Schwerpunkte für die fliegenden Verbände und die FlaRak absolut gerechtfertigt.

Beim Aufbau der Luftwaffe handelte es sich durchaus um einen konzeptionell gesteuerten und an der sicherheitspolitischen Lage orientierten Vorgang. Dennoch machten die Eingriffe in die Planung, die häufigen Verlegungen und die Abhängigkeit von alliierter Unterstützung deutlich, daß finanzielle Unterlegung wie personelle, materielle und infrastrukturelle Voraussetzungen unzureichend waren.

Angesichts derartiger Rahmenbedingungen muß nicht nur den Planungsverantwortlichen, die um die Ressourcen kämpften, sondern allen am Aufbau Beteiligten, die im täglichen Betrieb unzählige Defizite zu kompensieren hatten, hohe Anerkennung gezollt werden.

Integration und Konsolidierung 1965 bis 1970

1965 war die wesentliche Aufbauarbeit geleistet, wobei die ursprüngliche Zielsetzung mehrfach an sich ändernde Rahmenbedingungen angepaßt werden mußte. Für die Luftwaffe begann nun die Phase der Konsolidierung. Es galt, die aufgestellten Verbände umfassend einsatzfähig zu machen und ihre Integration in das Bündnis abzuschließen. Die meisten Verbände waren zwar bereits in den späten 50er Jahren in Dienst gestellt worden, aber ihr Weg zur vollen Einsatzbereitschaft führte mehrfach über Umgliederungen. Zudem mußten neue Waffensysteme übernommen und einsatzwichtige Infrastruktur errichtet werden, Verlegungen an Endstandorte waren zu bewältigen. Und der ganze Prozeß wurde ständig durch das Fehlen von Schlüsselpersonal belastet. So hatte sich der Aufbau über fast zehn Jahre hingezogen.

Doch auch nach dem vorläufigen Abschluß waren weitere Herausforderungen zu bewältigen:

- Der Übergang von der Bündnisstrategie der Massiven Vergeltung auf die »Flexible Response«, die flexible Reaktion auf einen Angriff, mußte konzeptionell verkraftet werden.
- Strukturen mußten lebensfähig gemacht und konsolidiert werden.
- Die Modernisierung der Erstausstattung mußte vorangetrieben werden, wobei sich die Beherrschung der technisch anspruchsvollen neuen Systeme als schwieriger erwies als erwartet, wie die Starfighterkrise zeigte.
- Schließlich mußten die aufwachsenden Fähigkeiten in das Bündnis integriert und dabei NATO-Standards erfüllt werden.

Umsteuern auf die neue Strategie

Als die NATO 1958 in Kopenhagen den Dialog mit der Sowjetunion mit dem Ziel beiderseitiger Abrüstung angeboten hatte, war dies noch am Widerstand der Sowjets gescheitert. Doch spätestens die Kuba-Krise zeigte beiden Seiten die Risiken eines nuklearen Patts drastisch auf. Und so gelang es zu Beginn der 60er Jahre, erste Abrüstungsgespräche zu führen, einen Atom-

Teststop zu vereinbaren und einen »heißen Draht« zwischen den beiden Supermächten zu etablieren.

Der Vietnamkrieg brachte ab 1964 die strategische Balance erneut in Unordnung. Obwohl ein direkter Zusammenhang nicht offensichtlich schien, wurde er völlig zurecht als Stellvertreter-Krieg eingestuft. Durch Vietnam wurde deutlich, daß das nukleare Patt zwar einen allgemeinen Krieg unwahrscheinlicher gemacht hatte, begrenzte Kriege aber nicht verhindern konnte. Die Glaubwürdigkeit – und damit die Wirksamkeit – der NATO-Strategie der Massiven Vergeltung war erschüttert, eine neue strategische Ausrichtung erforderlich. Die Strategie der Flexiblen Reaktion war die logische Folge.

Diese Entwicklung forderte auch von der Luftwaffe mit ihrer relativ großen nuklearfähigen Komponente ein Nachsteuern und beeinflußte ihre Planungen bereits vor der offiziellen Einführung der neuen Strategie. Zudem verlieh der Ausstieg Frankreichs aus der Militärstruktur der NATO ab 1966 der Bundeswehr in Mitteleuropa – und damit auch der Luftwaffe unter den NATO-Luftstreitkräften – ein höheres Gewicht.

Die 1967 offiziell beschlossene Strategie enthielt eine Triade von Eskalationsstufen: die Direkte Verteidigung, die Vorbedachte Eskalation und die Allgemeine Nukleare Reaktion. Ziel war es, durch einen Mix von konventionellen Mitteln und taktischen und strategischen nuklearen Systemen, für einen Aggressor das Risiko eines Angriffs unkalkulierbar zu machen. Um auf möglichst niedriger Eskalationsstufe Wirkung zu erzielen, durfte es keinen Automatismus geben. Vielmehr sollte die Verhältnismäßigkeit der Mittel jeweils die Reaktion der NATO bestimmen. Damit wurde die Bedeutung der Nuklearwaffen für die Einsatzplanung relativiert. Doch neben ihrer Funktion im Fall der ultima ratio in einem Krieg blieb die nukleare Komponente für die Bundesrepublik aus politischen Gründen unverzichtbar.

Rollenanpassungen und neue Strukturen im Bündnis

Während sich der Strategiewechsel der NATO vollzog, hatte die israelische Luftwaffe die Bedeutung moderner Luftkriegsführung im Sechs-Tage-Krieg eindrucksvoll unter Beweis gestellt. Auch für Außenstehende war offenkundig geworden, daß in der konventionellen Luftkriegsführung neue Wege zu beschreiten waren. Dieses Zusammentreffen von strategischen und konzeptionellen Veränderungen mit den Entwicklungen bei der Radartechnologie, Raketen- und Flugzeugtechnik sowie neuen Möglichkeiten zum Elektronischen Kampf schlug sich in den operativen Konzepten der NATO nieder.

Die Erringung der Luftherrschaft, zumindest aber einer Luftüberlegenheit, wurde als Voraussetzung für jede erfolgreiche Gesamtkriegführung angestrebt. Dazu mußte die eigene Luftverteidigung in allen Höhen, bei jedem Wetter, zur jeder Zeit, auch unter elektronischen Störmaßnahmen, erfolgreich wirken können. Im Lichte zunehmender Geschwindigkeit und verbesserter Tiefflugfähigkeit der Flugzeuge gewann Reaktionsfähigkeit eine noch höhere Bedeutung für die Operationsführung. Um sie zu erreichen, war es notwendig, den Gegner frühzeitig aufzuklären und Angriffsvorbereitungen zu erkennen.

Mit neuen Technologien wurde dies möglich. Darum errichtete die Luftwaffe ab Mitte der 60er Jahre Funkaufklärungstürme zur Fernmeldeelektronischen Aufklärung entlang der Ost-Grenze, die weit ins Gebiet des Warschauer Paktes hinein aufklären konnten. Koordinierung und zentrale Auswertung erfolgten durch die Fernmeldebereiche in Osnabrück, Feuchtwangen und Trier. Diesen wichtigen Beitrag leisteten sie, in den 70er Jahren modernisiert, bis in die 90er Jahre.

Der einsetzende sicherheitspolitische Wandel und das Ausscheiden Frankreichs aus der Integration hatten ab Mitte der 60er Jahre einschneidende Auswirkungen auf die NATO-Strukturen. Für den Bereich der Luftstreitkräfte hatte das Bündnis in Mitteleuropa unter dem Oberbefehlshaber CINCENT zwei Luftflotten etabliert, die 2. und 4. Allied Tactical Air Force

Generalleutnant Carl-Heinz Greve, COM4ATAF

(ATAF), mit Stäben in Mönchengladbach und Ramstein. Mit einem zentralen Luftstreitkräftekommando Allied Air Forces Central Europe (AAFCE) in Ramstein trug das Bündnis neuen konzeptionellen Entwicklungen Rechnung. Daß dort ab 1974 der Stellvertreter des amerikanischen Befehlshabers (DCOMAAFCE) – ebenso wie der Befehlshaber der 4. ATAF und der Chef des Stabes der 2. ATAF – deutsche Generale waren, entsprach dem Beitrag, den die Luftwaffe zu diesem Zeitpunkt bereits in das Bündnis einbrachte.

Zugleich war die personelle Repräsentanz Ausdruck des Vertrauens, das die Alliierten der Luftwaffe entgegenbrachten. Ein Vertrauen, das nicht nur Generalleutnant Ernst-Dieter Bernhard als erster deutscher DCOMAAFCE und Generalleutnant Carl-Heinz Greve als erster COM4ATAF oder ihre Nachfolger rechtfertigten, sondern unzählige Luftwaffensoldaten aller Ebenen.

Mit der Aufstellung von AAFCE wurde übrigens ein Problem gelöst, das die beiden ATAFs bis dahin nie richtig in den Griff bekommen hatten: Die Kräfte in ihren Verantwortungsbereichen wurden zuvor nach unterschiedlichen, britisch oder amerikanisch geprägten Grundsätzen geführt. Im Klartext: Es gab taktisch-operative Unterschiede zwischen dem Norden und dem Süden. In der Luftwaffe wirkte sich dies bis in die Verbände hinein aus. Ein besonders skurriles Beispiel bot das Flugabwehrraketenbataillon 22, das mit je zwei Batterien in der 2. und der 4. ATAF stationiert war. Selbst der Austausch von Feuerleitoffizieren innerhalb des Verbandes war hier nicht einfach.

Das Beispiel macht deutlich, in welch außergewöhnlichem Maße die Luftwaffe integriert war: Im Unterschied zum Heer, das seine Einsatzverbände bis auf Korpsebene national führte, waren bereits die einzelnen Einheiten integriert. Jeder neu aufgestellte Verband, der für eine NATO-Unterstellung vorgesehen war, wurde mit Erreichen der Einsatzbereitschaft Zug um Zug der NATO assigniert.

Wer in diesen Jahren in integrierten Stäben arbeitete, erlebte, daß nicht nur das operative Denken, sondern auch Ton und Umgang in den beiden ATAFs eigene Prägungen besaßen. Im Stab der 4. ATAF herrschte im Routinedienst ein ausgesprochen lockerer Ton, der mit Eintritt in Übungen jedoch in die strenge Disziplin straffer »Procedures« wechselte. In der 2. ATAF war der Umgang durchgängig formal, doch in Routine wie im Einsatz stets »sportlich-britisch«.

Einen strukturellen Sonderfall stellte Schleswig-Holstein dar, das eigentlich im NATO-Kommandobereich Europa-Nord lag. Die dort stationierten Truppen und Verbände wurden operativ dementsprechend durch das Oberkommando von Allied Forces Northern Europe (AFNORTH) in Oslo geführt. Doch keine Regel ohne Ausnahme: Die Luftverteidigung Schleswig-Holsteins lag in der Verantwortung des COM2ATAF, während die Luftangriffskräfte vom Commander Air Forces Baltic Approaches (COMAIRBALTAP) geführt wurden. Und auch den Dienstposten des COMAIRBALTAP konnte die Luftwaffe für sich gewinnen, da Deutschland neben den Luftangriffsverbänden der Luftwaffe zwei Marinefliegergeschwader für diesen Bereich zur Verfügung stellte.

Daß sich die Luftwaffe in den internationalen Strukturen so schnell zurechtfand, lag sicher auch an der in den USA stattfindenden Waffenausbildung. Neben guten englischen Sprachkenntnissen vermittelte sie Verständnis für Bündnisbelange, zumal in vielen Ausbildungsgängen etliche NATO-Nationen vertreten waren. Man kannte die Deutschen und nahm ihnen ab, daß sie ehrlich an der Friedenserhaltung mitwirken wollten.

Command Forces

Eine herausragende Rolle in den Bündnisstrukturen spielten die NATO Command Forces. Hierbei handelte es sich um diejenigen Kräfte der Partnerländer, die dem SACEUR als NATO Commander mit unmittelbarem Zugriffsrecht unterstellt waren, zumeist in hohen Bereitschaftsstufen: die Nuklearkräfte und die Integrierte Luftverteidigung.

Im nuklearen Bereich leisteten die Strike-Verbände der Luftwaffe seit ihrer Assignierung substantielle Beiträge. Schon mit der F-84F Thunderstreak waren Verbände der Luftwaffe in der Lage, Atombomben über 1.300 Kilometer zu tragen, um sie dort im »Schulterwurf«, einem speziellen Abwurfverfahren, ins Ziel zu bringen. Problematisch war bei der Thunderstreak allerdings, daß sie im vollbeladenen Zustand untermotorisiert war, woran sich viele Piloten jener Zeit erinnern. Beim Jagdbombergeschwader 34 in Memmingerberg, einem Platz, der 600 Meter über Normalnull lag, mußten beispielsweise bei voller Beladung jedesmal Startraketen genutzt werden, damit die Maschine sicher abhob. Hinzu kam der unglaublich hohe Material- und Wartungsaufwand – man sprach von 60.000 Einzelteilen. Früh wurde klar, daß ein anderer schwerer Jagdbomber benötigt wurde. Mit der Einführung der F-104G wurde die Konsequenz gezogen.

Die Bundesrepublik hatte sich ursprünglich verpflichtet, zehn fliegende Staffeln für Strike-Aufträge bereitzustellen. Tatsächlich aber erhielten nur die Jagdbombergeschwader 31, 33 und 34 einen nuklearen Auftrag – also nur sechs Staffeln. Zusätzlich wurde beim Jagdbombergeschwader 36 eine weitere Staffel für die nukleare Einsatzoption vorgehalten. Mehr konnte die Luftwaffe damals nicht leisten. Für die Dauer der Umrüstung auf den Starfighter Anfang der 60er Jahre nahm bei den Jagdbombergeschwadern 33 und 31 jeweils eine neugeschaffene dritte Staffel mit F-84F den Strike-Auftrag wahr.

Walter Krupinski, noch als Oberstleutnant, erster Kommodore des Jagdbombergeschwaders 33 in Büchel

Das Jagdbombergeschwader 33 in Büchel unter seinem Kommodore Oberst Walter Krupinski war der erste einsatzbereite und assignierte Verband der Luftwaffe. »Krupi« schaffte mit Elan und Zähigkeit nicht nur, daß »sein« Verband die »Nummer Eins« der Jagdbombergeschwader wurde. Ihm gelang es, daß sein Geschwader durchgängig einsatzbereit war. Wenn hier ein Pilot ausfiel, wurde in der gesamten Luftwaffe umgehend nach Ersatz gesucht, so daß in Büchel ständig die geforderte Anzahl von Piloten und Flugzeugen einsatzbereit war. Möglich war dies nur aufgrund des Rückhalts, den Krupinski bei der Luftwaffenführung besaß.

Die NATO forderte, daß in den Nuklearverbänden jeder Flugzeugführer sein Ziel kannte und »die Verfahren im Schlaf runterbeten« konnte. Abhängig von der Lage befanden sich die Verbände in abgestufter Bereitschaft – bis hin zur Sitzbereitschaft. Es konnte durchaus sein, daß ein Flugzeugführer seinen Wochenendbesuch im Flugdienstanzug begrüßte und seine Ausrüstung griffbereit an der Wohnungstür lag. In Spannungszeiten, wie 1962 anläßlich der Kuba-Krise oder 1968 beim »Prager Frühling«, wurde sofortige Reaktionsbereitschaft gefordert. In der Praxis hieß dies: Der Flugzeugführer saß im Flugzeug, die Systeme waren geprüft und vorbereitet.

Neben den fliegenden Verbänden waren zwei Flugkörpergeschwader mit nuklearem Auftrag bereitzustellen. Hierzu hatte die Luftwaffe 72 Abschußgeräte für die Pershing I-Rakete beschafft. Die Vorzüge der Pershing lagen neben ihrer Reichweite von über 700 Kilometern in ihrer Mobilität und Treffgenauigkeit. Die Beweglichkeit der Pershing-Verbände wurde in den 70er Jahren noch einmal gesteigert, indem die Ketten- durch Radfahrzeuge ersetzt wurden. Wie für die Jagdbomber gab es für die Pershing im Rahmen der SHAPE »Target-List« fest zugewiesene Ziele, wie die Flieger waren die Operateure der Flugkörperverbände in ständiger Einsatzbereitschaft.

Die Flugabwehrrakete Nike Hercules war zur Bekämpfung von Bomberverbänden in großen Höhen mit atomaren Gefechtsköpfen geringerer Sprengkraft ausgestattet. Doch konnte die Nike Hercules auch als Boden-Boden-Flugkörper mit einem größeren Gefechtskopf eingesetzt werden. Diese Option war angesichts der Reichweite des Systems und seiner Dislozierung rund 150 Kilometer hinter dem Eisernen Vorhang zwar von vornherein fragwürdig, da sie in jedem Fall das Territorium der Bundesrepublik betroffen hätte. Dennoch wurde sie nicht völlig ausgeschlossen, um die Möglichkeit offen zu halten, angreifende Großverbände der Landstreitkräfte des Warschauer Paktes mit allen Mitteln massiv zu bekämpfen.

Was mit der nuklearen Bewaffnung zusammenhing, unterlag strikter Geheimhaltung. Da die Waffen selbst den Amerikanern gehörten, wurden sie durch US-Detachments abgesichert. Die Luftwaffe stellte die Trä-

Boden-Boden-Flugkörper Pershing I des Flugkörpergeschwaders 2 bei der Jubiläumsparade der NATO auf dem Nürburgring (1969)

gersysteme und hatte – gemeinsam mit den Amerikanern – für die Lagerung und den sicheren Umgang mit den Waffen zu sorgen. Obwohl die Einsätze letztlich von Deutschen durchgeführt worden wären: Die Anordnung hätte von US-Seite kommen müssen. Die Geheimhaltung ging so weit, daß der Grundsatz »Need to Know« selbst gegenüber Vorgesetzten galt, die nicht direkt mit dem Einsatz befaßt waren. Wie Generalleutnant Kuebart berichtet, war einmal sogar der Bundespräsident bei einem Truppenbesuch davon betroffen.

Das zweite Standbein der Integration der Luftwaffe in die NATO war ihr gewaltiger Anteil an der NATO-Luftverteidigung: Anfang der 70er Jahre stellte allein die deutsche Luftwaffe in Mitteleuropa 30 Prozent der Jagdflugzeuge, 50 Prozent der Flugabwehrraketensysteme und 80 Prozent der Führungssysteme. Wie bei den Strike-Verbänden war der Dienst in den Verbänden der Integrierten Luftverteidigung – ob in den Jagdverbänden, der Flugabwehrraketentruppe oder im Radarführungsdienst – von NATO-Verfahren und Bereitschaftsgraden geprägt. Da in der Strategie der Flexible Response die Abwehr eines gegnerischen Luftschlages Voraussetzung dafür war, das Gesetz des Handelns zu bestimmen, waren die Dauerbereitschaften für Kräfte der Integrierten Luftverteidigung anteilig sogar noch größer als bei den Nuklearkräften.

Doch obwohl die Luftwaffe für den Schutz des NATO-Luftraums das stärkste Kontingent aller Partner einbrachte, unterlag ihr Einsatz im Frieden alliierten Vorbehalten. Air Policing – die Wahrung der Unversehrtheit des Luftraums – als hoheitliche Aufgabe im Frieden war gemäß der Bonn Convention den Tripartite Nations, also den USA, Großbritannien und Frankreich, vorbehalten. Erst der Vertrag über die abschließende Regelung in bezug auf Deutschland (»Zwei-plus-Vier-Vertrag«) brachte der Bundesrepublik 1990 die volle Souveränität und damit die Zuständigkeit für das Air Policing.

Für die Reaktion bei einer großangelegten Aggression wäre der Vorbehalt schon in den 60er Jahren ohne Bedeutung gewesen, da er mit Auslösen der entsprechenden NATO-Alarmstufen automatisch entfallen wäre. Dieser Fall war die »raison d'être« bei der Aufstellung deutscher Streitkräfte gewesen. Die deutschen Luftverteidigungsverbände unterlagen daher zurecht den gleichen Kriterien wie alle anderen Bündnisnationen. Und ihr Beitrag zur Sicherung des westeuropäischen Luftraumes wurde quantitativ wie qualitativ von allen Partnern anerkannt und geschätzt.

Konsolidierung

Personal

Auch nach dem Abschluß der Aufbauphase blieben die Personalprobleme bestehen. Die meisten Verbände hatten mit Lücken in ihrer Personalausstattung zu kämpfen. Wegen des Vorrangs der Einsatzbereitschaft wurden bei der Personalverteilung diejenigen Verbände bevorzugt, die für eine NATO-Unterstellung vorgesehen waren. Dadurch verzögerte sich die Herstellung der Einsatzbereitschaft der anderen Verbände. Speziell bei den Unterstützungsverbänden mußten zum Teil erhebliche personelle Lücken in Kauf genommen werden.

Mit diversen Maßnahmen zur Steigerung der Qualität, aber auch der Attraktivität sollte das Problem entschärft werden. So wurden ab 1964 Fachhochschulstudiengänge bei der Bundeswehr und Stipendien für öffentliche Studiengänge eingeführt. Für technische Offiziere war damit ein eigener akademischer Ausbildungsgang eröffnet, aber auch andere Studiengänge wie Wirtschaftswissenschaften, Geschichte und weitere Disziplinen waren möglich.

Da die personellen Lücken jedoch nicht auf die Regeneration von Offizieren beschränkt waren, umfaßte der Maßnahmenkatalog alle Bereiche: So wurde das Wehrpflichtalter auf 18 Jahre herabgesetzt, geeigneten Unteroffizieren wurde mit der Einführung der Laufbahn der Offiziere des Militärfachlichen Dienstes ab 1969 der Aufstieg ermöglicht. Der kritischen Lage im fliegenden Bereich sollte mit der Einführung des Berufsoffiziers bis zum 40. Lebensjahr für Strahlflugzeugführer begegnet werden. Auch über Verbesserungen bei der Besoldung wurde versucht, den Dienst in der Luftwaffe attraktiver zu machen und damit zur Lösung des Regenerationsproblems beizutragen.

Und obwohl die Konsolidierungsphase streng genommen dann schon beendet war, gehören auch die Einführung des Studiums an den neu gegründeten Bundeswehruniversitäten in Hamburg und München ab 1974 und die Neuordnung der Aus- und Fortbildung ab 1976 sowie eine Vielzahl von Verbesserungen bei den »Hygienefaktoren« und die Intensivierung der Öffentlichkeitsarbeit in den folgenden Jahren in diesen Zusammenhang. Dennoch blieb eine befriedigende Regeneration noch lange eine zentrale Herausforderung für die Luftwaffe. Denn neben den quantitativen Aspekten, die für die gesamte Bundeswehr galten, unterlag eine Reihe von Dienstposten besonders anspruchsvollen Auswahlkriterien. Selbst bei gutem Bewerberaufkommen war daher nicht immer ausreichend geeignetes Personal zu gewinnen.

Die Lage bei den Verbänden

Strukturell war die Aufstellung der Verbände 1965 weitgehend abgeschlossen. Bis auf einzelne Ausnahmen hatten sie ihre Endstandorte erreicht. Die meisten Einsatzverbände waren NATO-assigniert, besaßen eine dem Auftrag entsprechende Gliederung, waren ausgerüstet und bewaffnet. Dies gilt zumindest für die fliegenden Verbände, die im Großen und Ganzen bis Anfang/Mitte der 90er Jahre so bestehen blieben:

- die schweren Jagdbombergeschwader 31, 32, 33, 34, 36,
- die leichten Kampfgeschwader 41, 43, 44 und 42 (später Jagdbombergeschwader 35),
- die Aufklärungsgeschwader 51 und 52,
- die Lufttransportgeschwader 61, 62 und 63,
- die Jagdgeschwader 71 und 74,
- die Flugbereitschaft des Bundesministeriums der Verteidigung,
- die Waffenschule 10 (später Jagdbombergeschwader 38),
- die Waffenschule 50 (später Jagdbombergeschwader 49).

Das »fliegende Klassenzimmer« interessiert die Nörvenicher Maskottchen wenig – Radarausbildung auf der C-47 Dakota

Ähnliches galt für die Radarführungs- und Flak-Verbände, die bis in die späten 80er Jahre ohne wesentliche strukturelle Veränderungen erhalten blieben.

Während der Konsolidierungsphase wurden nun auch die für eine Kopfstärke von rund 100.000 Mann konzipierten Ausbildungs- und Unterstützungsverbände und -einrichtungen komplettiert. Zu diesen gehörten:

- fünf Ausbildungsregimenter in Pinneberg, Budel (Niederlande), Roth, Germersheim und Goslar,
- die Technischen Schulen in Kaufbeuren, Lechfeld und Faßberg,
- die Raketenschule der Luftwaffe in Fort Bliss, Texas,
- die Truppendienstliche Fachschule der Luftwaffe in Iserlohn,
- die Offizierschule in Neubiberg,
- die Unteroffizierschule in Gürzenich,
- drei Verbände zur Fernmelde-Elektronischen Aufklärung in Osnabrück, Feuchtwangen und Trier mit

Fernmeldesektoren, die von Horchtürmen aus operierten,
- zwei Regimenter für den Fernemeldeverbindungsdienst in Karlsruhe und Osnabrück,
- acht Logistikregimenter mit Depotorganisation als Versorgungs- oder Parkregimenter,
- Sanitätseinheiten integriert in die Verbände (nicht nur Flugmedizin).

Die meisten Verbände der Luftwaffe waren damit zum Ende der Konsolidierungsphase – trotz der Engpässe beim Personal, nicht überall abgeschlossener Infrastrukturmaßnahmen und gelegentlicher Probleme in der materiellen Versorgung – bereits bemerkenswert stabil.

Die Kommandostrukturen

Anders verhielt es sich mit den mehrfach wechselnden Kommandostrukturen in den frühen Jahren der Luftwaffe. Bis zum großen Umbruch, der 1970 zur Errichtung des Luftflottenkommandos und zahlreicher Kommandos mit Fachaufgaben führte, vollzog die Luftwaffe in regelmäßigem Turnus Unterstellungswechsel und Neuzuordnungen.

Bereits 1962 war die erste größere Reform der ursprünglichen Kommandostruktur erfolgt: Das Allgemeine Luftwaffenamt und das Kommando der Schulen wurden zu einem neuen Luftwaffenamt verschmolzen. In ihm wurden zentrale Fachaufgaben für die gesamte Luftwaffe bearbeitet. Dies betraf unter anderem das Erziehungswesen mit der allgemeinmilitärischen Ausbil-

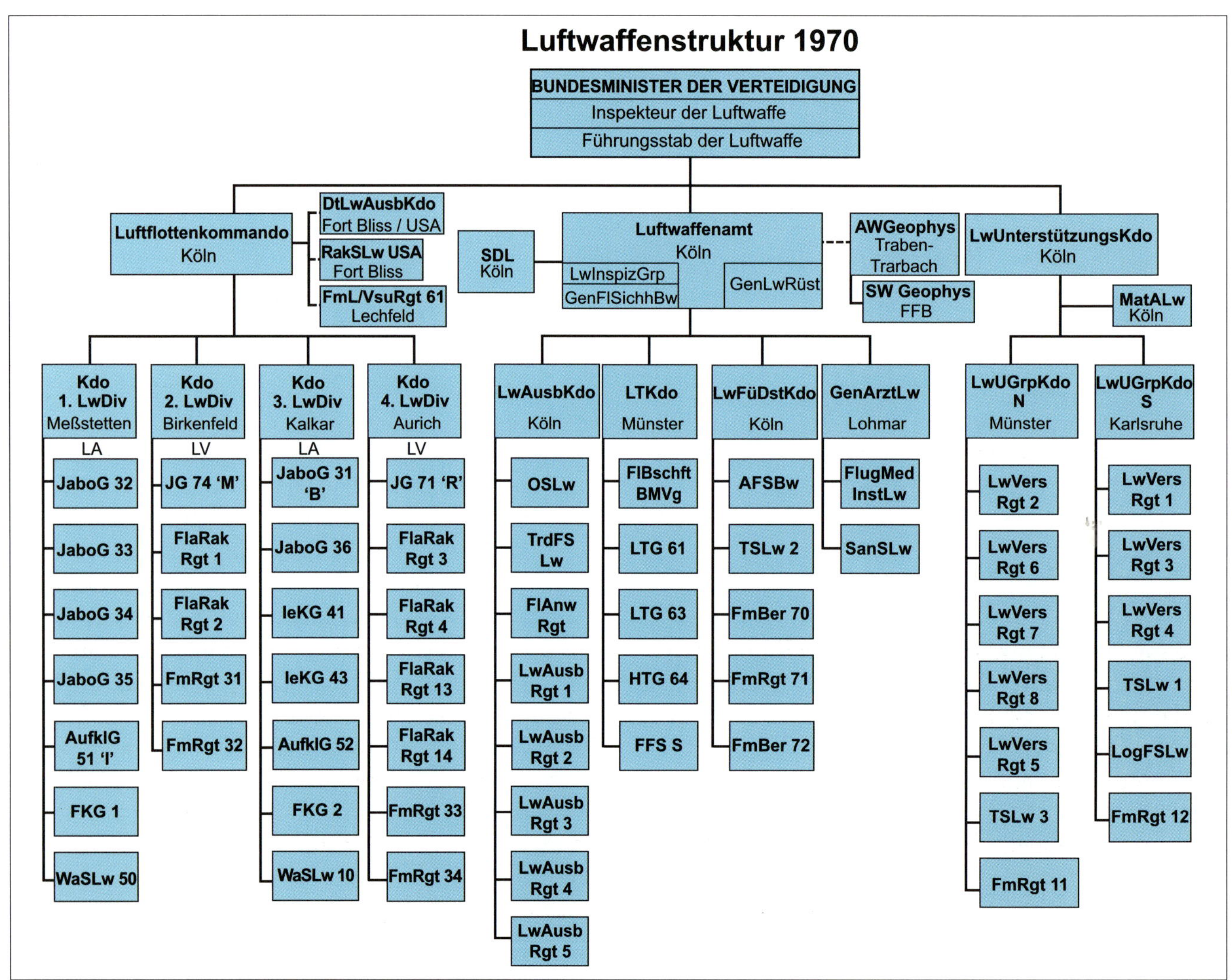

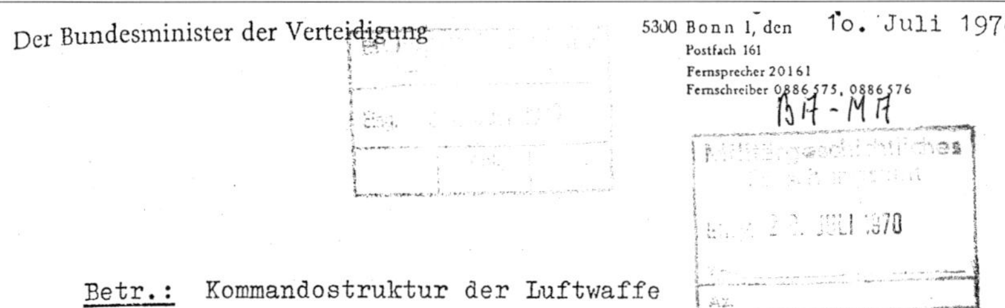
Der Bundesminister der Verteidigung

5300 Bonn 1, den 10. Juli 1970
Postfach 161
Fernsprecher 20161
Fernschreiber 0886575, 0886576

BA-MA

Betr.: Kommandostruktur der Luftwaffe

In Fortsetzung der 1967 eingeleiteten Maßnahmen ordne ich zur Neuordnung der Kommandostruktur der Luftwaffe an:

1. Es sind drei Kommandobereiche zu schaffen:

   a) Das Luftflottenkommando

      verantwortlich für die Herstellung und Erhaltung der Einsatzbereitschaft der unterstellten Luftwaffen-Einsatzdivisionen.

   b) Das Luftwaffen-Unterstützungskommando

      verantwortlich für Unterstützungs-, Versorgungs- und regionale Luftwaffenaufgaben.

   c) Das Luftwaffenamt

      zuständig für alle übrigen zentralen und nationalen Aufgaben der Luftwaffe.

2. Die bisherigen Kommandos Luftwaffengruppe Nord und Süd sowie 2. und 6. Luftwaffendivision sind zu Luftwaffen-Unterstützungsgruppe Nord bzw. Süd umzugliedern.

   Aus dem Luftwaffenamt sind die bisherigen Inspektionen Kampfverbände, Versorgung und Truppentechnik, Erziehung und Bildung, Führungsdienste und Geophysik auszugliedern.

Bewährten sich in dieser Konstellation mehr als 20 Jahre – die Köln-Wahner Kommandobehörden

dung sowie die fachliche Ausbildung der Kampfverbände und des gesamten Führungsdienstes (EloKa-Personal, Fernmelder und Flugmelder). Das Luftwaffenamt erhielt auf diesen Gebieten Weisungsrecht gegenüber allen Dienststellen und Verbänden der Luftwaffe.

Die schwierige Haushaltslage hatte zudem 1963 zu einer »weitgehenden Angleichung an die NATO-Kommandostruktur« geführt, wie das Jahrbuch der Luftwaffe 1975 rückblickend feststellte. Nun wurde 1968 die gemischte Zusammensetzung der Divisionen aufgegeben, die Verbände wurden nach taktischen und fachlichen Aufgaben straff zusammengeführt. Das neu aufgestellte Lufttransportkommando machte die Zielsetzung der neuen Struktur deutlich. Truppendienstlich, fachlich und taktisch führte es seitdem alle Verbände des Lufttransports. Hier zeigte sich die spätere Kommandolösung von 1970 bereits in ersten Ansätzen.

Eine Sonderrolle nahm die 6. Luftwaffendivision ein, die für sieben Jahre als einzige ausschließlich Einsatzunterstützungs- und Ausbildungsverbände führte.

Auch die 7. Luftwaffendivision in Schleswig war, bedingt durch die geographische Lage Schleswig-Holsteins, ein Sonderfall. Die Grenze zwischen den Kommandobereichen AFCENT und AFNORTH verlief entlang der Elbe. In der 7. Luftwaffendivision sollte das gesamte Spektrum der Dienstbereiche abgebildet sein, um es für AFNORTH selbständig zu erhalten. Doch erwies sich diese Lösung als zu kompliziert, da in Schleswig-Holstein die Zuständigkeiten für die Luftverteidigung bei der 2. ATAF, für den Luftangriff bei AIRBALTAP lagen – und so wurde die Division 1968 bereits wieder aufgelöst.

Für die gesamte Bundeswehr war durch Verteidigungsminister Schmidt 1969 eine kritische Bestandsaufnahme eingeleitet worden, die auch bei der Luftwaffe zu einer umfassenden Nachsteuerung führen sollte. Mit dem Blankeneser Erlaß wurde die Stellung des Generalinspekteurs und der Inspekteure der Teilstreitkräfte als truppendienstliche Vorgesetzte neu geregelt. Die anschließende Neugestaltung des Ministeriums zielte auf eine bessere Zuordnung der Kompetenzen und Verantwortung.

Die Luftwaffe nutzte die Entwicklung zu einer umfassenden Strukturanpassung sowie zu einer Erhöhung ihres Personalumfanges auf 104.000 Mann, davon ca. 2.000 Piloten. An der Spitze stand der Führungsstab mit nunmehr sieben Stabsabteilungen. Auf Ebene der höheren Kommandobehörden wurde die Aufteilung Nord-Süd durch eine aufgabenbezogene Gliederung ersetzt. Für die Einsatzvorbereitung der Kampfverbände und die Zusammenarbeit mit den NATO-Hauptquartieren der 2. und 4. ATAF sowie den Höheren Kommandobehörden der anderen Teilstreitkräfte wurde das Luftflottenkommando gebildet, dem vier nach ihren Aufgaben gegliederte Luftwaffendivisionen und das Luftwaffenausbildungskommando in den USA unterstellt wurden. Die materielle Versorgung übernahm ein Luftwaffenunterstützungskommando, dem zwei Unterstützungsgruppen (Nord / Süd) unterstellt wurden.

Das Luftwaffenamt blieb für die zentralen Aufgaben zuständig und erhielt den Bereich Luftwaffenrüstung dazu. Fachaufgaben wurden in den neuen Fachkommandos, Luftwaffenführungsdienst- und Luftwaffenausbildungskommando oder dem Amt für Wehrgeophysik gebündelt. Die nach funktionalen Aspekten neu gegliederte Luftwaffe sollte, aufbauend auf den Erfahrungen der jüngsten Vergangenheit, reaktionsschneller, effizienter und noch besser an die NATO-Strukturen angepaßt sein. In dieser Struktur galt es nun, die konventionelle Einsatzfähigkeit gemäß NATO-Strategie zu stärken, durch einsatzfähige Präsenz die verzugslose Verteidigungsbereitschaft glaubwürdig zu demonstrieren und unvermindert zur Abschreckung beizutragen.

Diese Struktur behielt die Luftwaffe bis zur deutschen Einheit im wesentlichen bei.

Modernisierung der Ausrüstung

Die technologischen Entwicklungen der Konsolidierungsphase standen zunächst noch im Zeichen der Massive Retaliation. Aus ihr resultierte die Notwendigkeit, die Überlebensfähigkeit, insbesondere der fliegenden Systeme, zu garantieren. Ein Weg schien zu sein, von den fest ausgebauten Flugplätzen unabhängig zu werden. Bereits 1960 wurde deshalb mit der Entwicklung von Flugzeugen begonnen, die senkrecht starten oder mit extrem kurzer Startbahn auskommen konnten. Diesem Ziel dienten Versuche, die F-104 mit Raketen oder Katapult zu starten. Echte Einsatztauglichkeit wurde nie erreicht.

Dornier Do-31 – Versuchsmuster eines senkrechtstartenden Transportflugzeugs

Auch die Entwicklung eines senkrechtstartenden Strahltransporters (Dornier Do-31) wurde schließlich zu Gunsten der mittleren Transporthubschrauber aufgegeben. Das bei allen Projekten ungünstige Aufwand/Nutzen-Verhältnis führte zur völligen Aufgabe diesbezüglicher Bestrebungen. Insgesamt waren bis 1970 ca. 1,5 Mrd. DM für diesen Forschungsbereich investiert worden, ohne ein einziges operationelles Luftfahrzeug hervorzubringen. Dennoch waren die Investitionen letztlich nicht verloren: Beim Aufbau der nationalen Luftfahrtindustrie und für die Entwicklung späterer Flugzeugmuster erwies sich das gewonnene Know-how als äußerst wertvoll.

Gegenüber der Erstausrüstung aus dem Aufbau der Luftwaffe war es in der Konsolidierungsphase vordringlich, die veralteten fliegenden Systeme zu erneuern, möglichst zu standardisieren und zukunftsfähige Muster zu beschaffen. Mit den Waffensystemen F-104 und G-91 sowie mit der Entscheidung für die Transall C-160 gelang dies.

Parallel zu den fliegenden Systemen galt es, die Ausrüstung der FlaRak mit der Hawk abzuschließen und die Nike durch Konzentration auf den Hercules-Flugkörper im Kampfwert zu steigern. Schließlich mußte die »Peripherie«, also Kraftfahrzeuge, Fernmeldeausstattung, persönliche Ausrüstung etc., komplettiert werden.

Zwei Entscheidungsgänge in diesem Zusammenhang und ihre Auswirkungen auf die Luftwaffe lohnen jedoch, näher beleuchtet zu werden: Die Einführung der G-91 als eine typische Modernisierungsmaßnahme in jener Zeit – und der Weg zur F-104, weil dieses

Waffensystem das Schicksal der Luftwaffe über Jahre bewegte, vielleicht sogar bestimmte.

Die »Gina«

Mit der Strategie der Flexible Response hatte das Ziel, Optionen für eine vorbedachte Eskalation offen zu halten, bei den NATO-Luftstreitkräften neues Gewicht erlangt. Da in der Direkten Verteidigung aber auch die Rolle der Landstreitkräfte gewachsen war, hatte zugleich die unmittelbare Heeresunterstützung für die Luftwaffe an Bedeutung gewonnen. Diesmal ging es, anders als in Himmerod, nicht um eine »Heeresluftwaffe«, sondern um das bestmögliche Zusammenwirken aller Kräfte für die gemeinsame Zielsetzung, einen Angreifer möglichst ohne Raumverlust zu stoppen. »Jointness« war geboren, der Begriff für die Nutzung aller Mittel zu einem definierten Zweck, unter einheitlicher Führung – ein konzeptioneller Ansatz, der das Denken im Bündnis bis heute prägt. Die Luftwaffe trug dem Rechnung, noch bevor die neue Strategie erlassen war, und paßte ihre Einsatzkonzepte an. Die vier mit G-91 ausgestatteten Geschwader wurden zu Leichten Kampfgeschwadern umgerüstet.

Fiat G-91 des Leichten Kampfgeschwaders 41 in Husum

Bei ihrer Erstausstattung hatte der Luftwaffe, wie den Luftstreitkräften der meisten NATO-Staaten, ein maßgeschneidertes Flugzeug zur Luftnahunterstützung gefehlt. Dieser Mangel hatte bereits 1956 in der NATO zur Ausschreibung eines Wettbewerbs für einen »Light Weight Strike Fighter« geführt, den Fiat 1960 mit der G-91 gewonnen hatte. Der »Gina«-Jagdbomber schien alle taktischen Anforderungen zu erfüllen. Bereits 1962 leitete die Luftwaffe die Umrüstung der Jagdgeschwader 72 und 73 in Jagdbombergeschwader ein und formierte Verbände, die ab 1966 die Bezeichnung Leichte Kampfgeschwader trugen.

Das neue Waffensystem überzeugte nicht nur taktisch gegenüber der F-84F, es besaß auch eine konkurrenzlose logistische Einfachheit. Zudem war die »Gina« in der Lage, von Graspisten zu starten, was ihre Überlebensfähigkeit steigerte. Abstriche bei Reichweite und Zuladung wurden hingenommen, denn es gab keine Alternative: Die Luftwaffe mußte Luftnahunterstützung leisten. Im Herbst 1964 nahmen die Jagdbombergeschwader 41 (Husum), 42 (Pferdsfeld) und 43 (Oldenburg), im Sommer 1965 das Leichte Kampfgeschwader 44 (Leipheim) ihren Dienst mit der G-91 auf.

Die primäre Rolle der Gina lag in der Heeresunterstützung. Die zweite Einsatzoption als leichter Aufklärer deckte ein Fähigkeitsprofil ab, das nur die Luftwaffe in Mitteleuropa anbieten konnte. Mit einfachen Mitteln wurde in vergleichsweise kurzer Zeit ein vorzeigbares Aufklärungsergebnis erzielt. Aufklärer und Jagdbomber Fiat G-91 unterschieden sich nur in der Ausrüstung und Bewaffnung. Die Ausbildung der Flugzeugführer kannte keine Unterscheidung.

Die Ausbildung der Flugzeugführer für die Gina wurde nahezu komplett in Deutschland, bei der Waffenschule 50 in Erding, ab 1964 in Fürstenfeldbruck, durchgeführt. Nur die fliegerische Grundausbildung fand, wie bei den F-104-Piloten, auf den Mustern Cessna T-37 und Northrop T-38 Talon in den USA statt. Später richtete die Luftwaffe für die Gina einen weiteren Ausbildungsstützpunkt in Beja ein, 160 Kilometer südöstlich von Lissabon.

Der Ausbildungsgang für die Gina-Piloten enthielt einen Anteil »Fliegerleitoffizier«. Aufgrund ihrer Rolle als Heeresunterstützer eigneten sie sich besonders für diese Verwendung, bei der sie aus einer Stellung auf dem Gefechtsfeld ihre Kameraden im Rahmen der Luftnahunterstützung per Funk »ins Ziel sprachen«.

Die Einführung der G-91 setze F-84F und F-86F Sabre frei, die im Rahmen der NATO-Rüstungshilfe an Griechenland und die Türkei abgegeben wurden. Erstmals agierte die Bundesrepublik in der Militärhilfe der NATO nicht mehr als Empfänger, sondern als Geber.

Einige F-86 fanden sogar außerhalb des Bündnisses Abnehmer: Über Oldenburg und das dortige JaboG 43 wurden sie an den Iran verkauft.

Der Starfighter und »die« Krise der Luftwaffe

Die Geschichte der Lockheed F-104 und die Geschichten um sie sind untrennbar mit der Luftwaffe verbunden. Kein anderes Flugzeug war so oft in den Schlagzeilen wie der Starfighter, der »Widow Maker«, die »Hundertvier«, die »one-o-beauty«.

Noch heute gilt: Entweder man liebt den Starfighter abgöttisch – oder man verteufelt ihn. Er war eines der leistungsfähigsten Flugzeuge seiner Zeit, von blendender Ästhetik, aber eben ein Flugzeug, das Grenzen besaß.

Der Starfighter war eine der großen Entwicklungen des legendären Lockheed-Flugzeugkonstrukteurs Kelly Johnson. Angesichts der Überlegenheit der russischen MiG-15 im Korea-Krieg hatte die USAF ein leichtes, einstrahliges Jagdflugzeug gefordert. Schon die Erstflüge der F-104 im Jahr 1954 überzeugten die USAF derart, daß sie gleich 17 Vorserienmodelle für weitere Erprobungen bestellte. 1955 wurde erstmals doppelte Schallgeschwindigkeit erreicht. Nach einer bis dahin einzigartigen Flugerprobung mit rund 6.500 Flügen erfolgte die Indienststellung des Starfighter bei einem Jagdverband in Kalifornien.

Lockheed F-104G Starfighter

Die Luftwaffe hatte bereits ab 1957/58 ein Flugzeug gesucht, das als Jäger, als Jagdbomber und als taktischer Aufklärer eingesetzt werden konnte. Minister Strauß und die Luftwaffenführung hatten erkannt, daß Mehrrollenfähigkeit Logistik, Ausbildung und Infrastruktur vereinfachen würde. Natürlich wußte man, daß Spezialflugzeuge Vorteile besaßen, aber dem Gesichtspunkt der Standardisierung wurde Vorrang eingeräumt. Schließlich kamen drei Flugzeuge in die engere Wahl: die Dassault Mirage IIIA, die Grumman F-11 und die Lockheed F-104.

Ein Vergleichsfliegen im Dezember 1957 führte zu einem deutlichen Punktsieg des Starfighter, der freilich als einziger bereits kurz vor der Truppeneinführung stand. Einschränkungen bei der Allwetterfähigkeit, der Waffenzuladung und der Navigationseinrichtung schienen ebensowenig ein Grund, die Kaufentscheidung aufzuschieben wie die Notwendigkeit eines neuen Bordradars und eines neuen Waffenrechners. Das Verteidigungsministerium schlug den Kauf vor, der Verteidigungsausschuß stimmte – mit den Stimmen der Oppositionsparteien – dem Geschäft im November 1958 zu. Ein Versuch der Marine, für sich die Buccaneer durchzusetzen, scheiterte an den rigiden Standardisierungsvorgaben des Ministeriums.

Im März 1959 wurde der Kaufvertrag über 30 doppelsitzige F-104F und 66 einsitzige F-104G Starfighter unterschrieben. Hinzu kamen 210 in Deutschland zu fertigende F-104G, die der deutschen Luftfahrtindustrie den Einstieg in international konkurrenzfähige Hochtechnologie ermöglichten. Nachdem auch die belgische, die niederländische und die italienische Regierung die Beschaffung beschlossen hatten, koordinierte der europäische Firmenverbund »NATO Starfighter Management Office« (NASMO) die Produktion von mehr als 1.500 Starfightern.

Die Einführung des Starfighter stellte die Luftwaffe vor ungeahnte Probleme. Zuerst galt es, einen geeigneten Platz für die Ausbildung zu finden. An der Waffenschule 10 in Oldenburg war dies aufgrund der kurzen Landebahn und der erwarteten Lärmbelastung für die Stadt nicht möglich. Also wurde in Nörvenich eine 4. Staffel der Waffenschule aufgestellt, deren Ausbildungsorganisation später Geschwadergröße erreichen sollte.

Die ersten Fluglehrer waren Piloten, die auf der F-84F oder der F-86F/K sehr erfahren waren. Mit dem Leiter des Arbeitstabes F-104 im Führungsstab der Luftwaffe, Oberstleutnant Günther Rall, wurden sie in die USA geschickt, um bei Lockheed in Palmdale das Fliegen in dieser neuen Dimension zu lernen. Auf drei TF-104F der Luftwaffe, die dort gebaut wurden, erwarben sie in wenigen Wochen 30 Flugstunden Erfahrung. Die Kurzausbildung in Palmdale war in mehrfacher Hinsicht bemerkenswert: Nach nur sieben Tagen Theorie stieg man ins Flugzeug und nach zwei Flügen mit Fluglehrer erfolgte der erste Alleinflug auf der 104.

Zurück in Nörvenich, übernahmen sie in der 4. Staffel im Mai 1960 die ersten zerlegten F-104F, die in Kisten per Bahntransport angekommen waren. Am 22. Juli folgte mit Generalleutnant Josef Kammhuber als Backseater der offizielle Erstflug des Starfighter in Deutschland im Beisein des Ministers mit über 200 Gästen aus dem In- und Ausland. Bereits im September begannen die Lehrgänge für die Starfighter-Piloten der geplanten neun Jagd-, Aufklärungs- und Jagdbombergeschwader.

Doppelsitzerausbildung an der Waffenschule oder bei der USAF, Training für ausgewähltes Lehrpersonal bei Lockheed, gefolgt von vorbereitender Theorie und anschließender Praxis für den Großteil der Umschüler im eigenen Verband – so war in den ersten Jahren die Schulung der Flugzeugführer organisiert. Daß die Luftwaffe damit an Grenzen stoßen würde, war abzusehen. Deshalb unterzeichneten die USA und die Bundesrepublik im April 1963 einen neuen Ausbildungsvertrag. Im Oktober 1964 wurde auf Luke Air Force Base in Arizona der deutsche Ausbildungsbetrieb aufgenommen. Die Flugzeuge kamen direkt von Lockheed oder mit »Operation Columbus« über den Atlantik aus Deutschland. Aus rechtlichen Gründen flogen alle Starfighter mit US-Kennzeichen.

Der Flugbetrieb war dermaßen umfangreich, daß zeitweise bis zu 100 deutsche F-104 gleichzeitig eingesetzt waren. Unvorstellbar, was ein solcher Betrieb für Nörvenich und seine Umgebung – oder gar Oldenburg! – bedeutet hätte. In 140 Flugstunden durchliefen die Flugschüler die F-104-Transition, Formationsflug Tag und Nacht, Instrumentenflug, Luftzielschießen, Luft-Boden-Schießen, Radarnavigation und Bombenwurftraining, nukleare Einsatzverfahren, Luftkampf und einiges mehr. In Luke erlernten bis 1983 insgesamt 1.868 Piloten in 270.000 Flugstunden den Umgang mit dem Starfighter. Diese Zahlen schließen neben der Ausbildung neuer Piloten zahlreiche Umschulungen für F-84-, RF-84- und F-86-Piloten ein.

Der Grundausbildung in Luke folgte die Europäisierung an der Waffenschule 10, die seit 1964 in Jever beheimatet war. Hier lernten die Piloten, in »gemäßigter Waschküche« zu fliegen. Zudem stellte das Fliegen über dem Meer ganz besondere Ansprüche an die Orientierung und das Gefühl für die Flughöhe.

Nach den hohen Erwartungen bei der Einführung war die Nutzungszeit des hochkomplexen Starfighter schon bald durch Unfälle und Abstürze belastet. Gleich zu Beginn gab es einen Paukenschlag: Anläßlich der Indienststellung des Jagdbombergeschwaders 31 als erstem umgerüsteten Verband im Juni 1961 sollte eine Viererformation die Leistungsfähigkeit des Jets demonstrieren. Bei einem Wolkendurchstoß ging die räumliche Orientierung verloren – alle vier Flieger fanden den Tod. »Drei Brandlöcher in gespenstischer Symmetrie, als hätte sie ein Titan in den Boden geschossen, ein vierter Krater nicht weit davon. Ein paar verstreute Trümmer. Ein Pilotenstiefel – ein einziger. Mehr nicht«, stieß es Günther Rall bitter auf. Dieser

Montage der ersten Starfighter in Nörvenich

»Mayday« über Wittmund – ein Pilot des Jagdbombergeschwaders 32 führt die zwei durch Blitzschlag beschädigten Maschinen des Jagdgeschwaders 71 »Richthofen« zurück zum Fliegerhorst (1967)

Unfall hatte Langzeitwirkung: Nie wieder gab es eine Kunstflugformation in der Luftwaffe.

»Sie verzeiht keine Fehler, machst du einen, bringt sie dich um!« war ein geflügeltes Wort unter den F-104-Piloten. Weit über 200 Unfälle, wenn auch nicht alles Abstürze, dokumentieren neben menschlichem Versagen oder fliegerischem Unvermögen etliche technische Probleme. Gerade die Vielfalt zeigte, daß jeder Unfall eine spezifische Ursache, jeder Absturz seine eigene Geschichte hatte.

Andries Schlieper, damals technischer Offizier im Jagdbombergeschwader 32, kennzeichnete die Wechselwirkung »Technik – Taktik – Mensch«: »Zusammenstöße in der Luft, Abkommen von der Landebahn, Bodenberührung beim Landeanflug, Triebwerkausfälle, räumliche Desorientierung, Nachbrennerausfall beim Start, Steuerungsprobleme, Schubprobleme durch offene Schubdüsen, Sauerstoffprobleme, Fehlfunktionen des Aufbäumreglers und bei schlechtem Wetter mißlungene Anflüge waren typische Unfallsursachen dieser Jahre.«

Die Komplexität des Flugzeuges setzte erfahrene Piloten und hochqualifizierte technische Betreuung voraus. Später sprach man von 250 Flugstunden, die ein Starfighter-Pilot haben mußte, bis er sein Flugzeug kannte.

Hinzu kam, daß die F-104 das breite Spektrum an Aufgaben, für das sie eingekauft worden war, nicht voll abdecken konnte. Unstrittig war der Starfighter als Träger von Nuklearwaffen geeignet, weil er Eindringtiefe mit hoher Geschwindigkeit verband. Als Jäger fehlte ihm jedoch die Wendigkeit im Dogfight, dem engen Kurvenkampf unter Einsatz der Bordkanonen. Zum Abfangen von Bomberflotten in großen Flughöhen war er dagegen gut befähigt – nur wurden solche Formationen bei beiden Militärblöcken längst nicht mehr praktiziert. Der Aufklärerversion RF-104G fehlte es nicht nur an hochwertigen, zur Seite schauenden Sensoren – erst die RF-4E Phantom II hatte diese –, sondern ebenso an Wendigkeit. Lange glaubte die Luftwaffe übrigens, diese Fähigkeitslücken durch die G-91 kompensieren zu können. Schließlich blieb der Einsatz als konventioneller Jagdbomber, einer Rolle, in der zunehmend das krasse Mißverhältnis zwischen Kosten und Einsatzwirksamkeit beklagt wurde. Es blieb also eine für ein Mehrzweckflugzeug eher bescheidene Nutzungsbandbreite.

Seit der Einführung des Starfighter waren die Verluste bis 1965 sprunghaft angestiegen. 1966 wurden erneut 20 Abstürze verzeichnet, bei denen elf Piloten starben. Der Druck der Öffentlichkeit stieg ständig. Ende 1965 konnte der Inspekteur, Generalleutnant Werner Panitzki, durchsetzen, daß im Führungsstab Generalmajor Dietrich Hrabak als »Sonderbeauftragter Waffensystem F-104« mit weitreichenden Kompetenzen und Vortragsrecht beim Minister eingesetzt wurde. Sein vier Personen umfassender Stab begann schnell und effektiv, das Waffensystem zu optimieren.

Wie die Flugzeugführer selbst die F-104G sahen, beschreibt Jahre später Oberst Peter Vogler, Kommodore des Jagdbombergeschwaders 36 »Westfalen« (Auszüge aus einem Brief an einen Kameraden, abgedruckt im »Jägerblatt« im Jahre 1984):

»Weit nach vorn wie eine Lanze reckt sie ihr Staurohr, ebenmäßig glatt ist ihr langer, schlanker Körper, messerscharf die Kanten ihrer kurzen, nach unten abgewinkelten Flächen. Achtung gebietet das hoch angesetzte Leitwerk, auch in der Ruhe beeindruckt die im Vergleich zum Flugzeug riesige Öffnung der Schubdüse als Symbol für gebändigte Kraft.

Hier erreiche ich einen Punkt, an dem mir viele raten werden, nicht so lange in der prallen Sonne zu sitzen. Und darauf verweisen, daß es sich doch nur um ein paar Metallbleche, elektrische Strippen, hydraulische Zylinder, Röhren und sonstige Teile handelt, die zusammengenietet, -geschweißt und -geschraubt ein Flugzeug bilden. Mein Verstand gibt dies ohne Umschweife zu. Aber er hat schon lange begriffen, daß nicht er bestimmt, wenn ich von der (nicht ›dem‹!) ›Gustav‹ erzähle. Denn wer zerlegt das Bild eines Meisters in Leinwand und Grundfarben, wer begreift eine Symphonie als bloße Anhäufung von Noten für viele Instrumente? Auch die ›Gustav‹ ist eine geniale Komposition, eine weit vor ihrer Zeit gegenständlich gewordene Vision, ein Sinnbild für die außergewöhnliche Vereinigung von Kraft, Anmut und Schönheit.«

»Auf Steuerdrücke reagiert sie wie ein rassiges Rennpferd: feinfühlig und willig, umgehend und mit sirrenden Nerven. Gedankenschnell sind ihre Rollen, bis zu zweimal um die Längsachse pro Sekunde! Fein abstimmbar ist ihre Trimmung, ohne Verzug ihre Antwort auf Bewegungen des Gashebels, stabil ihre ausbalancierte Fluglage. All diese Eigenschaften lernte ich in Deutschland schätzen, wenn es galt, bei schlechtestem Wetter zum Platz zurückzufinden.

Ihre Flugleistungen waren damals unerreicht und können sich selbst heute, über 30 Jahre nach ihrer ›Geburt‹, noch sehen lassen. Sie erreicht zum Beispiel aus dem Stand doppelte Schallgeschwindigkeit in wenig mehr als fünf Minuten, fliegt fast Mach 1,3 in Bodennähe und steigt in etwas über zwei Minuten auf 13 Kilometer Höhe. Wenn auch diese Werte nur unter optimalen Bedingungen bestätigt werden können, so sind sie doch überzeugender Beweis dafür, welchen gewaltigen Sprung der westliche Flugzeugbau mit der 104 gemacht hat.«

»Sie erhielt böse Beinamen. ›Witwenmacher‹ war nur einer. Doch nur von solchen, die sie gar nicht kannten. Mir ist nie ein 104-Pilot begegnet, der über sein Flugzeug herzog. Viel zu überzeugt von ihm waren und sind wir alle ohne Ausnahme. Wenngleich jeder Unfall, und ganz besonders wenn er Leben kostet, immer schmerzlicher Tribut bleibt. Er reißt nicht nur bei den Hinterbliebenen schwer wieder schließbare Lücken. Aber, um ihrem Auftrag wirklich gerecht werden zu können um ebenbürtig zu werden, mußte die Luftwaffe in kürzester Zeit mehrere flugtechnische Entwicklungsebenen durcheilen. Sämtliche Piloten auf der F-84, F-86, G-91 und in der F-104G haben im Bewußtsein, in der Garantie einer Zukunft in Frieden und Freiheit Höheres zu bewahren, Opfer in der Hoffnung auf eine bessere Welt erbracht.

Auch wir auf der 104 haben hin und wieder fliegerische Fehler gemacht. Nicht mit Absicht oder Bedacht, sondern in der Erlerntes verwerfenden instinktiven Reaktion eines auf Fußgängergeschwindigkeit ausgelegten Wesens. Manche dieser Fehler konnten wir nicht wieder beheben. Dennoch haben wir nie Angst vor ihr gehabt. Sie war weder launisch, noch unberechenbar, noch tückisch oder gar gefährlich. Sie hat schlechten Ruf nicht verdient. Sie stellt ›nur‹ das Höchstmaß dessen dar, das ein sorgfältig ausgewählter und ausgebildeter, im Vollbesitz seiner geistigen und körperlichen Kraft befindlicher einzelner Mensch zu meistern vermag. Für uns war, ist und bleibt sie schlicht die ›Gustav‹; darin schwingt Anerkennung und Hochachtung, Vertrautheit sowie auch ein Schuß Hingabe.«

Innerhalb weniger Wochen wurden 140 Maßnahmen definiert, mit denen die Krise bewältigt werden sollte. Im Fokus standen für Hrabak Technik und Logistik, um die Zahl der einsatzklaren Flugzeuge in den Verbänden so zu erhöhen, daß die Flugzeugführer wesentlich mehr Flugstunden und dadurch mehr Vertrauen in das Flugzeug bekommen konnten. Die Verbände erhielten 760 Mann zusätzliches technisches Spitzenpersonal. Wo Personal fehlte, half die Industrie mit Spezialisten.

Anfang September 1966 waren 460 zivile Techniker bei den Verbänden im Einsatz. Die Waffensystemausbildung in Luke Air Force Base wurde verlängert und intensiviert, die Gesamtflugstunden in den Verbänden erhöht, die technischen Gruppen personell besser ausgestattet und die Abstimmungsprozesse zur Weiterentwicklung des Flugzeuges optimiert. Bereits ab Herbst 1966 reduzierte sich die Flugunfallrate.

Generalmajor Dietrich Hrabak, »Sonderbeauftragter Waffensystem F-104«

Manchen ging es trotzdem nicht schnell genug. Die Opposition forderte Konsequenzen, ihr Wehrexperte Helmut Schmidt schoß gegen Minister von Hassel, traf aber den Inspekteur der Luftwaffe. General Panitzki bat im August 1966 um Entbindung von seinem Amt und wurde abgelöst. Johannes Steinhoff sollte Panitzkis Nachfolger werden, er kannte jedoch die Probleme um den Starfighter und nahm den Ruf an die Spitze der Luftwaffe nicht sofort an. In einer Bedenkzeit verschaffte er sich Einblick in Hrabaks Arbeit und forderte anschließend vom Minister Zugeständnisse hinsichtlich der Zuständigkeiten im Ministerium, die von Hassel ihm wohl oder übel einräumen mußte.

Das nüchterne Fazit der Starfighter-Ära: 916 F-104 Starfighter der Luftwaffe und Marine flogen zwischen 1961 und 1987 insgesamt 1.975.606 Flugstunden, ein Schnitt von gut 2.000 Flugstunden pro Flugzeug. 108 deutsche Flugzeugführer und acht Fluglehrer der US Air Force kamen in dieser Zeit bei Einsätzen mit dem Starfighter ums Leben, 292 Maschinen gingen verloren. Die Zahlen wirken erschreckend, liegen aber im Vergleich der Unfallraten pro 100.000 Flugstunden nicht höher als bei den meisten anderen Systemen. Beispiel F-84F Thunderstreak: Von 450 Flugzeugen, die die Luftwaffe nutzte, waren nach wenigen Jahren 145 unfallbedingt ausgesondert worden, das waren 32 Prozent – mehr als beim Starfighter bis 1987. Und auch damals verursachten die Verluste von Menschenleben Trauer und manchmal Ratlosigkeit.

Wie andere Flugzeuge und Rüstungsgüter wurden auch F-104 Starfighter nach der Ausmusterung im Rahmen der Rüstungshilfe weitergegeben, wie die Übersicht veranschaulicht:

Verteidigungshilfe Türkei	201	165 F-104G, 36 TF-104G
Verteidigungshilfe Griechenland	81	58 F-104G, 23 TF-104G
Abgabe USAF (Taiwan)	66	39 F-104G, 27 TF-104G
Abgabe Italien	6	6 TF-104G
Abgabe an die NASA	3	1 F-104G, 2 TF-104G
Ersatzteilgewinnung	83	81 F-104G, 2 TF-104G
Ausbildung Air-Battle-Damage-Repair, Sockelflugzeuge, Museen	184	157 F-104G, 8 TF-104G, 19 F-104F

Nicht wenige der Verantwortlichen, allen voran Johannes Steinhoff, haben sich in der Rückschau Vorwürfe gemacht, den Starfighter in den 50er Jahren empfohlen zu haben. Die Beschaffung der McDonell Douglas F-4F Phantom II sowie der RF-4E Phantom II als Aufklärer belegte, daß die Luftwaffe die Grenzen des Starfighter früh erkannt und Konsequenzen daraus gezogen hatte.

»Der Erfolg hat viele Väter« – dies galt auch für die Bewältigung der Starfighter-Krise. Jahrzehntelang

»Ready for Turn Around«

wurde sie als Verdienst von General Steinhoff gewertet, doch dies wird der Rolle seines Vorgängers Panitzki ebensowenig gerecht wie der des »Sonderbeauftragten Waffensystem F-104«, Dietrich Hrabak. Unzweifelhaft tat die Autorität der Persönlichkeit von Johannes Steinhoff jedoch ein Übriges, die Krise in den Griff zu bekommen.

Ziel der Konsolidierung: Volle Integration und NATO-Standards

Das Schaffen der Organisationsstrukturen, die Bereitstellung und Ausbildung des Personals sowie eine auftragsgerechte materielle Ausstattung formten die Basis der Leistungen, die von der Luftwaffe erwartet wurden. Für die Einsatzführung waren jedoch nicht die nationalen Stäbe, sondern die NATO-Kommandobehörden und ihre Gefechtstände zuständig. Daher mußten die Luftwaffenbeiträge in einer Weise in das Bündnis eingebracht werden, daß sie von der NATO-Einsatzführung wirksam eingesetzt werden konnten.

Einige hierfür notwendige Voraussetzungen waren durch das Ausbildungssystem der Luftwaffe vorbestimmt: Das Personal der Kampfverbände wurde primär in multinationalen Einrichtungen, überwiegend in den USA, ausgebildet. An den entsprechenden Einrichtungen wurden Einsatzverfahren geübt, die wegen des großen Einflusses der Amerikaner auch in der NATO genutzt wurden. Jedoch war es bis hierhin immer um die Aus- und Weiterbildung des Einzelnen gegangen. Die NATO-Einsatzführung brauchte aber nicht Individuen, sondern Einheiten und Verbände, die in bündnisgemeinsamen Operationen, auch im Zusammenwirken mit anderen Teilstreitkräften, einsetzbar waren. Dazu mußten die Verbände Gelegenheit haben, im Verbund zu üben. Und schließlich mußte man sich auf ihre Leistungsfähigkeit verlassen können: In Taktischen Einsatzüberprüfungen, den TacEvals, wurde getestet, ob sie den NATO-Standards genügten.

In der Konsolidierungsphase kam es insgesamt darauf an, bei den aufgestellten Einsatzverbänden, trotz nach wie vor schwieriger Rahmenbedingungen, die geforderte Einsatzbereitschaft schnellstmöglich herzustellen und erste Erfahrungen für den Einsatz zu sammeln. Diese galt es auszubauen, zu festigen und in die Ausbildung an neuen Systemen von Anfang an einzubringen. Vor dem Hintergrund des Aufwandes für die Jet-Ausbildung und angesichts der Witterungsbeschränkungen in Mitteleuropa, aber auch aus Gründen der erforderlichen Standardisierung wurden Grundlagen- und Fortgeschrittenenausbildung zentralisiert in den USA durchgeführt. Dadurch ließ sich die Ausbildungsintensität bei guter Aufwandswirksamkeit weiter steigern.

Nicht nur während des Aufbaus und in der Phase der Konsolidierung, sondern über die folgenden Jahrzehnte noch unterstützten und prägten die USA auf diese Weise die Luftwaffe. In keiner anderen Teilstreitkraft hat eine ähnlich weitgehende »Amerikanisierung« stattgefunden. Doch galten die Bemühungen der Luftwaffe, durch Internationalisierung ihrer Ausbildung den Zugang zum Bündnis zu erleichtern und die Standardisierung zu fördern, nicht ausschließlich den Vereinigten Staaten. Teile der Ausbildung wurden auch in das europäische Ausland – z. B. nach Decimomannu auf Sardinien, Beja in Portugal oder Budel in den Niederlanden – verlagert, aus den gleichen Überlegungen heraus.

Neben der auf den Einsatz im Bündnis ausgerichteten Einzelausbildung hatte die Luftwaffe von Anfang an die Integration geschlossener Kampfverbände betrieben. Schon 1958 hatten einzelne Geschwader an einem Herbstmanöver teilgenommen, um das Zusammenwirken von Heer und Luftwaffe unter einfachen Bedingungen zu erproben. Ein Jahr später folgte das Manöver »Wolf Jaune« mit der Marine. Da die Integrierte Luftverteidigung, vor allem die FlaRak, noch im Aufbau war, kamen in den ersten Jahren primär die Jagdbomberverbände zum Zuge.

Im Herbst 1959 wurden bei der Übung »Ulmer Spatz« die Luftunterstützung und der Kampf gegen das feindliche Gegenschlagspotential erstmals seitens der NATO bewertet. Außerdem waren dieses Mal nicht nur Jagdbomber beteiligt: Das Aufklärungsgeschwader 51 und das Lufttransportgeschwader 61 nahmen Aufgaben der Taktischen Luftaufklärung und des Lufttransportes unter NATO-Führung wahr. Auch Fernmelderegimenter, Flugsicherungseinheiten und logistische Verbände der Luftwaffe waren eingebunden. Bei dieser Übung wurde allerdings deutlich, daß die verfügbaren Fernmeldeverbindungen durch die zahllosen Fernschreiben für die Befehlsgebung total überlastet waren. Zusammenfassende Bewertung: Die Führungsfähigkeit war nicht sichergestellt.

Als erste, alle Luftangriffsverbände und Luftwaffenunterstützungsverbände einbeziehende Großübung fand 1961 »Checkmate« statt. Trotz auftretender Schwächen, besonders bei den noch im Aufbau befindlichen Fernmeldeverbindungsverbänden, bestätigte die NATO-Führung der Luftwaffe nun eine »beträchtliche Aufbauleistung«. Die Übung »Checkmate« sollte durch einen herausragenden Zwischenfall berühmt werden: Zwei Piloten mit F-84F Thunderstreak des Jagdbombergeschwaders 32 aus Lechfeld verflogen sich und landeten in Berlin-Tegel, wo die Maschinen schließlich vergraben wurden.

Hintergrund dieses Mißgeschicks war schlichtweg, daß die beiden Flugzeugführer mit der Schlechtwetternavigation überfordert waren. Der Vorfall, vier Wochen nach dem Mauerbau und kurz vor der Bundestagswahl, sorgte für mediales Aufsehen und diplomatische Proteste in scharfer Form. Die von Minister Strauß während eines Oktoberfestbesuches auf Vorschlag des Inspekteurs der Luftwaffe, Generalleutnant Kammhuber, als »Bierorder 61« bekannt gewordene Absetzung des Geschwaderkommodores beschäftigte drei Jahre lang die Gerichte – und hatte schließlich keinen Bestand.

Allerdings machte der Zwischenfall deutlich, daß die Ausbildung der Flugzeugführer verbessert und die

Anforderungen an das fliegerische Personal erhöht werden mußten. Daß die sowjetische Flugabwehr die Jagdbomber auf diesem Flug nicht abfangen oder abschießen konnte, sprach allerdings für sich.

Auch in den Folgejahren hat sich die Luftwaffe durchgehend im NATO-Übungsgeschehen engagiert. Beginnend 1964 mit den ersten fliegenden Verbänden wurden die Einsatzverbände regelmäßig durch die NATO einer Überprüfung der geforderten Standards unterzogen. In den Tactical Evaluations bewertete ein international zusammengesetztes Bewerter-Team den Einsatzwert des Verbandes. Die Prüfgebiete und die Einzelkriterien waren bekannt, doch gab es für jedes TacEval ein eigenes Szenario und ein speziell zusammengestelltes Drehbuch.

Bombenabwurf durch Fiat G-91

In der Regel wurden die TacEvals ohne Vorwarnung ausgelöst – lediglich der zeitliche Abstand zur letzten Überprüfung gab dem Verband einen vagen Anhalt, wann er wieder »dran war«. Jedes TacEval begann mit einer Alarmierungsphase, in der »Alert and Reaction« bewertet wurde, also die Fähigkeit, die Alarmierung der Verbandsangehörigen so sicherzustellen, daß der Auftrag entsprechend des Bereitschaftsstatus umgehend begonnen werden konnte. In der »Mission Phase« prüften die Bewerter die Fähigkeit des Verbandes, unter verschiedenen Lagebedingungen den rollenspezifischen Auftrag durchzuführen, aber ebenso die Einsatzbereitschaft technisch und logistisch aufrecht zu erhalten – und die Überlebensfähigkeit des Verbandes. Das letztgenannte Gebiet hatte viele Facetten: Von der persönlichen Ausrüstung bis hin zur Organisation der Bodenverteidigung auf Verbandsebene wurde alles geprüft, was zum Überleben im Krieg von Belang war, einschließlich der Fähigkeit, unter ABC-Bedingungen zu kämpfen.

Die gezielte Vorbereitung auf die TacEvals war das beste und intensivste Training für alle Verbandsangehörigen. Indem die Luftwaffenverbände diese Überprüfungen zunächst mit guten und später meist mit sehr guten Ergebnissen absolvierten, haben sie auf hohem Niveau sowohl ihre Einsatzbefähigung als auch ihre Bündnisfähigkeit eindrucksvoll unter Beweis gestellt. Zunehmend gute Ergebnisse wurden auch bei den diversen NATO-Vergleichsübungen und Wettbewerben, z.B. Tactical Weapons Meeting für Jagdbomber, Jagdfliegerschießen, Royal Flush oder Big Click für Aufklärer, Air Defense Competitions für Fernmeldeverbände sowie auch bei Manövereinsätzen wie Hermelin I und II oder Panthersprung und Logistikübungen wie Sam Pan II erbracht. Für die FlaRak kamen die Jahresschießen hinzu, die für Nike und Hawk bis 1967 in McGregor Range in New Mexico, ab 1968 auf Kreta durchgeführt wurden. Noch in den 60er Jahren wurden die ersten Ergebnisse über 95 Prozent erzielt. Die Luftwaffe erwarb auf diese Weise schon früh im Bündnis beträchtliche Anerkennung.

Begründung von Traditionen

»Man sollte niemals vergessen, daß eine Armee eine Seele hat« – so brachte der ehemalige Generalinspekteur Ulrich de Maizière im Frühjahr 2005 den Wert von Traditionen in Streitkräften auf den Punkt. Und weil eine Armee auf Dauer nicht »ohne Seele« leben sollte, war das Schaffen eigener Traditionen nach dem Neuanfang der Bundeswehr für deren Konsolidierung ein wichtiger Aspekt.

Traditionsnamen

Die Bundeswehr unterschied sich grundlegend von früheren Armeen der deutschen Militärgeschichte. Nicht so sehr, weil sie strikt dem Primat der Politik unterlag, das war früher schon der Fall, sondern weil sie den Soldaten als Staatsbürger in Uniform verstand. Dies war eine Neuschöpfung, ohne Anknüpfung an die Wehrmacht. Und doch gab es Kontinuitäten. Eine davon war die personelle. So wurden zahlreiche kriegsgediente Soldaten eingestellt. Dabei war es interessant zu beobachten, daß die alten Soldaten mit dem Konzept der neuen Armee vom Staatsbürger in Uniform in der Regel gut zurecht kamen.

Bei der Integration in das Bündnis half zudem, daß die Blockkonfrontation etwaige Vorbehalte der westlichen Alliierten gegen deutsche Soldaten absorbierte. Die deutschen Erfahrungen im Kampf gegen die Rote Armee waren besonders bei der britischen Armee begehrt. Bei den US-Streitkräften besaßen vor allem die Panzertruppe sowie die deutschen Jagdflieger hohes Ansehen. Und gerade die Flieger nutzten die enge Zusammenarbeit mit den Alliierten, um von ihnen zu lernen, aber ebenso, um durch Vorbild zu überzeugen. Eine US-Zeitung titelte 1956 anläßlich der Jetausbildung für Erich Hartmann, Günther Rall und andere: »Goering's Finest«. Sie drückte damit aus, daß die Besten von früher hoch im Kurs standen, nur eben nicht in der kritischen deutschen Presse.

In der jungen Bundeswehr war die Suche nach Vorbildern anfangs von Zurückhaltung gekennzeichnet. Erst Ende der 50er Jahre änderte sich das Bild. Am 43. Todestag Manfred von Richthofens, am 21. April 1961, schuf die Luftwaffe in Ahlhorn ihre ersten Traditionsverbände. Das Jagdgeschwader 71 erhielt den Traditionsnamen »Richthofen«, Max Immelmann gab

Generalleutnant Kammhuber (re.) heftet dem Kommodore des Jagdgeschwaders 71, Oberstleutnant Erich Hartmann, das erste »Richthofen«-Ärmelband an die Uniform

dem Aufklärungsgeschwader 51 seinen Namen, Oswald Boelcke dem Jagdbombergeschwader 31.

Mit diesen Traditionsnamen traf Inspekteur Kammhuber eine Auswahl, die in der Demokratie vermittelbar war: »Was bedeuten uns heute noch diese Namen? Was bedeutet Tradition überhaupt? Tradition ist die Anknüpfung der Gegenwart an die Vergangenheit, ist die Verbindung der auch in der Gegenwart und in der überschaubaren Zukunft gültigen Werte an Vorbildern der Vergangenheit, denen nachzueifern des Schweißes der Edlen wert ist. Die deutsche Luftwaffe braucht solche Vorbilder, denen nachzueifern für jeden Soldaten eine sittliche Pflicht sein sollte. Ihre vornehmsten Namen sind die des großen Dreigestirnes aus dem Ersten Weltkrieg, die unvergeßlichen Jagdflieger Rittmeister Freiherr von Richthofen, Hauptmann Boelcke und Oberleutnant Immelmann.«

Die Namen konnten offensichtlich auch wegen ihres Ansehens im Ausland verwendet werden, wo vor allem die Fairneß dieser »Ritter der Lüfte« anerkannt war. 1973 folgten die Benennung des Jagdgeschwaders 74 in Neuburg an der Donau nach Werner Mölders und die Namensgebung für die Neuburger Kaserne nach dem ehemals jüdischen Soldaten und Pour le Mérite-Träger Wilhelm Frankl. 1994 wurden die Kaserne in Berlin-Gatow und 1997 das Jagdgeschwader 73 in Laage nach Johannes Steinhoff benannt. Damit würdigte die Luftwaffe zugleich einen ehemaligen Inspekteur, der in der NATO hohes Ansehen gewonnen hatte.

Die Diskussionen im Zusammenhang mit der Aufgabe des Traditionsnamens »Mölders« im Frühjahr 2005, in Umsetzung eines Bundestagsbeschlusses von 1998 zur Legion Condor, machten jedoch deutlich, daß Traditionsnamen ihren eigentlichen Zweck, Orientierung zu geben, in der politischen und medialen Auseinandersetzung manchmal einbüßen können. Da sich in diesem Fall die Aufgabe des Traditionsnamens ausdrücklich nicht gegen die Person Werner Mölders richtete, löste die Maßnahme im Jagdgeschwader 74, das den Namen über 30 Jahre im In- und Ausland mit Stolz getragen hatte, vor allem aber bei vielen Ehemaligen, kontroverse Gefühle aus.

Luftwaffenehrenmal

Das Wort des Konfuzius, nach dem sich die Würde eines Volkes darin offenbare, wie es seine Toten ehre, ist zweieinhalbtausend Jahre alt – und bis heute zeitlos gültig. Zu Recht sorgten sich deshalb Angehörige der alten und der neuen Luftwaffe schon früh um die Errichtung eines Ehrenmals für ihre Toten, zumal es in der jungen Bundesrepublik kein nationales Ehrenmal gab. Staatliche Mittel für eine solche Gedenkstätte fehlten. Und so wurde zwischen 1961 und 1963 aus Spendengeldern in Fürstenfeldbruck, der »Wiege der Luftwaffe«, ein Ehrenmal für die Opfer der Luftfahrt und der Luftwaffe errichtet.

Im Mai 1966 übernahm die Luftwaffe das Ehrenmal. Seither wird es durch die Standortverwaltung Fürstenfeldbruck für die Luftwaffe gepflegt. Viele offizielle Besucher der Luftwaffenführung und Delegationen, die zur Offizierschule kommen, haben an diesem Ehrenmal Kränze niedergelegt, um der Opfer der Kriege und der Luftfahrt zu gedenken.

Am Vortag des Volkstrauertages richtet die Offizierschule das jährliche Totengedenken aus, zu dem der Inspekteur der Luftwaffe, neben offiziellen Repräsentanten aus Staat und Gesellschaft, alle ehemaligen und aktiven Generale der Luftwaffe sowie die der Luftwaffe verbundenen Verbände und Vereinigungen einlädt. In einer seit Mitte der 70er Jahre unveränderten, schlichten Zeremonie werden durch Offizieranwärter Kränze niedergelegt. Der Appell, bei dem die Offizierschule geschlossen antritt, zeigt dem Führungsnachwuchs zugleich die Verantwortung der Lebenden und ihre Verbundenheit mit den Opfern und hat insofern hohe Symbolkraft.

Traditionell gedenken der britische Luftwaffenattaché und der Kommandeur der Offizierschule gemeinsam zum Jahrestag des Kriegsendes der Opfer der Kriege durch eine Kranzniederlegung am Luftwaffenehrenmal. Die Zeremonie erfolgt zeitgleich mit einer Kranzniederlegung in einer Gedenkkapelle in Biggin Hill bei London, die der deutsche Luftwaffenattaché gemeinsam mit einem Vertreter der Royal Air Force vornimmt. Die Zeremonie geht auf den Vorstoß eines deutschen Attachés in London im Jahre 1972 zurück, den damaligen Brigadegeneral Roderich Cescotti. Cescotti hatte beobachtet, daß in Biggin Hill Kränze ehemaliger polnischer Piloten, nicht aber der Luftwaffe (inzwi-

Das Luftwaffenehrenmal in Fürstenfeldbruck

schen Bündnispartner der Royal Air Force) niedergelegt wurden und die Zeremonie beim britischen Luftwaffenchef angeregt.

Truppenfahnen:
Einheitsfahnen mit Symbolcharakter

In den Anfangsjahren der Bundeswehr gab es keine Truppenfahnen oder Standarten. Wünsche der Truppe nach Symbolen wurden nicht erfüllt. Oftmals suchten sich die Verbände eigenständig Feldzeichen. Mitunter bekamen die Bataillone von ihren Garnisonsgemeinden, die den Mangel kritisierten, Fahnen mit individueller Symbolik geschenkt. Der »Wildwuchs«, der auch bei Traditionsverbänden und -verbindungen einsetzte, wurde vom Verteidigungsministerium wie der gordische Knoten zerschlagen: Alle Verbände der Bundeswehr erhielten Truppenfahnen, die Verbände der Luftwaffe in einem feierlichen Appell am 24. April 1965 im Münchner Dante-Stadion.

Die neuen Fahnen unterschieden sich von früheren dadurch, daß sie für alle Truppengattungen einheitlich waren. Auf einem ein mal ein Meter großen Fahnentuch in den Farben Schwarz, Rot und Gold war der Bundesadler als Symbol für den freiheitlichen und demokratischen Rechtsstaat aufgestickt. Die einzelnen Verbände sollten fortan nur an den Fahnenbändern und dem Fahnenring mit der Gravur der Kurzverbandsbezeichnung zu unterscheiden sein.

Die Truppenfahnen, die seither bei Übergaben, Gelöbnissen und Appellen gezeigt werden, symbolisieren die Rolle der Streitkräfte der Bundesrepublik. Die Übernahme der Farben und des Wappens verdeutlicht die in der deutschen Geschichte einzigartige Verankerung unserer Streitkräfte in Staat und Gesellschaft.

Symbolkraft bei feierlichen Anlässen – Aufmarsch von Truppenfahnen

Die Zeit des Kalten Krieges 1970 bis 1989

Wenn die 70er und 80er Jahre im folgenden in einem Kapitel zusammengefaßt sind, so heißt dies nicht, in diesen beiden Dekaden sei in der Luftwaffe wenig passiert. Diese Folgerung wäre grundfalsch. Denn über all die Jahre standen die Luftwaffenverbände als »Kräfte der ersten Stunde« permanent in hohen Bereitschaftsstufen. Der Tribut, den Ausbildung, Übungen und Einsatzdienst forderten, war hoch, manchmal auch bitter.

Doch bei allen Anstrengungen und trotz mancher Veränderungen, die sich in diesen zwei Dekaden vollzogen: Der Auftrag der Luftwaffe blieb derselbe. Man kannte in dieser Zeit die lagerelevanten Faktoren – und selbst den einzigen in Frage kommenden Gegner – recht genau. Deshalb ging es in der Periode des Kalten Krieges vor allem darum, nicht in der Wachsamkeit nachzulassen, technisch »auf Ballhöhe« zu bleiben und den Ausbildungsstand – auch im Verbund – auf hohem Niveau zu halten.

Entspannung und Ernüchterung

Parallel zur Strategie der Flexiblen Reaktion war eine neue sicherheitspolitische Dimension entstanden. Die zuvor eher nachrangigen Bemühungen um Abrüstung wurden mit dem Harmel-Bericht ab 1967 zur Marschrichtung der Allianz. Das Ziel einer dauerhaften Friedensordnung in Europa sollte durch militärische Sicherheit auf der einen und eine Politik der Entspannung auf der anderen Seite erreicht werden. Damit wurde der Dialog zu einem treibenden Element in der sicherheitspolitischen Entwicklung.

In diesem Sinne hatte die noch junge Ost-West-Annäherung mit dem Abschluß des Weltraumvertrages 1967 und mit dem Nonproliferationsvertrag 1968 gerade erste Früchte getragen, als mit dem Einmarsch in die ČSSR 1968 der »Prager Frühling« jäh beendet wurde. Dem Westen wurde deutlich vor Augen geführt, daß es zu Euphorie keinen Grund gab. Vielmehr galt es unverändert, eine glaubwürdige Verteidigungsfähigkeit als Basis für weitere Entspannungsinitiativen sicherzustellen. Als Reaktion auf den Einmarsch wurde, über die unmittelbare Herstellung der Verteidigungsbereitschaft hinaus, die Erhöhung der Personalumfänge und der Ausbildung, die Modernisierung der Ausrüstung und Verbesserung der Kampfkraft der taktischen Luftstreitkräfte beschlossen, die bis 1973 erreicht sein sollten. Diesem Ziel diente zudem ein Verstärkungsprogramm der EUROGROUP der NATO.

Doch trotz der Ernüchterung durch die Ereignisse in der Tschechoslowakei wurde der gewählte Ansatz weiter verfolgt. Und eine Reihe konkreter Initiativen gegen das Wettrüsten waren erfolgreich. So konnten mit dem Atomwaffensperrvertrag 1970 sowie mit dem B-Waffen-Übereinkommen und dem Anti Ballistic Missile (ABM)-Vertrag 1972 Ergebnisse erzielt werden, die den eingeschlagenen Weg rechtfertigten. Zwar war die nukleare Aufrüstung nicht gestoppt worden: Die USA verfügten inzwischen über Mehrfachsprengköpfe und waren technologisch überlegen, die UdSSR hatte moderne Interkontinentalraketen mit enormer Nutzlast und war dabei, eine neue Bombergeneration aufzubauen. Und doch schien die Situation für weitere Schritte günstig zu sein, da sich durch die wechselseitige Abschreckung ein gewisses Gleichgewicht eingestellt hatte.

Für die Bundesrepublik entwickelte sich die Lage auf mehreren Ebenen positiv. Nach dem Abschluß der Ostverträge entspannte sich ihr Verhältnis zur DDR zunehmend. 1973 war sie als vollwertiges Mitglied in die Völkergemeinschaft der Vereinten Nationen aufgenommen worden. Im gleichen Jahr wurde mit der Konferenz für Sicherheit und Zusammenarbeit in Europa (KSZE) in Helsinki blockübergreifend eine neue Qualität der europäischen Zusammenarbeit eingeleitet, die mit der Unterzeichnung der Schlussakte 1975 offiziell bestätigt wurde. Mit den »Mutual Balanced Force Reductions« (MBFR) sollte mehr Stabilität erreicht werden.

Die Aufnahme der Verhandlungen zum SALT II-Abkommen 1974 schien die Lage zwischen NATO und Warschauer Pakt weiter zu entspannen. Doch kurze Zeit darauf sahen sich die NATO-Staaten mit einer neuartigen Bedrohung konfrontiert, der sie nichts Vergleichbares entgegenzusetzen hatten: Die Sowjets hatten ihre Streitkräfte mit SS-20-Mittelstreckenraketen ausgerüstet. Eine Abwehr dagegen gab es nicht. Damit war das angestrebte Gleichgewicht massiv gestört. Und angesichts der Reichweite der SS-20 war die Bundesrepublik diesmal aufgrund ihrer wehrgeographischen Lage unmittelbar betroffen.

Die NATO, insbesondere die USA, aber auch die Bundesrepublik, suchten nach Lösungen, um die gewünschte Stabilität zu erreichen. Aber: Gesicherte Verteidigungsfähigkeit war weiterhin die unverzichtbare Voraussetzung. Angesichts der begrenzten Ressourcen begannen 1977 zwischen den europäischen Staaten und den USA Gespräche über Rüstungskooperation und Standardisierung. Zeitgleich beschloß die NATO in London ein »Long Term Defence Programme«, das die Verteidigungsanstrengungen des Bündnisses langfristig festschrieb. Eines der spektakulären Projekte dieses Programms war die gemeinsame Beschaffung eines »Airborne Warning and Control System« (AWACS) zur Stärkung der Luftraumüberwachung und als fliegende Einsatzleitzentrale. Die AWACS-Flotte hat sich seit über zwei Jahrzehnten als Eckpfeiler und Symbol der Bündnissolidarität bewährt.

Auf Initiative von Bundeskanzler Helmut Schmidt beschloß der NATO-Rat im Dezember 1979, mit der Sowjetunion Gespräche aufzunehmen, um diese zur Abrüstung ihrer neuen, Mehrfachsprengköpfe tragenden SS-20-Mittelstreckenraketen zu bewegen. Falls diese Gespräche erfolglos blieben, wollte die NATO ihre nuklearen Mittelstreckenwaffen modernisieren. Fast zeitgleich marschierte die Sowjetunion in Afghanistan ein. Am Tag des Einmarschs wurde der NATO-Doppelbeschluß bekannt gemacht.

Nach greifbaren Fortschritten der Entspannungspolitik in den 70er Jahren war der Ost-West-Konflikt am Ende der Dekade erneut zutage getreten. Das SALT II-Abkommen wurde daraufhin seitens der USA nicht ratifiziert, weil die UdSSR, trotz Unterzeichnung der KSZE-Schlußakte, mit dem Einmarsch in Afghanistan, dem Druck auf die »Solidarność« in Polen, aber auch durch die Aufrüstung mit der SS-20 und dem neuen Bakfire-Bomber, ihre Glaubwürdigkeit verloren hatte.

In Farnborough wurde der neue sowjetische Langstreckenbomber Backfire erstmals im Westen vorgestellt

Die Sowjetunion ihrerseits lehnte 1981 das Angebot des NATO-Doppelbeschlusses und alle weiteren Verhandlungen zur Abrüstung der Mittelstreckenwaffen ab. Der Versuch, mit den Strategic Arms Reduction Talks (START) die Abrüstungsgespräche wieder aufzunehmen, wurde – wie alle anderen Rüstungskontrollverhandlungen – seitens der UdSSR abgebrochen, als Präsident Reagan die Strategic Defense Initiative (SDI) ankündigte, die die USA zur Abwehr nuklearer Raketen befähigen sollte. Erstaunlicherweise lösten – weit mehr als die sowjetischen Maßnahmen – die NATO-Nachrüstung mit Mittelstreckenwaffen sowie das SDI-Projekt in Westeuropa eine »Friedensbewegung« aus, die nicht nur zu offenen Protesten führte, sondern auch die deutsche Innenpolitik auf manche Probe stellte.

Alpha Jet bei der Landung auf einem Autobahn-Notlandeplatz

Während aber in Politik und Öffentlichkeit hitzige Diskussionen um die Ausgestaltung der Sicherheitspolitik geführt wurden, rüstete der Warschauer Pakt konventionell weiter auf. Gut die Hälfte seiner Kampfflugzeuge gehörten bereits der dritten Generation an, die NATO-Luftstreitkräfte verfügten lediglich zu 30 Prozent über derart moderne Systeme. Auch die bodengebundene Luftverteidigung der NATO war Mitte der 80er Jahre der des Warschauer Paktes weder quantitativ noch qualitativ ebenbürtig. Wegen der Durchsetzungsfähigkeit der Flugzeuge des Warschauer Paktes wurde zudem ein besserer Objektschutz notwendig, vor allem an den NATO-Flugplätzen.

Die qualitative Überlegenheit des Westens aus den 70er Jahren war stark zurückgegangen, auf wichtigen Gebieten ganz verloren. Die Offensivfähigkeit des Warschauer Paktes hatte deutlich zugenommen, während die Eindringfähigkeit der NATO geschwächt worden war. In dieser Situation war die Bundesrepublik in besonderem Maße gefordert. Allein die Luftwaffe stellte die Hälfte der bodengebundenen Luftverteidigung, jeweils rund ein Drittel der Kampfflugzeuge und Flugkörpersysteme sowie 80 Prozent der Frühwarn- und Leitsysteme der NATO-Luftverteidigung in Mitteleuropa. Dieser deutsche Beitrag mußte der gewachsenen Bedrohung angepaßt werden.

So wurden zum Beispiel, um die Überlebenschancen im Fall eines Überraschungsangriffs zu erhöhen und trotz zerstörter Flugplätze weiterhin kampffähig zu bleiben, auf neugebauten Autobahnen Notlandeplätze angelegt, von denen aus zumindest ein eingeschränkter Flugbetrieb aufrecht erhalten werden konnte. Die Maßnahmen, mit denen die Luftwaffe auf diese Lageentwicklung reagierte, betrafen also nicht nur ihre Ausrüstung, sondern ebenso Infrastruktur, Organisation, Ausbildung und Übungen. Die verschiedenen Anpassungsbemühungen werden in diesem Kapitel noch dargelegt werden. Doch ist generell festzuhalten, daß wiederum eine enge Zusammenarbeit mit den USA gesucht und auf einer Reihe von Gebieten auch gefunden wurde. Exemplarisch seien hier »Wartime Host Nation Support« sowie ein Abkommen zur Luftverteidigung genannt.

Trotz der Abkühlung des Verhältnisses zum Warschauer Pakt bekräftigte die NATO 1984 mit ihrer Washingtoner Erklärung die Gültigkeit des Harmel-Berichts von 1967. Auch künftig sollten auf Grundlage ausreichender militärischer Stärke Dialog und Zusammenarbeit mit dem Osten fortgesetzt werden. Nicht nur den NATO-Ländern fielen die Rüstungsausgaben schwer. Der wirtschaftlich viel schwächere Osten hatte sich mit seiner umfassenden Modernisierung der

Streitkräfte offensichtlich übernommen. Schon ein Jahr später wurden zwischen den USA und der UdSSR wieder Abrüstungsverhandlungen aufgenommen.

Entscheidend für diese Entwicklung war die durch Michail Gorbatschow eingeleitete Perestrojka, mit der die sowjetische Wirtschaft saniert werden sollte, die durch die enormen Rüstungsausgaben völlig ausgelaugt war. Erstmals wurden vertrauens- und sicherheitsbildende Maßnahmen und gegenseitige Inspektionen zur Überwachung vereinbart. Mit dem Vertrag zu den Intermediate Range Nuclear Forces (INF) wurde 1987 schließlich die Vernichtung der umstrittenen nuklearen Mittelstreckenraketen in Europa beschlossen. Eine Folge dieses Vertrages war die Auflösung der Pershing-Geschwader der Luftwaffe.

In der Rückschau erweckt die Periode nach der Machtübernahme durch Gorbatschow den Eindruck, daß die Entwicklungen seit seinem Amtsantritt konsequent auf die Auflösung des Warschauer Paktes oder gar die deutsche Wiedervereinigung zugelaufen seien. Vielleicht ist diese Beurteilung sogar zutreffend. Doch für die NATO-Länder und die Bundesregierung war dies nicht erkennbar. Zu oft hatte es in der Vergangenheit trügerische Anzeichen von Entspannung gegeben, die kurz darauf erneut in Konfrontation umgeschlagen waren. Und so galt für die zweite Hälfte der 80er Jahre der Wappenspruch des SACEUR unverändert: »Vigilia Pretium Libertatis.«

Welche Rolle spielte die Luftwaffe während dieser Entwicklung? Schon kurz nach Abschluß der Aufbauphase hatte der Beitrag, den die Luftwaffe dem Bündnis zur Verfügung stellte, bei den Partnern Anerkennung gefunden. Mit der Konsolidierung der Verbände und den ersten Modernisierungsmaßnahmen war der Einsatzwert der assignierten Kräfte weiter gestiegen. Zudem hatte die vollständige Integration aller Kampfverbände in das Bündnis zur Folge, daß eine entsprechende Repräsentanz in den NATO-Kommandobehörden und Gefechtsständen beansprucht werden konnte. Dieser Anspruch war in den frühen Jahren der Bundeswehr noch zurückhaltend betrachtet, mit wachsender Erfahrung in den integrierten Strukturen jedoch zunehmend wahrgenommen worden.

Die Besetzung von Führungspositionen bei AAFCE und in den beiden mitteleuropäischen ATAF durch Luftwaffengenerale war – wie dargestellt – bereits in den 60er und frühen 70er Jahren erfolgt. Deutsche Stabsoffiziere auf Schlüsselpositionen in den Bereichen Operationsführung, Konzeption und Planung der NATO-Stäbe sicherten auf allen Ebenen zunehmend Einfluß auf Einsatzbelange und langfristigen Zielsetzungen. Auf logistischem Gebiet hatte das Bündnis nur begrenzte Zuständigkeit, denn die Logistik verblieb in nationaler Verantwortung. Doch mußten auch logistische Aufgaben koordiniert werden – und dabei spielten Deutschland als »Host Nation« und die deutschen Logistiker in NATO-Stäben eine erhebliche Rolle.

Nicht nur in der Stabsroutine wirkten deutsche Mitarbeiter mit. Immer häufiger wurden die konzeptionellen Vorstellungen von ihnen vorangetrieben. In Gremien und Arbeitsgruppen, die sich mit grundlegenden Fragestellungen befassen sollten, wurden vermehrt eigene Konzepte eingebracht. Besonders stark kam dies, aufgrund des großen Beitrags der Luftwaffe auf diesem Gebiet, in der Luftverteidigung zur Geltung. Als das Bündnis beschloß, wegen des Abstimmungsbedarfs in der Integrierten Luftverteidigung und der aufwendigen, gemeinsam finanzierten Vorhaben, ein eigenes Komitee unter dem Vorsitz des Stellvertretenden NATO-Generalsekretärs einzurichten, wurde der Posten des »Vice Chairman«, der in der Praxis die Arbeit des Gremiums steuerte, an die Luftwaffe vergeben. Das NATO Air Defence Committee ist seither das höchste Beratungsorgan der NATO in Fragen der Luftverteidigung. Der Vice Chairman war bis 2005 immer ein Luftwaffengeneral.

Mit General Eberhard Eimler wurde 1987 erstmals ein Luftwaffenoffizier Stellvertreter des SACEUR. Und Eimler, der über persönliche Erfahrungen als Stellvertreter des COMAAFCE verfügte und zudem in seiner Zeit als Inspekteur der Luftwaffe exzellente internationale Kontakte aufgebaut hatte, verstand es, die Belange der Luftstreitkräfte auf die Prioritätenliste der Agenda des Bündnisses zu bringen. Hilfreich war in dieser Situation ohne Zweifel, daß einer seiner ehemaligen Reserveoffiziere, der Jetpilot Manfred Wörner, NATO-Generalsekretär war. Auch in dem Air Planning Team, das bei SHAPE in den 80er Jahren mit dem Ziel etabliert wurde, die Luftkriegsplanungen neu zu konzipieren, kam die Luftwaffe zum Zuge – mit Oberst Axel Kleppien, der vorher die Umstellung der Gürtelkonzeption der bodengestützten Luftverteidigung auf das flexiblere »Cluster-Konzept« entworfen hatte.

Engagierter Reserveoffizier – leidenschaftlicher Politiker – begeisterter Jet-Pilot: Oberstleutnant d.R. Dr. Manfred Wörner

In ähnlicher Form gelang es auf weiteren Feldern, vor allem dort, wo der deutsche Anteil von gut 20 Prozent NATO-Finanzierung von Bedeutung war, eine angemessene Vertretung zu erreichen. In diese Reihe gehören neben den entsprechenden NATO-Stabselementen etliche Management-Agenturen. Bis heute hat sich der Einfluß der deutschen Konzeptionäre auf zukunftsweisenden Positionen gehalten: Zunächst mit den Generalen Höche, Portz, Kleppien, Back, Jertz und Martin beim Reaction Force Air Staff, in neuester Zeit mit dem Director Joint Air Power Competence Center, Generalleutnant Schubert. Beide Einrichtungen hatten bzw. haben hohen Stellenwert für die Fortentwicklung von Luftkriegskonzepten der NATO.

Die Luftwaffe hatte also immer wieder Vordenker und war in vielen entscheidenden Positionen gut aufgestellt. Dies bedeutete freilich nicht, daß deutsche Interessen immer durchgesetzt werden konnten – denn im Bündnis zählte letztlich, was den Interessen aller Partner dienlich war.

Schlüsselbereiche: Personal und Ausbildung

In der Konsolidierungsphase hatte die Luftwaffe einen Personalbestand erreicht, der die Auftragserfüllung möglich gemacht hatte, wenngleich vor allem in den höheren Dienstgraden – bei den Offizieren und Unteroffizieren – über viele Jahre Lücken klafften. Häufig behalf man sich mit einem »Durchschiebe-Verfahren«: Offizieraufgaben wurden von Unteroffizieren, deren Aufgaben von Mannschaften wahrgenommen. Aber insgesamt reichte der Personalbestand noch aus, um – volles Engagement vorausgesetzt – dem Auftrag gerecht zu werden. Extreme Engpässe, zum Beispiel während Übungen oder Überprüfungen, wurden schon mal durch Personalverstärkungen aus anderen Verbänden überbrückt.

Als sich 1974 abzeichnete, daß angesichts steigender Kosten für Betrieb und Materialerhalt für anstehende Modernisierungen nicht mehr ausreichende Mittel zur Verfügung standen, wurden Eingriffe in die geplante Struktur der Bundeswehr unausweichlich. Um über Personalreduzierungen die Betriebskosten zu senken, wurde die Gesamtstärke der Bundeswehr auf 465.000 Mann als präsente Kräfte festgesetzt, die durch 30.000 Mann in Verfügungsbereitschaft ergänzt wurden. Teile der aktiven Verbände, im Schwerpunkt allerdings beim Heer, wurden unter Erhalt des Materials gekadert. Als Verfügungsbereitschaft wurden Wehrpflichtige bis zu einem Jahr nach dem Grundwehrdienst herangezogen. Zur Kompensation wurde die Wehrdienstzeit auf 15 Monate reduziert.

Von rund 110.000 Luftwaffensoldaten war der Anteil der Wehrpflichtigen im Vergleich zum Heer gering. Lediglich 35.000 Soldaten der Luftwaffe waren Grundwehrdienstleistende. Um als Wart an Flugzeugen, Abschußgerätebediener bei FlaRak oder Materialdisponent in der Logistik eingesetzt zu werden, bedurfte es oftmals der Ausbildung zum Unteroffizier. Die Mehrzahl der Wehrpflichtigen war deshalb in Sicherungsstaffeln zu finden, doch bewährten sich gerade in Zeiten personeller Engpässe immer wieder ausgewählte Wehrpflichtige in einsatzwichtigen Verwendungen.

Von hohem Wert für die Luftwaffe war der Zusammenhalt in den Verbänden. Im Unterschied zu anderen Nationen – und zu anderen Teilstreitkräften –

empfand sich die Luftwaffe schon früh als Team. Dieses Zusammengehörigkeitsgefühl ergab sich unter anderem aus der Tatsache, daß der Offizier nicht vorrangig Befehlsgeber war, sondern der »Träger der Kampfkraft« – und als solcher abhängig von denen, die ihm die Voraussetzung für seine Auftragserfüllung schufen, also abhängig von anderen Offizieren, Unteroffizieren, Mannschaften und oftmals von zivilen Mitarbeitern in Technik, Versorgung oder Administration. Ob »Wetterfrosch« oder Flugzeugwart, Sicherer oder Munitionsmechaniker in den fliegenden Verbänden, ob FlaRak-Feldwebel oder Plotter im CRC – sie alle waren unverzichtbar für die erfolgreiche Bewältigung des gemeinsamen Auftrages, der letztlich stets durch den Flugzeugführer oder Waffensystemoffizier, den Feuerleit- oder Abschußoffizier, den Jägerleitoffizier oder Flugsicherer zu verantworten war. Deshalb wurde zumeist von Kampfbesatzungen, Crews oder Teams gesprochen – immer ging es um die gemeinsame Aufgabe. In vielen Verbänden schweißte der Schichtdienst die Kampfgemeinschaften zusammen. Und die verbandsinternen, nationalen und von der NATO angesetzten Übungen und Überprüfungen stärkten das Zusammengehörigkeitsgefühl noch weiter. Denn gewertet wurde stets die Leistung des Teams, oft sogar des gesamten Verbandes.

Generalleutnant Steinhoff (Mitte) besucht die Raketenschule der Luftwaffe in El Paso, Texas

Der rasche Aufbau der Bundeswehr ohne Vorlauf hatte Rücksichtnahme auf stimmige Alterstrukturen bei der Regeneration in den Hintergrund treten lassen. Da es keine Alternative zu diesem Vorgehen gegeben hatte, wurden daraus resultierende Verwerfungen in den Jahrgangsstrukturen in Kauf genommen. Tatsächlich zog sich – trotz mehrerer Versuche, die Überhänge aus den Gründungsjahrgängen abzubauen – die strukturelle Bereinigung bis in die 90er Jahre hinein.

Parallel zur Bewältigung struktureller Verwerfungen kam es darauf an, die Regeneration durch Attraktivität in den verschiedenen Werdegängen innerhalb der Luftwaffe sicherzustellen. In den fliegenden Kampfverbänden und bei der Flugabwehrraketentruppe spielte die Ausbildung in den USA eine zentrale Rolle. Seit der Aufbauphase waren die Ausbildungsanteile in den USA kontinuierlich erweitert worden. Bereits 1965 wurde in El Paso ein Luftwaffenkommando aufgebaut, das bis heute die diversen Luftwaffenstützpunkte in den Vereinigten Staaten und in Kanada führt.

Die fliegerische Ausbildung wurde unter anderem in Phoenix, Arizona, später in Wichita Falls und San Antonio in Texas durchgeführt. Die Raketenschule der Luftwaffe wurde zeitgleich mit dem Luftwaffenkommando in El Paso etabliert. Bis dahin hatte die Ausbildung der FlaRak-Offiziere und -Unteroffiziere unter amerikanischer Regie stattgefunden. Alle diese Einrichtungen trugen merklich zum Geist der jeweiligen Truppe bei. Es galt als Auszeichnung, dorthin als Ausbilder versetzt zu werden, denn neben der interessanten Tätigkeit warteten auf die Betroffenen und ihre Familien ein für deutsche Verhältnisse ungewöhnlicher Lebensstandard und großartige Reisemöglichkeiten. Aber auch die Teilnahme an den zum Teil langen Lehrgängen war ausgesprochen beliebt.

Die Laufbahn des Militärfachlichen Dienstes eröffnete leistungsstarken Unteroffizieren Aufstiegschancen, für Zeitsoldaten aller Dienstgrade bestand ein umfassendes Angebot, mit dem Ausscheiden berufsfördernde

Maßnahmen in Anspruch zu nehmen. Dem Teamgedanken, dem speziell Eberhard Eimler als Inspekteur hohes Gewicht beimaß, entsprach auch eine stärkere Beachtung der unteren Ränge und vorher unauffälliger Mitarbeiter. Die Zentralisierung der Unterführerausbildung an der Unteroffizierschule in Appen, deren Kommandeur – wie an der Offizierschule – den Rang eines Brigadegenerals erhielt, führte nicht nur zu höherem Ausbildungsniveau, sondern stärkte das Selbstverständnis des Unteroffizierkorps der Luftwaffe. In den folgenden Jahren hat die Unteroffizierschule ihr Programm weit gefaßt: Nicht nur die Ausbildung zum Unteroffizier war das Thema, sondern eine breite Palette zur Weiterbildung, bis hin zu »Spießlehrgängen« und anspruchsvollen Seminaren für hochrangige »Portepees« im Berufsoldatenstatus.

Gleichermaßen wurde die Offizierausbildung konsequent verbessert. Zwar mußte die Offizierschule in Neubiberg der Bundeswehruniversität Platz machen, doch erwies sich die Entscheidung, sie 1977 an die »Wiege der Luftwaffe« nach Fürstenfeldbruck zu verlegen und in dem neu erbauten »Blauen Palais« unterzubringen, als Glücksgriff, der sich bis heute günstig auf den Führungsnachwuchs auswirkt. Mit dem Hochschulstudium als Regelausbildung für alle langdienenden Bundeswehroffiziere war für die Mehrzahl der Offiziere der Luftwaffe ein solider Bildungsgrad gegeben.

Heimat des Führungsnachwuchses – das »Blaue Palais«

Während Heer und Marine Truppenerfahrung vor dem Studium suchten, entschied sich die Luftwaffe für einen ganzheitlichen Ansatz der Offizierausbildung: Der allgemeinen Grundausbildung und dem Offizierlehrgang folgten Studium und Fachausbildung, mit einem Auffrischungslehrgang an der Offizierschule, der aktuell Führungsgrundlagen für den Einsatz in der Truppe vermitteln sollte.

Das neue Konzept wurde beargwöhnt – zuerst in der Truppe, die auf einmal Oberleutnante ohne Führungserfahrung integrieren mußte. Auch die anderen Teilstreitkräfte sahen den Luftwaffenansatz kritisch: Sie ließen ihren Offizieranwärtern vor dem Studium Truppenerfahrung zukommen und sahen nun, daß die Studenten der Luftwaffe – zeitnah zum Abitur und lerngewohnt – regelmäßig besser abschlossen. Das Luftwaffen-Konzept hat sich bewährt, wobei das Geheimnis des Erfolgs teilweise auch darin begründet war, daß tüchtige Portepeeunteroffiziere in den Verbänden den jungen Offizieren kameradschaftlich beistanden.

Auch die Spitzenausbildung für Offiziere wurde in den 70er Jahren reformiert: Mit gemeinsamen Stabsoffiziergrundlehrgängen für alle Teilstreitkräfte trug die Bundeswehr dem Zusammenwirken von Land-, See- und Luftstreitkräften in der modernen Kriegführung Rechnung. Auch die – weiterhin in getrennten Lehrgängen durchgeführte – zweijährige Generalstabsausbildung an der Führungsakademie erhielt fortan größere Abschnitte gemeinsamer Ausbildung.

Nach den Aufbaujahren war – zumindest für die weitaus meisten Soldaten und praktisch alle Zivilbediensteten der Luftwaffe – bis zur Wiedervereinigung und den nachfolgenden Veränderungen eine große Standortsicherheit gegeben, die eine starke Identifizierung mit dem eigenen Verband zur Folge hatte, sich damit leistungsfördernd auswirkte und zu einem harmonischen Betriebsklima beitrug. Die Standortsicherheit förderte zudem die Integration der Truppe in ihre Kommunen und in das regionale Umfeld. Es gab unzählige Patenschaften zwischen Einheiten oder Verbänden und Gemeinden, Soldaten und zivile Mitarbeiter übernahmen Verantwortung in kommunalen Vertretungen, in Vereinen und öffentlichen Ämtern und trugen so »außerdienstlich« zu dem positiven Bild bei, das sich die Öffentlichkeit von der Luftwaffe machte.

Die Jahre des Kalten Krieges forderten aber nicht nur die Soldaten und zivilen Mitarbeiter der aktiven Truppe sowie die Wehrpflichtigen in der Verfügungsbereitschaft nach Ableistung des Grundwehrdienstes. Die Luftwaffe hatte zwar weniger aufwuchsabhängige Verbände als das Heer, doch in den Bereichen Sicherung, Fliegerabwehr, Versorgung und Transport sowie bei den Luftwaffenpionieren war der Anteil an Reservisten, die für eine Mobilmachung bereitgehalten wurden, beachtlich. Und der Teamgedanke in der Luftwaffe schloß immer ihre Reservisten ein. Insgesamt waren in der Zeit zwischen 1970 und 1990 im Durchschnitt 100.000 Reservisten für eine Mobilmachungsverwendung in der Luftwaffe eingeplant.

Von Reservisten abgesehen, die sich freiwillig länger zur Verfügung stellten, war die Zeit, in der eine Beorderung erfolgen konnte, dienstgrad- und altersabhängig gestaffelt. Reservisten konnten sich zu Wehrübungen melden, aber ebenso ohne eigenes Zutun herangezogen werden. Gerade bei Mobilmachungsübungen oder MobAlarm-Übungen, in denen aktive Verbände auf Verteidigungsstärke aufgefüllt oder mobilmachungsabhängige Verbände aktiviert wurden, fiel es den Reservisten nicht immer leicht, dem Ruf zu folgen.

Um so höher muß die generelle Bereitschaft anerkannt werden, die von der großen Mehrzahl der Reservisten bewiesen wurde. Offensichtlich war es der Luftwaffe zumeist gelungen, ihre Reservisten so zu fordern, daß sie die drei Fragen positiv beantworten konnten, die Manfred Wörner als Verteidigungsminister zum Maß eines gelungenen Wehrdienstes gemacht hatte: »Wußte ich, wofür ich diene?«, »Wurde ich gebraucht?«, »Hat man mich gut behandelt?«

Bedrohungsgerechte Ausrüstung

Machbar und bezahlbar: das Dilemma der Planer

Anders als der Westen, wo auch gesellschaftlicher Konsum auf zukunftsweisenden Gebieten Entwicklungsanreize verursachte, konzentrierte die Sowjetunion ihre technologischen Anstrengungen auf den Rüstungsbereich. Mit drei- bis vierfach höheren Anteilen am Sozialprodukt als in den westlichen Ländern gelang es ihr, trotz eines unterlegenen Wirtschaftssystems, immer wieder bahnbrechende Entwicklungen auf den Weg zu bringen. Zu Beginn der 80er Jahre hatte sie auf diese Weise nicht nur in der Raketentechnologie, sondern auch bei den Kampfflugzeugen und der bodengestützten Luftverteidigung vorübergehend technologische Vorsprünge erreicht.

Im Atlantischen Bündnis – und damit auch für die Luftwaffe – hatte der Wechsel zur Flexible Response Nachbesserungen in der Ausrüstung, vor allem im konventionellen Bereich, unausweichlich gemacht. Auch die Luftwaffe mußte in einigen Bereichen nachsteuern:

- Die F-104 war zum Zeitpunkt des Strategiewechsels erst wenige Jahre im Dienst. Zwar blieb sie bis in die 80er Jahre als Nuklearträger konkurrenzlos, doch waren ihre Leistungen als Jäger und Aufklärer in einer konventionellen Auseinandersetzung unzureichend – und dies galt ebenso für die unmittelbare Luftunterstützung der Landstreitkräfte. Die Einführung der bewährten F-4F und der RF-4E brachte Lösungen, die den Kalten Krieg überdauerten, zumal in den 80er Jahren der Tornado die Luftangriffsrolle – konventionell wie nuklear – mit hohem Wirkungsgrad übernahm.
- Aus ganz anderen Gründen erreichte die G-91 das Ende ihrer Nutzung. Seinerzeit mangels einer Alternative beschafft, stieß sie schon in den 60er Jahren an ihre Leistungsgrenzen. Als sich mit der Flexible Response abzeichnete, daß die Gefechtsfeldaufklärung und die unmittelbare Unterstützung der Landstreitkräfte im Rahmen der Direct Defence erheblich an Bedeutung gewinnen würden, stand fest, daß ein Nachfolger mit größerer Reichweite und besserer Ladekapazität gefunden werden mußte. Dies war der Startschuß für die Entwicklung des Alpha Jet.
- Ähnlich sah es beim Lufttransport aus, wo die veraltete Noratlas mit dem Auftragsspektrum zunehmend überfordert war. Die Kostensteigerung bei der Beschaffung des aufgabengerechten Nachfolgemusters Transall von 4,5 auf 24 Millionen DM war ein frühes Indiz für die Wechselwirkung zwischen unverzichtbarer Modernisierung und deren Auswirkungen auf Betrieb und weitere Planung.
- Auch die bodengestützte Luftverteidigung mußte angesichts der Einführung von Kampfflugzeugen der

dritten, später sogar der vierten Generation durch den Warschauer Pakt in den zwei Jahrzehnten nach der Konsolidierung der Luftwaffe mehrfach der Bedrohung angepaßt werden.

- Zu den Verbesserungen der materiellen Ausstattung kamen konzeptionelle Weiterentwicklungen, vor allem das engere Zusammenwirken der Teilstreitkräfte und die Entwicklung verbundener Luftkriegsoperationen, die später sogar durch organisatorische Maßnahmen unterstützt wurden.
- Letztlich galt es, Reibungsverluste an den Schnittstellen zu vermeiden, die sich aus der Zuständigkeit der NATO für die Operationsführung und der nationalen Stäbe für die Einsatzunterstützung ergaben.

Ein leistungsfähiger Aufklärer

Mit der Flexible Response hatte Luftaufklärung in der konventionell geführten Auseinandersetzung, die wieder wahrscheinlicher geworden war, operationell höheres Gewicht als in dem vorher erwarteten allgemeinen nuklearen Krieg. Die Fähigkeiten der RF-104G wurden der erweiterten Aufgabe nicht mehr gerecht. Der Starfighter verfügte weder über Schrägsichtradar noch über Infrarot- oder Nachtsichtfotografie. Ende der 60er Jahre beschloß die Bundesrepublik, für die Aufklärungsgeschwader 51 und 52 insgesamt 88 McDonnell Douglas RF-4E Phantom II zu beschaffen und damit die Aufklärungslücke mit einem System zu schließen, das unabhängig von Wetter und Tageszeit war.

Im Januar 1971 wurden die ersten RF-4E ausgeliefert. Zur Auswahl der Phantom hieß es in einem Bericht des Verteidigungsministeriums: »Das Flugzeug hat sich nach Leistung und Flugeigenschaften als ›glücklicher Wurf‹ erwiesen. Es wurde in einer Stückzahl von nahezu 4.000 gebaut und hat in verschiedenen Versionen über 2 Millionen Flugstunden erreicht. Mit den modernsten Navigationsgeräten ausgerüstet, verfügt es in der Aufklärungsversion über Kameras für Tagaufnahmen, Blitzlichtanlagen für Nahaufnahmen, Infrarot-Aufklärungsgerät und Seitensichtradar. Bei einer Höchstgeschwindigkeit von Mach 2,2 und einer Mindestgeschwindigkeit von 200 bis 220 km/h kann die Phantom im Vergleich zur F-104 auf kürzeren Pisten gelandet und unter schwierigen Bedingungen sicherer geflogen werden. Bei einem Ab-Werk-Preis von 10 Millionen DM ist unter Berücksichtigung aller Nebenkosten, einschließlich Infrastruktur, ein ›System-Stückpreis‹ von etwa 23 Millionen DM errechnet worden. Für das Waffensystem wird mit einer ›Indienstzeit‹ von etwa 10 Jahren gerechnet.«

Eine treffende Darstellung – lediglich mit Blick auf die »Indienstzeit« lag der Bericht weit außerhalb der Realität. Aber es gab keinen Zweifel: Die Einführung der RF-4E bedeutete einen Quantensprung in der taktischen Luftbildaufklärung, nicht nur wegen der hervorragenden Aufklärungsgeräte. Auch ihre Überlebensfähigkeit war in der Aufklärungsrolle weit besser als die der F-104 – und die Phantom konnte mit hoher Geschwindigkeit im Tiefflug wesentlich wendiger Ziele aufklären.

Aus der Beschaffung der RF-4E ergab sich aber ein Problem, mit dem sich die Luftwaffe erstmals konfrontiert sah: Das neue Flugzeug war ein echter Zweisitzer, mit Arbeitsteilung zwischen »Frontseat« und »Backseat«. Es mußten also »Kampfbeobachter«(KBO) für das hintere Cockpit ausgebildet werden, die für die Navigation und die Sensoren zuständig waren. Aus der gesamten Luftwaffe wurde geeignetes Personal herausgefiltert. Ein neuer Ausbildungsgang war zu gestalten. In Fürstenfeldbruck, später in Shaw AFB, South Ca-

Aufklärungseinsätze mit der RF-4E Phantom II

rolina, wurden die ersten KBO ausgebildet. Allerdings dauerte es eine Weile, bis sich in den Verbänden zwischen Flugzeugführer (»Chauffeur«) und KBO (»Kleiner Ballastoffizier«) ein respektvolles Miteinander entwickelte.

Die Luftwaffe erhielt mit der RF-4E ein solides, nicht gerade kleines Aufklärungsflugzeug mit – gemessen an der damaligen Zeit – ausgezeichneten Eigenschaften. Es spricht für sich, daß die Leistungsfähigkeit der Sensoren des Recce-Tornado, der 20 Jahre später die Aufgabe der taktischen Luftaufklärung übernahm, an jene der Phantom der 70er Jahre anfangs nicht gleich heranreichte.

Der »Tactical Fighter«

Im Zuge der neuen Strategie war das Erringen von Luftüberlegenheit zur Voraussetzung für andere Luft- und Landkriegsoperationen geworden. Angesichts der Enge des Luftraums über der Bundesrepublik hatte der Starfighter als Jäger – trotz seiner guten Steigraten und Beschleunigungsdaten – Schwächen offenbart. Zudem hatte die Unterstützung der Landstreitkräfte im Rahmen der Gefechtsfeldabriegelung und der Luftnahunterstützung an Gewicht gewonnen. Auch dafür waren die in der Luftwaffe vorhandenen Flugzeuge entweder – wie die Gina – nicht leistungsfähig genug oder – wie der Starfighter – nicht ausgelegt.

Bei der Suche nach einem neuen Muster, das sowohl Jagd- als auch Unterstützungsaufgaben übernehmen sollte, setzte sich die F-4F Phantom II gegen die Mirage F-1, die F-5 Tiger, die Viggen und die Jaguar durch. Die F-4F hatte bereits in Vietnam bewiesen, daß sie der MiG-21 als dem aktuellen Jagdflugzeug des Warschauer Paktes überlegen war. Zudem war sie in der Lage, eine beachtliche Menge konventioneller Munition zu tragen. Und: Sie verfügte über zwei Triebwerke, eine Forderung aus den Erfahrungen mit dem Starfighter.

Schließlich orderte die Luftwaffe 175 F-4F Phantom für die Jagdgeschwader 71 und 74 sowie die Jagdbombergeschwader 36 und 35. Obwohl 1974 bei ihrer Einführung in die Luftwaffe schon seit 13 Jahren im Dienst, galt die Pantom als »state of the art«. Für die Luftwaffe war sie nicht nur im Luftkampf ein echter Gewinn: Konventionelle Jagdbombereinsätze konnten nun mit bis zu sechs Tonnen Bombenladung durchgeführt werden. Damit besaß jeder einzelne Phantom-Jagdbomber – verglichen mit der Feuerkraft von Heeresverbänden – ein gewaltiges Potential. In der Luftverteidigungsrolle trug die F-4F neben ihrer Kanone AIM-9 Sidewinder Luft-Luft-Raketen, auch in der Luft-Boden-Rolle hatte sie die Sidewinder zum Selbstschutz.

Die Vielseitigkeit der Phantom, speziell ihre guten Eigenschaften sowohl als Jagdflugzeug als auch als Jagdbomber, bot einen Anreiz, sie mehrrollenfähig einzusetzen: Das »Tactical Fighter-Concept« war geboren. Die gesamte F-4F-Flotte sollte damit als Jäger und Jabo geflogen werden. Für die Geschwader bedeutete dies, daß sie neben der angestammten auch in der jeweils anderen Rolle eingesetzt wurden. Ausbildungs- und Erfahrungsdefizite sollten durch Versetzungen von

Generalleutnant Günther Rall (re.) zu Besuch beim Jagdgeschwader 71 »Richthofen«

fliegendem Personal in Führungsverwendungen zwischen den Jagd- und Jagdbombergeschwadern ausgeglichen werden.

Dennoch haben es die Jagdflieger im friesischen Wittmund als »Nachfolger des ›Roten Barons‹« wohl nie ganz verwunden, in »Air-to-Mud-Operations« eingesetzt zu werden. Sie haben die Doppelrolle nie als gleichwertig anerkannt, sich ihr allenfalls gefügt. Doch trotz aller emotionalen Vorbehalte: Die Phantom war sehr wohl in der Lage, etliche der Defizite im konventionellen Luftangriff abzudecken, die der Starfighter bauartbedingt hatte. Die Phantom war übrigens das letzte Kampfflugzeug, das die Luftwaffe im Ausland kaufte. Nur wenige Komponenten, zum Beispiel die Triebwerke, wurden in Deutschland in Lizenz gefertigt.

Die in der Rückschau unwirklich anmutende Planung, ein Kampfflugzeug wie die Phantom für nur zehn Jahre »Indienstzeit« zu beschaffen, war davon ausgegangen, daß das Multi Role Combat Aircraft (MRCA, später als »Tornado« eingeführt), das sich bereits in der Entwicklung befand, sämtliche Aufgaben des Starfighter übernehmen würde. Doch erstens verzögerte sich die Beschaffung des Tornado und zweitens erwies sich die Luftverteidigungsvariante des Tornado, zumindest im engen deutschen Luftraum, als Jagdflugzeug ungeeignet. Dennoch war das Tornado-Programm das größte und wichtigste Rüstungsprojekt der Luftwaffe in der Zeit des Kalten Krieges, und der Tornado erwies sich bei den ersten Kampfeinsätzen als ausgesprochen leistungsstarkes Flugzeug. Daher wird dieses Programm später – auch wegen seiner Bedeutung für die technologische Entwicklung – in einem eigenen Abschnitt dargestellt.

Alpha Jet: Jabo und Trainer

Als Trainer in der Jet-Ausbildung nutzte die Luftwaffe anfangs die amerikanische T-33A und die Fouga Magister aus deutsch-französischer Fertigung. Früh war erkennbar, daß beide Maschinen spätestens in den 70er Jahren ersetzt werden müßten.

Mit Frankreich, das ebenfalls ein Schulflugzeug suchte, kam es bereits 1968 zu ersten Konsultationen. Die Luftwaffenchefs Frankreichs und der Bundesrepublik schlugen ihren Regierungen eine gemeinsame Entwicklung vor. Zu diesem Zeitpunkt ging es der Luftwaffe jedoch nicht mehr primär um einen Trainer, sondern um den Nachfolger für die Fiat G-91. Deutschland und Frankreich einigten sich schließlich darauf, den Alpha Jet in zwei Varianten zu bauen: A (Attack) für Luftnahunterstützung sowie E (Education) für Ausbildungszwecke.

Die Luftwaffe bekam einen leichten Jagdbomber, der für ein klar definiertes Aufgabenprofil ausgelegt war. Da Close Air Support nach Sichtflugregeln und unter Fliegerleitung geflogen wurde, verzichtete man auf bodenunabhängige Navigation und Radar. Dennoch war die Leistungssteigerung im Vergleich zur G-91 beachtlich: Die Einsatzreichweite des Alpha Jet betrug 390 Kilometer, die der Gina 130. Mit einer Überführungsreichweite von mehr als 3.000 Kilometern konnte der Alpha Jet sogar am Tiefflugtraining in Goose Bay, Kanada, teilnehmen. 2.500 Kilogramm Waffenladung

Fast 20 Jahre im Einsatz – Alpha Jet

Und man traute dem Alpha Jet manches zu. Eine wahre Begebenheit:

In den 80er Jahren wurden mit dem Alpha Jet in Goose Bay Schwerlasteinsätze geprobt. Um sein Verhalten im Tiefflug bei voller Waffenlast zu simulieren, belud man das Flugzeug mit modifizierten Außentanks, die mit Wasser und Schlemmkreide gefüllt und über den jeweiligen Zielen entleert wurden. Die »Wasserauslösung« folgte exakt der Routine eines echten Waffeneinsatzes mit Streubomben. Neben der Betankung mit Flugbenzin erforderte dies natürlich ein Befüllen der »Spraytanks« mit Wasser. Dazu waren spezielle Tankfahrzeuge eingesetzt, die, um Verwechslungen vorzubeugen, deutlich mit »Water« beschriftet waren.
Zwischen zwei Flugperioden beobachtete ein Kanadier einen solchen Betankungsvorgang und fragte den aufsichtführenden Technischen Offizier ungläubig: »You don´t really operate that aircraft with water, do you?« Der TO antwortete, ohne erkennbare Gefühlsregung: »Of course, we do!«, griff in seine Brusttasche, zog einen Streifen Aspirin heraus, drükkte eine Tablette in den Tankstutzen und ergänzte: »But we need to add a fuelpill to make it work!«
Man berichtet, der Kanadier habe kopfschüttelnd den Schauplatz verlassen ...

konnte er theoretisch transportieren; tatsächlich waren es weniger, weil die Bomben nur an sechs Aufhängestationen befestigt werden konnten.

Die 175 Flugzeuge, die mit Zustimmung des Bundestages beschafft wurden, kamen ab 1979 in die Luftwaffe. Die Waffenschule in Fürstenfeldbruck wurde in Jagdbombergeschwader 49 umbenannt, blieb aber Schulungsverband. Ungeachtet eines zwischenzeitlichen Verzichts, den Alpha Jet als Trainer einzusetzen, nutzte die Luftwaffe die Chance, ihn in Fürsty als Trainervariante zu fliegen. Im Jagdbombereinsatz wurde einfach auf den zweiten Mann verzichtet. Mitunter wurde der zweite Schleudersitz auch zugunsten eines EloKa-Behälters ausgebaut.

Mit dem Alpha Jet erhielt die Luftwaffe ein pilotenfreundliches Flugzeug, das selbst bei voller Zuladung kaum an Agilität verlor. Ausgesprochen wartungsfreundlich konnten die »Alfons«, wie man den Alpha Jet nannte, mehrfach an einem Tag eingesetzt werden – bei anderen Kampfflugzeugen im Friedensflugbetrieb kaum vorstellbar. Der Alpha Jet bewährte sich in der Luftnahunterstützung, in der Gefechtsfeldaufklärung (allerdings nur per Augenbeobachtung), in der Hubschrauberbekämpfung sowie bei der Anfänger- und Fortgeschrittenenschulung, ab 1984 sogar in der Tornado-Vorlaufausbildung. Zudem hatte er eine feste Rolle im Bündnis: Das Jagdbombergeschwader 43 stellte 12 Alpha Jets als deutschen Beitrag zur Allied Command Europe Mobile Forces (AMF Air).

Modernisierung des Lufttransports bei laufenden Einsätzen

Lange bevor Katastrophenhilfe und Rettungseinsätze in den 90er Jahren offiziell in die Definition des Auftrags der Bundeswehr aufgenommen wurden, waren die Lufttransportverbände der Luftwaffe als »Engel der Lüfte« in vielen Ländern bekannt. Ihre Einsätze hatten schon früh besondere Qualität.

Dabei war der Lufttransport von Anfang an als Unterstützungsleistung für die gesamte Bundeswehr vorgesehen. In den 50er Jahren sollte das Lufttransportkommando deshalb sogar einmal den Zusatz »der Bundeswehr« tragen. Dazu kam es indes nicht. Die Aufgabenstellung für die Gesamtstreitkräfte blieb. Anders als die Kampfverbände wurden die Lufttransportgeschwader immer national geführt. Dennoch hätten sie – »earmarked for assignment« – der NATO im Verteidigungsfall zur Verfügung gestanden. Die Unterstellungsverhältnisse waren übrigens bei den Verbündeten ähnlich geregelt.

Nach der Gründung der Luftwaffe waren zunächst Lufttransportgeschwader in Erding, Ahlhorn und Celle aufgestellt worden, zusätzlich legten drei Luftrettungs- und Verbindungsstaffeln in Fürstenfeldbruck, Landsberg und Faßberg den Grundstock für die späteren Search-and-Rescue (SAR)-Kommandos. Die Flugbereitschaft des Bundesministeriums der Verteidigung, von Anfang an für »Regierungsaufgaben« vorgesehen, flog neben der von Konrad Adenauer bevorzugten DC-6, die DC-3, die Convair 440 und die Do-27. Das Jet-Zeitalter begann 1965 in der Flugbereitschaft mit der C-140 Jetstar, einem Mittelstreckenpassagierflugzeug, unter anderem kamen 1977 die

Mit der CL-601 Challenger erhielt die Flugbereitschaft ein modernes VIP-Flugzeug für die Mittelstrecke

robuste VFW-614, in den 80er Jahren die elegante CL-601 Challenger hinzu. Seit 1968 unterhält die Flugbereitschaft eine wirkliche Langstreckenstaffel, die zunächst vier Boeing 707 besaß und inzwischen über sieben Airbus A310 verfügt.

Die Erstausstattung aller Verbände hatte, wie vieles in der Aufbauphase der Bundeswehr, einem Gemischtwarenladen geglichen. Die Hauptlast der Aufgaben im Lufttransport trug die »Nora«, die Nord Aviation 2501 Noratlas, das erste Arbeitspferd der Luftwaffe.

Mit der Zuführung der Bell UH-1D erhielt die Luftwaffe 1968 erstmals einen leistungsstarken leichten Transporthubschrauber. Im Hubschraubertransportgeschwader in Ahlhorn wurden sämtliche Hubschrauber der Luftwaffe zusammengefaßt, der Verband führte seit den 70er Jahren zentral alle SAR-Kommandos, die den Luftrettungsverbund in der Bundesrepublik begründeten.

Anfang der 70er Jahre erlebte die Transportfliegerei mit der Einführung der Transall C-160 eine gewaltige Leistungssteigerung. Das neue Flugzeug konnte im Vergleich zur Nora die doppelte Last über annähernd die doppelte Strecke transportieren: acht statt vier Tonnen Zuladung, 4.700 statt 2.500 Kilometer Reichweite. Wie beim Starfighter bekam die deutsche Luftfahrtindustrie mit dem Bau der Transall die Chance, ein modernes Luftfahrzeug mit europäischen Partnern zu bauen, in diesem Fall sogar – gemeinsam mit Frankreich – zu entwickeln. Das Ergebnis konnte sich sehen lassen:

Ein mittlerer »Kampfzonentransporter« war entstanden, mit Kurzstart- und Landefähigkeiten sowie einem robusten Fahrwerk zur Landung auf unvorbereiteten Graspisten. Deutschland erhielt 110 Transall, Frankreich 50. Die letzten Transall für die Luftwaffe wurden Ende 1972 ausgeliefert. In der ersten Produktionslinie wurden außerdem neun Flugzeuge für Südafrika gebaut, später erhielten noch die Luftwaffen in Gabun, der Türkei und Indonesien die Transall.

Ihre ersten Bewährungsproben bestand die Transall in Afrika. Marokko, Tunesien, Algerien, Sudan – immer wieder war Hilfe in Katastrophen vonnöten. Speziell die Dürrekatastrophen bedeuteten für die deutschen Lufttransportgeschwader wochenlangen Einsatz in diesen Ländern. Äthiopien war mehrfach betroffen. Exemplarisch sei eine Hilfsaktion in Dire Dawa 1984/85 geschildert:

Für mehr als drei Monate leisteten 40 Mann mit zwei Transall Dienst im staubigen Hochland. Die Kontingente bestanden je zur Hälfte aus fliegendem Personal und Technikern, die umschichtig aus den drei Transportgeschwadern zusammengestellt wurden. Der Flugplatz bestand aus einer Schotterpiste, die regelmäßig für unfreiwillige Boxenstops zum Reifenwechsel sorgte. Mit Hilfe der Einheimischen, von denen 13 bis 15 Mann in einer halben Stunde 290 Säcke verluden – knapp 13 Tonnen Getreide – flogen sie die Grundnahrungsmittel Hirse und Weizen in entlegende Katastrophengebiete.

Wenn nicht gerade ein Esel vor die Maschine lief, ein Reifen platzte oder der Treibstoff von Regierungsstellen zurückgehalten wurde, kamen die Besatzungen auf acht, neun Stunden reine Flugzeit am Tag. Und die Bilder in ihren Köpfen beschäftigten die Soldaten noch lange nach der Heimkehr. Ein Ladungsmeister aus Hohn erinnert sich: »Als da von den Notärzten aussortiert wurde, zwischen denen, die noch fütternswert sind, und jenen, bei denen es sich nicht mehr lohnt, habe ich die deutsche Ärztin gefragt, wie sie das bloß in ihren Kopf kriegt.« Eine Antwort hat er nicht erhalten.

Die deutschen Lufttransportgeschwader hatten bei allen Außeneinsätzen natürlich mit ihrem Kernauftrag in erster Linie den Bedarf der Truppe zu decken. Absetzen von Fallschirmjägern, Personal- und Ersatzteiltransporte im Rahmen der im Ausland stattfindenden Ausbildung in Goose Bay, Decimomannu oder Kreta gehörten zu diesem Auftrag, dazu ein »Routineflugplan« mit Materialtransporten zwischen Landsberg, Köln, Hohn und teilweise auch anderen Plätzen. Doch immer wieder wurde die Routine von Sondereinsätzen durchbrochen, wie in den 70er und 80er Jahren, als die Lufttransporter mehrfach zur Bekämpfung der verheerenden Waldbrände in Niedersachsen eingesetzt wurden.

Eine Besonderheit stellte auch die Ausbildung der Transportpiloten dar, die seit 1965 bei der Lufthansa geschult wurden. Im Anschluß an die fliegerische Grundausbildung in Bremen wurden sie auf dem Einsatzmuster, zumeist auf der Transall C-160 ausgebildet, bis sie die Einsatzreife erreicht hatten. Danach folgte die Versetzung in den Einsatzverband – ein Verfahren, das sich bis heute bewährt hat. Für die Hubschrauberführer der Luftwaffe, die anfänglich in Faßberg ausgebildet worden waren, fand seit 1975 die fliegerische Grundausbildung in Fort Rucker, Alabama, statt, mit anschließender Schulung auf den Einsatzmustern in Deutschland.

Die Modernisierung der bodengebundenen Luftverteidigung

Um der gestiegenen Tiefflugbedrohung Rechnung zu tragen, wurde zunächst die LRB-Organisation mit einem mobilen Tieffliegererfassungsradar ausgestattet und zum Tieffliegermelde- und Leitdienst weiterentwickelt. Allerdings mußten die Erfassungsdaten des MPDR-Radars weiterhin über Telefonleitungen zur Tieffliegermelde- und Leitzentrale und von dort zum CRC weitergegeben werden. Gleichzeitig wurde mit dem Einsatzbetrieb des NATO Air Defence Ground Environment (NADGE), das mit dem amerikanischen Bodenführungssystem 412L kompatibel war, erstmals eine durchgehende Integration der NATO-Luftverteidigung von Norwegen bis zur Türkei erreicht.

Mit einem teilautomatischen »Tracking« von bis zu 250 »Tracks« wurde die Kapazität des Systems für den Führungsprozeß erheblich verbessert. Ab 1980 wurde dann im Bereich der 4. ATAF das amerikanische 412L-System durch das »German Air Defence Ground Environment« (GEADGE) ersetzt. Damit konnte der technische Abstimmungsbedarf reduziert werden.

Seit den 70er Jahren mehrfach modernisiert – Waffensystem Hawk

Zur Erhöhung des Personalpools für einen möglichen Einsatzfall wurden ab Mitte der 70er Jahre zivile Fluglotsen zu den Radarleitzentralen der Luftverteidigung abgestellt – eine Entwicklung, die sich zu Beginn der 90er Jahre umkehrte, als die Freistellung militärischen Flugsicherungspersonals als zivile Fluglotsen vereinbart wurde.

Die bodengebundenen Waffensysteme Nike und Hawk stammten beide konzeptionell aus den 50er Jahren und mußten den technischen Fortschritten der Kampfflugzeuge angepaßt werden. Für das bewegliche, modernere Hawk-System wurde in den 70er Jahren mit der Kampfwertsteigerung zur Improved Hawk und später mit dem HELIP-Programm auf die technischen Entwicklungen beim Gegner reagiert.

Das nur theoretisch verlegbare System Nike war in einer schlechteren Situation. Bei realistischer Betrachtung hatte es bereits Ende der 60er Jahre – spätestens seit der Einführung der Flexible Response – den Anforderungen nur noch bedingt entsprochen. Gegen die Kampfflugzeuge der dritten Generation, die ab Mitte der 70er Jahre beim Warschauer Pakt eingeführt worden waren und in mittleren und niedrigen Höhen operierten, konnte die Nike nicht effektiv eingesetzt werden. Allerdings behielt sie – schon wegen der nuklearen Komponente – einen operativen Wert, weil gegnerische Luftstreitkräfte nicht riskieren konnten, massiert in großer Höhe anzugreifen.

Doch ein nuklearer Einsatz der Nike wurde wegen der Auswirkungen im eigenen Land immer unwahrscheinlicher. Zudem sprach der hohe Aufwand beim Unterhalt und Betrieb gegen das System. Und so wurde trotz eines Versuchs, das Nike-System mit dem »SAMCAP-Program« vorübergehend im Kampfwert zu steigern, in den 80er Jahren die Ablösung unausweichlich. Die Nike-Nachfolge durch das Patriot-System wird, da sie den Einstieg in ganz neue Kooperations- und Rüstungsmodelle mit sich brachte, gesondert dargestellt werden.

Die verbesserte Eindringfähigkeit der fliegenden Waffensysteme in Ost und West verlangte jedoch nicht nur eine Anpassung der für den Flächenschutz vorgesehenen Systeme. Auch der Objektschutz mußte den Möglichkeiten des Gegners Rechnung tragen. Die Einführung der Zwillingssockellafette (ZwiSoLa) und der Flugabwehrkanone 20 mm für die Fliegerhorststaffeln waren ein erster Versuch, die »Tieffluglücke« zu schließen.

Das Heer hatte zum Schutz seiner Kampftruppen die Beschaffung des Flugabwehrraketenpanzers Roland bereits im Dezember 1975 gefordert und war bereit, dafür die Bofors 40 mm L 70 aufzugeben. Entwicklung und Fertigung des Roland waren eine europäische Erfolgsgeschichte, die Anteile waren zwischen deutscher und französischer Industrie unter einem Generalunternehmer paritätisch ausgehandelt worden.

Die Beschaffung des Roland fiel in eine Zeit enger Haushaltsführung und war für die Luftwaffe im Rahmen einer Rüstungsklausur im März 1981 bereits aufgegeben worden, als sich aufgrund einer unvorhergesehenen Lageentwicklung doch noch die Chance ergab, die Luftwaffe mit diesem – angesichts der Bedrohungsentwicklung – äußerst wichtigen Waffensystem auszustatten: Das amerikanische Verteidigungsministerium erteilte die Zustimmung zur Serienproduktion eines »US-Rolands«. Es war das erste in Europa entwickelte Waffensystem, das zum Nachbau und Einsatz in der US Army ausgewählt worden war – und bis heute das einzige, bei dem volle Austauschbarkeit zwischen europäischen und amerikanischen Systemen erreicht werden konnte. Erfolgreiche Schießen mit europäischen Flugkörpern von US-Startgeräten und mit US-Flugkörpern von europäischen Systemen haben dies eindrucksvoll nachgewiesen.

Im Unterschied zum FlaRakPanzer Roland des Heeres führte die Luftwaffe das System auf Radfahrgestell ein. Im Juni 1988 schloß die erste Roland-Staffel der FlaRakGruppe 42 die nationale Einsatzbereitschaftsüberprüfung erfolgreich ab, einen Monat später übernahm sie ihren Einsatzauftrag. Bis 1990 wurden 115 Rad-Systeme Roland eingeführt, die in drei Flugabwehrraketengruppen der Luftwaffe und bei den drei Marinefliegergeschwadern eingesetzt wurden. Die besondere Rolle, die das Waffensystem in der Nike-Nachfolgeplanung spielen sollte, wird noch behandelt werden.

Die Wertschätzung, die sich die bodengebundene Luftverteidigung in der Zeit des Kalten Krieges erworben hatte, war letztlich die Basis für die Einrichtung der Kommandoebene für die FlaRak-Truppe und die Führungsdienste. Die von Generalleutnant Eimler gemeinsam mit seinem Stellvertreter, Generalleutnant Feldhoff, geschaffene und durchgesetzte Struktur sollte jedoch angesichts der fundamentalen Veränderungen des sicherheitspolitischen Rahmens nur wenige Jahre Bestand haben.

Üben für den Ernstfall

Die Gefechtsstandorganisation der Luftwaffe

Der »große Wurf«, der organisatorisch zum Abschluß der Konsolidierungsphase gelungen war, bewährte sich über 20 Jahre im Friedensdienst. Das Luftflottenkommando, das an die Stelle der beiden Gruppenkommandos getreten war, stand als zentraler Ansprechpartner den Alliierten zur Verfügung und führte die nach Aufgaben unterschiedenen Luftangriffs- und Luftverteidigungsdivisionen souverän. Lufttransport, Logistik, Führungsdienste – mit Ausnahme des für die Luftverteidigung notwendigen Flugmeldedienstes – sowie die Ausbildung waren komplett aus den Einsatzdivisionen ausgegliedert.

Der erste Generalinspekteur aus der Luftwaffe, General Harald Wust, strebte bereits in den 70er Jahren einen zentralen Unterstützungsbereich an – eine Idee, die 25 Jahre später in der Streitkräftebasis umgesetzt wurde

Auch die Organisation der Logistik mit dem Luftwaffenunterstützungskommando und den zwei Luftwaffenunterstützungsgruppenkommandos in Münster und Karlsruhe erwies sich als tragfähig. Die Unterstützungsgruppen führten die Verbände der ortsfesten und mobilen Logistik, also der zweiten logistischen Ebene. Es tat dem Routinebetrieb der Luftwaffe gut, daß die Logistik strukturell aufgewertet worden war.

Gelungen war auch die Konzentration der zentralen Aufgaben beim Luftwaffenamt. Neben dem seit 1968 unterstellten Lufttransportkommando führte es das Luftwaffenausbildungskommando, das Führungsdienstkommando, das Amt für Wehrgeophysik sowie den Generalarzt Luftwaffe. Mit der Stammdienststelle war zudem die Personalführung der Unteroffiziere und Mannschaften unter die Obhut des Amtschefs gekommen.

Damit war die Luftwaffe erstmals funktional aufgestellt. Fachliche und truppendienstliche Führung sowie Zuständigkeiten und Kompetenzen waren klar geregelt. Von Vorteil war auch, daß am Standort Köln-Wahn alle drei Höheren Kommandobehörden und die Fachkommandos vereint waren. Köln-Wahn galt seit 1970 als das Nervenzentrum der Luftwaffe. Die Kommandierenden der Höheren Kommandobehörden waren darum nicht böse, wenn sie als die »Heiligen Drei Könige« – oder im rheinischen Karneval auch mal als »Dreigestirn« – bezeichnet wurden.

Und dennoch: Die auf nationale Friedensroutine ausgerichtete Struktur offenbarte Schwächen, wenn es um nationale Unterstützungsleistungen im Einsatz ging. In der normalen Stabsarbeit konnten abstimmungsbedürftige Fragen durch Mitzeichnungsverfahren gelöst werden. In den zeitkritischen Abläufen einer Krise oder gar im Krieg wären die dabei entstehenden Verzögerungen nicht tolerabel gewesen.

Daher wurde die im Frieden gut funktionierende Organisation ab Mitte der 70er Jahre durch eine »Gefechtsstandorganisation Luftwaffe« ergänzt, die mit Auslösung entsprechender Alarmstufen eingenommen wurde und die den NATO-Dienststellen und Gefechtsständen im Einsatz für alle nationalen Belange zur Verfügung stand. Neben der Optimierung der Kontakte zur NATO sollte die Gefechtsstandorganisation das Zusammenwirken mit den zivilen Behörden vereinfachen. Nun konnten zivil-militärische Verfahren erprobt werden, die vorher nie angewandt worden waren, zum Beispiel die Durchführungsbestimmungen für die materielle Mob-Ergänzung.

In dieser Gefechtsstandorganisation waren die Höheren Kommandobehörden und der Führungsstab der Luftwaffe unter Führung des Inspekteurs als »Air Headquarters« (AirHQ) in der Untertageanlage in Mechernich zusammengefaßt. Das AirHQ wurde von den NATO HQs über die Einsatzplanungen des Bündnisses informiert und konnte damit die Einsatzvorbereitungen der eigenen Kräfte steuern. Zugleich war es Ansprechpartner der Ebenen AFCENT, AAFCE und ATAF für alle grundsätzlichen oder überregionalen Fragen, die NATO-Luftstreitkräfte an die Host Nation richteten. Auf nationaler Ebene war das AirHQ mit einer Kopfstelle im Stab des Inhabers der Befehls- und Kommandogewalt (IBuK) im Regierungsbunker in

Ahrweiler vertreten. Dort bestand auch Zugang zu den Krisenstäben der anderen Ministerien.

Unterhalb des AirHQ wurden im Alarmfall in Kalkar und Meßstetten die German Air Force Combat and Support Center (GAFCSC) aktiviert, die aus den Stäben jeweils einer Luftangriffs- und einer Luftverteidigungsdivision sowie einer Luftwaffenunterstützungsgruppe gebildet wurden. In Kalkar war das GAFCSC Nord mit dem dortigen Allied Tactical Operation Center (ATOC) koloziert und in räumlicher Nähe zum Sector Operation Center (SOC) Uedem untergebracht.

In Meßstetten bezog das GAFCSC Süd den gleichen Bunker wie das ATOC und das Alternate SOC und hatte unmittelbaren Zugang zu den operationellen Planungen der NATO. Die GAFCSC besaßen durch ein abgestimmtes Meldewesen den Überblick über Zustand und Leistungsfähigkeit sämtlicher ihnen unterstellter Luftwaffeneinheiten. Für alle zivilmilitärischen Aufgaben standen die GAFCSC, unter Einbindung der Territorialkommandos, mit den Länderregierungen in Verbindung.

Die Gefechtsstandorganisation wurde bei großen Übungen, insbesondere während der Wintex/Cimex-Serie, aktiviert. In der Zeit des Kalten Krieges hat sie ihren Wert als für den Krisen- und Verteidigungsfall maßgeschneiderte Organisation mehrfach unter Beweis gestellt.

NATO-Übungsprogramme und eigene Konzepte

Obwohl Übungen bereits während Aufstellung und Konsolidierung der Luftwaffe wichtige Elemente der Verbandsausbildung gewesen waren und die NATO mit Alarmierungsübungen – Stichwort »Quick Train« – auch in dieser Zeit die Truppe in Bewegung gehalten hatte, fand eine systematische Optimierung der Übungsaktivitäten erst in den 70er und 80er Jahren statt. In dieser Zeit entwickelte sich eine regelrechte Hierarchie von Übungsprogrammen.

NATO-weit wurden Übungen nach Art, Inhalt und Zeit durch Serien von Konferenzen abgestimmt und vorbereitet. SACEUR erließ ein ACE Exercise Program mit fünfjähriger Perspektive, aus dem AFCENT, AAFCE und die ATAFs ihre Übungskataloge ableiteten. Zusätzlich gab es regional begrenzte Aktivitäten der ATOC und SOC sowie eine wachsende Zahl von nationalen Übungsvorhaben. Und schließlich setzten Kommodores, Kommandeure und Einheitsführer Übungen an, um den Ausbildungsstand ihrer Soldaten zu sichern. Und so kam, obwohl in einer stabilen Konfrontation, wie sie im Kalten Krieg herrschte, das Militär eigentlich wenig zu tun haben sollte, niemals Langeweile auf.

Die Übungsarten orientierten sich primär am Übungszweck: In Stabsrahmenübungen wie Wintex/Cimex oder Crested Eagle wurden Verfahren durchgespielt und verfeinert. Diese Übungen waren für die Öffentlichkeit kaum sichtbar, bedurften aber umfassender Vorbereitung und einer guten Regie. Zudem mußten sie sorgfältig ausgewertet werden, sollten sie die Ziele erreichen. Allein für die Wintex-Übungen wurden zahlreiche Vorbereitungsstäbe aufgestellt, Ereignislisten erarbeitet und abgestimmt, die dann von Leitungsstäben und Rahmenleitungsgruppen eingespielt wurden – die Vor- und Nachbereitung beschäftigte die Kernstäbe für die zwei Jahre zwischen den Übungen vollständig.

Für die besonders sensitiven Verfahren bei Nukleareinsätzen gab es mit Able Archer eine eigene Stabsrahmenübung, in die nur diejenigen Verbände und Gefechtsstände eingebunden waren, die mit den Freigabeverfahren und Befehlswegen befaßt waren.

Die sogenannten LIVEX, also Einsatzübungen mit Truppenbeteiligung, belasteten, je nach Umfang, Dauer und Intensität, die Bevölkerung zum Teil erheblich. Auch sie bedurften daher sorgfältiger Planung und Abstimmung. Die verbesserte Luftverteidigung des Warschauer Paktes zwang zu einem Absenken der Flugprofile. Einsätze im Tief- und Tiefstflug bedurften des Übens – nicht nur, weil die Besatzungen weit stärker gefordert waren, sondern weil das Operieren in niedrigen Höhen die Abstimmung mit der eigenen Luftverteidigung wesentlich schwieriger machte.

Als die Lärmbelastung durch Tiefflüge in den 70er und 80er Jahren immer stärkere Proteste auslöste, wurden die Regeln für den Flugbetrieb streng gefaßt und sorgfältig überwacht. Ausnahmegenehmigungen für Übungen waren möglich, um realistische Einsatzverfahren zu trainieren, wurden aber restriktiv gehandhabt. Bei größeren LIVEX von Luftstreitkräften war regelmäßig eine ministerielle Billigung notwendig.

F-104-Rotte bei Übungseinsatz

Von diesen Einschränkungen waren insbesondere die beiden großen Übungen betroffen, an denen die NATO-Luftstreitkräfte in Mitteleuropa jährlich beteiligt waren: Central Enterprise und Cold Fire. Central Enterprise war eine Live Flying Exercise, die seit Beginn der 80er Jahre unter Leitung des COMAAFCE jeweils im Frühsommer durchgeführt wurde. In wenigen Tagen flogen die Luftstreitkräfte 4.000 bis 6.000 Einzeleinsätze. Im Schwerpunkt diente Central Enterprise dem Üben von taktischen Verfahren, dem Zusammenwirken von Luftangriff und Luftverteidigung sowie der Planung und Führung komplexer Luftkriegsoperationen.

Cold Fire setzte den Rahmen der Übungsbeteiligung der Luftstreitkräfte an den jährlichen Herbstmanövern der Landstreitkräfte in Mitteleuropa. Bei Cold Fire ging es also primär um das Zusammenwirken von Land- und Luftstreitkräften, die gemeinsame Planung und die koordinierte Durchführung der Einsätze, wobei Absprachen zur gemeinsamen Nutzung des Luftraums und zur sicheren Identifizierung der eigenen Kräfte zentrale Themen waren.

Beide Übungen sowie eine Vielzahl kleinerer Vorhaben, die über das ganze Jahr und regional verteilt stattfanden, erhöhten die im Ausbildungsflugbetrieb verursachte Lärmbelastung für die Bevölkerung zusätzlich. Und doch waren diese Übungen unverzichtbar, um durch überlegene Ausbildung und gut abgestimmte Führungsverfahren der quantitativ wie qualitativ gewaltigen Streitmacht des Warschauer Paktes in einem Konflikt erfolgreich begegnen zu können.

Die Übungen der Luftwaffe beschränkten sich keineswegs auf etablierte Verfahren. Bereits 1977 wurden von der 1. und 2. Luftwaffendivision in der national entwickelten Übung Jolly Rabbit Verbundene Luftkriegsoperationen geplant und durchgeführt. Sämtliche unterstellten Verbände – Radarführer, Aufklärer, Luftangreifer, Jagd- und FlaRak-Verbände – waren daran beteiligt. Ein Konzept, das bald von anderen aufgegriffen und später NATO-Standard werden sollte.

Die Radarführungsverbände nahmen an den meisten Übungen der NATO-Luftstreitkräfte teil. Doch wurde ihr eigenes Verbundsystem wegen der Übungsbeschränkungen nur selten an Leistungsgrenzen geführt. Um das Zusammenspiel der Komponenten unter Vollast zu üben, führten sie synthetische Übungen ein, die SYNADEX, bei denen komplex programmierte Luftverteidigungslagen zu bewältigen waren. Obwohl es sich um interne Übungen der beteiligten Gefechtstände handelte, war der Ausbildungsgewinn beträchtlich.

Natürlich übten nicht nur die Kampfverbände der Luftwaffe. Bereits in den 70er Jahren hatte das Luftwaffenunterstützungskommando mit seinen Logistischen Einsatzübungen der LEU-Serie begonnen, logistische Schwerpunktthemen aufzunehmen. Das Spektrum reichte vom Erproben des Versorgungsraum-Konzepts bis zur Startbahnschnellinstandsetzung. Der Gewinn, der aus den logistischen Übungen gezogen wurde, kam der gesamten Luftwaffe zugute.

Angesichts der ungünstigen Kräfteverhältnisse in Mitteleuropa war für den Fall einer Aggression die Zuführung von Kräften aus den Vereinigten Staaten vorgesehen. Die Luftwaffe war von dem 1982 abgeschlossenen Regierungsabkommen direkt betroffen, da Verbände der USAF auf zwölf gemeinsam genutzten Flugplätzen, den Colocated Operating Bases, aufzunehmen waren. Ein »Wartime Host Nation Support Agreement« definierte die Unterstützungsleistungen der deutschen Seite. Die anschließenden Verstärkungsübungen der Amerikaner wurden zu einer weiteren Facette der vielfältigen Übungslandschaft.

In Nörvenich willkommen – Verstärkung durch US Air Force

Jedes Übungsvorhaben forderte die beteiligten Verbände. Doch verursachten die Live Flying Exercises, zusammen mit der taktischen Ausbildung der fliegenden Verbände, die größte Belastung für die Bevölkerung. So wurden anspruchsvolle Ausbildungsprogramme zunehmend verlagert. Die Fortgeschrittenenausbildung für Kampfflugzeugbesatzungen, das Tactical Leadership Program, von der NATO ab 1978 in Fürstenfeldbruck, später in Jever durchgeführt, wurde ab 1989 nach Florennes, Belgien, verlegt.

Die Intensivierung der fliegerischen Ausbildung, insbesondere im Tiefflug mit den neuen Waffensystemen, führte dennoch seit Mitte der 80er Jahre zu immer heftigeren Protesten gegen den Fluglärm. Die Luftwaffe reagierte ab 1986 u.a. mit der Einführung der Tiefflugmittagspause und der generellen Reduzierung des Tieffluges in der Bundesrepublik. Die unverzichtbaren Tiefstfluganteile wurden in einem dünn besiedelten Gebiet im Nordosten Kanadas durchgeführt.

Dabei war die Lärmdiskussion gar nicht neu. Schon seit der Übernahme der ersten Flugplätze von den Alliierten hatte die Luftwaffe mit der Problematik zu tun gehabt. Und sie hatte von Anfang an versucht, die Belastungen für die Bevölkerung soweit möglich zu reduzieren. Für die Überwachung der Flugdisziplin wurde eine radargestützte Überwachungsanlage, der Skyguard, beschafft, der Verstöße festhielt. Und selbst außergewöhnlicher Aufwand war nicht gescheut worden: So wurden im Zuge der Ausrüstung des Jagdbombergeschwaders 35 mit der Phantom zwischen 1972 und 1977 die Ortschaften Rehbach, Eckweiler und Pferdsfeld im Hunsrück umgesiedelt.

1979 vermerkte das Weißbuch der Bundesregierung, daß 65 Prozent der Flugzeugführerausbildung und zehn Prozent der Verbandsausbildung im Ausland stattfanden. Trotzdem betrug das Tiefflugaufkommen 1980 im eigenen Luftraum – unter Einschluß der Alliierten – noch 130.000 Stunden. Ein Vergleich mit der Zeit nach dem Kalten Krieg: Der Tieffluganteil aller NATO-Luftstreitkräfte im – inzwischen um 40 Prozent größeren – deutschen Luftraum reduzierte sich bis 1996 auf 14.000 Stunden.

Besonderen Auftrieb bekam die Tiefflugdiskussion jedesmal, wenn Flugzeugabstürze für Schlagzeilen sorgten. So haben der Absturz der italienischen »Frecce Tricolore« in Ramstein 1988 und der Unfall einer US-amerikanischen A-10 in Remscheid kurz darauf – obwohl beide nichts mit dem Tiefflugbetrieb zu tun hatten – Emotionen geschürt, denen mit Sachargumenten kaum noch zu begegnen war. Dies bekam sogar der Inspekteur, Generalleutnant Horst Jungkurth, zu spüren, der, obwohl es sich in beiden Fällen nicht um Luftwaffenmaschinen gehandelt hatte, mehrfach vor dem Verteidigungsausschuß des Bundestages Rede und Antwort stehen mußte.

Verlagerung von Ausbildung und Übungen ins Ausland

Die Notwendigkeit einer einsatznahen Ausbildung war nicht nur bei den Experten, sondern auch in der Öffentlichkeit unbestritten. Andererseits gab es zunehmend Akzeptanzprobleme in der Bevölkerung wegen der Lärmbelastung. So wurden mit Nachdruck Möglichkeiten gesucht, zumindest Tiefstflugausbildung, Bombenabwurftraining, Luft-Boden-Schießen und Luftkampftraining außerhalb Deutschlands zu üben. Bedrohung und zunehmende Leistungsfähigkeit der Luftwaffe ließen die Ansprüche steigen – neben dem Individualtraining wurden nun Plätze gesucht, die taktisches Training in komplexen Szenarien erlaubten: Es ging um hochwertige Ausbildung.

»Deci«

Bereits seit 1959 nutzte die Luftwaffe den Flugplatz Decimomannu auf Sardinien. Die Air Weapons Training Installation (AWTI) bot mit dem nahe gelegenen Luft-Boden-Schießplatz auf Capo della Frasca gute Übungsmöglichkeiten zum Bombenabwurftraining, auch für nukleare Verfahren, sowie einen eigenen Luftraum für Luft-Luft-Schießen zur Qualifikation der Luftfahrzeugbesatzungen. Dazu stand in »Deci« für den Luftkampf ein Areal von ca. 60 Kilometern Durchmesser über dem Mittelmeer zur Verfügung, in dem auch der Kampf zwischen verschiedenen Flugzeugtypen trainiert werden konnte. Die Einrichtung erlaubt es, alle Flug- und Waffendaten auf das genaueste auszuwerten und den Besatzungen die tatsächlichen Abläufe objektiv wiederzugeben. Seit über 30 Jahren wird in Decimomannu auch ein Überlebenstraining See durchgeführt, das sich als Alternative zum gleichen Training in Nordholz – und damit in der Nordsee – großer Beliebtheit erfreut.

Seit 1960 besteht ein »Deutsches Luftwaffenübungsplatzkommando Italien« als ständige Einrichtung. In einem Versuch, die Verlegekosten zu reduzieren, erhielt das Kommando von 1973 bis 1980 vorübergehend eigene Flugzeuge. Als G-91 und Starfighter zur Außerdienststellung anstanden, wurde allerdings auf einen Ersatz verzichtet. Bei der Infrastruktur mangelte es anfangs an allen Ecken und Enden. Den Besatzungen und Wartungscrews standen lediglich Holzbaracken zur Verfügung. Bis in die jüngste Zeit hinein gab es in diesem Punkt immer wieder Verhandlungen mit den italienischen Gastgebern.

Trotzdem wurde Deci von den Verbänden gut angenommen, Übungsmöglichkeiten und Ambiente stimmten. Was letztlich zählte, war der Übungserfolg. Und die Verbände verlegen heute noch gern im »überschlagenden Einsatz« mit zwei Kommandos für durchschnittlich zwei Wochen nach Deci.

Beja

Erst gut zehn Jahre ist es her, daß das »Taktische Ausbildungskommando der Luftwaffe in Portugal« außer Dienst gestellt wurde. Ursprünglich war Beja – noch im Zeichen der Massive Retaliation – einmal als rückwärtige Basis vorgesehen gewesen, auf der im Fall eines atomaren

Seit über vier Jahrzehnten intensiv genutzter Trainingsplatz – Decimomannu, Sardinien

Angriffs die eigenen Nuklearträger überleben sollten. Doch dann wurde die portugiesische Base Aerea No.11 zu einer Ausbildungseinrichtung, die von der Luftwaffe fast 30 Jahre genutzt wurde.

Die intensivste Phase begann 1980, als in Beja auf dem fliegerisch einfachen und kostengünstigen Alpha

Alpha Jets über Beja

Jet Waffenlehrerausbildung und Taktische Grundausbildung der Tornado-Piloten durchgeführt wurde. Das Kommando in Beja verfügte über eigene Maschinen, früher Ginas und danach Alpha Jets sowie SAR-Hubschrauber. Und Beja beherbergte häufig Abordnungen oder Kommandos der Jagdbombergeschwader aus ganz Deutschland.

Portugal bot sich als Stationierungsort an, weil seine Luftstreitkräfte auch die G-91 flogen und weil den Portugiesen im Rahmen der Partnerschaftshilfe Aufbauleistungen angeboten werden konnten. Hinzu kamen Bedingungen, die eine intensive fliegerische Ausbildung begünstigten. Denn wie für Deci galt auch für Beja, daß Klima und Luftraum wesentlich bessere Voraussetzungen boten als Deutschland.

Auch die Besatzungen der Transall, die Beja regelmäßig bei ihren Versorgungsflügen besuchten, und die Flugzeugführer und Techniker der Flugbereitschaft bei Kommandantenschulungen schätzten nicht nur die Gambas und den Rotwein bei Antonio im Nachbardorf Cuba, sondern vor allem die Möglichkeiten zum Tiefflugtraining.

Goose Bay

Während die europäischen Ausbildungsstützpunkte früheren Ansprüchen mit Blick auf das Einzeltraining bzw. für kleine Formationen entsprachen, öffnete das Üben in Kanada neue Dimensionen: Beim »German Air Force Training in Canada« (GAFTIC) in der menschleeren Wildnis Labradors konnte die Luftwaffe zwischen 1980 und 2005, wie andere Nationen auch, besondere Verfahren üben, speziell den Tiefstflug. Hier konnten die Luftfahrzeug-Besatzungen in Flughöhen operieren, die in Deutschland im Friedensflugbetrieb unvorstellbar, für taktische Szenarien aber unverzichtbar waren. Jagdflugzeuge übten den Abfangeinsatz im Tiefstflug, leichte Jagdbomber und Aufklärer entsprechend ihrer taktischen Aufgaben, und selbst die Transalls wurden in das Tiefflugtraining einbezogen. Die Tornado-Besatzungen konnten über Neufundland die taktischen Vorteile ihres Terrain Following Radars praktisch nutzen. Mit mehr als 800 Stundenkilometern jagten Tornados wie von Geisterhand gesteuert durch die Flußtäler. Das gab den

Einzigartige Übungsmöglichkeiten für den Tiefstflug – Goose Bay, Kanada

Besatzungen Vertrauen in die außergewöhnlichen Fähigkeiten ihres Waffensystems.

Wie in Deci und Beja betrieb die Luftwaffe ein Ausbildungskommando in Goose Bay, um den logistischen Aufwand für die Verbände zu begrenzen. Die Kampfflugzeuge überquerten den Atlantik mit Air-to-Air-Refuelling durch US-Tankflugzeuge. Die Techniker kamen mit der Boeing 707 oder später dem Airbus A310 der Flugbereitschaft. Schon die Atlantiküberquerung mit Phantom oder Tornado stellte eine Herausforderung dar, nicht nur, weil an Bord der Kampfflugzeuge Toiletten fehlten. Vielmehr boten diese Verlegungen Gelegenheit, sich an lange Flugdauern und häufiges Luftbetanken zu gewöhnen. Bei den Einsätzen auf dem Balkan im Rahmen der Operation »Allied Force« im Jahr 1999 erfuhren die Besatzungen, wie wichtig es war, damit vertraut zu sein.

Jahresschießen auf Kreta – NATO Missile Firing Installation

NAMFI

Mit dem »Multilateral Agreement for the Use of the NATO Missile Firing Installation at Souda Bay Crete« begann im Juni 1964 die Geschichte einer einzigartigen Einrichtung: Auf der Insel Kreta bauten mehrere NATO-Länder in drei Jahren einen Schießplatz für Raketenwaffen aller Art.

Seit 1968 fanden auf Kreta die »Annual Service Practice« (ASP) statt, mit denen die Nike- und Hawk-Verbände – später auch Patriot – unzählige Male ihre Leistungsfähigkeit im scharfen Schuß bewiesen. Neben den TacEvals war das Jahresschießen stets ein weiterer Höhepunkt im Routinedienst der FlaRak-Verbände. Jede einzelne Batterie war hier gefordert. Nach etlichen Vorübungen zuhause, den PreASP, flogen die Schießcrews nach Kreta, wo sie sich den internationalen Bewertern stellten. Drei Tage spannungsreiche Arbeit, das Kommando »Battle Stations«, dann der Schuß, der abends mit einer zünftigen »Missile Away«-Party gefeiert wurde.

Das Jahresschießen brachte Zutrauen zur eigenen Waffe, aber es stärkte ebenso das Zusammengehörigkeitsgefühl in den Batterien. Und das Ergebnis – die hohen 90er Prozente wurden im Laufe der Jahre zum Standard – war wichtig für das Standing der Einheit im Verband.

NAMFI steht bei der FlaRak-Truppe für viele Erfolge, für schöne Stunden und erlebte Kameradschaft. Aber mit Kreta verbindet sich auch die Erinnerung an einen der schwärzesten Tage der Luftwaffe: Am 9. Februar 1975 stürzte eine Transall des Lufttransportgeschwaders 63 im Landeanflug auf Chania im Lefka Ori-Gebirge ab. Alle 42 Insassen, neben der Besatzung die komplette Schießcrew der 1. Batterie des Flugabwehrraketenbataillons 39 aus Eckernförde, kamen ums Leben. Ein Gedenkstein an der Zufahrt zur Firing Range erinnert an das Unglück.

TacEval

Die Taktischen Überprüfungen durch die NATO wurden für die Einsatzverbände beinahe Routine. Da die Ergebnisse von den vorgesetzten Dienststellen ausgewertet wurden, hatten die TacEvals zwar erheblichen Einfluß auf den Rhythmus und die Schwerpunkte der Ausbildung, sie waren aber nicht mehr die Hürde der Konsolidierungsphase, die zu nehmen war, um für eine Assignierung in Frage zu kommen.

Auch die NATO gewann Erfahrungen mit dem Instrument Tactical Evaluation. Die Szenarien wurden differenzierter. Sie umfaßten das gesamte Einsatzspektrum, von den Schutz- und Überlebensmaßnahmen für den einzelnen Soldaten, für Gefechtsstände und Material, über die Beseitigung von Gefechtsschäden, Verwundetenversorgung, Einsatz unter ABC-Bedingungen bis hin zu Verlegungen. Gefordert wurden lagegerechtes Verhalten und besonders Führungsentscheidungen der militärischen Vorgesetzten sowie das handwerkli-

Welche Rolle die TacEvals bei der Truppe spielten, geht aus einem Bericht des damaligen Kommodore JaboG 31 »Boelcke«, Oberst Dieter Reiners, hervor:

»Ich hatte im September 1988 das Geschwader in einer nicht ganz einfachen Zeit ohne anwesenden Vorgänger im Amt übernommen und ohne sicheres Gefühl, was die Leistungsfähigkeit des Verbandes betraf. Dies beunruhigte mich um so mehr, als eine NATO-Überprüfung ins Haus stand. Ich entschloß mich daher, kurzfristig eine Alarmierungsübung durchzuführen. Der Alarm wurde um 03.30 Uhr ausgelöst. Die meisten Soldaten und zivilen Mitarbeiter kamen irgendwann bis zum regulären Dienstbeginn. Kurz, es war eine simple Katastrophe für einen ›Preußen‹! Als ich am nächsten Tag aufgebracht und ein wenig ratlos in meinem Büro saß, erfreute mich unser nationaler Vertreter beim TacEval-Team der NATO mit dem (eigentlich unerlaubten) Hinweis, daß er mich in wenigen Tagen ›besuchen‹ könnte. Ich hatte damit keine Chance mehr, mit dem Geschwader zu üben. In meiner Hilflosigkeit bat ich die Kommandeure zu mir und befahl ihnen, alle Soldaten zu informieren, daß der Kommodore in nächster Zeit keinen Übungsalarm mehr auslösen werde. Also, wenn das nächste Mal die Klingel geht, sei entweder Krieg oder TacEval! Zwei Tage später kam ich zum Geschwadergefechtsstand. Hier waren zwei Gefreite damit beschäftigt, den Bunker von außen zu schrubben. Auf meine Frage, was denn hier vor sich gehe, meinte einer der Kameraden ganz geheimnisvoll: ›Herr Oberst, wenn Sie es nicht weiter sagen, TacEval kommt!‹ ... Eigentlich unnötig zu erwähnen, daß das TacEval ein fast nicht zu überbietendes, gutes Resultat zeitigte.«

che Können der Spezialisten. Die teilnehmende Truppe wurde durch Kampfflugzeuge simuliert angegriffen. Effekte von Bomben und Raketeneinschlägen wurden durch Knallkörper, Rauchpatronen und andere Pyrotechnik dargestellt. Soldaten anderer Verbände agierten als feindliche Bodentruppen.

Erster FlaRak-Verband mit »Excellent« auf allen Gebieten – FlaRak-Bataillon 31 (1974)

Ein multinationales Team unter Leitung von Offizieren aus NATO-Stäben bewertete die Fähigkeiten zur Einsatzdurchführung nach strengen Vorgaben. Die Prüfer wurden aus verschiedenen Nationen zusammengezogen. Je nach Auftrag und Art des überprüften Verbandes ergaben sich bisweilen Teamgrößen von über 100 Spezialisten aus allen Bereichen.

Die Benotung reichte vom begehrten »Excellent«, über das auftragsgerechte Leistung bestätigende »Satisfactory« zu den Stufen »Marginal« – gerade noch ausreichend – und der Abwertung »Unsatifactory«. Die letzten beiden führten zu Mängelbehebungsmaßnahmen und Nachprüfungen.

Die Ergebnisse der Luftwaffenverbände wurden immer besser. Hatte das Ergebnis des Leichten Kampfgeschwaders 42 in Pferdsfeld, das Anfang der 70er Jahre als erster Verband auf allen Gebieten »Excellent« erreicht hatte, noch Erstaunen ausgelöst, so gab es später eine Reihe von fliegenden, Radarführungs- und FlaRak-Verbänden, die den begehrten Silberschild für besondere Leistungen beim TacEval erhielten. Die Ergebnisse wurden auch nicht schlechter, als Anfang der 80er Jahre die Alarmierungsphase von den restlichen Phasen getrennt wurde, um auch an Wochenenden oder Feiertagen mit kleineren Teams den betroffenen Verband zu überraschen.

Ohne Zweifel haben die Taktischen Einsatzüberprüfungen ganz erheblich zum hohen Leistungsstand der Luftwaffenverbände im Kalten Krieg beigetragen. Und obwohl sie Arbeit und Streß mit sich brachten, haben sie die Motivation und den Teamgeist gefördert. Und so hat mancher Heeresoffizier im persönlichen Gespräch ein wenig neidisch zugegeben: »Solch ein Instrument brauchten wir auch.«

Nutzung europäischer Spitzentechnologie

Die Ausrüstung und Bewaffnung der Luftwaffe in den vergangenen 50 Jahren war zugleich ein Spiegelbild des Wiederaufbaus einer leistungs- und kooperationsfähigen deutschen Luft- und Raumfahrtindustrie nach dem Zweiten Weltkrieg. Zwei Programme ragen aus den vielen Rüstungsvorhaben der 70er und 80er Jahre heraus: MRCA-Tornado und Patriot. Völlig unterschiedlich in Ansatz und Gestaltung stehen diese beiden Programme, nicht nur wegen ihrer finanziellen Dimensionen, sondern weil mit ihnen jeweils neue Wege beschritten wurden, für die Nutzung von Spitzentechnologie in übernationalem Kontext.

Schon als es um die Ergänzung und Ablösung der Erstausrüstung ging, hatte sich die Luftwaffe mit der G-91, der Transall und dem Kooperationsprogramm, das mit Belgien, Italien und den Niederlanden den gemeinsamen Lizenzbau der F-104G Starfighter beinhaltete, für europäische Lösungen entschieden. Die aus diesen Programmen gesammelten Erfahrungen in der Kooperation von Regierungen und Industrien, der Aufbau von umfassendem »Know-how« in Technik und Management sowie die Forderung nach Interoperabilität waren Grundlagen für anspruchsvolle Programme wie Tornado, Eurofighter, NH90 oder A400M.

Wie die meisten Einsatzverbände der Luftwaffe waren die Flugabwehrraketenverbände von Beginn an mit US-Gerät ausgerüstet, eine nationale Flugkörperindustrie war in der Aufbauphase nicht vorhanden. Doch hatten die Ausbildung in den USA, gemeinsame Übungen, der Einsatz in der Integrierten NATO-Luftverteidigung und »Weapon Partnership«-Programme eine solide Vertrauensbasis zwischen den europäischen Luftwaffen und den US-Streitkräften begründet. Mit rasch aufwachsenden Erfahrungen, zunächst mit dem Hawk-System, später durch das Roland-Programm, hatte sich die europäische Industrie zu einem kompetenten Partner der US-Industrie für Systeme und Geräte der Flugabwehr entwickelt. Dies war Anfang der 80er Jahre die Basis für die Modernisierung der NATO-Luftverteidigung mit dem transatlantischen Kooperationsvorhaben Roland-Patriot.

Das europäische Kampfflugzeug MRCA Tornado

Ein gemeinsamer Ansatz

Neben den Erfahrungen aus dem Nachbau und der Betreuung der F-104G Starfighter seit 1961 hatte vor allem die Zusammenarbeit mit den USA im Advanced V/STOL Tactical Fighter Program (AVS) der deutschen Luftfahrtindustrie den Weg zur Beteiligung an der Entwicklung und Produktion des technologisch anspruchsvollen Kampfflugzeuges Tornado geebnet. Zwar wurde das AVS-Projekt aufgrund unvereinbarer Interessen mit der Definitionsphase 1968 abgeschlossen. Doch trotz des Abbruchs hatte es der europäischen Militärluftfahrtindustrie wertvolle Erkenntnisse gebracht, beispielsweise zur Kurzstart- und -landefähigkeit, zum Überschallflug, aber auch zu modernem Programm- und Systemmanagement.

Im März 1968 trafen sich die Luftwaffenchefs aus Belgien, Italien, den Niederlanden und Kanada, um ein Nachfolgemuster für die F-104 zu erörtern. Als Folge des Treffens wurde ein Memorandum of Understanding (MoU) der Regierungen unterzeichnet, ein Konzeptvorschlag im gleichen Jahre fand jedoch nur noch die Zustimmung Deutschlands, Großbritanniens, Italiens und der Niederlande. Es wurde vereinbart, ab Mitte der 70er Jahre ein »Multi-Role-Aircraft« zu entwickeln und zu beschaffen. Bald danach zogen sich die Niederlande aus dem Vorhaben zurück.

Die Entwicklung des MRCA wurde mit dem Hauptziel vorangetrieben, ab Mitte der 70er Jahre über ein der Bedrohung adäquates modernes Trägersystem inklusive Bewaffnung zu verfügen, mit dem gehärtete Punktziele und mehrere Zielelemente unterschiedlicher

Tornado Roll Out

worden, das zehn Prototypen, sechs Vorserienmaschinen und 805 Serienflugzeuge umfaßte. Im deutschen Programmanteil wurden 212 Tornados für die Luftwaffe gefertigt, 112 für die Marine. Mitte der 80er Jahre kamen weitere 35 Tornados ECR (Electronic Combat Reconnaissance) für die Luftwaffe hinzu.

Am 6. Juni 1981 wurde der erste Tornado von der Luftwaffe übernommen. Da die Waffenausbildung für das Jagdbombergeschwader 38 »Friesland« wegen der noch nicht abgeschlossenen Infrastrukturmaßnahmen erst Mitte 1983 begonnen werden konnte, wurde als Übergangslösung eine Waffenausbildungskomponente – die Wako – auf dem Fliegerhorst Erding eingerichtet. Als erster deutscher Einsatzverband rüstete übrigens das Marinefliegergeschwader 1 im Sommer 1982 auf den Tornado um. Im Juli 1983 folgte das JaboG 31 »Boelcke«, anschließend JaboG 38 »Friesland«, JaboG 32, JaboG 33 und 1987 das JaboG 34 »Allgäu«. Das Lechfelder JaboG 32 wurde 1991 auf den ECR-Tornado umgerüstet.

Mit dem »Flug- und Taktiksimulator Tornado« sollten die Qualität der Ausbildung verbessert, das Üben schwieriger Einsätze ermöglicht und die Kosten verringert werden. Für jedes der sieben Tornado-Geschwader wurde ein Simulator beschafft.

Das gemeinsame Waffensystem bot die Chance, eine gemeinsame Ausbildung der Besatzungen zu etablieren. Die Länder einigten sich auf Großbritannien als Gastgebernation. In Cottesmore wurde mit dem »Trinational Tornado Training Establishment« (TTTE, auch »TripleT E«) ein Ausbildungszentrum für Tornado-Besatzungen geschaffen. Im September 1980 traf die erste Maschine, ein Tornado der Luftwaffe, in Cottesmore ein. Die eigentliche Ausbildung startete jedoch erst im Januar 1981. Zu ihrer Blütezeit bildeten die drei Staffeln der TTTE bis zu 300 Besatzungen im Jahr aus. Cottesmore beschäftigte 1.600 Soldaten und 130 zivile

(Fortsetzung auf S. 98)

Art bekämpft werden können. Dabei war auch eine STOL-Fähigkeit für Behelfsflugplätze, z. B. auf Autobahnteilstücken, zu berücksichtigen.

Die drei beteiligten Luftwaffen hatten ein »Operational Equipment Objective« entworfen, in dem die einzelnen nationalen Forderungen zusammengefaßt waren. Als gemeinsame Prioritäten galten Tiefstflug im transsonischen Bereich mit Terrainfolgeradar, bodenunabhängige Navigation, Allwetterkampffähigkeit, hohe Überlebensfähigkeit durch Selbstschutzeinrichtungen, kurze »Turn-Around«-Zeiten, STOL-Fähigkeit, zwei Triebwerke mit Schubumkehr, große Waffenzuladung. Nach langer Diskussion einigten sich Großbritannien und Deutschland (auf Ebene der Verteidigungsminister!) auf eine Zwei-Mann-Besatzung. Die »Base Line« war gelegt.

Chronologie des Programms

Im März 1973 wurde nach erfolgreicher Definitions- und Entwicklungsphase durch die drei Regierungen entschieden, das Tornado-Programm fortzuführen. Die Industrie wurde mit den Produktionsvorbereitungen und dem Kauf von Langläuferteilen beauftragt. Damit war ein gewaltiges Programm auf den Weg gebracht

Sicherheit hat einen Namen

AUTOFLUG

Der Rettung und Sicherheit von Menschen verpflichtet – bereits seit den Anfangstagen der Luftfahrt entwickelt und produziert AUTOFLUG nach diesem Leitmotiv. Von der Gründung im Jahre 1919 bis zum heutigen Tage ist AUTOFLUG ein mittelständisches Familienunternehmen.
Durch den erfolgreichen Aufbau von neuen Geschäftsfeldern gilt AUTOFLUG heute als hochspezialisierter Anbieter u.a. von Kraftstoff Mess- und Steuerungssystemen und kreiselgestützten Sensoren. Damit werden die traditionellen Aktivitäten Rettungsfallschirme, Gurtzeuge, Schleudersitze, Sicherheitssitze für Hubschrauber und gepanzerte Landfahrzeuge sowie aufblasbare Rettungsgeräte und -zelte in idealer Weise ergänzt.
AUTOFLUG gratuliert der Bundeswehr zu ihrem 50. Jubiläum und freut sich auf viele weitere Jahre enger Zusammenarbeit.

Erfahrung und Kompetenz
Seit den Anfangstagen der Luftfahrt hat sich AUTOFLUG der Rettung und Sicherheit von Menschen verpflichtet. Ein Flieger startete das Unternehmen: Der Flugpionier Gerhard Sedlmayr, geboren 1891, war ehemaliger Lehrling bei den Gebrüdern Wright und Rekordhalter – ein sechsstündiger, pausenloser Flug war ihm bei einem Wettbewerb im Jahre 1913 gelungen. Fasziniert von der Technik, die zu seiner Zeit die Welt veränderte, gründete er am 1. Oktober 1919 in Berlin-Johannisthal – der Wiege der deutschen Luftfahrt – sein „Spezialhaus für AUTOmobil und FLUGwesen, AUTOFLUG“.

Sir James Martin (Martin-Baker Aircraft Ltd.) und Dr. Gerhard Sedlmayr (AUTOFLUG GmbH) gratulieren den ersten beiden Piloten der Luftwaffe, die sich nach der Umrüstung der F104 (Starfighter) mit einem Martin-Baker Schleudersitz gerettet haben

Flugpionier und Unternehmensgründer Gerhard Sedlmayr (um 1913)

Im Jahre 1956 begann durch Dr. Gerhard Sedlmayr, den Sohn des Gründers, in Hamburg der Wiederaufbau des Unternehmens. 1958 wurde der Hauptsitz nach Rellingen in Schleswig-Holstein verlegt. Weitere Standorte in Brüsewitz und in Kirchheim bei Stuttgart sind hinzugekommen.
Bereits in den 20er Jahren begann eine enge Zusammenarbeit mit IRVIN, als AUTOFLUG den modernen Fallschirm in Deutschland einführte und später in Lizenz fertigte. In den 50er Jahren beginnt die enge Zusammenarbeit mit Martin-Baker, die zur Ausrüstung der deutschen Luftwaffe mit vollautomatischen Schleudersitz-Rettungssystemen führt. Seit 1958 ist AUTOFLUG für die Betreuung, Wartung und Instandsetzung aller Martin-Baker Schleudersitze der Bundeswehr verantwortlich.
AUTOFLUG als hochinnovatives Unternehmen verfügt über motivierte und hochqualifizierte Mitarbeiter mit sehr breitem Ausbildungs- und Erfahrungsspektrum in den Bereichen Elektronik, Elektrik, Feinmechanik, Elektromechanik, Textil sowie Software für Simulationsanwendungen.

Kraftstoffsysteme

Auf der Basis langjähriger Erfahrungen in der Kraftstoffmess- und Steuerungstechnik fertigt AUTOFLUG eine breite Palette von Komponenten und Subsystemen für Fuel-Management-Systeme (Kraftstoff Mess- und Steuerungssysteme), die ihren Einsatz in Luftfahrzeugen und gepanzerten Landfahrzeugen finden. AUTOFLUG zeichnet verantwortlich für das Fuel-Management-System im NH90 Transporthubschrauber, bestehend aus Füllstandsensoren, Wasserdetektoren, Fuel Management Controller sowie Füllstand-Anzeigeeinheiten.

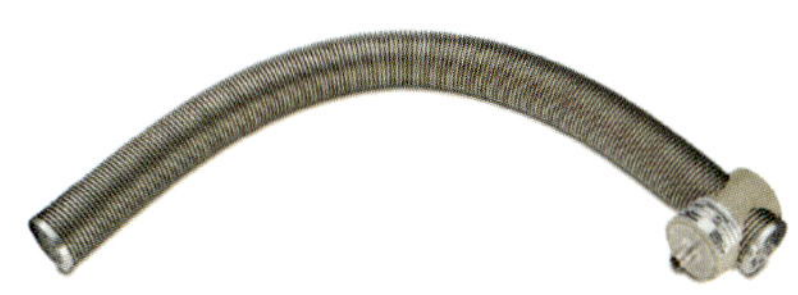

AUTOFLUG Flexibler Kraftstoffsensor

Kreiselsysteme

AUTOFLUG entwickelt und fertigt eine breite Palette von Kreiseln, Inertial Measurement Units (IMU) und Kreiselplattformen für den Einsatz in Lenkflugkörpern, Luftfahrzeugen und gepanzerten Landfahrzeugen.

Kreisel werden als mechanische oder faseroptische Ausführungen geliefert. Inertial Measurement Units zur Ermittlung von Drehgeschwindigkeiten basieren auf der Verwendung modernster faseroptischer Kreisel, stabilisierte Kreiselplattformen auf dem Einsatz von Strap-Down Technologie.

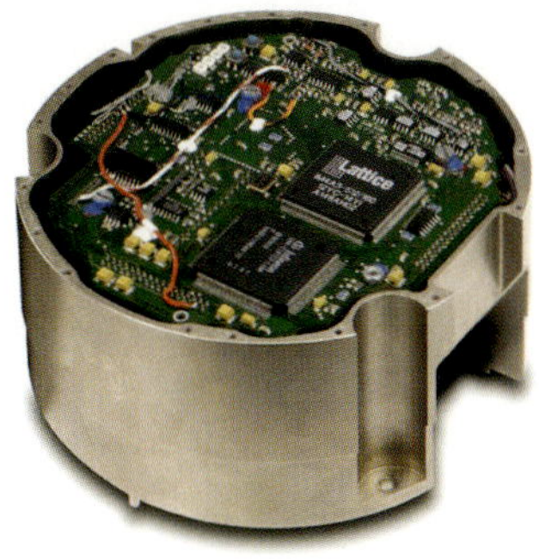

AUTOFLUG Inertial Measurement Unit (IMU)

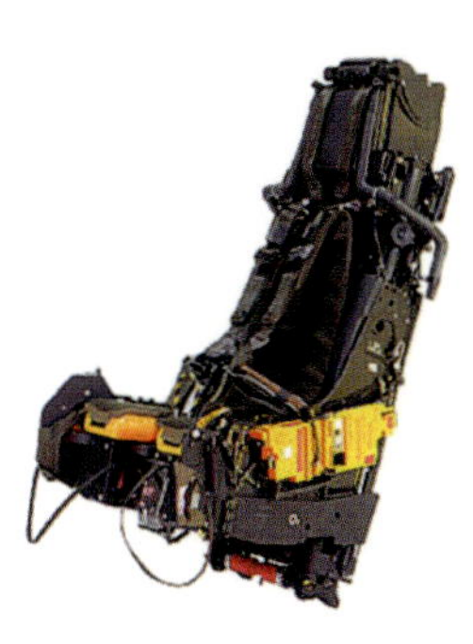

Martin-Baker Schleudersitz Mk16 für den EUROFIGHTER

Anti-G Schutzsystem LIBELLE-G Multiplus®

AUTOFLUG Schutzanzug AFP (ABC-Schutz Fliegendes Personal)

Rettungs- und Sicherheitstechnik

AUTOFLUG ist für die Betreuung, Wartung und Instandsetzung aller Martin-Baker Schleudersitze der deutschen Luftwaffe verantwortlich. Bis heute verdanken über 320 Piloten der deutschen Luftwaffe ihr Leben den von AUTOFLUG betreuten vollautomatischen Schleudersitz-Rettungssystemen, weltweit sind es schon mehr als 7.100, die sich mit Schleudersitz-Rettungssystemen von Martin-Baker gerettet haben.

AUTOFLUG fertigt Fallschirme, Bergungsfallschirmsysteme mit aufblasbaren Aufprall-Absorbierungssystemen sowie Anschnallsysteme. Im Rahmen der multinationalen Programme TORNADO und EUROFIGHTER fertigt AUTOFLUG die Rettungsfallschirme für alle beteiligten Nationen. Bis heute wurden mehr als 130 TORNADO-Besatzungsmitglieder aus allen an dem Programm beteiligten Nationen mit von AUTOFLUG gefertigten Rettungsfallschirmsystemen gerettet.

AUTOFLUG entwickelt und fertigt Sicherheitssitze für die europäischen Hubschrauberprogramme TIGER und NH90.

Für die Besatzungen von Luftfahrzeugen entwickelt AUTOFLUG den Ganzkörperschutzanzug AFP (ABC-Schutz Fliegendes Personal), der mittels Überdruck schützt und auch bei großer Hitze körperliche Einsatzfähigkeit gewährleistet.

Die im Jahre 2000 gegründete AUTOFLUG LIBELLE GmbH, ein Joint-Venture mit der schweizerischen Life Support Systems AG, entwickelt und fertigt das zukunftsweisende Anti-g Schutzsystem LIBELLE G-Multiplus® für die Leistungssteigerung von Militärflugzeugen.

LIBELLE G-Multiplus® ist bereits als Ausrüstung für die deutschen EUROFIGHTER-Piloten eingeführt. Im Januar 2005 wurde beim Jagdgeschwader 73 „Steinhoff" in Laage bei Rostock der Flugbetrieb mit dem Anti-G Schutzsystem auf EUROFIGHTER aufgenommen.

Kontaktdaten:

AUTOFLUG GmbH
Industriestrasse 10
D - 25462 Rellingen

Telefon: 0 41 01/3 07-0
Telefon: 0 41 01/3 07-110
E-Mail: Vertrieb.Sales@autoflug.de

www.autoflug.de

EADS – Partner der Luftwaffe

Die deutsche Luftwaffe hat einen außerordentlichen Beitrag zu einem halben Jahrhundert Frieden und Freiheit geleistet. Die EADS gratuliert der Luftwaffe zu ihrem 50-jährigen Bestehen und ist stolz darauf, ein über fundierte Fachkenntnisse verfügender Partner und Berater der deutschen Luftwaffe zu sein. Und weil für die Zukunft die Herausforderungen nicht kleiner geworden sind, freuen wir uns auf die nächsten Jahrzehnte erfolgreichen Zusammenwirkens mit der deutschen Luftwaffe.

EADS Militärflugzeuge ist seit Jahrzehnten nationaler Systemverantwortlicher für die Flugzeuge der Luftwaffe. Bei EADS Militärflugzeuge in Deutschland sind Kapazitäten und Fähigkeiten des Luft-, Raumfahrt- und Verteidigungskonzerns EADS rund um Kampfflugzeuge, bemannte Missionsflugzeuge, Trainingsflugzeuge wie auch militärische unbemannte fliegende Systeme gebündelt. EADS Militärflugzeuge ist industrieller Partner in den großen europäischen Militärluftfahrtprogrammen. Im Eurofighter-Programm ist EADS Militärflugzeuge in Deutschland für die Systemauslegung, die Flugsteuerung, die Flugerprobung von zwei Prototypen, die Serienfertigung des Rumpfmittelteils und für die Endmontage der 180 Eurofighter für die Luftwaffe verantwortlich.

Auf dem Gebiet der Sensoren, Elektronischen Kampfführung und Avionik werden diese Leistungen ergänzt durch die EADS Business Unit Defence Electronics, die u. a. am Captor-Radar sowie am Selbstschutzsystem EuroDASS und dem Datenlink MIDS des Eurofighter maßgeblich beteiligt ist. Darüber hinaus unterhält EADS Defence Electronics auf dem Gebiet der Luftverteidigungsradare (Beispiel: MEADS) sowie der militärischen Missionssysteme (Beispiel: A400M) und der bordgestützten Sensorik (Beispiele: EuroHawk, AGS) eine enge Zusammenarbeit mit der Luftwaffe.

Mit dem Eurofighter führt die Luftwaffe das modernste Mehrrollen-Kampfflugzeug der neuesten Generation ein. Das Jagdgeschwader 73 in Laage rüstet als erster Verband auf Eurofighter um und hat seit April 2004 mit Doppel- und Einsitzern den Flugbetrieb aufgenommen. Die Luftwaffe erhält mit dem Eurofighter das erste fliegende Waffensystem, das dank seines Sensorverbundes, fortschrittlicher Informationsverarbeitung und -aufbereitung sowie leistungsfähiger Kommunikationssysteme im Rahmen der vernetzten Operationsführung ('Network enabled warfare') eingesetzt werden kann. Der Eurofighter wird mit der Abstandswaffe Taurus KEPD 350 von der Business Unit EADS/LFK und dem Luft-Luft-Lenkflugkörper (LFK) mittlerer Reichweite Meteor, sowie dem Luft-Luft-LFK kurzer Reichweite Iris-T ausgerüstet sein. Kunde und Industrie verstehen sich bei diesem Projekt als Partner: Von den kooperativ angelegten, intelligenten logistischen Betreuungs-Konzepten profitiert die Luftwaffe wie auch die Industrie in vielfacher Hinsicht. Das gemeinsam mit dem Geschäftsbereich EADS Militärflugzeuge geführte System-Unterstützungszentrum setzt in Deutschland neue Maßstäbe der kooperativen Betreuung des Systems während der gesamten Nutzungszeit. Der Eurofighter wird in Deutschland bis zum Jahr 2013 das bereits ausgemusterte Jagdflugzeug MiG 29 und die F4-Phantom sowie – als Jagdbomber – Teile der Tornado-Flotte ersetzen.

EADS Militärflugzeuge betreut die Tornado-Flotte der Luftwaffe logistisch und führt Überholungs- und Wartungsarbeiten sowie Maßnahmen zur Lebensdauerverlängerung durch. Außerdem werden die Flugzeuge umfassend modernisiert und mit moderner Avionik und Systemen der elektronischen Kampfführung ausgestattet. Aufbauend auf den guten Erfahrungen mit der kooperativen Systembetreuung beim Eurofighter plant EADS Militärflugzeuge mit der Luftwaffe auch für den Tornado eine ähnliche, gemeinsam betriebene Systemunterstützung einzurichten.

Das allwetterfähige mittlere Transportflugzeug A400M wird eine Lücke in der strategischen Lufttransportfähigkeit der Bundeswehr schließen und die Transportkapazität der Luftwaffe außerordentlich steigern: Die Fähigkeit zur schnellen strategischen Verlegung in Einsatzgebiete auch außerhalb Europas wird hergestellt, der taktische Lufttransport verbessert und die Fähigkeit zu Luftbetankung (über die vier A310 MRTT-Tankflugzeuge hinaus) ausgebaut. Die A400M stellt mit ihrem hochflexiblen militärischen Missionsmanagementsystem von EADS Defence Electronics die modernste und günstigste Lösung eines europäischen Transportflugzeugs für taktische, logistische, humanitäre und friedenserhaltende Einsätze dar.

Mit dem künftigen hochfliegenden unbemannten Aufklärungsflugzeug Eurohawk wird die Bundeswehr ein Aufklärungs- und Überwachungssystem für großflächige Einsatzgebiete mit deutscher Ausrüstung für SIGINT (Signal Intelligence) und IMINT (Image Intelligence) erhalten, mit dem sie eine luftgestützte, weiträumige, flexible und reaktionsschnelle Aufklärung durchführen kann. Unter Verantwortung von EADS Militärflugzeuge wird die von Northrop Grumman stammende Plattform für die europäischen Verhältnisse modifiziert. Entsprechend den Anforderungen des deutschen Kunden wird sie außerdem mit entsprechenden Sensoren von EADS Defence Electronics ausgestattet.

Das heute bei der Luftwaffe eingeführte bodengestützte Luftverteidigungssystem Patriot wird von EADS/LFK logistisch betreut. Darüber hinaus arbeitet EADS/LFK an Anpassungen und weiteren Verbesserungen des Systems wie zum Beispiel an den Patriot-Radarsystemen sowie Führungs- und Kommunikationssystemen.

Deutschland ist auch Partner bei der Entwicklung des hochleistungsfähigen, luftverladbaren und bodengebundenen Luftverteidigungssystems MEADS. Es kann jede Art von Bedrohungen aus der Luft abwehren, insbesondere auch ballistische Flugkörper mit einer Reichweite bis 1.000 km, die unter Umständen auch mit Massenvernichtungswaffen ausgestattet sein könnten. Versehen mit einem Rundum-Überwachungsradar und einem Feuerleitradar neuester Technologie aus deutscher Entwicklung, einem hochflexiblen Gefechtsstand und so genannten „hit-to-kill"-Flugkörpern (PAC 3) kann das System auf Basis seiner vernetzten Hardware- und Software-Struktur ad hoc bedrohungsgerecht konfiguriert werden. Das Programm wird im Auftrag der NAMEADSMA von MEADS International realisiert, einem Joint Venture von Lockheed Martin, EADS/LFK und MBDA.

Zusätzlich wird die Luftwaffe innerhalb der NATO am geplanten NATO-Aufklärungssystem AGS (Alliance Ground Surveillance) teilhaben. Die NATO hat für die Realisierung von AGS das TIPS-Konsortium (Transatlantic Industrial Proposed Solution), dem die EADS angehört, ausgewählt. Mit AGS wird die NATO dazu befähigt, luftgestützte, abbildende, weiträumige Überwachung und Aufklärung zur Unterstützung von Operationen am Boden im gesamten Intensitätsspektrum und in einer völlig neuen Qualität durchzuführen. Das Aufklärungs- und Überwachungssystem ist konzipiert als gemischte Flotte bestehend aus einem Airbus A321 und GlobalHawk-UAVs. EADS Militärflugzeuge zeichnet im TIPS-Konsortium für die zentrale Programmleitung seitens EADS verantwortlich und steuert als Geschäftsbereich das bemannte Segment und das UAV-Missionssystem bei, während EADS Defence Electronics aufgrund seiner anerkannten Sensor-Kompetenz das transatlantische Team zur Entwicklung des gemeinsamen AGS-Radars TCAR (Transatlantic Co-operative AGS Radar) führt.

Die Luftwaffe erhält mit dem Eurofighter das erste fliegende Waffensystem, das im Rahmen der vernetzten Operationsführung eingesetzt werden kann.

EuroHawk ist eine in großen Höhen eingesetzte abstandsfähige Überwachungs- und Aufklärungsdrohne mit großer Ausdauer (HALE – High-Altitude-Long-Endurance).

Modernste militärische Missionsmanagementsysteme der EADS machen die A400M zu einem hochflexiblen und effizienten Transportflugzeug.

Der Jagdbomber Tornado IDS (Interdiction/Strike) zeigt seine Stärke im automatisierten Tiefstflug. EADS Militärflugzeuge übernimmt Modernisierungs-, Überholungs- und Wartungsarbeiten für die Flugzeuge der deutschen Luftwaffe.

(Fortsetzung von S. 89)

Britische, italienische und deutsche Tornados in Cottesmore

Angestellte. Großbritannien, Italien und Deutschland stellten aus ihren nationalen Kontingenten für die Ausbildung in Cottesmore Tornados mit Doppelsteuerung. Für den Verteidigungsfall war geplant, mit den deutschen TTTE-Tornados das Jagdbombergeschwader 38 aufzufüllen.

Wie andere Großprogramme verlief auch das Tornado-Programm nicht störungsfrei. In der Öffentlichkeit wurden immer wieder die hohen Kosten diskutiert, Verzögerungen führten teilweise zu herber Kritik am Management. Als Anfang der 80er Jahre das Vorhaben unvollständig in den Verteidigungshaushalt eingestellt worden war, führte dies nicht nur zu erheblicher Unruhe, sondern wurde fälschlicherweise mit Mängeln in der Leistungsfähigkeit gleichgesetzt. Im Jahr 1983 mußte daraufhin eine operationelle Bewertung der Leistungsfähigkeit vorgenommen werden, deren Ergebnis dem Flugzeug jedoch unübertroffene Stabilität im Tiefflug, einwandfreies Funktionieren des Geländefolgeradars, große Navigations- und Treffgenauigkeit beim Bombenabwurf und hervorragendes Verhalten des Triebwerkes in allen Flugsituationen attestierte.

Das Waffensystem

Der Tornado war das erste Kampfflugzeug der Luftwaffe, das auf die militärischen Forderungen nach Einsatzraum, Bedrohung und Strategie maßgeschneidert war, bis ins Detail von den beteiligten Luftwaffen und Marinen definiert.

Hauptmerkmal des Tornado war der Schwenkflügel, der dem Flugzeug sowohl hohen Auftrieb für Kurzstart und -landung und Manövrierfähigkeit bei niedriger Geschwindigkeit als auch variable Zwischenstellungen über dem Gefechtsfeld und den Hochgeschwindigkeitstiefflug erlaubte. Innovatives Potential bot auch das Geländefolgeradar, eine Weiterentwicklung des Radarsystems der amerikanischen F-111. Für den Allwettereinsatz war der Tornado mit einem Navigationsradar ausgerüstet, das bodenunabhängigen Zielanflug und Bombenabwurf ermöglichte.

Herz der Avionik war ein digitaler, frei programmierbarer Hauptrechner, der die Daten verschiedener Sensoren verarbeitet und Positionswerte, Steuersignale und Lageinformationen errechnet und weiterleitet. An Rumpf und Tragflächen waren insgesamt elf Aufhängestationen vorgesehen. Schließlich verfügte das Flugzeug über zwei Kanonen 27 mm der Fa. Mauser.

Ganz entscheidend wurden die Leistungsparameter des Tornado durch sein Triebwerk bestimmt. Mit dem Rolls-Royce RB 199 war in den 70er Jahren in Europa ein modernes Triebwerk entwickelt worden, dessen Merkmale für den militärischen und zivilen Triebwerkbau wegweisend werden sollten. Leistungsstark, begrenzt im Wartungsaufwand, sparsam im Treibstoffverbrauch, raucharm und zuverlässig, dabei modular aufgebaut, erfüllte es zugleich sämtliche Forderungen für moderne Kampfflugzeuge im niedrigen Höhenband. Bei kleinen Abmessungen und starker Leistung galt das Tornado-Triebwerk seinerzeit als das weltweit modernste.

Aufgaben- und Rollenspektrum

In den Varianten IDS (Interdiction Strike) und ADV (Air Defence Variant) entwickelt, entsprach der MRCA Tornado in den 70er Jahren höchsten Anforderungen an ein modernes Kampfflugzeug, das sowohl in der Luft-Luft-Rolle als auch in der Luft-Boden-Rolle eingesetzt werden sollte. Die Luftverteidigungsvariante kam für die Luftwaffe nicht in Frage, weil hier seine Stärken in der weiträumigen Abfangjagd (Long Range Intercept) gesehen wurden, einer Aufgabe, die in Deutschland eher unwahrscheinlich war.

In der Luftwaffe wird der Tornado heute als Jagdbomber, zur Bekämpfung der gegnerischen Luftverteidigung sowie zur optischen und Infrarot-Photoaufklärung eingesetzt. Mit der Übernahme der Marine-Tornados kam 2005 die Seekriegsführung aus der Luft hinzu. Zusätzlich zu seinen konventionellen Fähigkeiten ist der Tornado für die nukleare Rolle zertifiziert.

Im Wortsinne lebenswichtige Präzision – Kontrolle des Schleudersitzes eines Tornado

Für die Recce-Rolle wurde der Tornado in den 90er Jahren mit einem Außenbehälter ausgerüstet. Dieser beinhaltet zwei optische Kameras – vorwärtsgeneigt und senkrecht mit 180 Grad-Blickwinkel quer zur Flugrichtung – sowie einen Infrarot-Linescanner mit Blickwinkel quer zur Flugrichtung. Der Außenbehälter hatte gegenüber eingebauten Geräten den Vorteil, daß die IDS-Fähigkeit der Tornados erhalten blieb, nur geringe Änderungen am Flugzeug selbst erforderlich waren und damit eine neue Teilflotte vermieden wurde. Für die Auswertung der Bilder der optischen Kameras wie des Infrarotsensors wurde die mit der RF-4E beschaffte Ausstattung modifiziert.

In der ECR-Variante (Electronic Combat and Reconnaissance) erhielt der Tornado Ende der 80er Jahre Fähigkeiten, über die in der NATO – mit Ausnahme der Amerikaner – bis heute keine andere Nation verfügt. In dieser Rolle wurde er in die Lage versetzt, radargestützte Luftverteidigung zu bekämpfen (Suppression of Enemy Air Defence) und über feindlichem Gebiet Informationen über Ziele, Infrastruktur und Absichten des Gegners zu gewinnen. Ein Recce Attack Interface erlaubt die direkte Zusammenarbeit mit Luftangriffskräften. Zur Ausrüstung des ECR-Tornado gehören das Emitter Location System zur Aufklärung von Radarsignalen, ein Infrared Imaging System, das Operational Data Interface ODIN für die Zusammenarbeit mit anderen Tornados, ein Forward Looking Infrared System sowie ein Multifunktionsdisplay.

Der ECR-Tornado kann mit dem Flugkörper HARM (High Speed Anti Radiation Missile) gegnerische Radarstellungen bekämpfen. Nach Übernahme der Marine-Tornados durch die Luftwaffe gehört ab 2005 die Bekämpfung von Seezielen mit den Flugkörpern HARM und Kormoran zum Aufgabenspektrum der Luftwaffe.

Die Bewaffnung des Tornado hängt vom Einsatzauftrag ab. Bei allen Einsatzflügen werden der Radarwarnempfänger, ein Stör-/Täuschbehälter und ein Düppel-/Leuchtkörperbehälter zum Selbstschutz mitgeführt. Gegen Angriffe feindlicher Flugzeuge ist der Tornado mit dem Lenkflugkörper Sidewinder ausgerüstet. In Beschaffung befindet sich der neue Lenkflugkörper

Erprobung der Mehrzweckwaffe MW 1

IRIS-T. Als Abwurfwaffen können verschiedene Mehrzweckbomben, die speziell für den Tornado entwickelte Mehrzweckwaffe MW 1, Abstandswaffen und präzisionsgelenkte Waffen eingesetzt werden.

Nutzungsdauerverlängerung

Über 30 Jahre sind seit Beginn der Entwicklung vergangen, seit mehr als 20 Jahren ist der Tornado im Einsatz. Im Juni 2005 absolvierte die Tornadoflotte der Luftwaffe ihre millionste Flugstunde. Bis mindestens 2020 wird der Tornado in Betrieb gehalten werden. Bei einer Lebensspanne von 50 Jahren erfordern der technische Fortschritt, aber auch neue Aufgaben und Erfahrungen aus dem Einsatzbetrieb immer wieder technische Änderungen am Flugzeug. Mit Nachentwicklungen und Modernisierungsmaßnahmen wurde der Tornado seit Mitte der 80er Jahre ständig auf neuestem Stand gehalten. Derzeitige Maßnahmen zielen darauf ab, ihn für seine zweite Lebenshälfte vorzubereiten. Dabei werden künftige Einsatzszenarien ebenso berücksichtigt wie der anstehende Wechsel von der Analog- zur Digitaltechnik, Erkenntnisse aus dem Flugbetrieb, moderne Bewaffnung (z.B. präzisionsgelenkte, abstandsfähige Abwurfwaffen) und die Wirtschaftlichkeit aller Einzelmaßnahmen.

Der Tornado war auf eine konstruktive Nutzungsdauer von 4.000 Flugstunden ausgelegt, dies war ursprünglich zugleich seine Zulassungsgrenze. Die ersten Flugzeuge hatten diese Stundenzahl zu Beginn des Jahrtausends nahezu erreicht. Angesichts einer inzwischen vorgesehenen Nutzungsdauer bis ca. 2020 mußte die Zulassungsgrenze unter Berücksichtigung von Flugsicherheit, Einsatzbereitschaft und Wirtschaftlichkeit auf 8.000 Flugstunden verdoppelt werden. Zelle, Triebwerk und funktionale Ausrüstung des Tornado wurden sorgfältig auf eine längere Nutzungszeit untersucht.

Eine Verlängerung der Nutzungsdauer des Triebwerks auf 7.500 Flugstunden war durch Wechsel einiger Bauteile möglich. NDV-Maßnahmen bei der funktionalen Ausrüstung (Avionik, Hauptcomputer, Elektronik) sind für 123 Flugzeuge vorgesehen. Derzeit laufen Entwicklung und Beschaffung für 66 Flugzeuge ohne Probleme.

Innovatives Management

Die finanzielle Dimension des Projektes, aber auch die vielfachen Verschränkungen mit der Industrie, den beteiligten Agenturen und den Partnerländern führten dazu, daß erstmals in der Rüstungsgeschichte der Bundeswehr im Verteidigungsministerium für ein einzelnes Projekt eine eigene Unterabteilung eingerichtet wurde. Der Leiter der Unterabteilung, der »Systembeauftragte Waffensystem MRCA«, war in militärischen Fragen dem Inspekteur Luftwaffe, in technisch-wirtschaftlicher Hinsicht dem Hauptabteilungsleiter Rüstung unterstellt. Vorteile dieser Sonderregelung waren schnellere Entscheidungsprozesse und hohe Identifizierung der Mitarbeiter mit dem Programm.

Bei den unzähligen Nachsteuerungen in der Entwicklungs- und Produktionsphase waren schnelle Entscheidungswege notwendig, zumal sämtliche Maßnahmen trinational abzustimmen waren. Die Nachteile der Sonderregelung waren die Abkoppelung von bewährten Zuständigkeiten, die Entstehung neuer Verfahren – und gelegentlich die Gefahr der Anhäufung von Herrschaftswissen. Die Sonderregelung SBWS/MRCA hat letztlich nicht verhindern können, daß die Herstellung der Versorgungsreife zu spät in Angriff genommen wurde, und hat das Tornado-Programm Anfang der 80er Jahre ebensowenig vor den Schlagzeilen wegen einer angeblichen Finanzkrise bewahrt.

Als Forum der Zusammenarbeit gleichberechtigter Partner wurde durch die Regierungen der beteiligten Länder ein internationales Programmbüro, die NAMMA, geschaffen. Die Aufbauorganisation war spiegelbildlich zur industrieseitigen Organisation der Panavia. Es hat dem Programm sicher gut getan, daß mit Generalmajor Friedrich Obleser auch einmal ein erfahrener Truppenführer – und späterer Inspekteur der Luftwaffe – als General Manager die NAMMA geführt hatte.

Erfahrungen aus dem Tornado-Programm

Das Tornado-Programm brachte eine Reihe neuer Erfahrungen für die deutsche Luft- und Raumfahrtindustrie: Titanverarbeitung, flexible Fertigungsverfahren, neue Montagetechniken, modernste Triebwerkstechnik, Avionik, hydraulische Stellantriebe, Bordrechner und Software, Radartechnologie sowie Aufklärungs- und Navigationssysteme. Doch nicht überall konnten angesichts des engen Zeit- und Kostenrahmens die innovativen Technologien letztlich verwirklicht werden.

Das im Programm erworbene Wissen hat in viele militärische Programme und zivile Anwendungen Eingang gefunden, nicht nur im Flugzeugbau, sondern ebenso im Kraftfahrzeugbau, in der Energietechnik, sogar in der Medizin.

Der Tornado war für die deutsche Luft- und Raumfahrtindustrie das erste nach dem Zweiten Weltkrieg in europäischer Kooperation konzipierte, entwickelte und produzierte Kampfflugzeug. 2004 war der 30. Jahrestag des Erstfluges und der 20. der NATO-Assignierung des ersten Tornado-Geschwaders der Luftwaffe. Die europäische Militärluftfahrt hat mit dem Tornado-Programm einen überzeugenden Nachweis ihrer Kompetenz im globalen Maßstab erbracht. Inzwischen hat der Tornado in einer Reihe von scharfen Einsätzen hervorragende operationelle Leistungsfähigkeit und große Zuverlässigkeit bewiesen.

Der Erfolg des Programms wurde hart erarbeitet. Aber das Produkt hat bewiesen, daß die europäische

Zur 1.000.000sten Flugstunde des Tornado im Juni 2005 lud der Befehlshaber des Luftwaffenführungskommandos alle ehemaligen und aktiven Tornado-Kommodores ein

Luftfahrtindustrie über Kompetenz verfügt und bei klaren Zielen und enger Abstimmung zu außerordentlichen Leistungen befähigt ist.

Das Flugabwehrraketensystem Patriot

In der zweiten Hälfte der 80er Jahre war die Einführung des Flugabwehrraketensystems Patriot das größte Umrüstprojekt der Luftwaffe. Technisch brachte das System gegenüber dem Nike-System einen Technologiesprung von mindestens 30 Jahren.

Die Ablösung der Nike war notwendig geworden, weil das veraltete System nicht mehr mit der Bedrohung Schritt halten konnte. Zudem hatte die Nike in den neuen konzeptionellen Vorstellungen der NATO-Luftverteidigung keinen Platz. Der Flugabwehrraketengürtel und die komplementär eingesetzten Jagdflugzeuge garantierten angesichts der Leistungsfähigkeit der modernen Kampfflugzeuge des Warschauer Paktes nicht mehr den Schutz des gesamten dahinter liegenden Gebietes. Doch war die Abwehr von Luftangriffen unverzichtbar, zumindest für besonders wichtige Räume und Kräftekonzentrationen.

Die Lösung bestand in verdichteten Schutzzonen, in denen Luftverteidigungssysteme im Verbund, im »Cluster«, wirken konnten. Ergänzend sollten allwetterfähige Systeme den örtlichen Schutz wichtiger Anlagen übernehmen. Das neue Konzept bedurfte nicht nur einer flexibleren Führung, es konnte auch nur mit beweglichen Luftverteidigungssystemen umgesetzt werden.

Das US-Waffensystem Patriot und nationale Anpassungen

Das Flugabwehrraketensystem Patriot paßte exakt in dieses Anforderungsprofil. Es war im Auftrag der US Army für weltweiten mobilen Einsatz entwickelt worden. Mit Raytheon und Martin Marietta waren die auf diesem Gebiet erfahrensten Rüstungskonzerne mit der Entwicklung und der Produktion beauftragt worden.

Patriot ist ein Flugabwehrraketensystem mit mehr als 100 Kilometern Reichweite gegen luftatmende Flugziele, Marschflugkörper und taktische ballistische Raketen. Es kann im niedrigen bis hohen Höhenbereich wirken. Das System ist hochmobil, allwetterfähig und kann mehrere Ziele gleichzeitig bekämpfen. Automatische Bedrohungsanalyse und Feuerleitung schaffen die Voraussetzungen für kurze Reaktionszeiten. Eine Kommandolenkung mit Zielverfolgung über den Lenkflugkörper verbindet die Vorteile der Rechnerabstützung auf dem Boden mit zunehmender Präzision bei Zielannäherung, wie sie sonst nur bei halbaktiven oder passiven Systemen gegeben ist. Patriot erreicht seine höchste Feuerkraft, wenn sechs Feuereinheiten unter einem Feuerleitstand zusammengefaßt werden.

Der mit Patriot für die Luftverteidigung erzielte Qualitätssprung beruht auf einer Vielzahl moderner Technologien. Hierzu zählen eine phasengesteuerte Radarantenne, die vollständige Digitalisierung des Systems, die neuartige Lenkung des Flugkörpers, elektronische Gegenmaßnahmen bei Störungen und Abstrahlsicherheit. Da alle funktionalen Abläufe im System rechnergesteuert sind, werden hohe Anforderungen an die Software gestellt.

Während die Leistungsparameter des Waffensystems damit für die Nachfolge des Nike-Systems maßgeschneidert waren, erwies sich die US-Konfiguration für den Einsatz in Mitteleuropa als nicht geeignet. Die amerikanischen Querschnittsgeräte entspra-

Qualitätssprung für die Luftverteidigung – das Waffensystem Patriot

chen zum Teil nicht deutschen Zulassungsbestimmungen, Gesetzen oder Normen. Aus Kostengründen wurde zudem für alle Querschnittsgeräte eine Materialstandardisierung innerhalb der Luftwaffe angestrebt, die durch Sonderzulassungen konterkariert worden wäre.

Auf der Grundlage einer Taktischen Forderung aus dem Jahre 1979 wurden durch die deutsche Industrie (u.a. AEG Telefunken, Siemens, MBB) in Zusammenarbeit mit der Luftwaffe und dem Rüstungsbereich Vorstellungen zur Anpassung des US-Systems Patriot an die deutschen Erfordernisse entwickelt. Schließlich wurde die Firma Siemens als Hauptauftragnehmer mit mehr als 20 deutschen Unterauftragnehmern beauftragt, die deutsche Konfiguration für das Patriot-System zu realisieren. Die nationalen Anpaßaktivitäten betrafen im wesentlichen die Bereiche Kommunikation, Datenübertragung, die Antennenmastanlage, die Fahrzeugausstattung und Verlastung sowie die Führungsausstattung. Beim Freund-Feind-Kenngerät, bei den Fahrzeugen, den Stromerzeugungsanlagen und Frequenzumformern sowie in der logistischen Ausstattung war deutsches Querschnittsgerät in Betracht zu ziehen.

Im Februar 1988 wurde durch die deutsche Industrie der Nachweis der Funktionsfähigkeit der deutschen Anpaßentwicklungen erbracht. Dies war nicht nur eine beachtliche Leistung der deutschen Industrie, sondern zugleich Ergebnis der guten Zusammenarbeit zwischen der deutschen und der US-Seite.

Das Roland-Patriot-Abkommen

Die quantitativ wie qualitativ gestiegenen Fähigkeiten der Warschauer Pakt-Luftstreitkräfte und die Notwendigkeit, seitens der NATO darauf – trotz enger Budgets – zu reagieren, führte Anfang der 80er Jahre zu einer kuriosen Situation: Die USA hatten starke Interessen in Europa, ca. 360.000 US-Soldaten und zivile Angehörige der US-Streitkräfte waren hier stationiert. Doch waren die finanziellen Möglichkeiten begrenzt, für die eigenen Einrichtungen und Truppen im Frieden permanent einen angemessenen Luftverteidigungsschutz vorzuhalten. Verstärkungen waren im Reforger-Programm für den Fall vorgesehen, daß die NATO angegriffen werden sollte – und diese Verstärkungsoptionen wurden regelmäßig geübt.

Deutschland war für den »Fall der Fälle« auf Verstärkungen durch den mächtigsten Verbündeten angewiesen, mußte aber zugleich sein Luftverteidigungspotential so modernisieren, daß auch die Zeit bis zum Eintreffen der Verstärkungen überstanden werden konnte. In diesem Zusammenhang hatte die Ablösung des Nike-Systems, das 25 Jahre im Einsatz gewesen war, Priorität. Aus den unterschiedlichen Ansätzen der Amerikaner und der Deutschen erwuchs eine Interessenidentität, die im Dezember 1983 zu einem einzigartigen Memorandum of Understanding (MoU) der Verteidigungsminister Caspar Weinberger und Manfred Wörner führte. Es ging um ein deutsch-amerikanisches Kopplungsgeschäft mit den Flugabwehrraketensystemen Patriot und Roland.

Die Vereinbarung legte fest:

- Deutschland sollte 14 Feuereinheiten Patriot beschaffen, davon zwei Systeme als Kreislaufreserve und für die Ausbildung.
- Die USA sollten der Luftwaffe 14 Feuereinheiten Patriot zur Verfügung stellen.
- Deutschland sollte zwölf Feuereinheiten Patriot »US owned« mit deutschem Personal für die Dauer von zehn Jahren betreiben.
- Deutschland sollte 27 Feuereinheiten Roland beschaffen und damit drei US-Flugplätze in Deutschland für zehn Jahre schützen (Spangdahlem, Bitburg und Ramstein).
- Die Bundesrepublik wurde zudem verpflichtet, 60 Feuereinheiten Roland für den eigenen Objektschutz zu beschaffen und zu betreiben. Diese sollten an Einsatzflugplätzen der Luftwaffe stationiert werden, von denen sechs gemeinsam mit der USAF genutzt wurden (u.a. Nörvenich, Ahlhorn und Leipheim). Weitere Systeme sollten als Reserve und für die Ausbildung beschafft werden.
- Alle vom Abkommen erfaßten Patriot-Einheiten sollten identisches Querschnittsgerät haben.

In einem industriellen Kompensationsabkommen wurde festgelegt, daß Raytheon Produktionsleistungen von 500 Mio. US-Dollar an die deutsche Industrie vergeben sollte. Im Wettbewerb mit US-Firmen hatten sich AEG, Diehl, MBB, das Motorenwerk Bremerhaven sowie Siemens für die Produktion verschiedener Komponenten des Patriot-Systems qualifiziert. Mit der Auswahl dieser Firmen durch die US-Regierung wurde die Leistungsfähigkeit der deutschen Industrie bei Spitzenprodukten anerkannt. Erstmals war eine »Zweibahnstraße USA – Deutschland« verwirklicht.

Die politische Bedeutung des Abkommens, das gegenseitige Vertrauen im Rahmen der NATO-Partnerschaft und die gegenseitige Anerkennung der Leistungsfähigkeit der Industrien gaben dem Abkommen mächtigen Schub. Bereits acht Monate nach dem MoU wurde mit parlamentarischer Zustimmung die Durchführungsvereinbarung unterzeichnet. Insofern war das Abkommen, weit über seine Bedeutung für die Rüstungskooperation hinaus, ein Signal der USA, sich – unbeeindruckt von den Rüstungsanstrengungen des Warschauer Paktes – weiterhin für die Sicherheit Europas zu engagieren.

In der Praxis aber stellte die Vereinbarung vor allem eine neue Qualität der deutsch-amerikanischen Zusammenarbeit dar. Erstmals kamen ein deutsches Flugabwehrraketensystem für die USAF und ein amerikanisches System mit deutschen Ergänzungen bei der USAF zum Einsatz. Neben der politischen Bedeutung waren zudem die militärischen, technischen und wirtschaftlichen Vorteile für beide Länder offensichtlich. Militärisch hatten sich die USA noch fester an die Luftverteidigung Europas gebunden, technisch wurde der Know-how-Transfer zwischen amerikanischer und deutscher Industrie gefördert. Und wirtschaftlich war eine Lösung gefunden worden, die mit den begrenzten Ressourcen beider Länder vereinbar war. Der Ansatz, nach dem ein Land die Beschaffung modernster Waffensysteme übernahm und ein zweites Land diese durch den Betrieb der Systeme abbezahlte, war einmalig – nicht nur in der Geschichte der Luftwaffe.

Meilensteine im Ablauf des Programms:

- 1979: Taktische Forderung für ein Nachfolgesystem Nike
- 1982: Einführung von Patriot in die US-Streitkräfte, 1983: Einsatzreife
- Dez. 1983: Unterzeichnung des Roland-Patriot-Abkommens durch Verteidigungsminister Weinberger und Verteidigungsminister Wörner
- 1984: Entwicklungsvertrag
- 1988: Beschaffungsvertrag mit der Firma Siemens
- Nov. 1989: erste deutsche Patriot-Staffel wird in Dienst gestellt
- Sep. 1993: Umrüstung auf Patriot ist abgeschlossen, 36 Flugabwehrraketenstaffeln sind einsatzbereit
- Dez. 2004: Eigentumsübertragung von zwölf »US owned«-Systemen an Deutschland
- Dez. 2005: Auslaufen der deutschen Roland-Verpflichtungen

Patriot-Schuß

Ausbildung und Logistik

Die lehrgangsgebundene Ausbildung des Führungs-, Bedien- und technischen Personals für das Patriot-System erfolgt seit der Einführung an der Raketenschule der Luftwaffe in El Paso, Texas. Interaktive Lernprogramme im Rahmen computerunterstützter Ausbildung und der Einsatz von Simulatoren gewährleisten eine moderne, effiziente Ausbildung. Bei der praktischen Ausbildung wird die rechnergesteuerte Fehlerdiagnose genutzt. Und von Anfang an bildete die Unterrichtung über den Einsatz unterschiedlicher Flugabwehrraketensysteme im Verbund einen Schwerpunkt.

Die Truppeninstandhaltung des Systems kann, einschließlich der Fehlerlokalisierung bis auf Unterbaugruppenebene, durch das Bedienungs- und Wartungspersonal der Einsatz- und Versorgungsstaffeln durchgeführt werden. Für den Lenkflugkörper gilt das Certified Round Concept, d.h. Materialerhaltungsmaßnahmen durch die Truppe sind nicht erforderlich.

Die Depotinstandsetzung wird bei den Instandsetzungseinrichtungen der Bundeswehr sowie bei der nationalen und internationalen Industrie durchgeführt. Für die industrielle Instandsetzung der waffensystemspezifischen Anteile ist im »Patriot Weapon System Partnership«-Programm unter Regie der NAMSA mit den USA und den Niederlanden eine gemeinsame Lösung geschaffen worden.

Ausblick

Das deutsch-amerikanische Kooperationsprogramm Patriot ist bisher sehr erfolgreich verlaufen. Klare Zielsetzungen der Regierungen, abgestimmte operationelle, technische und zeitliche Vorgaben der Streitkräfte, verläßliche Zusammenarbeit der Industrien in den beiden Ländern und beharrlicher Wille zum Erfolg haben ein technologisches Spitzenprodukt hervorgebracht. Das Patriot-Programm war übrigens das einzige große Rüstungsvorhaben der Streitkräfte, bei dem der veranschlagte Kostenrahmen deutlich unterschritten wurde.

Doch ist die technologische Entwicklung seit den frühen 80er Jahren vorangeschritten. Selbst ein Spitzenprodukt aus jener Zeit bedarf der Anpassung, um mit potentiellen Gegnern Schritt zu halten. Für Patriot wurden Kampfwertanpassungen (KWA) in zwei Stufen geplant: Mit der KWA 1 wurden in den Jahren 1993 bis 1995 die Zielentdeckungsfähigkeit des Multifunktionsradars bei Schlechtwetter und elektronischen Störern gesteigert, die Feuerleitanlage an neue DV-Technologien angepaßt und die TBM-Fähigkeit des Flugkörpers verbessert. Betroffen waren alle 40 Waffensysteme, die von der deutschen Luftwaffe betrieben werden. Kern der KWA 2 war ein neuer Flugkörper, aber auch Anpassungen der Feuerleitung sollten erfolgen. Mit dem PAC-3 Lenkflugkörper wurde die Voraussetzung zur Bekämpfung von Zielen durch einen Direkttreffer (»hit to kill«) geschaffen. Es war geplant, die Maßnahmen im Zeitraum 2000 bis 2008 bei zwölf Patriot-Systemen mit wesentlicher Beteiligung der deutschen Industrie zu realisieren. Derzeit steht die vollständige Realisierung der KWA 2 aufgrund eines Parlamentsbeschlusses jedoch unter Vorbehalt.

Die weit in das 21. Jahrhundert hineinreichenden Überlegungen zur Modernisierung der Luftverteidigung hatten in Deutschland bereits 1987 zu einer Taktischen Forderung für ein neues Luftverteidigungssystem geführt, mit dem das Waffensystem Hawk abgelöst werden sollte. Das Medium Extended Air Defence System (MEADS) soll auch für die Abwehr von Hubschraubern, Marschflugkörpern und taktischen ballistischen Raketen ausgelegt und für internationales Krisenmanagement sowie den Schutz bei »out of area«-Einsätzen geeignet sein. Im Mai 1996 haben die USA, Italien und Deutschland ein Abkommen zur Realisierung von MEADS unterzeichnet. Wesentliche Parameter des Systems sollen sein:

- eine flexible, modular aufgebaute Architektur,
- Nutzbarkeit der PAC-3 Lenkflugkörper mit ihrer »Hit-to-kill«-Technologie,
- Verlegbarkeit mit Transportflugzeugen wie A400M und C-130,

Die Zukunft der bodengebundenen Luftverteidigung – MEADS

- eine Gefechtsstandarchitektur, die externe Subsysteme (z.B. Sensoren, Flugkörper) zuläßt (»Plug-and-Fight«),
- ein Multifunktionsradar mit Rundumabdeckung, das die Erfassung und Bekämpfung mehrerer Ziele mit kleinem Radarquerschnitt zeitgleich ermöglicht,
- geringer Personalaufwand.

Zudem sollte neben dem PAC-3 Lenkflugkörper ein kostengünstiger Flugkörper, der gegen Flugzeuge, Hubschrauber und Drohnen eingesetzt werden kann, in das Konzept integriert werden.

Mit dem Programm MEADS wird die bei Patriot erfolgreiche Zusammenarbeit mit den USA fortgeführt. Doch ohne die Erfahrungen der Patriot-Kooperation wäre eine solche Entwicklung nicht erreichbar gewesen.

Der Weg zur Einheit 1989/1990

Der Eiserne Vorhang hebt sich

Ende der 80er Jahre wehte nach vier Jahrzehnten, in denen der Kalte Krieg die Planungen der deutschen Streitkräfte und damit auch der Luftwaffe bestimmt hatte, plötzlich ein frischer politischer Wind über die Welt. In Osteuropa war ein weitreichender Umwälzungsprozeß in Gang gesetzt worden, der Auswirkungen weit über die Grenzen des Warschauer Paktes hinaus haben mußte.

Optimisten sahen einen grundlegenden Wandel der Mächtekonstellation dieser Welt heraufdämmern, konservative Beobachter erwarteten zumindest eine Entspannung des Konfliktes zwischen den beiden Blöcken. Auch innerhalb der Luftwaffe setzte eine Diskussion über die Konsequenzen dieser Entwicklungen ein, vor allem aber darüber, ob und wie die Planungen der Luftwaffe an die veränderte politische Großwetterlage angepaßt werden sollten.

Die Auseinandersetzung mit der sich abzeichnenden sicherheitspolitischen Lageveränderung war dringend. Schließlich fielen die Anzeichen für eine Entspannung in eine Phase, in der die Luftwaffe aus finanziellen Gründen erstmals seit ihrer Aufstellung zu deutlichen strukturellen Reduzierungen genötigt war. Dadurch gewann die Frage, welchen Auftrag die Luftwaffe in einer veränderten Welt wahrzunehmen haben würde, grundlegende Bedeutung. Denn daraus ergab sich, welche Kräfte sie künftig benötigen würde und inwieweit die Ausrüstung angepaßt werden müßte. Hierzu gab es – aus damaliger Sicht verständlich – unterschiedliche Positionen. Auf der einen Seite standen die »Skeptiker«. Sie trauten den Anzeichen für eine dauerhafte Entspannung zwischen Ost und West nicht und plädierten für eine maßvolle lineare Reduzierung der Luftwaffe.

Die Grundausrichtung als taktische Teilstreitkraft innerhalb der Ost-West ausgerichteten Bündnisarmeen sollte belassen werden. Ihnen gegenüber sahen die »Visionäre« die Chance, Veränderungen einzuleiten, die die Luftwaffe befähigen würden, Aufgaben auch jenseits der Landesverteidigung zu erfüllen. Schließlich gaben die besonderen Fähigkeiten und Eigenschaften, die Luftmacht auszeichnen, den Ausschlag für die Visionäre – ein großer Schritt nach vorn sollte gemacht werden. Der Führungsstab entwickelte ein Konzeptionspapier, das auf eine qualitativ gestaltete, nicht lediglich reduzierte Luftwaffe abzielte.

Doch auch die anderen Teilstreitkräfte standen vor der Aufgabe sich zu reorganisieren. Das Endprodukt »moderne Streitkräfte« erforderte einen harmonisierten Ansatz. Ein Auseinanderdriften der Organisationsvorgaben und -prinzipien hätte zu fatalen Fehlentwicklungen führen können. Folglich oblag die Billigung der Luftwaffenkonzeption der politischen Führung des Verteidigungsministeriums. Diese wiederum mußte auf die in den 80er Jahren bestehende Empfindlichkeit in der Bevölkerung gegenüber Aufgaben wie Friedenserhaltung und -wiederherstellung Rücksicht nehmen.

Nach 40 Jahren Bewußtseinsschulung, in denen die Verteidigung des eigenen Landes als einzig denkbare Aufgabe für deutsche Streitkräfte angesehen wurde, mußte die Öffentlichkeit erst einmal Schritt für Schritt – behutsamer als dies die Konzeptionäre der Luftwaffe wollten – auf die unvermeidbaren Korrekturen deutscher Sicherheitspolitik vorbereitet werden. Deswegen war der von der Luftwaffe angedachte mutige Schritt nach vorne aus politischer Sicht verfrüht.

Die damals entwickelten Ideen konnten aus nachvollziehbaren Gründen nicht durchgesetzt werden, zumal sie auch bei zumindest einer anderen Teilstreitkraft, deren raison d'être nach ihrem damaligen Selbstverständnis ja gerade die Landesverteidigung war, nicht auf fruchtbaren Boden fielen. Dennoch ist dies in der Retrospektive bedauerlich, wäre doch ein großer Teil der Veränderungen, die in der Zwischenzeit in zwei weiteren Strukturreformen verwirklicht wurden, mit einem Schub realisierbar gewesen. Der Truppe wären so manche Irrungen und Wirrungen erspart geblieben.

Die Mauer fällt

In diese Diskussionen stürzte die Erkenntnis – auch für die wagemutigsten Denker in der Luftwaffe war im September 1989 die Wiedervereinigung noch ein Traum, fast eine Utopie –, daß sich in der DDR Dinge taten, die der Bundesrepublik in vielen Politikfeldern Reaktionen abverlangen würden. Doch immer noch herrschte Unsicherheit über die weitere Entwicklung. Sahen einige das Ziel der Wiedervereinigung näher kommen, so hofften »Pragmatiker« zunächst nur auf ein entkrampftes Verhältnis zwischen den deutschen Teilstaaten.

Sie rechneten mit einer Entwicklung, die aus der Frontlinie zwischen Warschauer Pakt und NATO eine »normale« Grenze machen könnte. Erwartetet wurde also ein Rückgang der Spannungen zwischen der Bundesrepublik und der DDR im Gefolge der generell anzunehmenden Deeskalation zwischen den Blöcken, aber keine »Revolution« der Sicherheitslage. Folglich wurden die eingeleiteten Planungen zur Umstrukturierung der Luftwaffe Ende 1989 zunächst ohne Veränderung der Zielvorgaben fortgesetzt.

In diese Phase fiel – für die Luftwaffenplaner genauso unerwartet wie für die Mehrheit unseres Volkes –

Abstimmung mit den Füßen – November 1989 in Berlin

das »Einreißen der Mauer«. Es veränderte die Lage grundlegend. Plötzlich schienen die »innerdeutschen Visionäre« recht zu behalten. Soldaten in allen Teilstreitkräften begannen, »mit den Füßen zu scharren«, sahen die Chance, über die geöffnete Grenze hinweg, Kontakte mit dem bisherigen »Feind« aufzunehmen. Wünsche nach gegenseitigen Treffen zwischen einzelnen Soldaten oder auf Verbandsebene wurden zu diesem frühen Zeitpunkt aber nicht genehmigt. Schließlich war das politische System der DDR noch im Sattel, es galten noch die Befehle zum Vermeiden persönlicher Kontakte mit dem Ostblock. Dennoch fanden schon in dieser Zeit einzelne Treffen statt, die allerdings offiziell mißbilligt wurden.

Dem Wunsch, die Zeichen des Wandels in der DDR als Götterdämmerung zu bewerten und eine deutsche Wiedervereinigung bereits als »fait accompli« anzusehen, stand die realistische Erkenntnis gegenüber, daß zu diesem Zeitpunkt vieles noch im Fluß und selbst ein »Roll-back« der Demokratiebewegung in der DDR nicht auszuschließen war. Dieser pragmatisch-skeptischen, zurückhaltenden Linie vermochten viele Luftwaffensoldaten in ihrem Herzen aber nicht mehr zu folgen.

Mit den Runden Tischen und der Demokratiebewegung in der DDR kristallisierte sich heraus, daß es um mehr als die klimatische Verbesserung des Verhältnisses zwischen der Bundesrepublik und der DDR ging. Offensichtlich hatte das DDR-Regime abgewirtschaftet. Die ersten freien Volkskammerwahlen in der DDR im Frühling 1990 brachten demokratische Parteien ans Ruder. Die »Zwei-plus-Vier-Verhandlungen« zwischen den ehemaligen Siegermächten und den beiden deutschen Teilstaaten im Mai führten dann zur Gewißheit, daß die Wiedervereinigung rasch vollendet werden würde.

Damit galt es, sich unverzüglich mit der Gestalt einer Luftwaffe im vereinten Deutschland zu beschäftigen. Dabei sahen sich die Planer einer doppelten Schwierigkeit gegenüber: Zum einen fehlte noch immer Klarheit über die künftige Staatsform. Würde Deutschland eine Konföderation aus Bundesrepublik und DDR werden, in der zwei Teilstaaten autonom über ihre Streitkräfte bestimmen könnten? Oder würde sich die Wiedervereinigung in einer Eingliederung mitteldeutscher Bundesländer in die Bundesrepublik unter Aufgabe der Zuständigkeit für zentrale Aufgabengebiete abspielen? Im letzteren Fall konnte es nur einheitliche Streitkräfte geben.

Zum anderen war das Wissen über die Struktur der NVA, ihre Stationierungsorte und die tatsächliche Qualität ihrer Ausrüstung, beschämend schwach. Natürlich gab es nachrichtendienstliche Erkenntnisse über die NVA-Luftstreitkräfte/Luftverteidigung (NVA-LSK/LV), aber diese genügten bei weitem nicht, um sich über Einzelheiten einer – damals noch nicht entschiedenen – Übernahme von Teilen dieser Streitkräfte in die Luftwaffe klar zu werden.

In dieser Lage bildeten sich in den Planungsinstanzen des Bundesministeriums der Verteidigung zwei Lager, deren unterschiedliche Positionen den Verlauf der Geschehnisse noch lange bestimmen sollte. Im Grunde fanden sich hier wieder Optimisten und Skeptiker, wie im Herbst 1989, bei leicht veränderten Vorzeichen, diesmal auf Konfrontationskurs. Die divergierenden Auffassungen waren übrigens keineswegs streitkräfteeigentümlich, sondern entsprachen in dieser Phase den Gefühlen in der Gesamtbevölkerung.

Zwar war die generelle Grundstimmung in der Bevölkerung wie bei den Politikern pro Wiedereingliederung. Aber solange die Verhandlungen auf internationaler Ebene keine eindeutige Entscheidung für den Weg dorthin zustande gebracht hatten, galten beide Optionen – Konföderation oder Eingliederung – als offen. Bis in den Frühsommer 1990 hinein blieb die Ungewißheit über die zu erwartende politische Lösung.

Und so lange waren den Streitkräfteplanern die Hände gebunden. Es war sogar ausdrücklich untersagt, konkret für eine der beiden möglichen Richtungen vorzuplanen. Das hieß natürlich nicht, daß auf informelle Überlegungen verzichtet wurde. Überall in der Luftwaffe, vom Führungsstab bis zu den Verbänden und Einheiten, beschäftigte man sich mit dem Thema. Die Alltagssorgen traten hinter diese »Schicksalsfrage« zurück.

Allen Soldaten war – im Unterschied zu einigen politischen Repräsentanten – klar, daß zwei separate Armeen eine Anomalie wären. Doch war für die Bundeswehrsoldaten eine direkte Zusammenarbeit mit einer undemokratischen, nach totalitären Grundsätzen aufgestellten, westlichen Idealen feindlich gegenüberstehenden Armee – so die damalige Auffassung von der NVA, die später in einigen Konturen revidiert wurde

– schwer vorstellbar. So wurden Gedankenspiele darüber angestellt, wie – unabhängig von der künftigen Struktur der Streitkräfte in Mitteldeutschland – die Prinzipien der Inneren Führung dorthin exportiert werden könnten.

In dieser Periode der Ungewißheit setzte eine heftige Diskussion darüber ein, wie denn die Menschen, die Soldaten der NVA, zu behandeln sein würden. Zwar hatte die Bundeswehr in den 35 Jahren ihrer Existenz bewußt jede Erziehung zum Haß vermieden. Dennoch war die Bereitschaft, die NVA-Soldaten als »Brüder« anzusehen, nicht gerade selbstverständlich. In der NVA hatten sich nach allgemeinem Verständnis überzeugte Kommunisten zusammengefunden, deren Ziel die Vernichtung des freien Europas und seiner demokratischen Gesellschaftsordnung gewesen war. So gab es Stimmen, die verlangten, daß die NVA mit »Stumpf und Stiel« abgeschafft werden müsse, ganz gleich welche staatliche Lösung vereinbart würde. Ebenso gab es Besonnene, die mahnten, Pauschalverdammung, Vorurteile und Klischees zu vermeiden und die Erfahrungen aus der Begegnung mit den Menschen abzuwarten. Je länger sich das Thema hinzog, um so mehr setzte sich diese Haltung durch.

Die Truppe ist ungeduldig

Diese Entwicklung wurde dadurch gefördert, daß sich nach den Volkskammerwahlen, als die SED jede Wirkung verloren hatte, die Zahl der gegenseitigen Besuche von Verbänden der Luftwaffe und der NVA-LSK/LV häuften. Das rigide Verbot war aufgehoben. So trafen sich Soldaten zweier antagonistischer Armeen und entdeckten an den jeweiligen Gegenübern unerwartete Seiten: Die NVA-Vertreter stellten fest, daß die offizielle Indoktrination ihrer Führung über die Aggressivität des Westens und die Kriegslüsternheit der Revanchisten Ammenmärchen gewesen waren.

Unsere Luftwaffensoldaten mußten zwar nicht ihr Bild von der Bedrohung, unter der Deutschland lange gestanden hatte, derart fundamental revidieren. Doch erwiesen sich längst nicht alle NVA-Soldaten so ideologisch verbohrt wie befürchtet. Unter dem Eindruck der Veränderungen zeigten sich die meisten aufgeschlossen und lernfähig – nicht nur, weil sie an der Glaubwürdigkeit des zusammengebrochenen Regimes zunehmend Zweifel hatten, sondern wohl ebenso, weil sie vom fairen Auftreten der westdeutschen Soldaten beeindruckt waren.

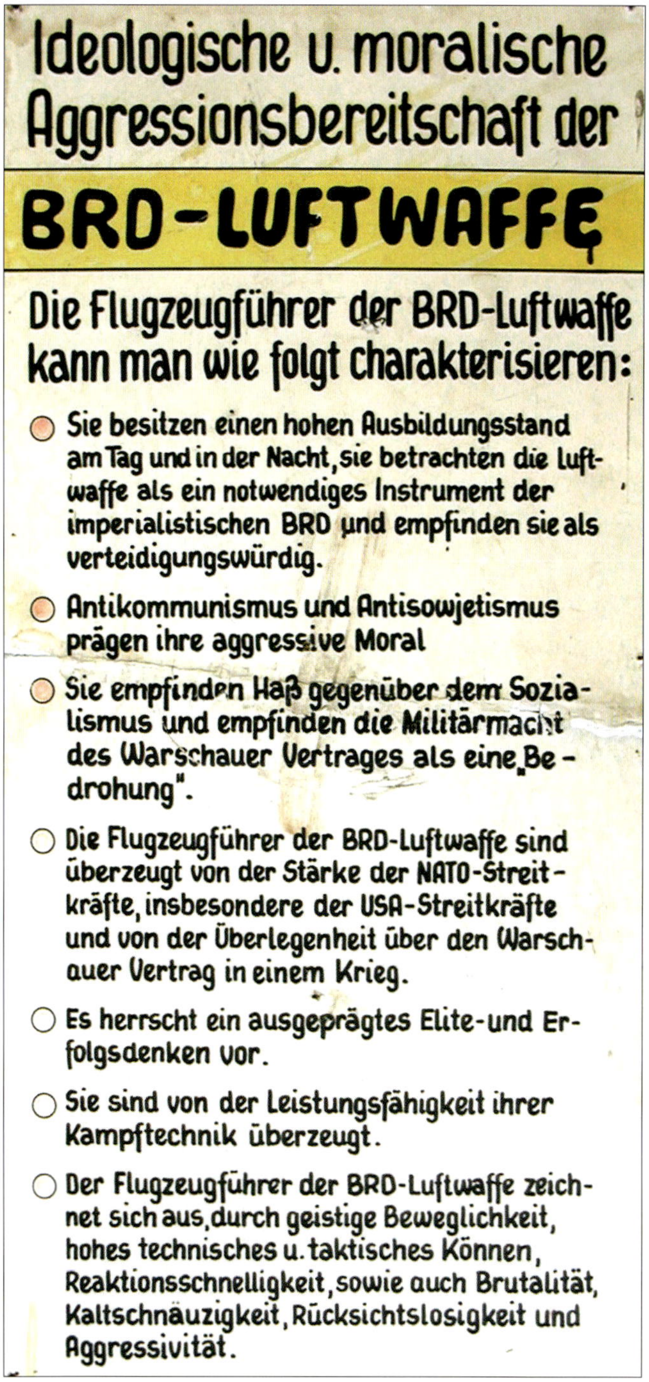

Diese Begegnungen führten nicht, wie man annehmen könnte, zu kritiklosen Verbrüderungen. Eine ge-

Propaganda-Tafel aus der Zeit vor der Wende

wisse Distanz blieb bestehen, doch wandelte sich bei unseren Soldaten allmählich die anfängliche Geringschätzung in vorsichtigen Respekt. Es entstand der Eindruck, daß die ideologische Durchdringung der NVA durch die Kommunisten, sosehr sich die DDR ihrer »Klassenarmee« gerühmt hatte und obwohl es sicher auch Unverbesserliche geben mochte, keineswegs flächendeckend gewesen war.

Es gab Neugierige, die von Anfang an den Kontakt zum Westen suchten, viele, denen die Ideologie nicht die Welt bedeutete und die dementsprechend ihre Welt auch nicht zusammenbrechen sahen. Ein in dieser Zeit aus der Truppe häufig gemeldeter Kommentar war, es handle sich bei den NVA-Vertretern in erster Linie um weitgehend unpolitische Soldaten. Diese subjektive Beobachtung löste nicht unbedingt nur Freude und die Erwartung aus, bei einer Umgestaltung der Streitkräfte in der DDR würde es genügen, die »Etiketten« auszutauschen. Dem positiven Aspekt, daß mehr NVA-Angehörige als erwartet sich als kooperationsfähig erwiesen, standen Befürchtungen gegenüber, bei Soldaten, die so schnell ihre bisherigen Überzeugungen über Bord würfen, müsse es sich um Söldnertypen handeln, die nicht in eine demokratische Armee passen könnten.

Immerhin führten die persönlichen Kontakte zu der Überzeugung, daß in der NVA eben nicht nur Apparatschiks, sondern Menschen dienten, um die sich zu bemühen lohnenswert war. Allen wurde klar, daß Pauschalurteile falsch wären. Als Basis von Entscheidungen mußten die bisherige Lebensleistung jedes einzelnen und sein Wille zur Zusammenarbeit herangezogen werden.

Der 3. Oktober rückt näher

Die Verhandlungen zwischen den vier Siegermächten und den beiden deutschen Teilstaaten bewegten sich immer mehr in Richtung auf eine vollständige Wiedervereinigung zu. Ab Mai/Juni 1990 war klar, daß es keinen teilautarken Part eines neuen Deutschlands geben würde. Die militärischen Planer warteten auf das Signal, endlich mit konkreten Planungen für den militärischen Teil der Wiedervereinigung beginnen zu dürfen. Doch dieses kam nicht, weil einzelne Entscheidungsträger in Bonn, schlimmer aber noch in Strausberg, dem Sitz des DDR-Verteidigungsministeriums, die Illusion aufrechterhielten, es könne im künftigen Deutschland zwei Armeen geben. Wider jede Vernunft blieb formelle Planungsarbeit weiter ungetan.

Lediglich halboffizielle Arbeiten wurden begonnen, die in den ersten Kontakten zwischen dem Inspekteur der Luftwaffe und dem Befehlshaber der NVA-Luftstreitkräfte (LSK) vereinbart worden waren. In den Planungsstab der Luftwaffe zogen zwei Stabsoffiziere der NVA-LSK/LV ein, die als »Morgengabe« eine CD-ROM mitbrachten, auf der die wichtigsten Daten der Luftwaffe im Osten gespeichert waren. Damit waren zumindest alle Standorte der NVA-LSK/LV und ihre tatsächliche Nutzung bekannt, eine Information, die mit dieser Genauigkeit bis zu diesem Zeitpunkt aus bundeseigenen Quellen nicht zu beziehen war.

Auch besuchte der für die Flugsicherung und die Fliegerleitung zuständige NVA-General Bonn. In unerwarteter Klarheit konzedierte er, daß er kein Fortbestehen seiner Luftwaffe erwartete, und gab gleichwohl – in Loyalität zu seiner Sache und seinen Männern – wertvolle Tips zum Flugbetrieb in einem mit den Russen zu teilenden Luftraum. Er ließ keinen Zweifel daran, daß er für diese Offenheit erwartete, daß großen Teilen seines Personalbestandes, auf die die Luftwaffe, wie er zu Recht meinte, angewiesen sein würde, eine Zukunft innerhalb der neu gestalteten Luftwaffe zugestanden würde.

Auf der Grundlage dieser und ähnlich erworbener Kenntnisse wurden Vorstellungen über die künftige Luftwaffenpräsenz in den neuen Landesteilen Deutschlands entwickelt, die vorerst unverbindlich bleiben mußten und noch der Präzision entbehrten, weil der Wissensstand ohne Augenscheinnahme der Situation in der NVA lückenhaft blieb. Ende Juli 1990, als der Termin für die Wiederherstellung der deutschen Einheit feststand, war noch nichts Konkretes für die Luftwaffe nach dem 3. Oktober beschlossen.

Der Countdown

In der ersten Augustwoche erkundigte sich Minister Stoltenberg nach dem Stand der militärischen Vorbereitungen für den Tag der Vereinigung. Er war überrascht, daß bislang keine konkreten Pläne vorlagen. Die Einschränkungen wurden umgehend aufgehoben, die Richtung präzise vorgegeben: Es war für eine Ar-

Von den ersten Kontakten im August 1990 in Marxwalde berichten der Stabsabteilungsleiter Fü L III, Brigadegeneral Engelien, und der Referatsleiter Fü L V 1, Oberst i.G. Rieger:

Engelien: »Beeindruckt waren wir von der inhaltlich und formal hervorragend vorbereiteten Besprechung. In einer telefonischen Kontaktaufnahme mit dem Stellvertreter und Chef des Stabes LSK/LV, Generalmajor Dr. Voigt, wenige Tage vor unserem Treffen, hatte ich eine umfangreiche Agenda durchgegeben. Meine Bedenken waren unberechtigt. Wir waren nach der Besprechung in der Lage, die Bestandsaufnahme zu starten. Später erfuhr ich, daß noch in der Nacht nach unserer Besprechung die LSK/LV-Kommandeure nach Eggersdorf befohlen wurden, um Weisung für das unverzügliche Vorbereiten der Bestandsaufnahme zu erhalten.«

Rieger: »Wegen der eng begrenzten und streng getrennten Verantwortungsbereiche – was ich damals noch nicht wußte – sah ich mich in einem Besprechungsraum plötzlich rund 20 Obersten gegenüber. Sie waren alle sehr kooperationsbereit und offen (Kriterien für Übernahmen waren noch nicht endgültig festgelegt). Sie sprachen mich mit Dienstgrad an und ›meldeten‹, was mir unangenehm war. Nur bei einer kritischen Frage zögerte der zuständige Oberst, worauf ihn der Stellvertretende Chef des Stabes Rückwärtige Dienste aufforderte zu antworten, mit der Bemerkung: ›Da gibt es keinen Klirrfaktor mehr.‹«

mee zu planen, die Bundeswehr hieß und die in Geist und Form die bisherige Bundeswehr, ausgedehnt auf den Raum der DDR, sein sollte. In sie sollten Teile der NVA unter Modifikation ihrer Struktur nach westlichem Vorbild und unter Führung von Bundeswehrsoldaten einbezogen werden. Personal der NVA konnte, unter Ausschluß der hohen Führungsebenen, die zu sehr belastet schienen, weiterbeschäftigt und nach Überprüfung, soweit geeignet und benötigt, übernommen werden. Diese Vorgaben sollten verhindern, daß das Gebiet der Neuen Länder entmilitarisiert erschiene – nicht einmal für eine Übergangszeit. Damit sollte die Übereinkunft unterstrichen werden, das vereinte Deutschland werde mit unveränderter Qualität Mitglied der NATO bleiben.

Die Befehlslage führte im Führungsstab der Luftwaffe zu fieberhaften, aber dennoch durchdachten Aktivitäten. Die Luftwaffenführung entschloß sich, die zuvor vermißte Aufklärung vor Ort unverzüglich nachzuholen. In einer Über-Nacht-Aktion wurden an die 100 Erkundungs-Teams bestimmt, die sich aus erfahrenen Offizieren und Unteroffizieren zusammensetzten. Es war begeisternd anzusehen, wie engagiert sich in allen Verbänden Qualifizierte danach drängten, diesen kurzfristig erteilten Auftrag auszuführen.

Die Reaktion spiegelte die Begeisterung der Truppe wider, sich der neu gewonnenen Einheit anzunehmen. Der Führungsstab wies den Aufklärungskommandos anhand der überlassenen Stationierungsübersicht der NVA-LSK/LV ihre Objekte zu und stattete sie mit einem Fragenkatalog aus. Zu klären waren Nutzung der Anlage, Beschaffenheit der Infrastruktur, Verkehrsanbindung, Zustand der verwendeten Waffen- und Ausrüstungssysteme, Zustand und Moral der Einheit sowie die logistische Lage.

Ohne Vorbereitung setzten sich die Trupps in Marsch. Sicher waren viele ihrer Mitglieder dabei etwas beklommen, wußten sie doch nicht, wie sie bei den von ihnen zu untersuchenden Einheiten aufgenommen werden würden. Schließlich war das Wissen über die DDR und die NVA trotz der vorhandenen Kontakte noch vage; vor allem aber kam die subjektive Befangenheit hinzu, sich auf dem Gebiet des ehemaligen Gegners zu bewegen. Aber davon ließ sich letztendlich keiner schrecken, alle erfüllten ihren Auftrag in der zugestandenen Zeit von nur zehn Tagen hervorragend. Befürchtungen, der Empfang könne eisig sein, bestätigten sich nicht: Die Trupps trafen in den NVA-LSK/LV durchweg auf Verbände, deren Angehörige der Vereinigung entweder selbst positiv entgegensahen, sie mindestens aber als unvermeidlich akzeptiert hatten.

Parallel dazu festigte sich im Führungsstab die grundsätzliche Lagebeurteilung, daß die Luftwaffe im neuen Teil Deutschlands sowohl fliegende Verbände

Zusammentreffen des Inspekteurs, Generalleutnant Jungkurth (Mitte), mit dem Befehlshaber der 16. Luftarmee, Generalleutnant Tarasenko (re.), links der Kommandeur der 5. Luftwaffendivision, Generalmajor Mende

wie auch Flugabwehr aufweisen müßte. Problematisch war, daß alle Waffensysteme der NVA-LSK/LV aus russischer Produktion stammten. Ihrer Entwicklung hatten eine andere Doktrin und ganz andere Einsatzgrundsätze zugrunde gelegen. Neben ihrer operationellen Einpassung in das westliche Verteidigungssystem bereitete vor allem Sorge, daß die Abhängigkeit von der Versorgung der Systeme aus der UdSSR zu hohen Kosten, eventuell zu Engpässen oder gar zu Erpreßbarkeit führen könnte. Hinzu kam, daß ein großer Teil der Waffensysteme, die die NVA-LSK/LV besaßen, sehr alt war und selbst westlichen Systemen, die bereits ausgesondert waren, unterlegen erschien. So mußte trotz dieser grundlegenden Festlegung die Rückkehr der Erkundungskommandos abgewartet werden, die nützliche Einzelheiten zu diesen Aspekten mitbringen sollten.

Im Führungsstab der Streitkräfte wurde im selben Zeitraum auch die Spitzengliederung der Streitkräfte im Beitrittsgebiet erörtert. Einer anfangs erwogenen teilstreitkraftgemeinsamen Struktur widersprachen alle drei Teilstreitkräfte nachdrücklich. Dabei stritt die Luftwaffe an vorderster Front. Sie machte geltend, daß die Besonderheiten des Umwandlungsprozesses eine direkte Anbindung der Luftwaffe in den neuen Ländern an den Führungsstab der Luftwaffe nötig machen würden. Für die unverzichtbare direkte Unterstützung aus dem Westen bedürfe es eines Detailwissens über die Besonderheiten von Luftstreitkräften, das in einem Gesamtstreitkräftestab niemals repräsentiert sein könne.

Auch war schon vor der Umstellung im Beitrittsgebiet klar, daß die zur Unterstützung aufgerufenen West-Verbände – trotz ihrer grundsätzlichen Willigkeit – im Einzelfall von einer Autorität aufgerufen werden müßten, Restegoismen zu überwinden. So wurde eine Kompromißlösung gefunden, die truppendienstlich die Unterstellung aller Teilstreitkräfte in Mitteldeutschland unter ein Bundeswehrkommando Ost vorsah, die aber die direkte fachliche Zusammenarbeit zwischen dem Führungsstab Luftwaffe und der Luftwaffenführung in den Neuen Ländern ermöglichte. Daraufhin entschied die Luftwaffenführung, alle Verbände im Osten einer neu gegründeten Luftwaffendivision zu unterstellen – die Geburtsstunde der 5. Luftwaffendivision, deren Name in den folgenden Jahren für den Beitrag der Luftwaffe zur »Armee der Einheit« stand.

Inzwischen kehrten die Erkundungstrupps zurück. Das gewonnene Bild war uneinheitlich; Standorte mit – zumindest für eine Übergangszeit – weiterverwendbaren Waffensystemen wiesen signifikante Infrastrukturmängel auf; andere, deren Systeme als obsolet beurteilt werden mußten, verfügten dagegen über Kasernen und Kampfanlagen, die zwar nicht westlichem Standard entsprachen, aber mit etwas gutem Willen als zunächst nutzbar angesehen werden konnten. Die Waffensysteme selber erwiesen sich, wie erwartet, als kaum nutzbar für das westliche Verteidigungskonzept.

Von den fliegenden Waffensystemen bot sich nur die MiG-29 als Übernahmekandidat an. MiG-21, MiG-23 und Su-22 waren technologisch überholt. Zudem hatte die Bundesrepublik Deutschland in den KSE-Beschlüssen zur Obergrenze von Waffensystemen bei Flugzeugen ein so enges Limit zugewiesen bekommen, daß bereits aus dem eigenen Bestand der Alpha Jet abgerüstet werden sollte. Diese Obergrenze sollte unverändert für das wiedervereinigte Deutschland fortbestehen – und damit war jede Inventarerweiterung eigentlich ausgeschlossen.

Da jedoch ein von Luftstreitkräften freier Raum nicht geduldet, ein Westverband andererseits unmöglich in kürzester Frist nach Mitteldeutschland verlegt

Keine Chance auf Übernahme – MiG-21

werden konnte (zumal eine solche West-Ost-Verlegung den fatalen Eindruck von »Besatzung« hervorgerufen hätte), wurde die Entscheidung für den Weiterbetrieb der MiG-29 auf dem Flugplatz Preschen getroffen. Bei diesem Platz handelte es sich nicht gerade um den optimalen Stationierungsort, weil die unmittelbare Grenznähe zu Polen den Betrieb einschränkte. Doch Preschen ist nicht das einzige Beispiel, bei dem die Luftwaffe Kompromisse zwischen Wünschenswertem und Möglichem finden mußte.

Unter den FlaRak-Waffensystemen wäre die SA-10 als östliches Gegenstück zur Patriot interessant gewesen, wurde aber von der UdSSR nach Rußland abgezogen. Die anderen Systeme waren derart veraltet, daß eine längerfristige Verwendung nicht in Betracht kam. Doch durfte die Luftwaffe nur wegen des Alters der Waffensysteme auf Flugabwehrraketen in den Neuen Ländern ganz verzichten? Dies hätte eine fatale Lücke in die Präsenz der Luftstreitkräfte gerissen.

Zudem gab es für die Luftwaffe hier – anders als bei den fliegenden Waffensystemen – keine Probleme mit KSE-Obergrenzen. So wurden zwei Komplexe SA-5 für eine Übergangszeit im Bestand gehalten. Wegen der flächendeckenden Stationierung der Flugabwehrraketen in Mitteldeutschland konnte die Luftwaffe in diesem Fall die Standorte auswählen und entschied sich für Badingen und Sanitz. Die Planung sah vor, die SA-5-Systeme durch Verlegung von Hawk- und Patriot-Verbänden in die Neuen Länder zu ersetzen, sobald die infrastrukturellen Voraussetzungen geschaffen sein würden.

Besonders interessant waren für die Luftwaffe die fliegenden Transportkräfte der NVA, nicht nur, weil die deutsche Einheit höhere Lufttransportkapazitäten erforderte. Auch im Kontext der Überlegungen zu erweiterten Einsatzräumen war erkennbar, daß die künftigen Aufträge an die Transportfliegerkräfte der Luftwaffe deren Potential übersteigen würden. Bei der NVA war die Flugbereitschaft der DDR mit relativ modernen Verkehrsflugzeugen ausgestattet: Neben den Tupolew Tu-134 und Tu-154 waren unter anderem drei Airbus A310 vorhanden. In diesem Punkt übertrafen die NVA-LSK/LV die Luftwaffe sogar.

Vorübergehend in Dienst gehalten – Flugabwehrrakete SA-5, hier auf Montage- und Transportschlitten

Darüber hinaus verfügte die Transportfliegertruppe über Antonow An-26 und Hubschrauber Mil Mi-8. Aufgrund des erwarteten Bedarfs an Transportkapazität und des relativ geringen Alters der Flotte wurden zunächst alle Transportverbände, wenn auch mit unterschiedlicher Zukunftsperspektive, weitergeführt. Allerdings konnte die Stationierung in Marxwalde (später umbenannt in Neuhardenberg), Brandenburg-Briest und Dresden nicht sofort verändert werden, obwohl damit wiederum Flugplätze mit erheblichen Nachteilen in Kauf genommen wurden.

Zum Teil gravierende Mängel an den Flugplätzen machten aber klar, daß in absehbarer Zeit Umdislozierungen stattfinden müßten. Deshalb wurden Plätze, auf denen auszumusternde Systeme stationiert waren, deren Infrastruktur aber für eine langfristige Nutzung geeignet erschien, für »Zwischenstationierungen« vorgesehen. Die neusten und modernsten Plätze waren in Holzdorf und Laage. Die Luftwaffe entschloß sich daher, in Holzdorf die Grundausbildung der aus Mitteldeutschland stammenden Rekruten durchzuführen und in Laage ein Vorauskommando für einen fliegenden Verband aufzustellen.

Dringlich waren auch die Entscheidungen über die Luftraumüberwachung im Beitrittsgebiet und an der noch existierenden Grenze zum Warschauer Pakt. Das bisher verwendete System war leicht zu saturieren und anfällig für menschliche Irrtümer. Positiv war in diesem Fall die Stationierung weit im Osten der ehemaligen DDR. Die Analyse des »Radarführungsdienstes« der NVA-LSK/LV machte deutlich, daß er verbesserungsbedürftig, aber modifizierbar war. Zunächst wurden vier Radarführungsabteilungen, über das Gebiet der Neuen Länder verteilt, weiterbetrieben.

Wie erwartet spielte die Logistik eine entscheidende Rolle für die Pläne der Luftwaffe. Zum einen war die Versorgung der Waffensysteme russischer Provenienz mit vorhandenen Ersatzteilen und Verbrauchsgütern zu sichern, zum anderen stellten die mitgeführten Systeme der Luftwaffe eigene Ansprüche an die »Heimatlogistik«. Dementsprechend war ein Versorgungsregiment in Neubrandenburg aufzustellen, das eine Kette von Depots, einige davon unter Tage, und Transporteinheiten zu kontrollieren hatte.

Schließlich beschloß die Luftwaffe, sowohl das exzellente Stabsmusikkorps der NVA als Luftwaffenmusikkorps als auch die in Frankfurt angesiedelte Sportzentrale der NVA-LSK/LV als Sportförderkompanie der Bundeswehr weiter zu erhalten.

Zielvorstellung war, »eine Gesamtluftwaffe im Kleinen« in der 5. Luftwaffendivision zu verwirklichen, ein Ordnungsprinzip, das bei der gleichzeitig laufenden Reorganisation der Luftwaffe im Westen ebenfalls, in Abänderung der bisherigen Fachkommandostruktur, diskutiert wurde. Wenn diese Vorstellung in der Luftwaffenstruktur 4 auch nicht vollends verwirklicht wurde, blieben Teilelemente wie die Aufgabe der Trennung von Luftangriff und Luftverteidigung als in der 5. Luftwaffendivision bewährte Lösung übrig.

Neben der Organisation der Kräfte in Mitteldeutschland bestand eine zweite Planungsaufgabe: die »Abwicklung« der obsoleten Verbände und vor allem der Fülle des überflüssig gewordenen Materials. Hierzu wurde eine spezielle Einrichtung geschaffen, deren Aufgaben und Tätigkeit später zu beleuchten sein werden.

Der Weg nach Mitteldeutschland

Die Umsetzung dieser Pläne wurde dem innerhalb einer einzigen Woche aus dem Boden gestampften Divisionsstab übertragen, der sich fast ausschließlich aus dem Stab der 2. Luftwaffendivision rekrutierte. In den NVA-Verbänden wurde das Divisionskommando durch »Kommandeurgruppen« bzw. in den aufzulösenden Verbänden durch »Abwicklungsgruppen« unterstützt. Personell setzten sich diese Kommandos zumeist aus den schon zur Erkundung Ausgerückten zusammen, aber auch aus weiteren Freiwilligen, die beim ersten »Ausflug« nicht zum Zuge gekommen waren.

Man muß sich vor Augen führen, wieviel Ungewißheit mit der Aufgabe verbunden war, um den Enthusiasmus der »Männer der ersten Stunde« richtig einordnen zu können. Auch nach der ersten Inaugenscheinnahme blieb unklar, unter welchen Lebensbedingungen sie dort arbeiten müßten. Familientrennungen mußten in Kauf genommen werden. Eine finanzielle Kompensation war noch nicht entschieden. Vor allem aber blieb ungewiß, wie die Zusammenarbeit mit den Soldaten der NVA sich gestalten und wie die Bevölkerung auf westdeutsche Soldaten reagieren würde. All das schreckte sie nicht. Sie waren Idealisten.

Die übernommenen Airbus A310 leiteten den Generationswechsel auf der Langstrecke für die Flugbereitschaft BMVg ein

Am 1. September 1990 traf Brigadegeneral Gunter Lange als erster Luftwaffenvertreter in Strausberg im Hauptquartier der NVA-LSK/LV ein. Mitte September folgten die Kommandeur- und Abwicklungsgruppen. Das Zusammentreffen weckte auf beiden Seiten gemischte Gefühle. Die NVA-Generale wurden noch von der letzten DDR-Regierung in den Ruhestand versetzt, da sie nach übereinstimmender Auffassung in Ost und West zu sehr in den Unterdrückungsapparat der DDR verstrickt und damit kompromittiert gewesen waren.

Auch den Obersten war klar gemacht worden, daß sie aus gleichen Gründen in der Luftwaffe keine Zukunft haben könnten. So hatte zum Zeitpunkt des Eintreffens der Luftwaffen-Kommandos die Masse des Führungspersonals bereits den Dienst quittiert. Auch alle Polit-Offiziere waren ausgeschieden, teils weil sie »einen Dienst in der Armee des Klassenfeindes nicht ertragen hätten«, teils weil ihnen bewußt war, daß sie in der Bundeswehr nicht akzeptiert würden.

Offiziere und Unteroffiziere der NVA, die solche Abneigung gegen einen Dienst in der Luftwaffe nicht verspürten, waren in Sorge, ob sie eine Chance bekämen oder ob auch ihnen die Entlassung drohte. Sie hatten keine Vorstellung, wie denn die neuen Kameraden »so seien«; schließlich hatte die Propaganda der DDR diese als Schreckgespenster verleumdet. Ohne näheres Kennenlernen konnten die Vorurteile nicht ausgeräumt werden. Die Unsicherheit wurde durch die unvermeidbare Anordnung, daß am Tage der Vereinigung alle Verbleibenden Bundeswehruniformen anzulegen und einen neuen Eid zu schwören hatten, noch verstärkt.

Auch auf Seiten der entsandten Luftwaffenkommandos bestand in diesen ersten Tagen ein Gefühl der Unsicherheit. Hervorgerufen war es nicht nur durch die ungewohnte Umgebung, sondern auch durch ein aus der antagonistischen Vergangenheit resultierendes Unbehagen und letztlich durch die Ungewißheit, ob die NVA sich tatsächlich ohne Widerstand dem Wandel fügen würde.

So vergingen die Tage vor dem 3. Oktober mit »gegenseitigem Beschnuppern«, dem Überwinden der unausgesprochenen Befürchtungen und dem Hoffen auf einen glücklichen Neuanfang. Schon in dieser Phase mußten die neuen militärischen Führer in Mitteldeutschland ihre gelassene, Ruhe ausstrahlende Persönlichkeit einbringen, um von Anfang an Irrationalem entgegenzuwirken.

Der große Tag ist da

Am Morgen des 4. Oktobers 1990 flatterten auf dem Appellplatz in Strausberg-Eggersdorf, wie an allen Standorten der NVA-LSK/LV, zum ersten Mal die Bundesdienstflaggen. Strahlend blauer Himmel verschönte den Tag, als Hunderte ehemaliger Soldaten der NVA in ihren neuen Kampfanzügen mit den bundesdeutschen Hoheitsabzeichen am Arm zur Vereidigung antraten. Eine feierliche Atmosphäre, weit entfernt von der Unruhe, die noch in der vorangegangenen Nacht die Luftwaffenführung dazu veranlaßt hatte, Alarmbereitschaft zu befehlen, breitete sich unter den Soldaten aus Ost und West aus.

Beide Gruppen waren sich des historischen Augenblicks bewußt. Generalmajor Bernhard Mende begrüßte die neuen Kameraden in einer knappen, Wärme ausstrahlenden Rede, die viel von der bei ihnen noch bestehenden Sorge wegnahm. Inhalte und Ton der ersten Momente des Kennenlernens bestimmten noch für Monate das Bild der Bundeswehr bei den ehemaligen NVA-Soldaten. Der Luftwaffe war bewußt, daß die Propaganda der DDR-Führung zwangsläufig noch in den Köpfen präsent sein mußte. Es galt, den Kampf um die Herzen der Mitteldeutschen aufzunehmen und sie getreu dem Erziehungsideal von Pestalozzi »Erziehung ist Beispiel und Liebe« zu gewinnen.

Die Wiedervereinigung sollte nicht ein Übernahmeakt durch die Bundesrepublik, sondern ein Gemeinschaftsprodukt der Leistungen der Menschen aus West und Ost sein. Dies in die Praxis umzusetzen, war wegen der materiellen Hindernisse, die in allen Bereichen des Lebens zu überwinden waren, sehr schwer. In der Armee, wo Abbau und Abwicklung zunächst den Aufbau einer existenzfähigen Luftwaffe überstrahlten, wo deutlich gemacht werden mußte, daß Inhalte und Formen der NVA intolerabel waren, mußte der Skepsis gegenüber diesem Anspruch mit überzeugendem Auftreten begegnet werden.

Ein unvergeßlicher Tag: Übergabeappell in Strausberg-Eggersdorf – am Pult Generalmajor Bernhard Mende, daneben Generalleutnant Jörg Schönbohm und Brigadegeneral Gunter Lange; vorn der Chef des Stabes, Oberst i.G. Gerd Steinbrecher

Die neuen Soldaten der Luftwaffe waren von ihren bisherigen Vorgesetzten zumeist nicht mit besonderem Feingefühl behandelt worden. Befehl und absoluter Gehorsam spielten in der NVA eine größere Rolle als Überzeugungsarbeit und mitdenkendes Handeln. Die Distanz zwischen Führer und Geführtem war größer als in der Bundeswehr. Kurzum, die Prinzipien der Inneren Führung hatten in der NVA keinerlei Entsprechung, jedenfalls nicht als Ausbildungs- und Führungsideal.

Es kam nun darauf an, den Neuen deutlich zu machen, daß Innere Führung nicht nur – wie es häufig bei »Parolen« der DDR der Fall gewesen war – »heiße Luft und leere Worte« bedeutete, sondern daß sich in ihren Grundsätzen das Wesen der Bundeswehr erschloß. Die in das Beitrittsgebiet entsandten Luftwaffensoldaten hatten deshalb – neben ihrem Alltagseinsatzauftrag – einen Erziehungsauftrag, der fast einer Missionierungsarbeit ähnelte: Sie mußten so auftreten, daß ihre neuen Mitarbeiter ihnen vertrauen konnten. Sie mußten die Innere Führung vorleben. Es war essentiell, daß nach kurzer Zeit der Zusammenarbeit zweierlei erreicht werden würde: Zum einen mußten die ehemaligen NVA-Soldaten den Qualitätsunterschied im Zusammenleben und -wirken in der Bundeswehr schätzen lernen, zum anderen mußten sie dafür gewonnen werden, sich selbst in diese neue Gemeinschaft einzubringen.

Diesen Anspruch zu verwirklichen, gelang offensichtlich schon in der Form des Übergabeappells. Mancher frühere NVA-Soldat, der später offen über die Ereignisse dieses Tages mit West-Kameraden sprach, schilderte seine Gefühle am 4. Oktober als ein Nebeneinander von trauriger Sentimentalität und einem Aufkeimen neuer Hoffnung. Viele bestätigten, daß die Hoffnung überwog, als General Mendes Rede in ihre Herzen eingedrungen war. So setzte Bernhard Mende für das Geschick der Luftwaffe im Beitrittsgebiet schon am ersten Tag ein überzeugendes Signal, sowohl für seine Gehilfen aus dem Westen als auch für seine neuen Mitarbeiter.

Die Arbeit vor Ort beginnt

Schon am Tag darauf wurden die Ärmel hochgekrempelt und die Arbeit zum Umbau der NVA-LSK/LV hin zu einem Arm der Luftwaffe begonnen. Sie wurde von drei großen Aufgabenkomplexen geprägt, die die ersten Jahre nach der Wiedervereinigung durchgehend bestimmen sollten. Der Einsatzbetrieb in den neuen Ländern mußte in das Konzept der NATO eingepaßt, der überzählige Bestand an Waffen KSE-gerecht und kostengünstig abgebaut werden. Und es mußte vor allem entschieden werden, mit welchem Personalbestand in den Verbänden in Mitteldeutschland weiter gearbeitet werden sollte.

Der Alltagsbetrieb in Streitkräften besteht aus Üben für den Einsatzfall. Deshalb galt es, die notwendigen Veränderungen an der Taktik und den Einsatzgrundsätzen so schnell wie möglich festzulegen. Das geschah in gemeinsamer Anstrengung der Luftwaffenkommandos vor Ort, der Höheren Kommandobehörden sowie der Fachinstanzen des Führungsstabes der Luftwaffe. Was in der Retrospektive als leicht und schnell zu erledigen aussehen könnte, war ein schwieriges Unterfangen. Zum Glück ging es dabei ausschließlich um die Luftverteidigung, weil die deutsche Luftwaffe operationell nur Waffensysteme dieser Kategorie weiter betrieb. Zunächst mußte das Verteidigungskonzept grundlegend umgestellt werden. Das »Prinzip des Diensthabenden Systems der NVA-LSK/LV«, das eine Art des Raumschutzes vorsah, befand sich in diametralem Gegensatz zum flexiblen Cluster-Konzept des westlichen Bündnisses.

Im »Diensthabenden System der NVA-LSK/LV« war das Gebiet der DDR in ein Schachbrett aufgeteilt, dessen Felder permanent einem Waffensystem zugeteilt waren, entweder der FlaRak oder der Jagdwaffe. Es stand also ein System des flexiblen Raumschutzes einem rigiden Flächenschutz gegenüber. Zudem waren die Waffensysteme der NVA-LSK/LV natürlich nicht nach Osten, sondern in Richtung Bundesrepublik ausgerichtet. Als dieses Problem durch Zuweisung neuer Hauptkampflinien bewältigt werden sollte, erwiesen sich die Stellungen der stationären östlichen Waffensysteme wegen topographischer Einschränkungen als nur bedingt geeignet. Noch schwieriger war die Einführung der westlichen Luftverteidigungskonzeption, weil die übernommenen Waffensysteme sich als nicht kompatibel erwiesen.

Der Radarführungsdienst war bestenfalls als von Technik unterstützt, aber keinesfalls als halbautomatisch, geschweige denn vollautomatisch, zu bezeichnen. Die Saturierungsschwelle des Gesamtsystems lag bei unter 100 Flugzeugen, jede einzelne Stellung konnte sogar nur zehn Ziele gleichzeitig bearbeiten und weitermelden. Dabei waren sowohl die fliegenden Waffensysteme wie auch die FlaRak total von zentraler Führung abhängig. Die Jagdflugzeugführer hatten weder die Befugnis noch das Vermögen, ohne »close control« zu agieren. Die MiG-29 hatte bei kurzer »Loiter-Time« eine so minimale Reichweite, daß sie eigentlich nur für die Punktverteidigung ihres Heimatflughafens geeignet erschien. Die FlaRak-Waffensysteme konnten keine hinreichende Feuerdichte produzieren. Ihre Möglichkeiten zur Täuschung eines Gegners und damit ihre Überlebensfähigkeit waren unterentwickelt. Zu diesen kursorisch gelisteten Mängeln kamen viele weitere, die gelegentlich die Frage provozierten, ob sich der Westen denn 40 Jahre lang zu Recht vor dem Warschauer Pakt gefürchtet hatte.

Doch sollte man in dieser Lage zur Totalauflösung der NVA-LSK/LV und einer schnellen Vorverlegung westlicher Systeme schreiten? Dies durfte angesichts der Grundsatzentscheidung, ein gemeinsames Produkt Gesamtdeutschland aufbauen zu wollen, nicht die Lösung sein. Also hieß es, Kompromisse zu entwickeln. So wurde zum Beispiel eine praktikable Mindesterfassungshöhe für den Radarführungsdienst oberhalb der bislang im Westen gültigen Werte festlegt, vertretbar bei der drastisch reduzierten Bedrohung aus dem Osten. Wenigstens für den Bereich mittlerer Höhen konnte damit ein zusammenhängendes Luftlagebild erstellt werden.

Für die FlaRak wurde ein Konzept entwickelt, mit dem die beiden verbleibenden Raketenkomplexe der NVA-LSK/LV zwei Räume, Berlin und Rostock, als Schutzobjekte zugewiesen bekamen. Gleichzeitig wurde ihnen eine neue Feuerdoktrin vorgegeben. Der weitaus größere Teil des Beitrittsgebietes wurde den Jagdkräften zum Schutz übergeben. Da die MiG-29 aber nur den Raum nordöstliches Sachsen und Süd-Brandenburg abdecken konnte, wurden westliche Phantoms zeitweilig nach Laage verlegt. Neben den hier erwähnten Veränderungen gab es eine Fülle von Detailfestlegungen, mit denen die Einsatzgrundsätze für die NVA-Waffensysteme umgestellt wurden.

Von Beginn der Vereinigung an mühten sich die Soldaten aus Ost und West, voneinander und miteinander zu lernen. Dabei war die Aufgabe der Luftwaffensoldaten aus Westdeutschland noch verhältnismäßig einfach. Sie mußten »nur« die Eigenheiten der für sie neuen Ausrüstung erfassen und möglichst schnell verinnerlichen. Das Spektrum reichte vom Auffrischen der Kenntnisse über Röhrentechnik und den Umgang mit Flüssigkeitstreibstoffen bei Raketen bis hin zum Fliegen der anspruchsvollen MiG-29. In erster Linie aber waren sie Lehrer, die versuchen mußten, neben den »Basics« der westlichen Konzeption auch und vor allem NATO-Denken, Auftragstaktik und Innere Führung zu vermitteln und diese zum geistigen Eigentum von Menschen zu machen, denen solches Denken bisher fremd gewesen war.

Für die ehemaligen NVA-Soldaten war das Lernen und Umstellen viel komplexer. Neben die Denkweise der neuen West-Kameraden traten praktische Ansprüche. Die Einsatzsprache Englisch war für NVA-Soldaten eine Fremdsprache, von der meist nicht einmal Grundkenntnisse vorhanden waren. Also wurden von Beginn der Zusammenarbeit an vor Ort, aber bald auch an Schulen der Bundeswehr im Westen, Englischkurse für ehemalige NVA-Angehörige eingerichtet. Mit rudimentären Sprachkenntnissen ließen sich aber NATO-Dokumente, die bindend für den Betrieb waren, nur schwerlich studieren. Also übersetzten die »Westler« die relevanten Teile.

Die Fachausdrücke des Einsatz- und Ausbildungsbetriebes änderten sich für die Ex-NVA-Soldaten über Nacht. Im Bereich der Logistik bestimmten ungewohnte Versorgungsverfahren den Betrieb. Die örtliche Flugsicherung mußte von ihrer rigiden Philosophie Abschied nehmen. Die Technik des fliegenden Verbandes hatte sich an die Wartungszyklen der Luftwaffe anzupassen, wobei für eine Übergangszeit aus Flugsicherheitsgründen russische »Procedures« galten. Die Flugzeugführer aus den NVA-LSK/LV hatten es wohl am schwersten, mußten sie doch lernen, neben all den technischen und sprachlichen Umstellungen einer größeren Selbständigkeit bei der Flugdurchführung und höherer Eigenverantwortung gerecht zu werden.

Besondere Herausforderungen

Im Einsatzbetrieb der neu entstandenen Luftwaffenverbände mit russischen Waffensystemen entwickelten sich immer neue Hindernisse. Ein Beispiel: der Einsatz des MiG-29-Verbandes in Preschen.

Preschen liegt direkt an der polnischen Grenze. Bei der Rückkehr der Flugzeuge auf den Fliegerhorst ist bei der vorherrschenden Windrichtung (West) eine Verletzung des polnischen Luftraums nur schwer zu vermeiden. So häuften sich die Beschwerden der polnischen Nachbarn über Grenzüberflüge. Zwar war zum damaligen Zeitpunkt das Verhältnis zwischen der NATO und Polen entspannter als zu Zeiten des Kalten Krieges, aber weit entfernt von der heutigen bündnisgemeinsamen Atmosphäre.

Die Führung der 5. Luftwaffendivision mußte immer wieder auf dem »Kleinen Dienstweg«, den es eigentlich gar nicht gab und der bei jedem Anlaß neu

Verstärkte bis 2004 die fliegende Luftverteidigung – die MiG-29

etabliert werden mußte, um »gut Wetter« bitten. Dabei war es ein Treppenwitz der Geschichte, daß trotz der Nähe zwischen DDR und Polen, und trotz der Gemeinschaft im Warschauer Pakt, unter den ehemaligen NVA-Offizieren keiner zu finden war, der Polnisch sprach. So spielten sich die Gespräche auf Russisch ab, einer Sprache, die weder die Polen noch unsere neuen Mitstreiter zu jenem Zeitpunkt gerne benutzten. Diese unglückliche Lage ließ schon früh den Gedanken an eine Verlegung des Geschwaders aufkommen.

Doch auch ganz allgemein war der Flugbetrieb alles andere als einfach. Schon vor der Vereinigung war die Luftwaffenführung auf die besondere Luftraumordnung in der DDR hingewiesen worden. Es handelte sich um ein rigides System vorgegebener Luftstraßen, das besonderer Aufmerksamkeit bedurfte, weil den sowjetischen Besatzungskräften spezielle Vorrechte eingeräumt waren. Neben den Privilegien der Sowjets bestand die Befürchtung, daß russische Flugzeugführer bei Begegnungen mit deutschen Flugzeugen unliebsame Vorfälle provozieren könnten.

Um der delikaten Lage die Schärfe zu nehmen, entschloß sich die Luftwaffe, im Hauptquartier der russischen Luftstreitkräfte in Wünsdorf einen Flugsicherungsstab einzurichten, der für die Entflechtung des Flugbetriebes sorgen sollte. Diese gemeinsame russisch-deutsche Einrichtung schaffte es, bis zu dem Zeitpunkt des Abzuges der russischen Luftstreitkräfte jeglichen Konflikt zu vermeiden.

In diesem Stab bewährten sich viele ehemalige NVA-Offiziere in herausragender Weise, weil sie ihre Erfahrungen ungeschmälert einbringen konnten und ihren westlichen Vorgesetzten in diesem Umfeld überlegen waren. Diese erkannten das an, indem sie den Wert der NVA-Expertise für die Aufgabe herausstellten. Die neuen Mitarbeiter erlebten, daß ihre Arbeit als unverzichtbares Element des Aufbaus angemessene Wertschätzung erfuhr. Ein kleiner Mosaikstein der schwierigen »Missionsarbeit«.

Schwierigkeiten bereiteten auch die zahlreichen Untertageanlagen der NVA, im wesentlichen Führungsgefechtsstände und Depots. Obwohl einige von ihnen wegen Redundanzen umgehend geschlossen wurden, mußten etliche weiter betrieben werden. Keine einzige entsprach jedoch den bundesdeutschen baulichen Richtlinien. Für Brandschutz und Rettungswesen fehlten elementare Einrichtungen. Die Fachleute für diese Sicherheitsfragen forderten vehement die Schließung. Das hätte aber Führung und Versorgung der Luftwaffe in den Neuen Ländern katastrophal beeinträchtigt. Also setzte die 5. Luftwaffendivision durch, daß vorübergehend Ausnahmeregeln geduldet wurden. Das lag übrigens auch im Interesse der Bundesrepublik, hatte doch die Luftwaffe die Einlagerung der gesamten DDR-Währung in Halberstadt übertragen bekommen.

Undankbar, doch unabweisbar: »Abwicklung«

Die Logistik der Luftwaffe sah sich vor einem Jahrhundertproblem: Massen an Ausrüstung, darunter auch Großwaffensysteme, durften nicht im Einsatzbetrieb bleiben. Dafür waren die schon erwähnten KSE-Obergrenzen ausschlaggebend, aber ebenso Betriebskosten und mangelnde Eignung des Materials für eine weitere Nutzung. Also mußte ein Weg gefunden werden, den Materialberg auf geordnete Weise abzubauen und dabei Mißbrauch durch Unbefugte auszuschließen. Wo irgend möglich und nicht durch KSE-Bestimmungen vorgegeben, sollte unnötige Zerstörung, und damit die Vernichtung von Werten, vermieden werden.

Diese schwer zu vereinbarenden Zielvorgaben ließen die Abwicklung zu einem Optimierungskunststück werden. Die Luftwaffe richtete zur Bewältigung dieser Mammutaufgabe eine Sonderorganisation ein. Direkt neben der 5. Luftwaffendivision wurde ein Abwicklungsstab Material untergebracht, dem im Norden und Süden des Beitrittsgebietes je ein regionaler Abwicklungsstab unterstellt war.

Die Luftwaffendivision entschied in Abstimmung mit dem Führungsstab und den Höheren Kommandobehörden, wie mit dem Gerät verfahren werden sollte. Der Abwicklungsstab sorgte für Abschub und Verwertung. Nicht immer waren sich die Beteiligten darüber einig, wie vorgegangen werden sollte. Zu diversen Systemen gab es unterschiedliche Auffassungen, wie z. B. zu der Fliegerfaust Strela oder dem Transportflugzeug Tu-134. Solche Differenzen setzten sich über die ersten Jahre des Betriebes in den Neuen Ländern fort, ging es doch um die Gewichtung unterschiedlicher Kriterien wie »Betriebskosten für Exoten«, Einsatzwert in Krisen, Aussagekraft über Leistungsfähigkeit mit solchen Systemen ausgerüsteter Armeen und – nicht zu unterschätzen – die Präsenz der Luftwaffe in militärisch dünn belegten Räumen.

Nach einer negativen Entscheidung über eine Weiterverwendung wurde das Gerät an bewachten Orten zusammengezogen, um Mißbrauch zu verhindern. Hunderte von Flugzeugen wurden auf drei Flugplätzen der ehemaligen NVA-LSK/LV in langen Reihen aufgestellt. Hier bot sich dem Betrachter ein unvergeßliches Bild, das die Friedensdividende plastisch vor Augen führte. Ca. 380 Kampfflugzeuge wurden den Vorgaben der KSE entsprechend im Laufe der nächsten zwei Jahre der Schrottpresse überantwortet. Eine von der Zahl her noch umfangreichere Aufgabe stellte die Aussonderung von Tausenden von Kraftfahrzeugen dar. Auch hier war die Zusammenziehung auf Flugplätzen und in Depots geboten.

Wer einmal den Anblick der einen ganzen Flugplatz mit allen seinen Betonstraßen füllenden, mit einem Blick gar nicht zu erfassenden Menge an Kraftfahrzeugen vor Augen hatte, weiß um die Dimension der Arbeit. Die Autos wurden zum Teil unentgeltlich gemeinnützigen Organisationen oder den Kommunen überlassen. Dennoch ist festzustellen, daß bei großzügigerer Auslegung bundesdeutscher Zulassungs- und Betriebsschutzregeln weitaus mehr Fahrzeuge die in den Neuen Ländern in diesen Anfängen herrschenden Nöte hätten abmildern können.

Aus den Fahrzeugen wurden aber auch Ersatzteile für übernommene Kraftfahrzeuge gewonnen, z.B. für die Trägerfahrzeuge der Radargeräte oder das Lieblingsfahrzeug aller Luftwaffensoldaten, den Kleinbus Barkas. Ersatzteilgewinnung spielte auch bei der Aussonderung von Radargeräten eine Rolle, war doch allen klar, daß ein Ersatz der russischen Geräte noch ei-

MiG-21 der ehemaligen NVA wird zerlegt

nige Jahre auf sich warten lassen würde. Und auch aus den Flugzeugen wurden Komponenten gewonnen, die der MiG-29 zugute kamen.

Neben der Vernichtung von Unmengen an Munition war die Einlagerung der zahlreichen Handfeuerwaffen besonders sensitiv. Mehrere Eindringversuche in das Lager in Bautzen mußten abgewehrt werden.

Eine sensible Frage wurde immer dann aufgeworfen, wenn sich außerdeutsche Interessenten für Waffenkäufe meldeten. Getreu dem Grundsatz, daß Waffen und Kriegsgerät nicht in Krisengebiete oder an unsichere Kantonisten geliefert werden sollten, bestand zu Recht eine restriktive Praxis. In dieser Angelegenheit entschied der Minister selbst; es wurde in den Anfangstagen nur Ausbildungsmaterial nach außen gegeben, bei dem die Möglichkeit zur Aufrüstung mit Waffen nicht bestand. Ein Beispiel für die segensreiche Verwendung des NVA-Nachlasses war die Überlassung eines kompletten Feldlazaretts an die Deutsch-Türkische Gemeinschaft in Berlin, die dieses nach Südwestanatolien exportierte, eine Region der Türkei, in der es nur eine mangelhafte ärztliche Versorgung gab.

Der Abwicklungsstab Material hatte aber noch eine zweite wesentliche Aufgabe. Er verhandelte mit den Russen über die Aufrechterhaltung der Versorgung für die aus ihrer Produktion stammenden Systeme. Das war – trotz grundsätzlicher russischer Bereitschaft, solche Geschäfte zu machen – keine einfache Aufgabe, weil die Russen als »Monopolisten« die Preise bestimmten. Schlimmer noch: Sie besaßen als Flugzeugproduzenten der MiG-29 auch die Exklusivrechte für Modifizierungen am Flugzeug und zeigten sich wenig geneigt, deutschen Änderungswünschen zu entsprechen.

So war die Betriebsdauer des Triebwerks völlig irreal auf 100 Stunden festgelegt. Unter den Bedingungen des westlichen Flugbetriebs, der nicht so Material beanspruchend wie der WP-Betrieb war, erschienen weitaus längere Wartungs- und Instandsetzungsintervalle möglich. Doch bedurfte es langer Verhandlungen, bis sich der Hersteller bereit fand, die Vorschriften zu ändern. Später wurden seitens der Hersteller mit Blick auf mögliche Verkäufe im Westen nutzungsdauerverlängernde Maßnahmen konstruktiv angegangen.

Ein Dauerproblem war die Instandsetzung der Triebwerke in Rußland. Es blieb der Luftwaffe nichts anderes übrig, als die Kreislaufreserve durch Zukauf von Triebwerken beim Hersteller zu erhöhen. Dennoch muß festgehalten werden, daß sich die Russen, denen dies vor der Wende niemand zugetraut hatte, in der Realität als zwar schwierige, aber im großen und ganzen verläßliche Partner herausstellten.

Der Mensch bleibt Mittelpunkt

So neuartig alle diese Aufgaben auch waren, die wichtigsten und zugleich schwierigsten Fragen entstanden beim Umgang mit dem Personal, das am 3. Oktober die Bereitschaft zur zeitweiligen Weiterbeschäftigung erklärt hatte. Es war erklärte Absicht der Bundeswehr, aus der ehemaligen NVA Berufs- und

Zeitsoldaten zu gewinnen. Dies galt selbstverständlich auch für die Luftwaffe. Allerdings gab es durchaus kritische Stimmen, die einige gute Gründe für ihre Skepsis ins Feld führen konnten.

Denn parallel zu den Anstrengungen der Luftwaffe im Beitrittsgebiet wurde für den Westen eine Restrukturierung der Luftwaffe entschieden, die für viele Soldaten schmerzhafte Folgen hatte. Daß Standorte im Westen, die teilweise eine 40jährige Tradition aufwiesen und infrastrukturell aufs Feinste ausgestattet waren, aufgelöst werden sollten, während bei knappen Kassen neue Luftwaffenstandorte in den Neuen Ländern aufgebaut wurden, erschien manchem paradox. Daß die möglichen Verpflichtungen von Zeitsoldaten im Westen zu Gunsten von ehemaligen NVA-Soldaten gemindert wurden, empfanden viele Betroffene genauso als ungerecht wie die Schmälerung der Chancen von verdienten Luftwaffensoldaten, als Berufssoldaten übernommen zu werden.

In den Diskussionen darüber wurde immer wieder auf den Qualitätsunterschied zwischen dem Personal der Luftwaffe und der NVA-LSK/LV hingewiesen. In der Tat sah sich die Luftwaffenführung in den Neuen Ländern einer ganz besonderen Konstellation beim Personal gegenüber. Die erste Besonderheit bestand darin, daß die NVA kein intaktes Unteroffizierkorps nach Bundeswehrmaßstäben besaß. Aufgaben, die klassisch dem Unteroffizier zufallen, wurden in der DDR durch Offiziere erledigt. In der Folge hatte die NVA eine exorbitant hohe Offizierdichte. Da viele Offiziere aber Unteroffiziersaufgaben wahrnahmen, bestanden bei ihnen Ausbildungsmängel, vor allem fehlten Führerqualitäten. Zudem hatten sie oft einen Dienstgrad erreicht, der nach westlichem Maßstab weder ihren Fähigkeiten noch ihrem Dienstalter entsprach. Unteroffiziere westlicher Qualität mit ausgeprägter Eigenverantwortlichkeit und Kreativität waren in der NVA ausgesprochen selten.

Hinzu kam, daß die Berufssoldaten der NVA überwiegend aus einer anderen Gesellschaftsschicht als ihre westlichen Gegenüber kamen. Wie wohl in keiner anderen Institution der DDR war in der NVA der Charakter des Arbeiter- und Bauernstaates flächendeckend umgesetzt. Die meisten Offiziere hatten nach Abschluß der »Polytechnischen Oberschule«, deren Ausbildungsziele eher bescheiden waren, einen praktischen Beruf erlernt. Entsprechend war ihr Allgemeinbildungsstand. Auch anschließende Studiengänge an der Schwelle zur Beförderung zum Stabsoffizier in der UdSSR hatten das nicht beheben können. Einerseits erreichten die Ansprüche an die Studenten nicht Westniveau. Andererseits wurde Spezialistenwissen für wichtiger gehalten als die Vermittlung »bürgerlichen Bildungsgutes«.

Dienstreise in die Zukunft – Offiziere der NVA in Fürstenfeldbruck

Die NVA wies einen hohen Anteil an promovierten Akademikern auf, deren wissenschaftliche Befähigung aber mit westlichen Standards nicht vergleichbar war. Doktoren der Militärwissenschaften hatten Promotionsschriften auf dem Niveau von besseren Jahresarbeiten der Offizierausbildung im Westen geschrieben. Das begrenzte Interesse an Allgemeinwissen spiegelte sich in typischen Hobbys der Offiziere wieder, die oftmals mit Modelleisenbahnbau, Gartenpflege, Angeln und Tischlern angegeben wurden.

Auch war von Anfang an klar, daß alle Offiziere und ein Großteil der Unteroffiziere Mitglieder der SED waren. Zudem wurde der Umfang der Überwachung der Streitkräfte durch den streitkräftespezifischen Arm des Ministeriums für Staatssicherheit (Stasi), die Hauptverwaltung Aufklärung (HVA), 2000 schon bald deutlich. Die NVA war mit informellen Mitarbeitern der Nachrichtendienste noch stärker durchsetzt gewesen als die zivile Gesellschaft. Die Frage, welche Beharrungskraft die kommunistische Ideologie bei den Ehemaligen besitzen würde, war zusammen mit dem Bildungsstand eine der Hauptsorgen hinsichtlich der Integrationsfähigkeit der neuen Mitarbeiter in die Bundeswehr.

Dennoch ließen schon die ersten Begegnungen erkennen, daß die Klischees nicht durchgängig zutrafen. Sowohl bei der Führungsfähigkeit, die sich langsam aber sicher entwickelte, wie bei der Bereitschaft, Wissen über die bisher abverlangten, rudimentären Kenntnisse hinaus zu erweitern, zeigte sich, daß trotz jahrelanger Indoktrination durch Polit-Offiziere kaum einer der Verbliebenen – hundertprozentige Kommunisten hatten die Armee wohl schon vor dem 3. Oktober verlassen – ernstlich an den Marxismus-Leninismus glaubte, ja, daß die meisten ihn nicht verstanden hatten. Es kam dem Betrachter vor, als habe die ständige weltanschauliche Beeinflussung nicht mehr erreicht, als ein Maler, der ein Haus mit Wasserfarbe anstreicht, nur um sie im ersten Regenschauer wieder abgewaschen zu sehen.

So gab es viele Ansatzpunkte für die Hoffnung, der Kommunismus werde keine bleibende Wirkung hinterlassen. Doch ebenso gab es Bedenken hinsichtlich der Verläßlichkeit der neuen Mitarbeiter, oder um den soldatischen Wertbegriff zu bemühen, hinsichtlich ihrer Treue. Mußte befürchtet werden, daß derjenige, der einen Fahneneid aufgeben mußte, gegebenenfalls bereit wäre, ein zweites Mal die Fronten zu wechseln? Diese Sorge bewegte auch unsere Alliierten. Doch vergaßen die Skeptiker den Wert der Begegnung mit der Luftwaffe. Sie unterschätzten vor allem die Wirkung des Beispiels ihrer Offiziere und Unteroffiziere.

Die Propaganda über die Streitkräfte des Westens als aggressionslüsterne Armeen, jederzeit bei Tag und

In den 90er Jahren wurde eine Tu-154 für Open Skies-Einsätze mit modernen Überwachungssystemen ausgerüstet. Sie stürzte im September 1997 nach einem Zusammenstoß mit einer US-amerikanischen C-141 vor der afrikanischen Küste ab

Nacht auf dem Sprung, das Paradies der Arbeiterklasse heimtückisch zu überfallen, zerfiel angesichts des täglichen Erlebens der Ex-NVA-Soldaten. Nichts aber wirkt demoralisierender als das Gefühl, permanent belogen worden zu sein. So verkehrte sich der Rest an Loyalität, der anfangs noch für das vergangene System und seine militärischen Spitzenrepräsentanten vorhanden gewesen sein mag, schnell in das Gefühl, betrogen worden zu sein. Und daraus entwickelte sich ein zunächst zaghaftes, später überzeugtes Zutrauen zu den Vertretern des westlichen Militärs.

Bestärkend in diesem Haltungswechsel wirkte, daß von Anfang an klar war, daß nicht alle Soldaten der NVA »in die Wüste geschickt« werden würden. Alle gaben freimütig zu, daß im umgekehrten Falle die DDR mit der bundesdeutschen Gesellschaft ganz anders umgesprungen wäre. Spitzenmilitärs hätten statt einer Pension, wie sie die NVA-Generale erhielten, Lagerhaft zu erwarten gehabt. Die empfundene Großmut der Bundeswehr war ein Basisstein, auf dem Akzeptanz und später Zuneigung zu den neuen Streitkräften aufbauten. Deshalb setzte die Luftwaffe darauf, daß es ihr gelingen würde, die ehemaligen NVA-Soldaten zu gewinnen und in ihnen treue und verläßliche Soldaten zu finden.

Vor dem Hintergrund vieler Ungewißheiten war eine pauschale Lösung für die Frage, wer in die Luftwaffe eingegliedert werden sollte, nicht praktikabel. Jeder einzelne mußte geprüft werden. Das hatte vor allem deswegen Berechtigung, weil für jeden die Frage im Raum stand, ob er bei der Stasi mitgearbeitet habe. Ein unverrückbarer Grundsatz war, daß informelle Mitarbeiter der Stasi oder ihrer Unterorganisation, der HVA 2000, den Unbelasteten ebensowenig wie den Kameraden aus dem Westen zugemutet werden könnten. Daher war jeder Verbandsführer zu intensiver Beschäftigung mit den Bewerbern aufgefordert worden.

Zusätzlich führte der damalige Kommandeur der 5. Luftwaffendivision, Generalmajor Axel Kleppien, mit jedem einzelnen, der die Übernahme in die Streitkräfte anstrebte und den er zu bewerten hatte, ein halbstündiges Gespräch. Dabei war ihm bewußt, daß eine so kurze Begegnung nicht ausreichen würde, um ein völlig sicheres Urteil abzugeben, vor allem aber, daß er zu dem Ausschlußkriterium der Stasi-Belastung nur im Ausnahmefall die Wahrheit erfahren würde. Doch neben dem authentischen Eindruck für eine Übernahmeempfehlung stellte die persönliche Beschäftigung eines Generals mit dem Personal der NVA einen weiteren Mosaikstein in der Überzeugungsarbeit zur Gewinnung der Herzen dar. Fast alle Betroffenen hatten nie zuvor in ihrem Leben mit einem General von Angesicht zu Angesicht gesprochen. Sie erlebten diese Form der Fürsorge als etwas ganz Neues.

Über ein Vierteljahr fanden diese Gespräche Tag für Tag von morgens bis abends statt und führten – wie sich später beweisen sollte – zu recht treffenden Erkenntnissen über die Anwärter. Dennoch blieben, trotz der intensiven Bemühungen um eine gerechte Auswahl, Enttäuschungen nicht aus, zumal unter den als geeignet Befundenen eben doch einige Stasi-Belastete waren, deren Verstrickung sich erst später herausstellte.

Die Stasi-Problematik wies zahlreiche Fälle auf, denen ein »unschuldiges Schuldigwerden« zu Grunde lag. Die Betroffenen scheuten sich nicht, ihre Zwangslage darzustellen, in die sie durch Erpressung der Stasi wegen familiärer Westkontakte, wegen läppischer Unfälle oder wegen anderer Lappalien geraten waren. Sie erhofften, daß das Verständnis, das ihnen in anderen Belangen entgegengebracht worden war, auch hier greifen würde. Aus Gründen der moralischen Hygiene konnten Ausnahmen aber nicht zugelassen werden, auch wenn es Fälle gab, in denen die Verantwortlichen vor Ort eine positive Entscheidung durch MAD und Sicherheitsbeauftragten des Ministeriums gewünscht hätten.

Eines der schwierigsten Probleme bei der Übernahme des NVA-Personals war die Schieflage der Dienstgradstruktur. Viele hatten schon in jungen Jahren, weitaus schneller als das in der Bundeswehr geschehen konnte, hohe Ränge erreicht. Da alle Generale und bis auf einen Oberstarzt auch alle älteren Obersten den Dienst quittiert hatten, da sie um die Aussichtslosigkeit einer Weiterbeschäftigung wußten, verblieben nur einige wenige jüngere Obersten, die schon als Weiterdiener ihrem Dienstalter entsprechend zum Oberstleutnant zurückgestuft worden waren.

Auch bei den übrigen Stabsoffizieren wurde eine solche Anpassung von Dienstalter und Dienstgrad durchgeführt. Ihnen mußte im Verlauf der Übernahmeaktion klar gemacht werden, daß ihre Eingliederung in die gesamtdeutsche Bundeswehr nur nach den Möglichkeiten der Luftwaffenstruktur 4 erfolgen könne; das

Ausbildung von Führungspersonal der NVA-LSK/LV an der Offizierschule und an der Unteroffizierschule			
Zeitraum	**Inhalt/Themen**	**Dauer**	**Anzahl/Dienstgrad**
Sep. 1990	Vorlauf Rechtsgrundlagen	5 Ausbildungstage	421 Oberstleutnante bis Stabsfähnriche
1991/92	Flieger-Fachenglisch	bis zu 800 Std. pro Lehrgangsteilnehmer	31 Offiziere/ Unteroffiziere
Jan. 91–Okt. 92	Innere Führung	10 Ausbildungstage	1.212 Offiziere (für 2 Jahre und mehr übernommen)
Okt. 92–Mai 94	Ergänzungsausbildung (obligatorischer Prüflehrgang)	50 Ausbildungstage	771 Offiziere TrpDst/ MilFD (Alter: 25 bis 50 Jahre)
1991–1993	Vorbereitung für den Feldwebellehrgang	30 Ausbildungstage	1.738 Unteroffiziere

hieß, daß nur in dem Rahmen, wie die Personalstruktur der einzelnen Dienstteilbereiche Ergänzungsbedarf aufwies, übernommen werden konnte. Eine nochmalige Korrektur der Dienstgrade war für viele unvermeidlich. Dabei war die ausgeübte und beherrschte Tätigkeit ins Kalkül zu ziehen. So waren zum Beispiel alle Flugzeugmechaniker und Warte des MiG-29-Verbandes Leutnante. Ihnen mußte vermittelt werden, daß sie eine Übernahmechance nur hätten, wenn sie bereit wären, in das Unteroffizierkorps zu wechseln.

Verständlicherweise stellten diese Schritte für die Betroffenen keinen Grund zur Freude dar. Auf Seiten der Vorgesetzten bedurfte es der einfühlsamen Vermittlung der Zwänge, die für einen mit den westlichen Verhältnissen noch Unerfahrenen gar nicht so leicht nachzuvollziehen waren. Und seitens der Betroffenen war große – zugegebenermaßen durch die generelle Existenzangst erleichterte – Einpassungswilligkeit gefordert, um diese Veränderungen akzeptabel werden zu lassen.

Alle an dieser Beurteilungs- und Auswahlaktion beteiligten Westsoldaten gewannen aber auch neue Perspektiven bei ihrer Sicht auf die DDR. Aus den Gesprächen lernten sie, hinter die sich oberflächlich anbietenden Fassaden der DDR zu blicken und das Alltagsleben mit seinen teilweise bedrückenden Einflüssen besser einzuschätzen. Manch einer fragte sich, was aus ihm geworden wäre, wenn er in der DDR aufgewachsen wäre – und legte den Hochmut ab, den manche zivile »Wessis«, die sich gleichzeitig im Beitrittsgebiet aufhielten, vor sich hertrugen. Dies ist eine bleibende Erfahrung für die aus der alten Bundesrepublik Entsandten geblieben, die ihr Verhältnis zu den Neuen Ländern noch heute bestimmt.

Der Auswahlprozeß wurde mit der Übernahme von etwa 1.000 Offizieren und 500 Unteroffizieren der ehemaligen NVA abgeschlossen; viele von ihnen dienen noch heute in der Luftwaffe – in den Standorten in Ost und West verteilt. Sie sind den Erwartungen gerecht geworden und haben manche damalige Befürchtung Lügen gestraft.

Die Leistung der Luftwaffe im Prozeß des Zusammenwachsens

Die Leistung der Luftwaffe in den Jahren 1990 bis 1993 war gewaltig. Nicht nur, weil sie sich – nach Freigabe der Rahmenbedingungen – als reaktionsschnell in Planungsfragen gezeigt hatte, auch nicht, weil sie mit Enthusiasmus an diese Aufgabe herangegangen war oder weil die Umstellung im Osten inklusive der gigantischen Abwicklung des Materials quasi geräuschlos bewältigt wurde. Vor allem die Art, wie sie mit den Menschen vor Ort umging, definierte die Qualität des Zusammenwachsens.

Nicht umsonst ist ein Motto des Teams Luftwaffe seit Jahrzehnten »Der Mensch steht im Mittelpunkt«. Beides – der Teamgedanke und in seinem Mittelpunkt der Mensch – drückt den Respekt vor dem Mitarbeiter, unabhängig von Funktion und Höhe des Dienstgrades aus. Diese Einstellung begleitete die Erkundungskommandos, die Kommandeurgruppen und die mit der Abwicklung Betrauten in das Beitrittsgebiet und bestimmte ihr Verhalten gegenüber den NVA-Soldaten, aber auch ihr Verhältnis zur anfangs sehr skeptischen Zivilbevölkerung.

Da der NVA als Repressionsorgan der DDR, trotz aller Heroisierungskampagnen und angeblich guter Kontaktpflege zu Schulen, Gewerkschaften und Betrieben, in der eigenen Bevölkerung überwiegend Mißtrauen und Abneigung begegnet waren, sah sich die Luftwaffe an ihren Standorten zunächst mit der gleichen Skepsis empfangen. Die Bewohner erwarteten einen wesensgleichen Nachfolger der NVA. Durch die Aufgeschlossenheit der Luftwaffenvertreter, ihr unverkrampftes Auftreten, dadurch, daß die Geheimniskrämerei der NVA durch Offenheit und Gesprächsbereitschaft ersetzt wurde, die mit der Fähigkeit zuzuhören verbunden war, gelang es ihnen, die Türen zu öffnen.

Die Neugier auf die neue Luftwaffe wuchs ständig und wurde durch Tage der Offenen Tür und Führungen in Stellungen befriedigt, die jahrzehntelang der Zivilbevölkerung versperrt waren. An der ersten Vereidigung von ungedienten Rekruten der Luftwaffe in Holzdorf nahm eine fast unermeßliche Zahl von Eltern und Verwandten teil, die den Appellplatz säumten. Die erfrischenden Gespräche, die die Ausbilder mit den Besuchern führen konnten, belegten, daß Aufgeschlossenheit und Hinwendung zur Zivilbevölkerung den positiven Unterschied zur NVA ausmachten und daß die Bundeswehr binnen kurzem zu einem anerkannten Element geworden war.

Schwierig stellten sich anfangs die Beziehungen zu den beiden Kirchen dar. Da es für einen Angehörigen der NVA nicht nur ungehörig, sondern geradezu ein Bestrafungsgrund gewesen wäre, in eine Kirche zu gehen, vermutete die Geistlichkeit beider Konfessionen auch in den Bundeswehrsoldaten Atheisten. Aber hier half das »Auf-den-anderen-zugehen«, das selbst bei Ablehnung nie aufgegeben wurde und zumeist schnell in Meinungsänderung resultierte.

Skepsis mußte aber nicht nur im Osten überwunden werden. Auch unsere Alliierten konnten sich zu Beginn nicht vorstellen, daß das Vorgehen der Bundeswehr statt einer Schwächung tatsächlich zu einer Festigung der Streitkräfte führen würde. Es bedurfte mancher Präsentation in Partnerländern und vieler Vorführungen des Aufbaus in Mitteldeutschland, um das Zutrauen der Alliierten zu erringen und ihnen zu vermitteln, daß deutsche Streitkräfte eine Schlacht ohne Waffengewalt gewonnen hatten. Der heute unverkrampfte Umgang mit ehemals kommunistischen Streitkräften in der NATO-Integration ist sicher durch diesen Prozeß günstig beeinflußt worden.

Die Luftwaffe hat damit in diesen Jahren nicht nur in eigener Angelegenheit gewirkt, sondern zur Annäherung von Ost und West beigetragen. Die Langzeitwirkung in der Bevölkerung der Neuen Länder, die ihre frühen Emissäre erzeugten, könnte sich sogar als bedeutsamer erweisen als alle damaligen Planungs- und Organisationsanstrengungen.

Innerhalb der Luftwaffe hatte sich in dieser für unser Land einzigartigen Periode ein bemerkenswerter Geist herausgebildet, indem eine Herausforderung angenommen und bewältigt wurde, die niemand erwartet hatte und die das Beste freisetzte, was Erziehung und Ausbildung in der Luftwaffe über 40 Jahre vorbereitet hatten.

Im erweiterten Aufgabenspektrum 1991 bis 2005

Neue Lage – neuer Auftrag

Der sicherheitspolitische Umbruch, der gleichsam mit der Berliner Mauer den Eisernen Vorhang niedergerissen hatte, markierte für die Bundeswehr – und mit ihr für die Luftwaffe – den Beginn einer neuen Epoche. Nicht alle Konsequenzen waren unmittelbar erkennbar. Doch spürte man früh, daß sich die wesentlichen Faktoren fundamental verändert hatten.

Die ersten Herausforderungen waren jedoch erst einmal intern zu bewältigen: Nach der Vereinigung Deutschlands kam es für die Bundeswehr darauf an, die Nationale Volksarmee aufzulösen, die gesamtdeutschen Streitkräfte auf neue Aufgaben auszurichten und sie teilweise neu, auch im Osten, zu stationieren. Zudem war bis Ende 1994 vertraglich ein Abbau der Bundeswehr auf eine Obergrenze von 370.000 Soldaten vereinbart worden. In diesem Prozeß mußte die Luftwaffe von 110.000 plus 34.600 NVA-Angehörigen, also über 144.000 Soldaten im Jahre 1990, auf 82.400 Mann reduziert werden.

Spätestens seit dem Einigungsvertrag war klar, daß die Wiedervereinigung erhebliche Kosten verursachen würde. Neben der veränderten sicherheitspolitischen Lage galt daher für alle Maßnahmen der Streitkräfte ein äußerst enger Finanzrahmen. Von der grundlegenden Verbesserung der strategischen Lage Deutschlands wurde eine »Friedensdividende« erwartet. Daß Umgliederungen, Neustationierung, selbst die Vernichtung von Waffen, Gerät und Munition, vor allem aber die Ausrichtung auf einen veränderten Auftrag eigentlich zusätzliche Mittel erforderten, wurde nicht in Frage gestellt. Aber wer wollte bestreiten, daß die unmittelbare Bedrohung Deutschlands geringer geworden war, daß der Jahrhundertaufgabe »Deutsche Einheit« nicht nur in den Herzen, sondern auch im Haushalt Priorität zustand?

Andererseits fiel dem geeinten Deutschland die Verpflichtung zu, Frieden und Stabilität in Europa mitzugestalten. Und Deutschland stand vor der Herausforderung, nach einer langen Phase einer wohlbegründeten Außenpolitik der Zurückhaltung aktiv Verantwortung zu übernehmen. Diese Erkenntnis zog tiefgreifende Veränderungen des militärischen Aufgabenspektrums und Konsequenzen für die konzeptionelle und strukturelle Ausrichtung der Streitkräfte nach sich. Die Auswirkungen waren einschneidend. Von vornherein war klar: Die organisatorischen, materiellen und infrastrukturellen Anpassungen konnten nicht in einem einzigen Schritt vollzogen werden. Manche sind bis heute nicht abgeschlossen. Ein Beispiel: Die Ausstattung mit einem auftragsgerechten Transportflugzeug wird erst 2010 beginnen und sich – obwohl ein Bedarf dafür seit Mitte der 90er Jahre besteht und die Entscheidung für die A400M bereits 2002 gefallen ist – noch bis 2016 hinziehen.

Bis 1990 war für die Verteidigung detailliert geplant worden. Strategie und militärische Anforderungen waren durch die konfrontative Lage begründet, Sicherheit und Stabilität weitgehend militärisch geprägt. All dies veränderte sich innerhalb eines sehr kurzen Zeitraumes. Die Bundeswehr wurde von einem verteidigungsbereiten Instrument des Bündnisses zu einem friedensgestaltenden Element der deutschen Außen- und Sicherheitspolitik. Das hieß, daß sie sich absehbar auf ein vielfältiges, abgestuftes und grundsätzlich erweitertes Aufgabenspektrum einzustellen hatte.

Zwar blieb der Grundgesetzauftrag, einen Angriff gegen Deutschland und seine Verbündeten zu verhindern bzw. abzuwehren, oberste Norm. Gleichwohl bestand früh Einvernehmen, daß dieser wichtigste – und auch bedrohlichste – Fall unwahrscheinlich geworden war.

So mußte die Bundeswehr umgehend in die Lage versetzt werden, aktiv deutsche Sicherheitsinteressen wahrzunehmen. Gemeinsam mit Verbündeten und Partnern sollte sie in internationalen Krisen und Konflikten einsetzbar sein. Damit verlagerten sich die Einsatzräume aus Mitteleuropa in weiter entfernte Regionen. An die Stelle der klassischen, weitgehend planbaren Formen der militärischen Auseinandersetzung traten vielfältige, wenig kalkulierbare, friedenserhaltende und friedensschaffende sowie humanitäre Einsatzoptionen. Risiken, Verlauf und Folgen der künftigen Aufträge waren nicht mehr voraussagbar.

Für die Bundeswehr war damit der »größte Umbau ihrer Geschichte« programmiert. Gleichzeitig war dies der Startschuß eines kontinuierlichen Entwicklungsprozesses mit konzeptionellen und strukturellen Anpassungen in immer kürzeren Zeitabständen. Eine derart grundlegende Neuausrichtung hatte nicht nur planerisch Konsequenzen: Gefordert war ein entsprechendes Verständnis in Politik und Gesellschaft, aber ebenso – nach über 40 Jahren der Ausrichtung auf den gleichen General Defense Plan – die mentale Anpassung in den Köpfen der Soldaten.

Die Diskussionen in Politik und Medien, zuweilen auch in der Bundeswehr, waren vielfältig, manchmal kontrovers. Selbst der Inhalt des soldatischen Eides wurde diskutiert. Ein Durchbruch wurde erst durch Klarstellung der Verfassungsgrundlagen erreicht. In seinem Urteil vom 12. Juli 1994 legte das Bundesverfassungsgericht die Voraussetzungen fest, unter denen es deutschen Streitkräften gestattet sein sollte, in der veränderten Welt Verantwortung zu übernehmen.

Welche Konsequenzen hatte dieser völlig neue Rahmen für die Luftwaffe?

- Unstrittig war, daß der Weg zur »Armee der Einheit« zunächst vollendet werden mußte.

- Doch auch eine grundlegende konzeptionelle Neuausrichtung war erforderlich. Künftig war einem ungewissen sicherheitspolitischen Umfeld Rechnung zu tragen. Aufgaben, Fähigkeiten und Strukturen waren in streitkräftegemeinsamem Kontext abzustimmen und mit den Ressourcen in Einklang zu bringen. In den 15 Jahren seit der Wende wurden – aus verschiedenen Gründen – mehrfach Anpassungen der Luftwaffenplanungen erforderlich. Wie dramatisch sich dabei die Lage entwickeln konnte, zeigten die Ereignisse in der Folge des 11. September 2001. Aber nicht nur der Kampf gegen den Terror, sondern ebenso viele andere, sich ständig verändernde Rahmenbedingungen haben letztlich zu dem Schluß geführt, daß die Luftwaffe den Erfordernissen moderner Sicherheitpolitik nur gerecht werden kann, wenn sie zu ständiger Weiterentwicklung und Transformation bereit ist.

Generalleutnant Kuebart (li.) setzte die Luftwaffenstruktur 4 um – hier beim Truppenbesuch in Pferdsfeld

- Die wohl gravierendste Veränderung im Vergleich zur Situation des Kalten Krieges war, daß die Bundeswehr sich darauf einzustellen hatte, in Einsätze außerhalb Deutschlands – auch in Kampfeinsätze – entsandt zu werden. Und die Realität hat diese Perspektive vielfach bestätigt: Seit Ende 1990 befindet sich die Luftwaffe kontinuierlich im Einsatz, nahezu weltweit, und nicht mehr – wie früher – nur im Rahmen humanitärer und Katastropheneinsätze. Seit dem Urteil des Bundesverfassungsgerichts von 1994 dient die Luftwaffe permanent der internationalen Konfliktverhütung und Krisenbewältigung; sie hat ihren ersten Waffeneinsatz hinter sich. Im Kampf gegen den internationalen Terror trägt sie im Inland die Verantwortung für die Sicherheit des deutschen Luftraums.

Der erste Schritt: Luftwaffenstruktur 4

Zunächst aber galt es, eine Mammutaufgabe zu lösen: den Luftwaffenanteil der neuen »Armee der Einheit« zu realisieren. Dazu mußte fast die Hälfte der Gesamtkopfstärke aus Luftwaffe und NVA-Luftstreitkräften abgebaut werden. Air Policing – nun eigenverantwortlich – und Luftrettungsaufgaben waren auf Gesamtdeutschland auszudehnen. Allerdings begann die neue Normalität eigentlich erst Ende 1994 nachdem, wie im Zwei-plus-Vier-Vertrag vorgesehen – der Abzug der sowjetischen Streitkräfte vollzogen war und auch die Westalliierten Berlin verlassen hatten. Ein Jahr später wurden auch im Osten Deutschlands stationierte Truppenteile der NATO assigniert.

Doch schon 1990 hatte das Ringen um die künftige Struktur der Luftwaffe begonnen. Trotz einer Abbauvorgabe von etwa 30.000 militärischen Dienstposten allein aus der bisherigen Luftwaffe (ohne NVA-Anteile), der Auflösung zahlreicher Verbände und der Aufgabe von 47 Standorten legten die Inspekteure Wert darauf, eine »runde Luftwaffe« zu erhalten. Sowohl Generalleutnant Horst Jungkurth wie seinem Nachfolger ab dem Frühjahr 1991, Generalleutnant Jörg Kuebart, lag daran, mit der neuen Struktur eine schlagkräftige Einsatzluftwaffe mit der Fähigkeit zu flexibler Schwerpunktbildung sowie zur Flanken- und Lückensicherung zu entwickeln.

Um bei reduzierten Kräften ein qualitativ und räumlich erweitertes Aufgabenspektrum abdecken zu können, mußte ein konzeptionell gesteuerter Ansatz gewählt werden. Die Lösung wurde streitkräftegemeinsam über eine Kategorisierung der Kräfte gefunden.

Eine Militärische Grundorganisation sollte die Basis für den Betrieb der Streitkräfte bilden, Ausbildung und Versorgung sicherstellen sowie die Zivil-Militärische Zusammenarbeit übernehmen. Hauptverteidigungskräfte sollten im Frieden teilpräsent aufgestellt und mobilmachungsabhängig für die Landesverteidigung vorgehalten werden. Für kurzfristig zu erfüllende Aufgaben, einschließlich der Krisenbewältigung, waren präsente, einsatzbereite und verlegefähige Krisenreaktionskräfte vorgesehen.

Mit diesem System der abgestuften Verfügbarkeit sollte die Einsatzsubstanz über das gesamte Aufgabenspektrum sichergestellt werden, ohne die Truppenteile zu überfordern. Die Einstufung entsprach den konzeptionellen Entwicklungen im Bündnis, das seine Einsatzkräfte ebenfalls in Crisis Response Forces und Main Defence Forces kategorisiert hatte; für eine Militärische Grundorganisation gab es im Bündnis naturgemäß keinen Bedarf.

Auch bei der Kommandostruktur gelang es, die Veränderungen in der NATO-Struktur in die eigenen Entscheidungen einzubeziehen: Dort waren die 2. und 4. ATAF sowie ihre nachgeordneten Gefechtstände ATOC und SOC aufgelöst worden. Unter einem regionalen Kommando der Luftstreitkräfte für Mitteleuropa (AIRCENT) sollten die Luftangriffs- und Luftverteidigungskräfte durch neu zu schaffende Combined Air Operation Centers (CAOC) taktisch eingesetzt

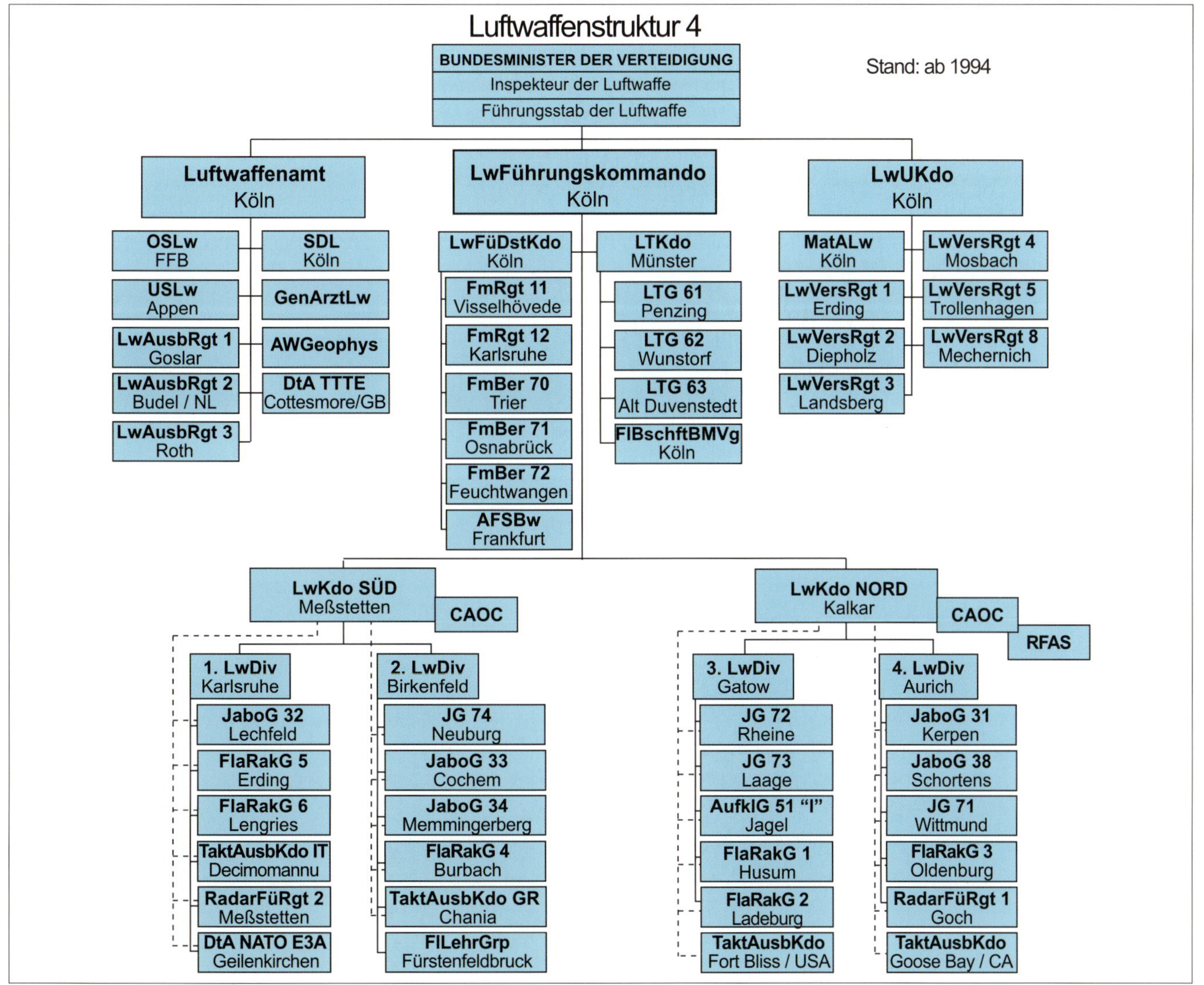

werden. Da die technischen Voraussetzungen hierfür zunächst fehlten, wurde das Konzept über Interimslösungen in Kraft gesetzt (Interim CAOC).

Die Struktur der Einsatzluftwaffe wurde entsprechend gestaltet: Das Luftflottenkommando wurde in das Luftwaffenführungskommando überführt, das Partner von AIRCENT war. Darunter wurden zwei Luftwaffenkommandos mit regionalen Verantwortungsbereichen aufgestellt, jeweils mit einem ICAOC koloziert. Jedem Kommando wurden zwei Divisionen unterstellt. Das Kommando 3. Luftwaffendivision konnte aufgelöst werden, die 5. wurde zur 3. Luftwaffendivision umgegliedert und konnte ihren Sonderstatus Ost ablegen.

Die Kommandierenden Generale in Kalkar und Meßstetten übernahmen in »Doppelhutfunktion« die Führung der dortigen NATO-Gefechtstände. In Kalkar erhielt der Kommandierende General sogar noch einen weiteren NATO-Hut: Er führte als Director den multinationalen Reaction Force Air Staff, der eingerichtet worden war, um Grundlagen für bündnisgemeinsame Kriseneinsätze bereitzustellen. Mit den ICAOC wurden ab 1994 erstmals alliierte Luftstreitkräfte in Frieden direkt durch Generale der Luftwaffe geführt. Durch die Luftwaffenkommandos verfügte die Luftwaffe über eine Führung auf Korpsebene – angesichts der wachsenden Bedeutung der streitkräftegemeinsamen Operationsführung ein Vorteil, der sich bald bei Übungen bewähren sollte.

Von der Umgliederung zur Luftwaffenstruktur 4 waren auch Kommandobehörden betroffen, die keinen direkten Bezug zur NATO-Hierarchie besaßen: Das Lufttransportkommando und das Führungsdienstkommando wurden dem Führungskommando der Luftwaffe direkt unterstellt. Luftwaffenamt und Luftwaffenunterstützungskommando behielten ihren Status als Höhere Kommandobehörden, wurden aber fortan von Zwei-Sterne-Generalen geführt. Der Stellvertretende Amtschef des Luftwaffenamts und der Stellvertreter des Kommandeurs Luftwaffenunterstützungskommando führten die Ausbildungs- bzw. Versorgungsverbände ohne weitere Zwischenebene.

Doch wie konnten die Personalreduzierungen erreicht werden? Zunächst einmal wurde die Wehrpflicht auf zehn Monate verkürzt, konnte aber freiwillig bis auf 23 Monate verlängert werden (freiwillig länger Wehrdienstleistender – FWDL). Dies war insofern bedeutsam, weil nur Freiwillige – und damit nur längerdienende Wehrdienstleistende – an Einsätzen im Ausland teilnehmen konnten. Gleichzeitig führte die Verkürzung des Grundwehrdienstes zu geringeren Kopfstärken. Die Grundausbildungsorganisation wurde gestrafft, ein Ausbildungsregiment sowie zwei Bataillone aufgelöst. Aber diese Maßnahmen reichten bei weitem nicht aus, um die neuen Sollzahlen zu erreichen.

Nur wenige Entscheidungen fielen der Luftwaffe so leicht wie die Auflösung der Pershing-Geschwader, die durch den INF-Vertrag vorgegeben war. Aufgrund der wehrgeographischen Verschiebungen konnten – auch das war offensichtlich – der Tieffliegermelde- und Leitdienst aufgegeben und der Personalumfang der bodengebundenen Luftverteidigung reduziert werden. Bei den FlaRak-Verbänden führten allein die reduzierten Bereitschaftsforderungen zu einer Halbierung des Personalbestands. Weitere Struktur- und Dienstpostengewinne wurden, ebenfalls bei den FlaRak-Verbänden, durch die Rücknahme der nach der Einführung des Waffensystems Patriot etablierten Kommandoebene erzielt.

Die Radarführung mußte im erweiterten Bundesgebiet – schon wegen des Air Policings – umfassend sichergestellt bleiben. Die Planungen für das NATO Air Command and Control System (ACCS), von dem auch Deutschland profitierte, und für die Modernisierung der nationalen Anteile des Radarführungsdienstes wurden trotz enger Ressourcen fortgeführt. Aber durch die Einführung moderner Technologien und Automatisierung wurden auch beim Radarführungsdienst erhebliche Personaleinsparungen erwartet.

Schwieriger stellte sich die Lage bei den fliegenden Verbänden dar: Einerseits erfüllten gerade fliegende Verbände in besonderer Weise die neuen Forderungen nach Flexibilität und weiträumiger Einsetzbarkeit. In einzelnen Bereichen – beim Air Policing und bei den nuklearen Trägermitteln, die in der neuen Lage nicht vollständig aufgegeben werden sollten – waren fliegende Komponenten unverzichtbar. Andererseits waren die knappen Haushaltsmittel zentrales Kriterium für die Neugestaltung.

Und fliegende Verbände waren in Technik, Infrastruktur und vor allem im Betrieb um ein Vielfaches teurer als andere Kräfte. Ein Betrieb der fliegenden Verbände bei reduziertem Personalbestand wie bei der

FlaRak kam aus Flugsicherheitsgründen nicht in Frage. Und so blieb nur die schmerzliche Aufgabe ganzer Verbände, wobei vernünftigerweise vollständige Waffensysteme ausgemustert wurden, um die logistischen Linien zu vereinfachen.

Daß mit der RF-4E und dem Alpha Jet Waffensysteme außer Dienst gestellt wurden, deren Leistungspotential nach dem Urteil ihrer Betreiber noch nicht erschöpft war, machte die Entscheidung nicht einfacher. Doch daß von ihr auch Standorte betroffen sein würden, die zum »Tafelsilber« der fliegenden Luftwaffe zählten, war fast noch härter: Fürsty, Oldenburg, Husum, Bremgarten, Leck, Leipheim. Allein Fürstenfeldbruck hatte bei diesen Streichungen den Vorteil einer früheren Entscheidung: Mit der Verlegung der Offizierschule von Neubiberg nach Fürsty in den 70er Jahren blieb – trotz des Verlustes der fliegenden Komponente – der Standort erhalten. Und durch die Ausbildung des Führungsnachwuchses behielt sogar die Bezeichnung »Wiege der Luftwaffe« ihre Berechtigung.

Im Nachhinein wurde gelegentlich die Frage diskutiert, ob mit der RF-4E und dem Alpha Jet möglicherweise Waffensysteme aufgegeben wurden, die man später noch hätte brauchen können. Abgesehen vom hypothetischen Charakter solcher Fragestellungen muß akzeptiert werden, daß es Alternativen nicht gab: Die F-4F war wegen ihrer Air Policing-Aufgabe weder durch den Alpha Jet noch durch die RF-4E ersetzbar, und der Tornado hat sich noch im gleichen Jahrzehnt in den Balkan-Einsätzen hervorragend bewährt.

Aus finanziellen Gründen war in den 90er Jahren auch der Bau des Höhenaufklärers LAPAS aufgegeben worden. Eine bittere Entscheidung, denn im Kosovo-Konflikt wurde deutlich, daß damit – gerade für die Krisenbewältigung – auf eine in der Allianz nirgendwo verfügbare Fähigkeit verzichtet worden war.

Aus den Einsatzverbänden der Luftwaffe wurden im Zuge der Kategorisierung sechs fliegende Staffeln (zwei für Luftverteidigung, vier für Luftangriff) sowie zwei Luftverteidigungs-Cluster mit elf FlaRak-Staffeln (sechs Patriot-, vier Hawk-, eine Roland-Staffel), zwei bis drei Lufttransportgeschwader und eine Hubschrauberstaffel als Krisenreaktionskräfte nominiert, insgesamt 12.300 Mann. In unterschiedlichen Bereitstellungska-

Keine Zukunft mehr – Alpha Jets in Fürsty vor der Stillstandswartung

tegorien wurden sie der NATO angezeigt. Das Personal bestand aus Berufs- und Zeitsoldaten, durch FWDL ergänzt.

In der Ausstattung der Luftwaffe waren auch Besonderheiten zu berücksichtigen: Mit der MiG-29 war nach politischer Entscheidung von den NVA-Luftstreitkräften ein Jagdflugzeug der dritten Generation übernommen worden, das in den folgenden Jahren gelegentlich die Hoffnung nährte, als Alternative zum Eurofighter dienen zu können. Dabei hatte die Luftwaffe anfangs – vor allem wegen der Abhängigkeit von ungesicherter Versorgung – gegen die Übernahme dieses leistungsstarken und attraktiven Kampfflugzeugs votiert. Der MiG-29 war nur begrenztes Wachstumspotential zugestanden worden.

Als Waffensystem für eine längerfristige Lösung der Defizite bei der fliegenden Luftverteidigung schied sie aus. Dennoch erwiesen sich die Übernahme der MiG und ihr 14jähriger Betrieb in der Luftwaffe im Endeffekt als nützlich – nicht nur für die Luftwaffe, sondern ebenso für die Bündnispartner. Die MiG-29 war ein aerodynamisch gelungenes und äußerst agiles Flugzeug, sie wurde als Gegner im Luftkampf von allen westlichen Nationen gesucht. Und die MiG-29-Staffel des Jagdgeschwaders 73 »Steinhoff« erwarb sich bis zur Abgabe des Waffensystems an die polnische Luftwaffe im Sommer 2004 hohe Anerkennung in der Allianz.

Die Art und Weise, wie die »Armee der Einheit« im konzeptionellen Umbau der Luftwaffe Berücksichtigung fand, hatte nicht nur intern positive Wirkung: Ehemals kommunistische Länder, die in das Bündnis aufgenommen werden wollten und ihre Streitkräfte darauf vorzubereiten hatten, beobachteten die Vorgänge in Deutschland genau.

Aus Gegnern werden Partner

Seit ihrer Aufstellung war grenzüberschreitende Zusammenarbeit der Einsatz- und Einsatzunterstützungsverbände charakteristisch für die Luftwaffe: die Einbindung in den Luftverteidigungsgürtel, der rege Austausch zwischen Geschwadern, gemeinsame Übungen und Überprüfungen sowie Patenschaften, vor allem aber die gemeinsame Ausbildung mit Bündnispartnern, oft in anderen NATO-Ländern. Daneben wurden traditionell bilaterale Kontakte, zum Beispiel zu Argentinien und Thailand gepflegt. Die politische Blockbildung und die deutsche Teilung hatten bis zur Wende jedoch jegliche Kooperation mit östlichen Staaten bzw. Staaten mit Affinität zum Ostblock verhindert. Mit dem Zerfall der UdSSR und der Auflösung des Warschauer Paktes lebten »alte« Nationen wieder auf, die sich dem Westen annäherten. Dem wiedervereinigten Deutschland und damit auch der Luftwaffe bot sich die Chance, neue Kontakte zu knüpfen.

Nach dem 3. Oktober 1990 waren zwischen deutschen und russischen Nachbareinheiten in den neuen Bundesländern zahlreiche offizielle und informelle Kontakte entstanden. Zum einen hatten die Luftwaffenverbände den Auftrag, den Abzug der »Westgruppe der Truppen« zu unterstützen. Zum anderen führten diese Kontakte zu gegenseitigem Verständnis für unterschiedliche Mentalitäten und Persönlichkeiten. Nach anfänglichen Berührungsängsten besuchte man sich gegenseitig, wobei die russische Gastfreundschaft ab und zu von Luftwaffenvertretern heftigen Tribut forderte. Doch wurde ohne Zweifel zwischen 1990 und 1994 mancher Grundstein für spätere Verbindungen zu den Streitkräften der Länder gelegt, die nach dem Zerfall der UdSSR entstanden waren.

Parallel zu entsprechenden politischen Initiativen waren in den frühen 90er Jahren zudem informelle Kontakte mit grenznahen Einheiten der Nachbarstaaten entstanden. In der Luftwaffe ging dies oftmals auf Offiziere zurück, die in der Nationalen Volksarmee gedient hatten. Neben persönlichen Freundschaften aus der Zeit vor der Wende war häufig die Ersatzteilbeschaffung für russische Systeme eine Triebfeder, die Kontakte weiter zu pflegen. Neben dem »Tauschhandel« befriedigten diese Kontakte gelegentlich zugleich die menschliche Neugierde, und so manches Vorurteil wurde revidiert. Einige dieser Verbindungen zwischen militärischen Einheiten führten später zu offiziellen Patenschaften.

1994 wurden die bis dahin hauptsächlich bilateralen Beziehungen zu ehemaligen Ostblockländern durch die NATO auf eine andere Ebene gehoben. Bei einem informellen Treffen der Verteidigungsminister in Travemünde hatten die Amerikaner ein »Partnership for Peace« (PfP)-Programm vorgestellt, das von der NATO übernommen wurde. Als erste Teilnehmernationen am PfP-Programm erhielten 1997 Polen, Tschechien und

Deutsch-polnische Patenschaft – Radarführungsabteilung 25 und 31. Elektronisches Bataillon

Ungarn eine Einladung, als Vollmitglieder der NATO beizutreten. Durch das PfP-Programm intensivierten sich die Kontakte der Luftwaffe zu den Luftstreitkräften der neuen Partnernationen weiter. Häufig wurden die neuen Partner direkt durch die Vertretungen der Bundesrepublik Deutschland oder durch deutsche NATO-Stabsoffiziere unterstützt, primär in operationellen und logistischen Fragen.

Ein besonderes Interesse an Kontakten hatten diejenigen Länder, die – wie die Luftwaffe – ebenfalls mit der MiG-29 ausgerüstet waren, insbesondere Polen und Ungarn. Ihr Hauptanliegen bestand darin, NATO-Verfahren zu erlernen und so schnell wie möglich in ihre nationalen Luftstreitkräfte einzuführen. Beim ungarisch-deutschen Austausch zwischen dem Jagdgeschwader 73 »Steinhoff« und dem Geschwader in Szentgyörgi im September 1995 trainierten erstmals deutsche Kampfbesatzungen mit denen eines ehemaligen Ostblocklandes gemeinsam.

Neben der technisch-taktischen Anpassung wollten die Beitrittskandidaten vor allem die »Command and Control«-Verfahren der NATO erlernen, um sie in ihren nationalen Verfahren zu verankern. Ein Beispiel: Im Oktober 1995 bat der Leiter der Luftwaffenabteilung der polnischen Offizierakademie die Führungsakademie der Bundeswehr um Unterstützung bei der Vorbereitung einer Stabsrahmenübung nach NATO-Verfahren. Zunächst wurden die Dozenten der polnischen Akademie an die Führungsakademie eingeladen.

Die in der gemeinsamen Arbeit zu bewältigenden Schwierigkeiten waren symptomatisch für die Probleme, die besonders Mitte der 90er Jahre mit nahezu allen ehemaligen Ostblockländern auftraten. Die westlichen Offiziere waren Eigenverantwortung gewohnt und zu Selbständigkeit erzogen, östliche Offiziere warteten auf Anweisungen, die sie ohne Abweichungen befolgen mußten. Daß die NATO-Verfahren Kreativität und Mitwirkung erforderten war »mentales Neuland« für die neuen Partner und führte mitunter zu einem Schock beim Führungspersonal der Beitrittsländer – zumal, wenn man unter Zeitdruck stand.

Kommunikationsprobleme ergaben sich zudem aus den Terminologien. Gleiche Bezeichnungen hatten unterschiedliche Bedeutungen. Simultanübersetzung hatte es im Warschauer Pakt nicht gegeben, selbst wenn sie vereinbart wurde, erfolgte eine Konsekutivübersetzung – was westliche Referenten bei Vorträgen regelmäßig irritierte. Die gravierenden Unterschiede führten anfangs häufig zu Mißverständnissen, die durch die in den 90er Jahren noch sehr hohe Sprachbarriere, besonders bei höheren Dienstgraden einiger Partnerländer, zusätzlich verschärft wurden.

Die von den Partnerländern gestellten Übersetzer waren oftmals Offiziere, die irgendwann einen Englischlehrgang absolviert hatten und einfach über bessere Kenntnisse als ihre Kameraden verfügten. Die zivilen Dolmetscher waren mit militärischen Fachausdrücken nicht vertraut. Häufig kamen Streß und Überarbeitung dazu. Nicht selten endeten Übersetzungsversuche in völliger Verwirrung der Zuhörer. Mangels genügend qualifizierten Personals übersetzten manche Übersetzer bis zu zwei Tage permanent in beide Richtungen.

Wozu bei allem guten Willen mangelnde Kenntnis des jeweils anderen Systems und Sprachprobleme führen konnten, illustriert die folgende Begebenheit:

Die Offizierschule bot einer östlichen Akademie einmal schriftlich an, einige Kadetten am (physisch und psychisch äußerst fordernden) Lehrgang »Überleben Land« in Schongau teilnehmen zu lassen. Es kamen sechs Fähnriche, die jedoch nach der Hälfte des Lehrgangs völlig entkräftet aufgeben mußten. Schuld war, wie sich herausstellte, ein Übersetzungsfehler, der dazu geführt hatte, daß die bestbenoteten Studenten der Politikwissenschaften für Schongau ausgesucht worden waren – leider gänzlich marschentwöhnt.

Denn aus »Überleben Land«-Ausbildung war in der Übersetzung ein Seminar »Rettet das Land« geworden. Für die betroffenen Studenten eine schmerzhafte Erfahrung, für die deutschen Ausbilder noch lange Anlaß zum Schmunzeln …

Bis zu ihrem Beitritt im April 1999 nahmen die Bitten der drei Beitrittsländer um Unterstützung zu, sowohl bi- als auch multinational. Die Luftwaffe wirkte nicht nur im fliegerischen und logistischen Bereich, sondern vor allem in der Luftverteidigung daran mit, die NATO-Eingliederung der Verbände der Beitrittsländer zu vereinfachen. Hierbei ist besonders die deutsche Beratergruppe in Ungarn zu erwähnen sowie die Ausrüstung und Ausbildung der slowenischen Luftwaffe mit dem Flugabwehrraketensystem Roland. Die Zahl der am PfP-Programm teilnehmenden Nationen wuchs in den folgenden Jahren auf 27. Die Luftwaffe unterstützte viele dieser Länder durch die Ausbildung von Spezialisten. Deutsche Berater standen bei Umstrukturierungen, Reduzierung von Streitkräften und bei der Einführung von NATO-kompatiblen Kommandostrukturen zur Seite. Luftwaffenoffiziere halfen bei der Umstellung der Offizier- und Unteroffizierausbildung, im Haushaltswesen und in der Personalbearbeitung.

Daß internationale Kooperation und Unterstützung der Luftwaffe – besonders für die PfP-Nationen – auch für unsere Soldaten lohnt, haben die multinationalen Einsätze auf dem Balkan, in Afrika und Afghanistan gezeigt. Die NATO besteht inzwischen aus 26 Nationen, weitere 20 Nationen nehmen an PfP teil. Aus diesen Staaten rekrutieren sich hauptsächlich die internationalen Kontingente, die gemeinsam in den Einsatz gehen.

Die laufende NATO-Erweiterung ist eine weitere Herausforderung für die Luftwaffe. Im Rahmen der Bündnisverteidigung unterstützt sie, zusammen mit anderen NATO-Ländern, seit 2004 die baltischen Staaten durch Luftraumüberwachung. Inzwischen werden Kampfflugzeuge für den Einsatz im Hoheitsgebiet dieser Staaten bereitgestellt – vor 15 Jahren noch unvorstellbar.

Daneben engagierte sich die Luftwaffe durch das Jahresprogramm und die militärische Ausbildungshilfe des Führungsstabs der Streitkräfte in weiteren Ländern rund um den Globus, von Argentinien bis China. Hierbei handelte es sich hauptsächlich um bilaterale Maßnahmen zwischen den jeweiligen Luftwaffen. Schulen und Verbände der Luftwaffe bilden ausländische Lehrgangsteilnehmer aus, deutsche Offiziere und Unteroffiziere nehmen umgekehrt an Lehrgängen in anderen Ländern teil.

Ziel der internationalen Kooperation der Luftwaffe ist es, einen nationalen militärischen Beitrag zur Schaffung von »stabilen Inseln« weltweit zu leisten, die eines Tages zusammenwachsen, und Unruheherde möglichst eindämmen. Zur Zeit pflegt die Luftwaffe über die militärische Ausbildungshilfe Kontakte zu

Ein herausragendes Beispiel des Dankes – die Ehrendoktorwürde der slowakischen Universität Kosice für Generalmajor a.D. Jörg P. Köpke

mehr als 60, über die Kooperationsprogramme zu über 30 Ländern. Im Jahre 2004 wurden 300 Einzelveranstaltungen mit diesen Ländern durchgeführt. Die Bandbreite reichte von Besuchen über Seminare und Kurzlehrgänge bis hin zur Teilnahme an Laufbahnlehrgängen. Mit Österreich wird in einigen Bereichen eine Modulausbildung durchgeführt, weitere deutsch-österreichische Projekte entstehen durch den gemeinsam genutzten Eurofighter.

Verbände und Einheiten der Luftwaffe sind in 34 offiziellen Patenschaften engagiert, davon drei mit polnischen Einheiten und sechs mit Einheiten der tschechischen Luftstreitkräfte. Die Zahl der Verbindungen zu Einheiten und Schulen unterhalb der Patenschaftsebene ist um ein Vielfaches höher.

Der historische Prozeß, der mit dem Fall der Mauer im November 1989 eingeleitet wurde, ist noch nicht beendet. Die Luftwaffe hat bis heute im Rahmen dieses Prozesses aktiv ihren Beitrag geleistet, selbst bei knapper werdenden Ressourcen. Auch in Zukunft wird die internationale Kooperation eine bedeutende Rolle spielen – ganz praktisch und nicht nur auf ministerieller Ebene im Rahmen der Militärpolitik. Und dies ist wichtig. Denn die Einsatzgebiete der Luftwaffe sind heute global, die Einsatztruppen multinational zusammengesetzt. Der Erfolg eines Einsatzes hängt unter anderem auch von der Kenntnis der kulturellen Hintergründe, Mentalitäten und Einsatzverfahren der jeweiligen Partner ab. Nur durch enge Kooperation in der Ausbildung und bei Übungen wird es gelingen, gemeinsame Standards im Einsatzfall auf der Basis gewachsenen Vertrauens anwenden zu können.

Öffnung und Kooperationsbereitschaft haben auf den richtigen Weg geführt. Vor allem jüngere Offiziere in den neuen Partnerländern erwiesen sich als lern-

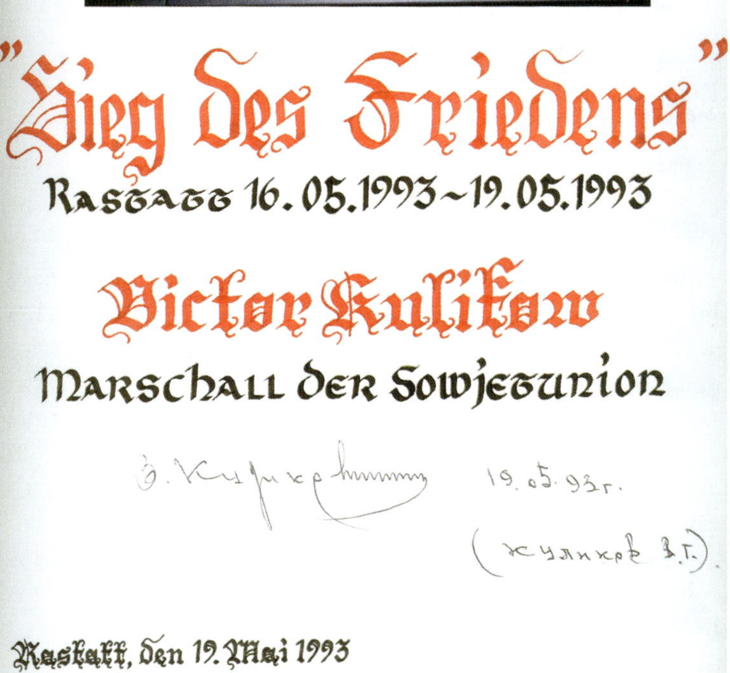

Viele Gästebücher belegen früher unvorstellbare Kontakte

willig und hochmotiviert. Viele von ihnen bekleiden heute Führungsfunktionen. Lobenswert war in allen Ländern die Neugierde, Motivation und die Bereitschaft, Neues zu lernen. Und die Luftwaffe hat in den zurückliegenden Jahren diese Bereitschaft immer wieder gern aufgenommen.

Von Erhac bis Mogadischu: Eine neue Qualität der Einsätze

30 Jahre hatte die Luftwaffe in Auslandseinsätzen auf fast allen Kontinenten Erfahrungen sammeln können. Doch ging es dabei immer um Hilfsaktionen, meist auf Bitten der betroffenen Länder. Die öffentliche und politische Wahrnehmung in Deutschland war wohlwollend gewesen, die Medienberichte für die Luftwaffe und die Bundeswehr insgesamt positiv. Daß bereits manche dieser Operationen mit Risiken für Leib und Leben der beteiligten Soldaten verbunden waren und daß diese gelegentlich unter primitivsten Bedingungen leben mußten, wurde selten herausgestellt.

Auch die erste Erweiterung eines ständigen Einsatzauftrages der Luftwaffe im Jahre 1990 wurde kaum wahrgenommen. Im Kalten Krieg hätte die Luftwaffe zwar – wie die Luftstreitkräfte der anderen Alliierten – aus hohen Bereitschaftsstufen im Fall eines Angriffs sofort reagieren können, doch war ein Waffeneinsatz im Frieden deutschen Streitkräften ausschließlich in der Selbstverteidigung erlaubt. Mit der Souveränität Deutschlands waren die alliierten Vorbehaltsrechte aufgehoben. Die bis dahin von den USA und Großbritannien garantierte Unversehrtheit des deutschen Luftraums ging in vollem Umfang auf die Bundesrepublik über. Nur die Luftwaffe verfügte über die erforderlichen Mittel für das Air Policing.

Daraus resultierte für sie ein ständiger Auftrag, den sie nunmehr seit dem 19. November 1990 ununterbrochen wahrgenommen hat. Seit diesem Datum stehen Verbände des Radarführungsdienstes und Jagdflugzeuge der Luftwaffe – im Rahmen der Integrierten NATO-Luftverteidigung – permanent in hoher Einsatzbereitschaft. Ihr neuer Auftrag schloß die Anwendung von Gewalt und den Waffeneinsatz ein, damals allerdings klar begrenzt auf Bedrohungen und Ziele »militärischer Natur«.

Um die Sensoren, Gefechtstände und Führungsnetze der NATO weiterhin nutzen zu können, beließ der Bundesminister der Verteidigung die Aufgaben des Air Policing grundsätzlich bei der Integrierten Luftverteidigung. Den Waffeneinsatz im deutschen Luftraum im Frieden stellte er jedoch unter einen Vorbehalt nationaler Zustimmung. Als nationalen Entscheidungsträger in einer solchen Lage ermächtigte er den Inspekteur der Luftwaffe – und von diesem beauftragte Luftwaffengenerale. Damit wurde der Luftwaffe nicht nur ein konkreter Dauereinsatzauftrag erteilt. Vielmehr erhielt die Luftwaffenführung bereits im Frieden eine Einsatzverantwortung neuer Qualität.

Golfkrieg 1991: Zurückhaltung und Solidarität

Während die Luftwaffe mit Fragen des neuen Auftrags, mit Umgliederungen und Auflösung von Verbänden beschäftigt war, überfiel Saddam Hussein im August 1990 das Emirat Kuwait. An der Durchsetzung der Resolution 678 des UN-Sicherheitsrats, mit der die Mitgliedsstaaten ermächtigt worden waren, den Irak »mit allen erforderlichen Mitteln« zum Rückzug aus Kuwait zu zwingen, beteiligte sich das wiedervereinigte Deutschland zwar nicht. Doch als der Bündnispartner Türkei die Allianz Ende 1990 um Unterstützung bat und der NATO-Rat die Entsendung der AMF (Air) zusagte, verlegten Anfang Januar 1991 auch 18 deutsche Alpha Jet nach Erhac.

Im weiteren Verlauf der Operation Southern Guard wurden im Februar drei FlaRak-Staffeln aus Bremervörde und Hanau mit Hawk- und Roland-Systemen an die Flugplätze Dijabakir und Erhac verlegt, um die Kräfte der AMF (Air) zu schützen. An der Operation Southern Guard war die Luftwaffe zudem mit Personal an Bord von NATO-AWACS-Flugzeugen beteiligt. Außerdem wurde zur Unterstützung der US-Streitkräfte in der Türkei Material der ehemaligen NVA bereitgestellt. Die Einsätze der Luftwaffe bei Southern Guard in der Türkei wurden ohne Verwicklungen in Kampfhandlungen, ohne Waffeneinsatz und ohne Verluste abgeschlossen. Die Rückverlegung der deutschen Truppenteile in die Heimat erfolgte bis Ende März 1991.

Kurz nach Ende des Golfkrieges und der NATO-Operation Southern Guard entschloß sich die Bundesregierung, einen Beitrag zu den multilateralen Bemühungen zur Versorgung und Rückführung sowie für den Schutz von über 1,5 Millionen Flüchtlingen aus dem Irak – überwiegend Kurden – im türkischen und iranischen Grenzgebiet zu leisten. Anfang April wurde eine Luftbrücke eingerichtet, die von den Lufttransportverbänden der Luftwaffe und Einheiten der Heeresflieger betrieben wurde.

Allein die Luftwaffe leistete in dieser Operation, die drei Monate dauerte, bei fast 400 Transportflügen in die Türkei und in den Iran 5.650 Flugstunden. Auch die Transportflugzeuge der ehemaligen NVA, die zum Lufttransportgeschwader 65 gehörten, die An-26, die Il-62, die Tu-154 und Tu-134, kamen zum Einsatz. Neben der Luftwaffe und den Heeresfliegern waren Pioniere und Sanitätspersonal an der Operation beteiligt. Doch obwohl es sich bei dem Einsatz um die bis dahin größte Hilfsaktion in der Geschichte der Bundeswehr handelte, stieß er in der Öffentlichkeit nur auf begrenztes Interesse.

Luftbrücke Mombasa – Mogadischu mit C-160

Bis Juni 1991 hatte Deutschland militärische Aktionen auf irakischem Territorium und im irakischen Luftraum sorgfältig vermieden. Das änderte sich mit der Entscheidung der Bundesregierung, die UN-Sonderkommission zur Untersuchung des irakischen Potentials an Massenvernichtungswaffen zu unterstützen. Der deutsche Beitrag beinhaltete unter anderem Lufttransport für die UN-Inspektoren. Er stellte sich als langfristiges Engagement heraus: Für mehr als fünf Jahre war durchgehend eine Transall der Luftwaffe in Bahrain stationiert, bis September 1996 wurden insgesamt 4.450 Flüge durchgeführt.

Zeitgleich kam es in Afrika zu einem längerfristigen Engagement. Im August 1992 waren zwei C-160 in Mombasa, Kenia, stationiert worden. Von dort aus beteiligte sich die Luftwaffe bis März 1993 an einer Luftbrücke nach Mogadischu, um in Somalia Not und Hunger zu lindern. Pro Tag wurden zwei bis drei Einsätze geflogen mit jeweils etwa neun Tonnen Hilfsgütern an Bord. Doch in Somalia herrschte Bürgerkrieg. Im Anflug auf die somalische Hauptstadt wurde eine Transall beschossen. Noch bevor der Bundestag den Einsatz eigener Truppen in Somalia billigte, war damit klar geworden, daß auch humanitäre Aktionen »harten« Einsatzbedingungen unterliegen. Um so beachtlicher, daß über die Luftbrücke Mombasa-Mogadischu mit 435 Hilfsflügen 3.800 Tonnen Nahrungsmittel in das notleidende Somalia gebracht werden konnten.

Als Mitte 1993 ein verstärktes Nachschub- und Transportbataillon nach Belet Huen verlegte, um die Blauhelmtruppen von UNOSOM II logistisch zu unterstützen und bei der Verteilung von Hilfsgütern und bei humanitären Aktionen mitzuwirken, wurde durch die Luftwaffe in Dschibuti ein Lufttransportstützpunkt eingerichtet und bis Ende März 1994 betrieben. Hier waren 120 Soldaten der Luftwaffe eingesetzt. Unter extremen Einsatzbedingungen und latenter Bedrohung wurden bis zum Abschluß der Aktion über 21.000 Passagiere befördert und 6.350 Tonnen Material sowie Versorgungs- und Hilfsgüter transportiert.

Erste Erkenntnisse

Die Einsätze in den frühen 90er Jahren brachten der Luftwaffe insgesamt wichtige Erfahrungen. Entsprechend sorgfältig mußten die Analyse der Erkenntnisse und die Maßnahmen zum Abbau der Defizite erfolgen. Es gab viele Felder, die der Nachsteuerung bedurften.

Zum einen war deutlich geworden, wie sehr sich die operationellen Forderungen gegenüber der Zeit des Kalten Krieges verändert hatten: Die Schwierigkeiten beim Lufttransport des Flugabwehrraketensystems Roland wären zum Beispiel in Mitteleuropa niemals aufgetreten. Doch für die Verlegung der Systeme in eine andere Region fehlte Lufttransportkapazität für sperriges Gerät. Die Defizite wurden öffentlich sichtbar, als die Medien darüber berichteten, daß die Crew einer gecharterten An-124 den Transport von Waffensystemen verweigert hatte. Letztlich verlegten amerikanische Transportflugzeuge das Material in die Türkei.

Zweites Beispiel: Als irakische Scud-Raketen gegen Saudi-Arabien, Katar und Israel zum Einsatz kamen, zeigte sich, daß durch taktische Flugkörper eine Bedrohung entstanden war, gegen die selbst das moderne Waffensystem Patriot nur eine begrenzte Abwehrfähigkeit besaß. Zwar hatte Patriot einige spektakuläre Erfolge gegen die Scud erzielt, doch offenbarte eine detaillierte Analyse der Einsätze später auch Schwächen. Da nach dem Zerfall des Warschauer Paktes eine unkontrollierte Weitergabe von Massenvernichtungswaffen nicht auszuschließen war, erhielt die Abwehr taktischer Flugkörper auf einmal Priorität – auch in der Luftwaffenplanung. Eine Folge war 1995 das »Statement of Intent« über ein gemeinsames Medium Extended Air Defense System (MEADS), geschlossen zwischen den USA, Deutschland und Italien.

Doch neben der Auswertung von praktischen und operationellen Erkenntnissen galt es vor allem, die Akzeptanz von Auslandseinsätzen zu verbessern. Hierzu mußten zunächst die Grundlagen verbindlich geklärt werden. Wenn politischer Streit und zivile Proteste den Weg in den Einsatz begleiten, wie dies im Zusammenhang mit dem Golfkrieg der Fall gewesen war, ist es schwierig, von der Truppe selbstlose Loyalität zu fordern. Die kritischen Fragen, denen sich Verteidigungsminister Stoltenberg stellen mußte, als er die Soldaten in der Türkei besuchte, machten deutlich, daß die Konsequenzen der neuen Lage selbst den Betroffenen nur unzureichend vermittelt worden waren.

Und ein klares politisches Bekenntnis zu Auslandseinsätzen war kurzfristig nicht zu erreichen. Im Bundestag fand im Frühjahr 1991 nur ein Minimalkonsens eine Mehrheit, der UN-Blauhelmeinsätze mit Selbstverteidigungsrecht zuließ. Angesichts der zahlreichen Krisenherde in der Welt wandelte sich jedoch in der NATO das Selbstverständnis: Das Bündnis war im Begriff, »out of area« zu gehen. Schon im November 1991 stellte ein neues Strategiekonzept die Sicherheit der Allianz in einen globalen Kontext.

Mit den »Verteidigungspolitischen Richtlinien« schrieb Verteidigungsminister Volker Rühe im November 1992 den erweiterten Auftrag der Bundeswehr fest. Auch die deutschen Streitkräfte durften damit außerhalb des Bündnisgebietes eingesetzt werden. Die Aufgabenerweiterung konnte für die Luftwaffe nicht ohne Folgen bleiben. Und teilweise waren die Folgen zu diesem Zeitpunkt bereits Realität. So wurden die Grundlagen für die Erweiterung des Auftrags schrittweise verbessert. Vollständige Klarheit schaffte allerdings erst das Urteil des Bundesverfassungsgerichts zwei Jahre später.

Krisenregion Balkan

Humanitäre Unterstützung

Jugoslawien, aus Teilen der Habsburger Monarchie und des Königreichs Serbien 1918 entstanden, hatte nie zu einer stabilen staatlichen Einheit gefunden. Das serbisch dominierte Völkergemisch zerfiel nach Titos Tod. Im Bürgerkrieg von 1991 bis 1995 zwischen Serben, Kroaten und moslemischen Bosniaken waren Zerstörung, Vertreibung und Massaker an der Zivilbevölkerung an der Tagesordnung.

Die Verbrechen an der Zivilbevölkerung wurden auch nicht verhindert, als UN-Schutzzonen eingerichtet und Blauhelm-Soldaten einer UN-Schutztruppe entsandt wurden. Die Lage in und um Sarajevo, insbesondere der Massenmord von Srebrenica im Juli 1995 – innerhalb einer UN-Schutzzone und unter den Augen der UN-Soldaten – machten deutlich, daß weder das Mandat noch die Ausrüstung oder die Befugnisse geeignet waren, den UN-Auftrag durchzusetzen. Srebrenica wurde zu einem Signal für das internationale Eingreifen auf dem Balkan – und hatte damit auch für den späteren Einsatz der Luftwaffe Bedeutung.

Aufgrund der desolaten Versorgungslage in Bosnien war die Bundeswehr in der Balkanregion bereits seit Mitte 1992 engagiert. Von einem Lufttransportstützpunkt im kroatischen Zagreb flogen Transall Hilfsgüter in das umkämpfte Sarajevo. Erstmals waren die Transportflugzeuge der Luftwaffe ständig einer aktiven Bedrohung durch Luftabwehrsysteme ausgesetzt. Um die Gefahr zu verringern, wurden spezielle, fliegerisch höchst anspruchvolle Anflugverfahren angewandt. Darüber hinaus wurden die eingesetzten Luftfahrzeuge im Rahmen von Sofortmaßnahmen mit Selbstschutzsystemen und Teilpanzerung gegen Beschuß ausgerüstet.

Wie sehr die Vorsorge berechtigt war, zeigte der 6. Februar 1993. Auf dem Flug von Zagreb nach Sarajevo wurde eine C-160 des Lufttransportgeschwaders 62 von einer Luftabwehrrakete getroffen. Der Besatzung gelang mit dem schwer beschädigten Flugzeug die Umkehr nach Zagreb und eine erfolgreiche Landung. Der beim Beschuß durch Splitter schwer verletzte Ladungsmeister konnte nach mehreren Notoperationen vollständig wiederhergestellt werden.

Wegen der anhaltenden Bedrohung auf der Strecke Zagreb-Sarajevo wurden die deutschen Hilfsflüge später von Falconara an der italienischen Adria-Küste durchgeführt. Noch mehrfach wurden die Flugzeuge beschossen – achtmal in der Luft und viermal am Boden – und erhielten dabei zwei leichte Treffer, die jedoch ausschließlich zu kleineren Materialschäden führten. Als Anfang 1996 die internationale Luftbrücke eingestellt wurde, da Sarajevo auf dem Landweg wieder erreichbar war, hatte die Luftwaffe in einem mehr als 40-monatigen Dauereinsatz fast 11.000 Tonnen Hilfsgüter und mehr als 3.800 Personen befördert.

Die katastrophale Versorgungslage in Bosnien betraf aber nicht nur Sarajevo. Von März 1993 bis August 1995 unterstützten deutsche Transall in über 320 Nachteinsätzen, die aus Frankfurt am Main durchgeführt wurden, die notleidende Bevölkerung in Ostbosnien durch den Abwurf von 2.100 Tonnen Hilfsgütern aus der Luft. Das ausschließlich nachts angewandte »Air Drop«-Verfahren erforderte hohes fliegerisches Können, um so mehr, als diese Flüge zum gegenseitigen Schutz im Verbund mit amerikanischen C-130 Hercules und französischen Transall C-160 durchgeführt wurden.

Die Operationen Deny Flight und Deliberate Force

Von den Operationen Sky Monitor und Deny Flight, mit denen die NATO das UN-Flugverbot über Bosnien überwachte, war Deutschland nur durch seine Soldaten an Bord der AWACS-Flugzeuge betroffen. Allerdings stellte die Luftwaffe den Kommandeur und 40 Prozent des Personals der NATO-AWACS-Flotte. Und Deny Flight sollte große Bedeutung erlangen, nicht zuletzt wegen der leidenschaftlichen und kontroversen Diskussionen in Politik und Öffentlichkeit. Denn es war ein Antrag der SPD-Bundestagsfraktion gegen diesen Einsatz, der 1994 letztlich die verfassungsrechtliche Klärung zum Einsatz deutscher Soldaten im Ausland herbeiführte.

Pressekonferenz von Verteidigungsminister Rühe mit Generalleutnant Mende (li.) und Brigadegeneral Jertz

Im Juni 1995 entschied die Bundesregierung, Lufttransportkräfte für die Versorgung der UN-Friedenstruppen außerhalb Bosnien-Herzegowinas bereitzustellen und zum Schutz der Luftnahunterstützung für den Schnellen Einsatzverband ECR- und Aufklärungs-Tornados zu entsenden. Der folgende Bundestagsbeschluß wurde mit klarer Mehrheit gefaßt, später sogar mehrfach erweitert. Zum ersten Mal seit Aufstellung der Bundeswehr waren die Voraussetzungen für die Entsendung deutscher Soldaten in einen bewaffneten Einsatz geschaffen.

Als sich der Auftrag abzeichnete, begannen das Jagdbombergeschwader 32 und das Aufklärungsgeschwader 51 »Immelmann« umgehend mit den Vorbereitungen. Sie wurden rasch und unbürokratisch unterstützt. Zunächst ging es um technische Verbesserungen. Alle für den Einsatz vorgesehenen Tornados wurden mit »Have Quick Radios« ausgestattet, um die gesicherte Kommunikation aus dem und in das Cockpit zu verbessern. In die hinteren Cockpits wurde zusätzlich ein Global Positioning System (GPS) eingebaut. Mehrere ECR-Tornados erhielten Aufzeichnungsgeräte zur Erstellung einer präzisen »Electronic Order of Battle«. Zusätzlich wurden die Triebwerke modifiziert. Schließlich erhielten alle Tornados einen neuen Anstrich, für die Einsatzflüge wurde die graue Tarnung der Jagdflieger aufgetragen.

In die fliegerische Vorbereitung wurden die Hochwertausbildung in Decimomannu, in Goose Bay und Nellis sowie Übungen auf deutschen und englischen Schießplätzen einbezogen. Einen Schwerpunkt bildeten Betankungsübungen mit Tankflugzeugen von Verbündeten, aber auch im »Buddy-Buddy«-Verfahren zwischen eigenen Tornados. Genau so ernst genommen wurde die Vorbereitung auf mögliche Extremsituationen im Einsatz, vom Ausschuß über »Feindgebiet«, Gefangenschaft, Flucht bis hin zu Verwundung und Tod.

Bereits wenige Tage nach dem Bundestagsbeschluß verlegte das Vorkommando eines maßgeschneidert zusammengestellten Einsatzgeschwaders 1 (EG 1) der Luftwaffe auf den italienischen Luftwaffenstützpunkt Piacenza. Das Hauptkontingent folgte mit über 800 Tonnen Gerät und Material kurz darauf – eine logistische Meisterleistung. Dann landeten acht ECR-Tornados aus Lechfeld und sechs Recce-Tornados aus Jagel in Piacenza. Der in der mittleren Po-Ebene gelegene Flugplatz war für die nächsten sechs Jahre Heimat des EG 1 geworden.

Öffentlichkeitsarbeit gehört zum Einsatz – der erste nationale Befehlshaber, Brigadegeneral Jertz (Mitte), und der erste Kommodore des Einsatzgeschwaders 1, Oberst Dora (2. v. re.), vor der Presse

Im Durchschnitt taten 460 Luftwaffensoldaten Dienst in Piacenza. Weitere 60 Mann des Einsatzkontingentes der Luftwaffe waren in Vicenza eingesetzt. Der Nationale Befehlshaber im Einsatzland im Range eines Brigadegenerals war gleichzeitig Kommandeur Einsatzkontingent Luftwaffe. Als nationaler Repräsentant im CAOC Vicenza hatte er sicherzustellen, daß das Bundestagsmandat bei den Planungen der NATO nicht verletzt wurde. Diese »diplomatische« Einsatzverantwortung war seine wichtigste und bisweilen heikelste Aufgabe.

Nach der uneingeschränkten Einsatzunterstellung unter die NATO fand der erste Einsatzflug des EG 1 am 7. August 1995 statt. ECR-Tornados beschützten amerikanische Jagdbomber bei Flügen über Bosnien im Raum Sarajevo. Ab Ende August beteiligten sich auch die Recce-Tornados an den Einsätzen. Im Einsatzgebiet hatten die NATO-Luftstreitkräfte Luftherrschaft. Allerdings bestand in niedrigen und mittleren Höhen eine Bedrohung durch radargesteuerte Luftverteidigung, Flugabwehrwaffen sowie durch die Artillerie der Serben.

Bei einem typischen Einsatz begleiteten zwei ECR- und zwei Recce-Tornados einen größeren Jagdbomberverband der verbündeten Luftstreitkräfte. Über der Adria traf man sich, wurde nochmals aufgetankt und erhielt letzte Anweisungen, bevor man in das Einsatzgebiet einflog. Auf dem Rückweg flog man je nach Restkraftmenge erneut an den Tanker oder direkt zurück nach Piacenza.

Zu umfangreichen Einsätzen unter deutscher Beteiligung kam es bei der Operation Deliberate Force, in der die NATO-Luftstreitkräfte bei 3.000 Einsätzen rund 350 Ziele bekämpften. EG 1 war mit 160 Einsätzen beteiligt. Dabei wurden keine Waffen verschossen. Gleichwohl war der deutsche Beitrag für den Erfolg der Operation von hoher Bedeutung, weil insbesondere durch die ECR-Tornados die Wirksamkeit der gegnerischen radargesteuerten Luftverteidigung entscheidend reduziert wurde.

Deliberate Force brachte den angestrebten Erfolg. Die Wirkung von gezielt eingesetzter, konzentrierter Luftmacht öffnete den Weg zu den Vereinbarungen von Dayton und hatte auch für den Friedensvertrag von Paris Bedeutung. Folge war die Entsendung einer multinationalen Implementation Force (IFOR) unter NATO-Führung, die im Dezember 1996 in die ebenfalls NATO-geführte Stabilisation Force (SFOR) überging. Das EG 1 blieb in unveränderter Stärke Teil des deutschen Beitrages für IFOR und später für SFOR. Dabei war der Einsatz nicht mehr auf »Unterstützung des Schnellen Einsatzverbandes« beschränkt. Vielmehr konnten sich die deutschen Kräfte im Rahmen der Operationsplanung der NATO an allen Luftoperationen beteiligen.

Insgesamt waren durch das EG 1 zum Schutz des Schnellen Einsatzverbandes 502 ECR-Einsätze und 420 Einsätze der Recce-Tornados geflogen worden. Im Rahmen von IFOR stehen 1.006 ECR- und 1.087 Recce-Einsätze zu Buche. Alle Flüge, auch die nachfolgenden SFOR-Einsätze, wurden ohne Zwischenfälle und ohne unmittelbare Kampfhandlungen durchgeführt. Darüberhinaus wurden durch die Luftwaffe im Zusammenhang mit IFOR zur Unterstützung des Luftwaffenkontingents in Italien, der anderen deutschen Kontingente sowie der NATO 752 Lufttransporteinsätze geflogen; hierbei wurden innerhalb von zwölf Monaten mehr als 48.000 Passagiere befördert. Eine vergleichbare Einsatzfrequenz wurde in den Folgejahren auch für SFOR geleistet.

Tornados bei Allied Force

Allied Force

Während sich in Bosnien-Herzegowina, nicht zuletzt aufgrund der Leistungen von IFOR und SFOR, die Lage stabilisierte, spitzte sich der Kosovo-Konflikt Anfang 1998 zu. Alle politischen und diplomatischen Anstrengungen, selbst wirtschaftliche Sanktionen, hatten die Gewalt gegen die Kosovo-Albaner nicht stoppen können. Zwar führte die Androhung von Luftschlägen der NATO im Oktober 1998 vorübergehend zu einem Einlenken. Es kam Anfang 1999 zu Verhandlungen in Rambouillet und Paris, die jedoch an der Haltung der Belgrader Führung scheiterten. Und die serbischen Streit- und Sicherheitskräfte gingen mit zunehmender Brutalität gegen die Kosovo-Albaner vor. So blieb ein militärisches Eingreifen das einzige Mittel, den »ethnischen Säuberungen« Einhalt zu gebieten. Ab 24. März 1999 wurde mit der Operation Allied Force der im Oktober angedrohte Luftschlag in die Wirklichkeit umgesetzt.

Die Luftwaffe beteiligte sich an Allied Force mit dem weiterhin in Piacenza stationierten Einsatzgeschwader 1. Damit nahm Deutschland erstmals mit bewaffneten Streitkräften an einer friedensschaffenden Operation der Nordatlantischen Allianz teil.

Die Luftwaffe hatte das Einsatzgeschwader 1 optimal für die Einsätze im Rahmen Allied Force vorbereitet. Das Geschwader war personell auf etwa 500 Soldaten und Zivilbeschäftigte verstärkt worden. Die Unterstützungsgruppe stellte den Flugbetrieb zu jeder Zeit sicher. Durch personelle und materielle Unterstützung aus den Luftwaffenwerften konnten vor Ort Instandsetzungen bis zur Materialerhaltungsstufe 2 durchgeführt werden.

Als die Operation Allied Force ihren Höhepunkt erreichte, waren vom EG 1 mit seinen zehn ECR- und vier Recce-Tornados allein im Mai 1999 über 1.000 Flugstunden zu leisten. Zum Vergleich: Ein Tornado-Geschwader mit ca. 40 Flugzeugen erreicht im Inland

Zum Beginn von Allied Force ein Bericht des EG 1:

»Als die Besatzung des Lechfelder ECR-Tornado mit der Seriennummer 46+50 in der Nacht des 24. März 1999 als Formationsführer einer Zweier-Formation über der Adria in Richtung des zugeteilten Luftbetankungsgebietes unterwegs war, war die Anspannung spürbar größer als sonst. Im Gegensatz zu den letzten Monaten, in denen die Einsatzbereitschaft mehrfach erhöht worden war, schien es diesmal ernst zu werden.
Der Einsatzbefehl für die Luftoperationen aus dem NATO-Gefechtsstand in Vicenza gab für die ECR-Tornados klare Anweisungen: Niederhalten der gegnerischen Luftabwehr im südlichen Serbien und im Kosovo, um für die Kampfflugzeuge der NATO die Bedrohung durch serbische Luftverteidigung zu minimieren. Das Einsatzgebiet war den Besatzungen bestens vertraut. In den letzten Wochen war man bereits häufig im Rahmen ›Verbundener Luftkriegsoperationen‹ in die unmittelbare Nähe des Kosovo geflogen, um ›Flagge zu zeigen‹ und die Entschlossenheit der NATO zu demonstrieren. Allerdings, der angestrebte Erfolg war ausgeblieben, Milosevic zeigte sich unbeeindruckt. Die Greueltaten an den Kosovo-Albanern nahmen kein Ende.
Die beiden ECR-Tornados waren bereits über eine Stunde in der Luft, als sie sich dem Großtanker, einer amerikanischen KC-10, annäherten. Die Luftbetankung, obwohl immer wieder geübt, stellte jedesmal eine Herausforderung dar, insbesondere bei Nacht. Zentimetergenau mußte der Pilot das Flugzeug bewegen, um mit dem Betankungsstutzen den Korb am Ende des Betankungsschlauchs zu treffen und den Kontakt zu halten. Trotz der Anspannung führten beide Crews den Betankungsvorgang routiniert durch. Um das Flugzeug in Position zu halten, wählte der Pilot für die letzten benötigten 600 Liter den Nachbrenner an. Mit den beiden HARM am Rumpf lag der Tornado besonders schwer in der Höhe von 22.000 Fuß.
Vollbetankt flog die Formation weiter in Richtung Albanien und von dort in den Kosovo. Die Besatzung sprach jetzt nur noch das Wichtigste und konzentrierte sich voll auf das jahrelang Geübte. Die sonst üblichen ›lockeren‹ Sprüche unterblieben spätestens, als die Besatzung auf die Frequenz der NATO-AWACS umschaltete, um dann vor allen anderen ca. 50 Kampfflugzeugen der ›Verbunden Luftkriegsoperation‹ in das Einsatzgebiet einzufliegen.
Insgeheim hoffte die Besatzung des ECR-Tornado noch immer, daß jeden Moment der verschlüsselte Funkspruch durchgegeben würde, die Operation werde abgebrochen und man könne nach Piacenza zurückfliegen. Als sie jedoch die ersten Tomahawk-Einschläge sahen, war ihnen klar, daß Allied Force begonnen hatte.«

7.000 bis 8.000 Stunden in einem ganzen Jahr. Angesichts dieses Leistungsdrucks erklärte der Inspekteur, Generalleutnant Rolf Portz, den Einsatz des EG 1 zur »Herausforderung für die gesamte Luftwaffe«. Ein Drittel des in Piacenza eingesetzten Personals stammte nicht aus den Heimatgeschwadern der ECR- und Recce-Tornados. In Lechfeld wurden zwei zusätzliche Docks mit Technikern aus anderen Geschwadern betrieben, um den Flugstundenvorrat zu gewährleisten.

Träger des Einsatzes waren ohne Zweifel die Piloten und Waffensystemoffiziere. Die Einsätze der ECR-Tornados erfolgten Tag und Nacht, rund um die Uhr, sieben Tage die Woche. Im Durchschnitt waren täglich vier Tag- und vier Nachteinsätze zu leisten. Die Planung sah vor, daß jeweils eine Zweier-Formation ein »Window« von 45 Minuten im Einsatzgebiet abdeckte, dann von der zweiten Formation abgelöst wurde, um – nach Luftbetankung – ein weiteres »Fenster« abzudecken. Es gab Fälle, in denen in einem Flug drei »Fenster« sicherzustellen waren. Die durchschnittliche Einsatzdauer für die ECR-Tornados betrug sechs Stunden – in Spitzen bis zu siebeneinhalb Stunden – und beinhaltete neben der Hin- und Rückflugzeit von zweieinhalb Stunden in der Regel drei Betankungsvorgänge.

Speziell die ECR-Besatzungen standen unter extremem Erfolgsdruck. Sie hatten die gegnerische Luftverteidigung so niederzuhalten, daß die nachfolgenden 50 bis 60 Jagdbomber und Jagdflugzeuge überhaupt erst in das zugewiesene Einsatzgebiet im Kosovo oder Südserbien einfliegen konnten. Der ECR-Tornado erwies sich als »Force Enabler« für die Gesamtoperation. Daher standen in Piacenza neben den vier für den nächsten Einsatz vorgesehenen Flugzeugen ständig zwei Ersatzflugzeuge als »Hot-Spare« zur Verfügung. Auf diese Weise konnte während der gesamten Operation jeder der gestellten Einsatzaufträge erfüllt werden.

Der Befehlshaber, Generalleutnant Höche, begrüßt die Besatzung nach Rückkehr vom ersten Einsatzflug Allied Force persönlich

Der Einsatz der ECR-Tornados war vor allem gegen das Flugabwehrraketensystem SA-6 gerichtet. Dieses Waffensystem entsprach in seinen Leistungsparametern in etwa der Hawk und zeichnete sich wie diese durch hohe Mobilität aus. Für Verlegungen nutzten die Serben die im Kosovo meist in Nord/Süd-Richtung verlaufenden Straßen, von den ECR-Besatzungen bald als »SA-6-Alley« bezeichnet. Die bevorzugte Einsatztaktik der serbischen SA-6-Kräfte war es, Daten aus dem Frühwarnradar-Verbund zu nutzen und das eigene Erfassungsradar erst kurz vor dem Abschuß eines Flugkörpers einzuschalten.

Die Zielverfolgungsradargeräte wurden sogar erst nach dem Abschuß der Flugkörper – oftmals mehrerer – eingeschaltet, in der Hoffnung, so zumindest eines der NATO-Flugzeuge zu erreichen. Wo ECR-Tornados der Luftwaffe eingesetzt waren, blieb diese Taktik erfolglos. Inwieweit die von ECR-Tornados eingesetzten HARM die serbischen Radargeräte zerstört haben, ist nicht belegt. Fest steht, daß gegen Ende der Operation von ursprünglich über 20 serbischen SA-6-Systemen nur noch vier bis sechs ausgemacht wurden.

Die Recce-Tornados wurden erst ab Mai eingesetzt. Zu diesem Zeitpunkt ging es zunehmend darum, detaillierte Aufklärungsergebnisse über die Entwicklung im Einsatzgebiet zu erzielen.

Der Einsatz der Aufklärerversion verlief bis in das Einsatzgebiet im Prinzip wie für die ECR-Tornados. Die Einsätze erfolgten allerdings nur bei Tageslicht, meist in einer Zweierformation und stets im Verbund mit weiteren Kampfflugzeugen der NATO. Die Verweildauer im Einsatzraum betrug je nach Position der Aufklärungsziele meist nicht mehr als 20 Minuten, so daß in der Regel nicht mehr als zwei Betankungsvorgänge notwendig waren und der Gesamteinsatz nicht länger als vier Stunden dauerte.

Die Recce-Tornados waren mit photo-optischen Kameras ausgestattet. Im Einsatzgebiet erzielte Bilder wurden unmittelbar nach der Landung in Piacenza im Geschwader entwickelt und ausgewertet. Die Aufklärungsergebnisse waren für die militärische und die politische Führung von hohem Wert. Das Bildmaterial, das nicht selten serbische Verbrechen im Kosovo dokumentierte, wurde regelmäßig zur Lageunterrichtung des Bundesministers der Verteidigung genutzt. Die Übermittlung erfolgte digital, in Einzelfällen wurden die Bilder mit eigens eingesetzten Luftfahrzeugen transportiert.

Die Operation Allied Force wurde nach 79 Tagen intensiver Kampfeinsätze am 10. Juni 1999 beendet. 14 Nationen hatten bis zu 900 Flugzeuge für diesen

Vom Ende der Operation berichtet der Kommodore, Oberst Peter Schelzig:

»Anfang Juni 1999 schien sich die Situation zu entspannen. Die serbische Seite hatte zugestimmt, mit der NATO ein sogenanntes ›Technical Agreement‹ auszuhandeln. Seit dem 4. Juni saßen die Parteien am Verhandlungstisch. Die Einsätze der NATO-Luftstreitkräfte wurden fortgeführt, aber es fanden keine Kampfhandlungen mehr statt. Die Stimmung im Geschwader war von der Hoffnung auf ein baldiges Ende der Einsätze geprägt.

Als ich am 6. Juni 1999, nach dem Start der ersten Welle, zum sonntäglichen Feldgottesdienst fahren wollte, wurde ich durch einen Anruf des deutschen Luftwaffengenerals im NATO-Gefechtsstand in Vicenza aufgehalten. Die Mitteilung war ernüchternd: Die serbische Abordnung habe soeben den Verhandlungstisch verlassen, die NATO werde mit der Nachtwelle die Einsätze wieder in vollem Umfang aufnehmen. Verspätet und nachdenklich erreichte ich den wie immer gut besuchten Gottesdienst. Die Soldatengemeinde sang das Lied ›Shalom, Frieden‹. Hierbei war die Hoffnung aller Anwesenden auf das Ende des Kampfeinsatzes, den man bisher ohne Verluste überstanden hatte, deutlich zu spüren. Nach Ende des Liedes begrüßte mich der Militärpfarrer und bat: ›Herr Oberst, erzählen Sie uns doch vom letzten Stand der Friedensverhandlungen.‹ Als ich den Versammelten von dem Anruf aus Vicenza und den daraus folgenden Konsequenzen berichtete, konnte man wahrnehmen, daß die Gebete noch inniger gesprochen wurden.

Am selben Abend flogen unsere Besatzungen wieder in das Einsatzgebiet. Noch zwei Tage und Nächte wurden die NATO-Luftoperationen unter dem Schutz unserer ECR-Tornados fortgeführt. Am 9. Juni endlich gab die serbische Seite dem Druck nach und unterschrieb das ›Military Technical Agreement‹. Einen Tag später, wurde die Operation Allied Force eingestellt. Der Weg zum Frieden im Kosovo war bereitet.

Die Angehörigen des EG 1 waren erleichtert. Und sie waren stolz auf ihre Leistung und ihren Beitrag für das friedliche Zusammenleben der Menschen im Kosovo.«

Abschuß einer HARM-Rakete aus der Perspektive des Flugzeugführers

NATO-Einsatz bereitgestellt. Im Verlauf der Operation wurden von 40 Flugplätzen mehr als 38.000 Einsätze geflogen. Zum ersten Mal in der Geschichte war eine kriegerische Auseinandersetzung mit friedensschaffendem Auftrag ausschließlich durch die Anwendung von Luftmacht, ohne Einsatz von Kampftruppen am Boden, beendet worden.

Die Luftwaffe trug mit dem Einsatzgeschwader, insbesondere durch die Fähigkeiten des ECR-Tornado, wesentlich zum Erfolg der Gesamtoperation bei. Die Leistungen und die Professionalität des Luftwaffenpersonals fanden international hohe Anerkennung.

In der Einsatzbilanz von Allied Force standen für die Luftwaffe am Ende annähernd 2.700 Einsatzflugstunden, 66 Einsätze mit dem Recce-Tornado und 438 Einsatzflüge mit dem ECR-Tornado sowie der Verschuß von 236 Anti-Radar-Raketen.

Nach Abschluß der Operation wurden die ECR-Tornados nach Lechfeld zurückverlegt und standen dort bereit zurückzukehren, falls die Lage auf dem Balkan dies erfordert hätte. Die Aufklärer verblieben weitere zwei Jahre in Piacenza, um SFOR und die nach dem Ende von Allied Force eingesetzten Kosovo Forces (KFOR) zu unterstützen. Ende Juli 2001 wurde der Einsatzflugbetrieb des EG 1 eingestellt. Personal und Tornados kehrten in ihren Heimatstandort nach Jagel zurück.

Seit seiner Indienststellung im Juli 1995 hatte das Einsatzgeschwader 1 insgesamt 7.274 Einsatzflüge mit annähernd 22.000 Flugstunden verzeichnet.

Streitkräftegemeinsame Einsätze

Reinrassige Einsätze einer einzigen Teilstreitkraft – wie Allied Force – blieben bisher die Ausnahme. Und so war die Luftwaffe inzwischen an zahlreichen Einsätzen beteiligt, für die im Schwerpunkt andere Teilstreitkräfte, die Streitkräftebasis oder der Zentrale Sanitätsdienst verantwortlich zeichneten. Für IFOR und SFOR, sowie auch für die Nachfolgeoperation, unterhielt die Luftwaffe in Bosnien keine eigenen Kontingente, sondern integrierte einzelne Soldaten, manchmal kleine Truppenteile, in die Kontingente von Heer und Streitkräftebasis.

Hohe Anerkennung erhielt der Einsatz der Objektschutzkräfte der Luftwaffe im Rahmen von KFOR, wo die Luftwaffensoldaten zusätzlich zur Kampfmittelbeseitigung und zu Pionieraufgaben herangezogen wurden. Auch an der Task Force Fox in Mazedonien war die Luftwaffe mit einem Feldlager und über 100 von insgesamt 600 Soldaten beteiligt.

Aber nicht nur im Ausland wurde streitkräftegemeinsam gehandelt. Stellvertretend für viele Hilfseinsätze im Inland steht der Hilfs- und Katastropheneinsatz der Bundeswehr während des Elbe-Hochwassers im August 2002. Wie alle Bereiche der Bundeswehr war auch die Luftwaffe gefordert. 4.000 Luftwaffensoldaten – darunter viele wehrpflichtige Rekruten – sicherten Tag und Nacht die Deiche. Tornados des Aufklärungsgeschwaders 51 »Immelmann« wurden eingesetzt, um Schäden aufzunehmen und Gefahrenstellen frühzeitig zu erkennen. Sie lieferten wertvolle Grundlagen für die Lagebeurteilung der territorialen Befehlshaber und der zivilen Behörden. Die Rettungshubschrauber der Luftwaffe bargen per Winde 630 Menschen aus akuter Lebensgefahr. Als das Hochwasser Krankenhäuser in Dresden und Leipzig bedrohte, wurden fast 500 schwerstkranke und schwersttransportierbare Patienten mit MedEvac-Flugzeugen der Luftwaffe in andere Kliniken verlegt.

Als unverzichtbar für Auslandseinsätze der Bundeswehr haben sich die Lufttransportverbände der Luftwaffe erwiesen. Sie waren bisher praktisch an jedem Einsatz unmittelbar beteiligt. Oft schufen sie mit der Anfangsverlegung und der anschließenden Versorgung der Truppenkontingente erst die Einsatzvoraussetzungen für die Kontingente. Doch nicht nur nationale,

Bis März 2001 »Heimat« für 1.200 Soldaten – Feldlager Tetovo, Mazedonien

sondern auch multinationale Operationen wurden unterstützt. Den von der Luftwaffe seit Mitte der 90er Jahre betriebenen »Balkan-Shuttle« und seit 2002 den »Afghanistan-Shuttle« nutzten nicht nur deutsche Truppen, sondern auch andere Nationen.

Und seit Jahren war das Lufttransportkommando an weiteren UN-mandatierten Operationen beteiligt. So transportierten Luftwaffenmaschinen im Sommer 2003 während der Operation Artemis fast 300 Tonnen Material nach Uganda. Als im März 2000 Mosambik von der größten Überschwemmungskatastrophe seit 50 Jahren heimgesucht wurde, retteten Transalls und UH-1D der Luftwaffe in 500 Einsätzen 1.400 Menschen aus lebensbedrohenden Situationen und verbrachten 600 Tonnen Hilfsgüter. Im Dezember 2004 war die Luftwaffe nach 1985 und 1998 zum dritten Mal im Sudan eingesetzt, diesmal um die durch die Afrikanische Union durchgeführte Überwachungsmission zu unterstützen. Afrikanische Soldaten wurden aus Gambia zunächst in den Tschad und von dort – mit besonders ausgerüsteten Transalls – in das sudanesische Krisengebiet Darfur transportiert. Für die Sicherheit der Lufttransportkräfte vor Ort sorgte ein für diesen Einsatz zusammengestellter Objektschutztrupp der Luftwaffe.

Seit Beginn ihrer Auslandseinsätze verfügt die Bundeswehr über durch die Luftwaffe entwickelte Fähigkeiten zur medizinischen Evakuierung auf dem Luftwege (AirMedEvac). Seit Mitte der 90er Jahre stehen hierfür speziell ausgestattete Luftfahrzeuge der Typen C-160 und CL-601 – und seit 1999 auch die A310MRT – gemeinsam mit Kräften des Zentralen Sanitätsdienstes in Bereitschaft. Verwundete, Unfallverletzte und Kranke können so mit medizinischer Versorgung während des Fluges aus Einsatzgebieten ausgeflogen werden. Die Gewißheit, bei Verwundung oder Unfall rasch und kompetent versorgt nach Hause gebracht zu werden, war und ist für die Soldaten im Einsatz eine wichtige Voraussetzung für volles Engagement.

Am anderen Ende der Welt – INTERFET-Mission in Ost-Timor

Die AirMedEvac-Fähigkeiten waren im Verlauf der Missionen immer wieder gefordert. Die Rettungskette vom Einsatzgebiet in die Heimat hat stets funktioniert. So nach dem Explosionsunglück im März 2002 oder dem schweren Attentat auf den mit deutschen Soldaten besetzten Bus im Juni 2003, beide Male in Kabul. Und allein aus Afghanistan wären eine ganze Reihe weiterer AirMedEvac-Einsätze zu berichten, die über das usbekische Termez zurück nach Deutschland führten.

Ganz besondere Anforderungen stellte die INTERFET-Mission in Ost-Timor. Ziel dieser Mission war die Wiederherstellung von Frieden und Sicherheit im Land. Die Bundeswehr beteiligte sich von Oktober 1999 bis Februar 2000 mit einem Luftwaffenkontingent, verstärkt durch Kräfte des Sanitätsdienstes. Auftrag war die Evakuierung Verwundeter und Kranker. Hierzu wurden nach fünftägigem Luftmarsch ca. 80 Soldaten und zwei C-160 mit MedEvac-Ausstattung im australischen Darwin stationiert. Wegen der angespannten Lage im Einsatzgebiet flogen die Crews mit besonders geschützten Transalls – auf Abruf – etwa zwei Stunden zum Flugplatz Dili in Ost-Timor. In 47 Einsätzen wurden 230 Patienten evakuiert, darunter viele Kinder. Aufgrund der Entfernung nach Deutschland konnte es unmittelbare Unterstützung aus der Heimat nicht geben; weitgehende Autarkie war notwendig. Seit dem INTERFET-Einsatz kann die Luftwaffe in Anspruch nehmen, weltweit eingesetzt worden zu sein: Nun war sie auf allen Kontinenten gewesen.

Obwohl für den Transport verwundeter oder schwer erkrankter Soldaten beschafft, wurden die MedEvac-Flugzeuge, vor allem die A310, immer wieder zur Rettung von Zivilisten eingesetzt. Der erste Einsatz des MedEvac-Airbus der Luftwaffe überhaupt erfolgte im November 2002, als 50 schwerverletzte Palästinenser von Gaza zur medizinischen Versorgung nach Deutschland geflogen wurden. Auch nach dem Bombenattentat auf Djerba, Tunesien, von dem deutsche Staatsbürger betroffen waren, und nach einem Bombenanschlag auf französische Staatsbürger in Pakistan sowie nach der Tsunami-Katastrophe Ende 2004 ermöglichte der Airbus rasche medizinische Versorgung und den Transport ziviler Mitbürger in ihre Heimatländer.

Entwicklungen an der »Heimatfront«

Routinebetrieb und Ausbildung

Die Vorgabe der Luftwaffenführung, den Einsatz des EG 1 »zur Herausforderung für die gesamte Luftwaffe« zu machen, war gut begründet. Was das Geschwader für die internationale Staatengemeinschaft leistete, verdiente volle Unterstützung aus der Heimat. Gemeinschaftliche Leistungen der gesamten Luftwaffe erhielt jedoch nicht allein das EG l, sondern gleichermaßen wurden die Kontingente der Bundeswehr überall auf dem Balkan unterstützt – in Kroatien, Bosnien-Herzegowina und vor allem im Kosovo und in Mazedonien. Ob es um Hubschrauber, um Prüfpersonal, um Sicherungstruppe, Pioniere, Sanitätspersonal oder Stabselemente ging: Wenn irgend möglich wurden die Forderungen erfüllt. Die vielen Abstellungen belasteten nicht nur die abgebenden Verbände, sondern vor allem die betroffenen Soldaten und deren Familien.

Oft erfolgte der Abruf kurzfristig, in aller Hast mußten die Vorbereitungen – Ausrüstung, Impfprogramm, Vorlaufausbildung – »durchgezogen« werden. Und dabei ging es meist um mehrmonatige Abwesenheiten, so daß auch die persönlichen Angelegenheiten der Soldaten berücksichtigt werden mußten. Daraus erwuchsen ungewohnte Aufgabenstellungen für die Vorgesetzten: Verabschiedungen in den Einsatz, Familienbetreuung, Aufnahme nach Rückkehr, manchmal auch Trost bei Unglücken oder Anschlägen. Doch mit der Zeit bildete sich auf diesen Gebieten eine sehr angemessene »Kultur« aus. Die Vorgesetzten gingen mit diesen nicht nur für die Moral der Truppe, sondern ebenso für jeden Betroffenen, ob Soldat oder Familienangehöriger, so wichtigen Fragen ausgesprochen sensibel um.

Und doch waren die Auslandseinsätze bei weitem nicht das einzige Anliegen in dieser Zeit. Auch innerhalb der Luftwaffe waren vielfältige und wichtige Aufgaben zu meistern. Über 90 Prozent der Luftwaffenangehörigen waren – bei aller Priorität der Kameraden

Seit fünf Jahrzehnten begleitet die Militärseelsorge die Truppe im Alltag, bei freudigen und traurigen Anlässen. Ihr wichtiges Wirken zum Wohle der Soldaten bewährt sich in den Auslandseinsätzen – Feldgottesdienst in Termez, Usbekistan

in den Einsatzländern – in der Heimat mehr als ausgelastet. Allein die Umsetzung der Luftwaffenstruktur 4 brachte für tausende Luftwaffenangehörige gewaltige Veränderungen – nicht nur in den dienstlichen Aufträgen, sondern ebenso im privaten Bereich. Standortschließungen und Umwidmungen von Liegenschaften zogen Versetzungen, Umschulungen, manchmal zurückgeschnittene Laufbahnerwartungen nach sich. Jahrzehntelange Verbindungen, Freundschaften und Patenschaften zwischen Verbänden und Gemeinden mußten aufgegeben oder zumindest auf eine neue Basis gestellt werden.

Besonders schwierig gestaltete sich die Weiterverwendung der zivilen Mitarbeiter von aufzulösenden Verbänden. Den Soldaten wurde, sofern keine heimatnahe Verwendung möglich war, eine neue Aufgabe an anderem Ort übertragen. Der relativ große Anteil der »Kurzdiener«, Wehrpflichtige oder Zeitsoldaten, vereinfachte den Abbau der militärischen Dienstposten, indem freiwerdende Soldatenstellen einfach nicht nachbesetzt wurden. Die Zivilangestellten dagegen hatten überwiegend Lebenszeitverträge. Der engen Zusammenarbeit zwischen den Verbandsführern, Personalräten und personalbearbeitenden Stellen der Zivilverwaltung ist es zu danken, daß die überwiegende Zahl der kritischen Fälle letztlich verträgliche Lösungen fand.

Bei Verlegungen von Verbänden fehlte manchmal das Geld, die notwendige Infrastruktur zeitgerecht bereitzustellen. Andererseits sollten die Verlegungen der ersten für die neuen Bundesländer vorgesehenen Verbände zügig erfolgen, um von Anfang an den Willen zum Zusammenwachsen zu demonstrieren. Dabei wurden gewachsene Verbände »entwurzelt« und verpflanzt. Ein Beispiel: Die Verlegung der FlaRakGruppe 31 aus dem ältesten Hawk-Standort Westertimke nach Sanitz bedeutete nicht nur für die Soldaten und zivilen Mitarbeiter, sondern gleichermaßen für ihre ehemalige Heimatregion schmerzliche Opfer.

Doch wurden die Maßnahmen loyal mitgetragen, selbst der Verlust von Traditionsstandorten hingenommen. Inzwischen fühlen sich die meisten Soldaten im heutigen Umfeld wohl, viele haben Wohneigentum erworben und ihren Familienmittelpunkt verlagert. Die neuen Verbindungen haben die alten nicht zerstört, eher bereichert. Zurück zum Beispiel Westertimke: Die mecklenburgische Küste bietet so manches, und das »nasse Dreieck« zwischen Bremen, Hamburg und Cuxhaven wird nicht von allen vermißt.

Die Luftwaffenstruktur 4 mit der Aufgabe ganzer Verbände, Waffensysteme und Standorte führte erstmals in der Luftwaffe zur Gründung von Ehemaligen-Gemeinschaften, die ausschließlich auf ihre gemeinsame Bundeswehrgeschichte zurückblickten.

Es gab auch spannende Experimente, wie die Zusammenfassung einer Staffel F-4F aus Pferdsfeld mit der MiG-29 Staffel aus Preschen in einem Geschwader in Laage bei Rostock, die Ausdruck des epochalen Wandels waren: Auf dem Boden der ehemaligen DDR wurden ein russisches und ein amerikanisches Waffensystem gemeinsam betrieben. Und in »Mixed Force Fighter Operations« gelang es, ihre jeweiligen Defizite zu kompensieren. In Laage stießen völlig unterschiedliche logistische Konzepte ebenso gewinnbringend aufeinander wie fliegerische Einsatzphilosophien. Dort wurden US-amerikanische Austauschpiloten am gleichen Ort integriert, an dem russische Techniker ihre Arbeit leisteten. Es wurde mit westlichen Verbündeten trainiert, osteuropäische Partner wurden an die NATO herangeführt. In Laage wurde die neue Realität wie kaum irgendwo sonst greifbar.

Mit den organisatorischen Maßnahmen war zweifellos die größte Außenwirkung verbunden. Doch wichtiger für die Truppe, die sich mit einem erweiterten Aufgabenspektrum konfrontiert sah, war die Anpassung der Ausbildung und der Übungsaktivitäten. Das Urteil des Verfassungsgerichts hatte die Diskussionen über die Rechtmäßigkeit von Auslandseinsätzen beendet. Die große Anerkennung, die dem Engagement und fairen Auftreten der deutschen Soldaten auf allen Schauplätzen zuteil wurde, sorgte sogar für eine gewisse Attraktivität der neuen Aufgaben. Nun kam es darauf an, die Truppe darauf einzustellen und vorzubereiten. Mit der »Weisung 1101 – Erziehung in der Luftwaffe« – wurden Ausbildung und Erziehung in der Luftwaffe miteinander verknüpft.

Im Sinne dieser Weisung wurden die Lehrprogramme bei den Ausbildungsregimentern, an der Unteroffizierschule und in der Offizierausbildung gestaltet. Seminare in Fürstenfeldbruck und Appen zur Vorbereitung der Vorgesetzten auf den Umgang mit streßreichen Situationen, Streßprävention und -bewältigung nahmen sich der neuen Themenschwerpunkte an. Personal, das für Auslandseinsätze vorgesehen war, durchlief Sonderausbildungsgänge an der Truppenschule in Hammelburg, am Zentrum Innere Führung in Koblenz, später auch bei den Ausbildungsverbänden der Luftwaffe in Heide und Germersheim. Für Krisenreaktionsverbände wurden entsprechende Lehrgänge ebenso wie ein prophylaktisches Impfprogramm für das Personal, selbst ohne konkreten Abruf, obligatorisch. Und obwohl es, gerade in der Anfangsphase, auch Pannen bei der zeitgerechten Einsteuerung in diese Vorlaufausbildung gab: Die Erfahrungen aus den Einsätzen bestätigten ihren hohen Wert.

Das 1996 aufgestellte Objektschutzbataillon verdient besondere Erwähnung – nicht nur, weil dies eine der wenigen Aufbaumaßnahmen in einer Zeit allgemeiner Umfangsreduzierungen war. Der Verband hat sich nach kurzer Zeit in einer Reihe von Auslandseinsätzen in hervorragender Weise bewährt und brachte der gesamten Luftwaffensicherungstruppe, wie übrigens auch die Vorlaufausbildung für die Krisenreaktionskräfte, einen gewaltigen Motivationsschub.

Neben der Anpassung der Einzelausbildung forderte die veränderte sicherheitspolitische Lage eine grundlegend neue Übungslandschaft. Alle bisherigen Einsätze hatten gezeigt, daß das Schaffen von flexibel einsatzfähigen Krisenreaktionskräften vordringlich war. Dabei mußte die Interoperabilität zwischen den NATO-Luftstreitkräften nicht nur erhalten, sondern auf weitere mögliche Akteure ausgedehnt werden. Die bewährten Einsatzgrundsätze und -verfahren waren zwar in den neuen Einsätzen im wesentlichen bestätigt worden. Auch die Investitionen der vergangenen Jahrzehnte in Standardisierung und Querversorgungsfähigkeit der NATO-Luftstreitkräfte hatten sich ausgezahlt. Dies alles bot ausbaufähige Grundlagen für die künftigen Aufgaben. Doch mußten die Übungsanlagen auf die neuen Rahmenbedingungen umgestellt werden. Dies geschah, indem die Szenarien stärker auf Krisenreaktion ausgerichtet und zunehmend in das Ausland verlegt wurden.

Roving Sands – Marsch durch die Wüste

Allerdings hätte es nicht gereicht, geänderte Szenarien zu entwickeln. Neu erkannte Bedrohungspotentiale waren in Rechnung zu stellen. Für die fliegenden Verbände geschah dies durch die Teilnahme an den Flag Exercises in den USA und in Kanada. Speziell Red Flag in Nellis Air Force Base bei Las Vegas bot Hochwertausbildung in nie gekannter Qualität: Übungsraum, Szenarien, elektronische Ausrüstung, Auswerteeinrichtungen und anspruchsvolle Feinddarstellungen schufen einzigartige Bedingungen für Verbundene Luftkriegsoperationen. Seit 1989 hatte die Luftwaffe an den Red Flag Exercises teilgenommen, in den 90er Jahren wurde Nellis immer stärker genutzt. Und die Erfahrungsberichte der Verbände belegten immer wieder den außergewöhnlichen Wert dieser Übungsserie. Nachdem es gelungen war, einige MiG-29 mit Zusatztanks auszurüsten und damit transatlantisch verlegbar zu machen, wurden diese Maschinen auch bei Red Flag zu gesuchten Trainingspartnern.

Für die bodengestützte Luftverteidigung hatte seit den irakischen Scud-Angriffen im Golfkrieg die Abwehr taktischer Flugkörper erheblich an Bedeutung gewonnen. Mit den jährlichen Roving Sands-Übungen in Texas und New Mexico sowie mit der Serie Joint Project Optic Windmill (JPOW) der Niederländer, mit deutscher und amerikanischer Beteiligung, wurden zwei Vorhaben geschaffen, die neben hochwertiger Ausbildung gute Erprobungsmöglichkeiten für neue Technologien und Verfahren

Elite – seit 1995 Hochwertausbildung der Luftwaffe in Mitteleuropa

boten. Für die FlaRak-Verbände waren JPOW und Roving Sands jedoch nicht die einzigen Veränderungen auf ihren Kalendern. Zunehmend waren sie, wie auch die fliegenden Verbände, bei Krisenreaktionsübungen im Ausland gefordert, oft bei multinationalen Vorhaben mit Land- und Seestreitkräften. Spanien, Italien, Griechenland, Türkei, Norwegen, auch Polen standen auf dem Programm.

In diese Übungen wurden ab Ende der 90er Jahre Überprüfungen eingebaut, die als »Operational Evaluations« die ehemaligen TacEvals teilweise ablösten. Dabei kam es zu denkwürdigen Überprüfungen: Das OpEval des FlaRak-Geschwaders 3 in Norwegen, zum Beispiel, bei dem der Schlamm im Lager der Truppe ebenso zusetzte wie die Feinddarstellungen. Oder die Überprüfung des FlaRak-Geschwaders 1 in Nordgriechenland, unter Terrorwarnungen, die keine Übungseinlagen waren.

Polnischer Fliegerfaustschütze mit SA-7 Strela bei Elite 2005 auf der Schwäbischen Alb

Auch für alle anderen Verbände wurden die Überprüfungen auf die erweiterten Aufgaben zugeschnitten. Die Kernidee blieb: Überprüfung von Leistungsstand, Zweckmäßigkeit der Ausrüstung und Waffensysteme. Doch werden unter den neuen Rahmenbedingungen zusätzliche Fähigkeiten gefordert, wie die Vorbereitung auf Fernverlegungen, Integrationsfähigkeit in ungewohnte Kommandostrukturen und die Fähigkeit, auftragsgerechte Kontingente aus verschiedenen Komponenten, auch multinational, zu bilden. Die

Überprüfungen wurden nicht mehr auf einen Verband beschränkt, sondern konnten verschiedenartige Kräfte – einschließlich der Logistik – einbeziehen. In System Evaluations wurden gelegentlich sogar NATO-Gefechtstände der CAOC-Ebene mit ihren für den Einsatz unterstellten Kräften gemeinsam überprüft. Die erweiterten Überprüfungsoptionen bedeuten nicht nur für die Einsatzkräfte neue Herausforderungen, sondern gleichermaßen für die Prüforganisation des Bündnisses.

Auch die Jahresschießen der Flugabwehrraketenverbände wurden der neuen Realität angepaßt: Aus den rein prozeduralen Abläufen für einzelne Feuereinheiten wurden Taktische Schießen für ganze Geschwader. Basierend auf komplexen Szenarien wurden nun wie im Gefecht Lagebeurteilung, Waffenauswahl, Zielzuweisung und Feuerbefehl gefordert. Entsprechend den neuen konzeptionellen Vorstellungen sahen die Szenarien den Einsatz in gemischten Clustern vor. Den taktischen Führern kam damit eine neue Rolle zu, die im scharfen Schuß nur auf Kreta oder bei Roving Sands in den USA geübt werden konnte. Diese Form der Taktischen Schießen ließ zu, daß auch sie in den letzten Jahren für Operational Evaluations genutzt wurden. Inzwischen werden OpEvals für streitkräftegemeinsame Kontingente unter Einschluß der Streitkräftebasis und des Sanitätsdienstes für die Zertifizierung von Krisenreaktionsverbänden durchgeführt.

Die Verlagerung von Teilen der Übungsvorhaben in andere Regionen brachte wirklichkeitsnahe Ausbildungsmöglichkeiten für die teilnehmenden Truppen. Doch konnten, wegen des großen Aufwands, jeweils nur begrenzte Kontingente einbezogen werden. Daher blieben Großübungen in Mitteleuropa unverzichtbar. Mit der AIRNORTH Übung Clean Hunter und der von der Luftwaffe angelegten Hochwertübung »Elite« wurden vor Ort ausgezeichnete Übungsmöglichkeiten geschaffen, die von vielen Verbänden, auch multinational, genutzt werden. Allein an Elite nahmen 2005 18 Nationen mit 91 Flugzeugen und 18 verschiedenen bodengebundenen Systemen sowie die NATO mit AWACS teil. Sechs weitere Nationen entsandten Beobachter.

Ausrüstung

Politisch schritt der europäische Integrationsprozeß voran. Die NATO, WEU und EU wurden erweitert. Die Beziehungen zu den Nachbarn wurden intensiviert und institutionalisiert. All dies erforderte zusätzlichen Aufwand. Gleichzeitig wurden die Verteidigungsausgaben weiter reduziert, so daß notwendige Anpassungen der Ausrüstung, die sich sowohl aus der technologischen Entwicklung wie aus den Erfordernissen des veränderten Aufgabenspektrums ergaben, gestreckt, geschoben oder auf dringlichste Projekte gekürzt werden mußten. Verschärft wurde die Problematik durch die steigenden Kosten für Hochtechnologie und immer längere Entwicklungszeiten für komplexe Systeme. Kostendruck und zunehmende Integration führten zu intensivierter internationaler Rüstungskooperation. Die damit einhergehenden Abstimmungsprozesse brachten, in Verbindung mit den finanziellen Engpässen bei etlichen Nationen, weitere Verzögerungen. All dies hatte Auswirkungen, insbesondere bei Großprojekten.

So war das MEADS-Projekt als dringlicher Bedarf seit dem Golfkrieg unbestritten. 1996 wurde ein Memorandum of Understanding unterschrieben, die Entwicklung wurde – nach manchen Turbulenzen – jedoch erst 2005 eingeleitet. Der Eurofighter hatte 1994 seinen Erstflug absolviert, die Produktionsverträge wurden 1998 abgeschlossen, doch erst ab 2004 erfolgte die Einführung in die Luftwaffe. Wegen der Verzögerungen in den Programmabläufen des künftigen NATO-finanzierten ACCS mußte im Einsatzführungsdienst mit leistungsreduzierten Zwischenlösungen (mit Arkona und dem German Integrated Air Defence System in der Version GIADS I) gearbeitet werden, die Vollversion GIADS II und die ACCS-Bausteine wurden geschoben.

Die Auswirkungen der äußerst engen Haushaltslage betrafen jedoch nicht nur die Beschaffungsvorhaben, sondern ebenso Infrastruktur, Kampfwertanpassungen und die persönliche Ausstattung.

Dennoch muß es als Erfolg gewertet werden, daß für die Luftwaffe mit den genannten Großprojekten die Zukunftsfähigkeit, trotz knapper Kassen, gesichert werden konnte. In einzelnen Bereichen gelang es sogar, zusätzliche Projekte mit Blick auf die neuen Anforderungen aufzunehmen: So konnte 1997 eine luftverlastbare Version des Roland eingeführt werden, 1998 wurde der Mobile Gefechtsstand der Luftwaffe für die Führung im Einsatz eingeführt, mit dem RRP 117 ein leistungsfähiges Luftraumüberwachungsradar zur Erhöhung der Sicherheit im Luftraum beschafft.

Die laufenden Einsätze deckten auch Fähigkeitslücken auf. Rasante Krisenentwicklungen erforderten schnelle und umfassende Aufklärung. Das beginnende Informationszeitalter bot hierfür technische Möglichkeiten. Der Schutz der eigenen Truppe gewann Priorität. Da zu Hause Frieden herrschte, schmerzte jedes Opfer bei Auslandeinsätzen ganz besonders. Auch mußten zivile Opfer in den Einsatzgebieten möglichst vermieden werden. Und so bekamen Abstandsfähigkeit und Präzision der Bewaffnung eine hohe Bedeutung. Und es mußten geeignete Verfahren entwickelt werden, um während der Einsätze aufkommenden Bedarf umgehend decken zu können.

»Erneuerung von Grund auf«

Aus den Verpflichtungen, die sich für Deutschland durch die Neuausrichtung der NATO und der EU ergeben hatten, und zusätzlich aus den Erfahrungen der ersten Auslandseinsätze, hatte sich zum Ende der 90er Jahre erheblicher Reformbedarf entwickelt. Auftrag, Umfang, Organisation sowie Ausrüstung und Mittel waren außer Balance geraten. Im Mai 1999 wurde eine umfassende Bestandsaufnahme zu der Gesamtlage abgeschlossen. Die Bilanz war ernüchternd.

Obwohl die Luftwaffe im Vergleich zu den anderen Bereichen gut abschnitt, war auch bei ihr die Umsteuerung auf die neuen Aufgaben nur unzureichend vollzogen. Dabei waren die Defizite weniger konzeptionell begründet. Vielmehr hatten durch Einsatzerfordernisse immer wieder verschobene Modernisierungsmaßnahmen eine Bugwelle an Investitionen erzeugt, die kaum noch Handlungsfreiheit ließ.

Die angespannte wirtschaftliche Gesamtsituation gab eine Erhöhung des Verteidigungsetats nicht her. Doch mit dem zugestandenen Budget konnten die Strukturen nicht mehr gehalten werden. Zudem mußten Verwerfungen korrigiert werden, die in der Personalstruktur durch Abbau, Umgliederungen und neue Aufgaben entstanden waren. Dies war dringlich, da

Indienststellung des Fliegerischen Ausbildungszentrums in Holloman Air Force Base, New Mexico

durch Überalterung, Beförderungs- und Verwendungsstau und hohe Belastungen des Schlüsselpersonals Motivationsverluste und Schwierigkeiten bei der Nachwuchsgewinnung zu verzeichnen waren.

Verschärfend kam hinzu, daß die Störanfälligkeit veralteter Waffensysteme und fehlende Ersatzteile einen überproportionalen Aufwand für die Materialerhaltung verursachten. Da die Auslandseinsätze zu Recht mit Vorrang bedient wurden, wurde die Einsatzbereitschaft im Inland immer weiter eingeschränkt. Ein Aufstocken der Betriebsmittel kam nicht in Frage. Es hätte die Lage bei den Investitionen noch weiter belastet.

Anfang 1999 hatte Verteidigungsminister Scharping die Grobziele für eine grundlegende Reform abgesteckt. Ende 1999 wurde ein Rahmenvertrag mit der Wirtschaft zur Verbesserung der Kooperation, Steigerung der Investitionskraft und Modernisierung der Streitkräfte auf den Weg gebracht. Zeitgleich arbeitete unter Leitung des Alt-Bundespräsidenten Richard von Weizsäcker eine Kommission an einem Vorschlag für eine zukunftsfähige Bundeswehr. Eine weitere Weichenstellung für die künftigen Streitkräfte fand außerhalb Deutschlands statt: Ein Urteil des Europäischen Gerichtshofes führte 2000 zur Öffnung aller Laufbahnen der Bundeswehr für Frauen.

Während die Luftwaffe intern mit den Konsequenzen der Reform beschäftigt war, endete die gemeinsame Tornado-Ausbildung in Cottesmore, Großbritannien. Die Tornado-Ausbildung wurde fortan in dem Fliegerischen Ausbildungszentrum in Holloman, New Mexico, durchgeführt. Mit der Jet-Grundausbildung in Sheppard Air Force Base, Texas, und der Ausbildung der Waffensystemoffiziere in Pensacola, Florida, war damit die fliegerische Grundausbildung auf den Waffensystemen F-4F und Tornado Anfang 2000 komplett in den USA zentralisiert. 1999 endete eine weitere Ära: Nach gut 30 Jahren wurden die vier Boeing 707 der Flugbereitschaft außer Dienst gestellt.

Mitte des Jahres 2000 beschloß das Kabinett die Eckpfeiler der konzeptionellen und planerischen Neuausrichtung der Bundeswehr. Bei einem Gesamtumfang der präsenten Streitkräfte von 282.000 Männern und Frauen sollten Einsatzkräfte in Stärke von 150.000 das neue Aufgabenspektrum abdecken. Gleichzeitig sollten die Struktur angepaßt und die Ausrüstung modernisiert werden. Die Wehrpflicht wurde auf neun Monate reduziert, wobei die Möglichkeit, freiwillig länger zu dienen und als Wehrpflichtiger an Auslandseinsätzen teilzunehmen, bestehen blieb.

Bereits im August fand die konstituierende Sitzung der Gesellschaft für Entwicklung, Beschaffung und Betrieb (g.e.b.b) statt, die durch die Übernahme von Service-Aufgaben den Streitkräfte ermöglichen sollte, sich auf ihren Kernauftrag zu konzentrieren. Die g.e.b.b. sollte das Liegenschaftsmanagement reorganisieren, ein effizientes Flottenmanagement für die Kraftfahrzeuge einführen, die Bekleidungswirtschaft neu gestalten und Vorschläge für eine IT-Gesellschaft unterbreiten. Die Hoffnungen auf rasche Einsparungen, die den Investitionen zugute kommen sollten, wurden jedoch zunächst nicht erfüllt. Doch wurden die Streitkräfte in einzelnen Bereichen von eigenen Aufgaben entlastet. Den Nachweis einer gesteigerten Effizienz muß die g.e.b.b. in den kommenden Jahren erst noch erbringen. Inzwischen ist, gerade im Zusammenhang mit den Einsätzen, klar geworden, daß manche Leistungen für eine Verlagerung in zivile Unternehmen nicht in Frage kommen.

Die Privatisierung von Serviceleistungen für die Bundeswehr war wohl der radikalste Schritt der »Erneuerung von Grund auf«. Für die Streitkräfte noch tiefgreifender waren jedoch die zwei neuen militärischen Organisationsbereiche: Die querschnittliche Unterstützung sollte in der Streitkräftebasis (SKB), die sanitätsdienstliche Versorgung im Zentralen Sanitätsdienst der Bundeswehr (ZSanDstBw) zusammengefaßt werden. Die Teilstreitkräfte sollten sich vollständig auf ihre Kernaufgaben konzentrieren. Damit war »Jointness« nicht mehr Option, sondern zwingendes Erfordernis. Denn die Teilstreitkräfte konnten ohne Unterstützung durch SKB und ZSanDstBw einsatzfähige Kontingente nicht mehr bereitstellen.

Die Streitkräftebasis ist dabei weit mehr als eine Logistikorganisation: Zu ihren Aufgaben zählten Einsatzführung, Führungsunterstützung, Nachrichtenwesen, territoriale Angelegenheiten und die zentrale Basislogistik. Damit ist die SKB zur militärischen Dienstleistungsorganisation der Streitkräfte geworden. Die Umstellung war alles andere als einfach. In den Teilstreitkräften hatten sich über mehr als vier Jahrzehnte nicht nur eigenständige Verfahren, sondern regelrecht verschiedenartige Mentalitäten entwickelt. Luftwaffe, Heer und Marine hatten von ihren Aufgaben und Strukturen her unterschiedliche Bedürfnisse.

So geriet in der Umstellungsphase mancher bisher reibungslose Ablauf ins Stocken; man lebte häufig davon, daß das Personal der SKB aus den Teilstreitkräften kam und mit deren Bedarf vertraut war. Mittlerweile hat sich die Lage entspannt. Streitkräftebasis und Zentraler Sanitätsdienst haben in den Auslandseinsätzen ihre Leistungsfähigkeit unter Beweis gestellt. Und auch gemeinsame NATO-Überprüfungen haben gezeigt, daß ein auftragsgemäßes Zusammenspiel der Kräfte möglich ist.

Teil der Reform war auch ein Umbau des Ministeriums. Zur Unterstützung des Ministers als Inhaber der Befehls- und Kommandogewalt bei Planung, Vorbereitung und Führung von Einsätzen der Bundeswehr wurde ein »Einsatzrat« geschaffen. Eine Stabsabteilung »Einsatz Bundeswehr« im Führungsstab der Streitkräfte betreibt nun das bereits 1995 geschaffene Führungszentrum, in dem die politische Leitung und die militärischen Spitze des Ministeriums regelmäßig über die Lage der eingesetzten Truppen unterrichtet wird. Auch ein »Rüstungsrat« wurde geschaffen – wie der Einsatzrat unter Vorsitz des Generalinspekteurs –, der die materielle Zukunftsfähigkeit der Bundeswehr sicherstellen soll. Dem Einsatzrat wie dem Rüstungsrat gehören die Inspekteure an. Sie haben damit Gelegenheit, die Belange ihrer Bereiche persönlich zu vertreten.

Der zweite Generalinspekteur aus der Luftwaffe, General Harald Kujat, war sowohl im Einsatzrat als auch im Rüstungsrat »Gründungsvorsitzender«

Die Beschaffung sollte durch ein Customer Product Management (CPM) vereinfacht, die tatsächlichen Entwicklungen der Auftrag/Mittel-Relation durch einen Controlling-Stab überwacht werden. Im Herbst 2001 wurde das Einsatzführungskommando in Dienst gestellt, das truppendienstlich zur Streitkräftebasis gehörte, aber für den Einsatz über den Generalinspekteur dem Minister zugeordnet war. Noch in der Aufbauphase übernahm das Einsatzführungskommando die Verantwortung für streitkräftegemeinsame Einsätze im Ausland. Die Teilstreitkräfte fungierten nunmehr in erster Linie als »Force Provider«.

Der eingeschlagene Weg war nicht nur aus finanzieller Sicht geboten. Die Entwicklungen in Kommunikations-, Waffen- und Munitionstechnik machten es möglich, Operationen rascher, über größere Entfernungen und mit geringeren Kräfteansätzen durchzuführen. Die Wirkungsbereiche der Teilstreitkräfte überlappten und ergänzten einander zunehmend. Durch die Optionsvielfalt stieg der Koordinationsbedarf. Doch der Vorteil, alle verfügbaren Systeme im Sinne der übergeordneten Zielsetzung einander verstärkend oder ersetzend verwenden zu können, hat angesichts begrenzter Ressourcen höheres Gewicht.

Zum Gesamtansatz der Bundeswehrreform gehörten ein »Ressortkonzept Stationierung«, das neben den Reduzierungen auch einer angemessenen Verteilung in der Fläche Rechnung tragen sollte, ein »Material- und Ausrüstungskonzept« sowie das »Personalstrukturmodell 2000«, das den Umfang der Streitkräfte, einschließlich der Wehrübenden, auf 285.000 Soldatinnen und Soldaten sowie die Personalstruktur festschrieb.

Darüber hinaus wurden ein »Programm zur Steigerung der Attraktivität des Dienstes« und ein neues Ausbildungskonzept vorgegeben. Die Laufbahnen für Unteroffiziere und Mannschaften sowie der Grundwehrdienst wurden neu geordnet, der Abbau des Zivilpersonals um gut 30 Prozent eingeleitet.

All das diente dem Ziel, die Fähigkeiten der Streitkräfte dem erweiterten Einsatzspektrum anzupassen. Bis 2003 sollten die ersten kurzfristig einsatzbereiten Module verfügbar sein. Darüber hinaus wurde angestrebt, Interoperabilität, Führungsfähigkeit, Mobilität, Wirksamkeit im Einsatz, Durchhaltefähigkeit sowie die Überlebensfähigkeit der Streitkräfte zu verbessern. Und ganz wesentlich ging es darum, über Rationalisierung die Bundeswehrplanung in den engen Finanzrahmen einzupassen.

Die Luftwaffenstruktur 5

Die Entwicklungen in der Bundeswehr zwangen die Luftwaffe zu einer Umorientierung, die weit über das hinausging, was in der Bestandsaufnahme von 1999 intern angedacht worden war. Bereits der erweiterte Auftrag hatte im Laufe der 90er Jahre erheblichen Änderungsbedarf angezeigt. Nun setzte die »Erneuerung der Bundeswehr von Grund auf« einen Rahmen, der auch für die Binnenplanungen der Luftwaffe einschneidende Wirkung haben mußte. Vor diesem Hintergrund entstand die Luftwaffenstruktur 5, deren Ziel – eine einsatzorientierte Neuausrichtung – nun in einem teilstreitkraftübergreifenden Ansatz zu verwirklichen war.

Mit der Konzentration auf die Einsatzaufgaben wurde modernen Waffensystemen und »robusten« Strukturen Vorrang eingeräumt. Die Zahl der innerhalb der Luftwaffe auszuplanenden Dienstposten wurde von rund 60.500 auf ca. 41.000 verringert, wobei ein Teil der Reduzierungen nicht auf Abbau, sondern auf die Verlagerung in die neuen Organisationsbereiche zurückzuführen war, vor allem in die SKB. Doch auch in den Zentralen Sanitätsdienst verlagerte die Luftwaffe über 4.000 Dienstposten.

Aus 21 Standorten bzw. Liegenschaften sollte sich die Luftwaffe komplett zurückziehen. Als einer der ersten Schritte wurde 2001 die Führungsorganisation in einem Zuge gestrafft, um die Umstrukturierung der Verbände bereits von den Stäben steuern zu lassen, die anschließend die Verantwortung behalten sollten. Dabei wurde die Zahl der Höheren Kommandobehörden von fünf auf zwei – Luftwaffenführungskommando und Luftwaffenamt – zurückgenommen. Das Luftwaffenunterstützungskommando und die regionalen Luftwaffenkommandos in Kalkar und Meßstetten wurden aufgelöst.

Das Luftwaffenführungskommando führte nun die vier Luftwaffendivisionen, das Lufttransportkommando und ein neues »Kommando Operative Führung von Luftstreitkräften« (KdoOpFüLuSK) unmittelbar. Die Aufgaben der Luftwaffenkommandos wurden auf Führungskommando und Divisionen aufgeteilt. Erstmals wurden die Divisionen damit für operative Belange ihrer Einsatzverbände verantwortlich. Die Verbände wurden nach regionalen Gesichtspunkten unterstellt. Durch eine ausgewogene Verteilung wurde zugleich sichergestellt, daß alle Divisionskommandos über breite Expertise im gesamten Einsatzspektrum verfügten. Dies war wichtig, weil die Divisionskommandos für nationale Führungsaufgaben beim Einsatz von Luftwaffenkontingenten vorgesehen waren.

Das LTKdo blieb unverändert für die Lufttransportgeschwader und die Flugbereitschaft zuständig. Mit dem KdoOpFüLuSK erhielt die Luftwaffe erstmals in ihrer Geschichte einen Stab, der für Einsatzplanung und -führung auf der taktisch/operativen Ebene herangezogen werden konnte. Auch wenn dazu ein deutlicher Aufwuchs des knapp 50 Soldaten starken Kernstabes notwendig war, so bot das KdoOpFüLuSK die Chance, bei einem multinationalen Einsatz von Luftstreitkräften als Lead Nation zu fungieren. Bei dieser Aufgabenstellung hatte das KdoOpFüLuSK im Frieden naturgemäß keine truppendienstliche Führungsverantwortung.

Das Luftwaffenamt nahm, wie bisher, zentrale Aufgaben und Fachaufgaben sowie die Belange der Entwicklung und Entstehung von luftwaffenspezifischer Ausrüstung wahr. Direkt unterstellt waren das Luftwaffenausbildungskommando und das Luftwaffenmaterialkommando. Das Ausbildungskommando steuerte die allgemeinmilitärische und militärfachliche Ausbildung für die gesamte Luftwaffe. Das Materialkommando war aus dem Unterstützungskommando und aus dem Materialamt der Luftwaffe hervorgegangen, wobei ein Teil der dort geleisteten Aufgaben in

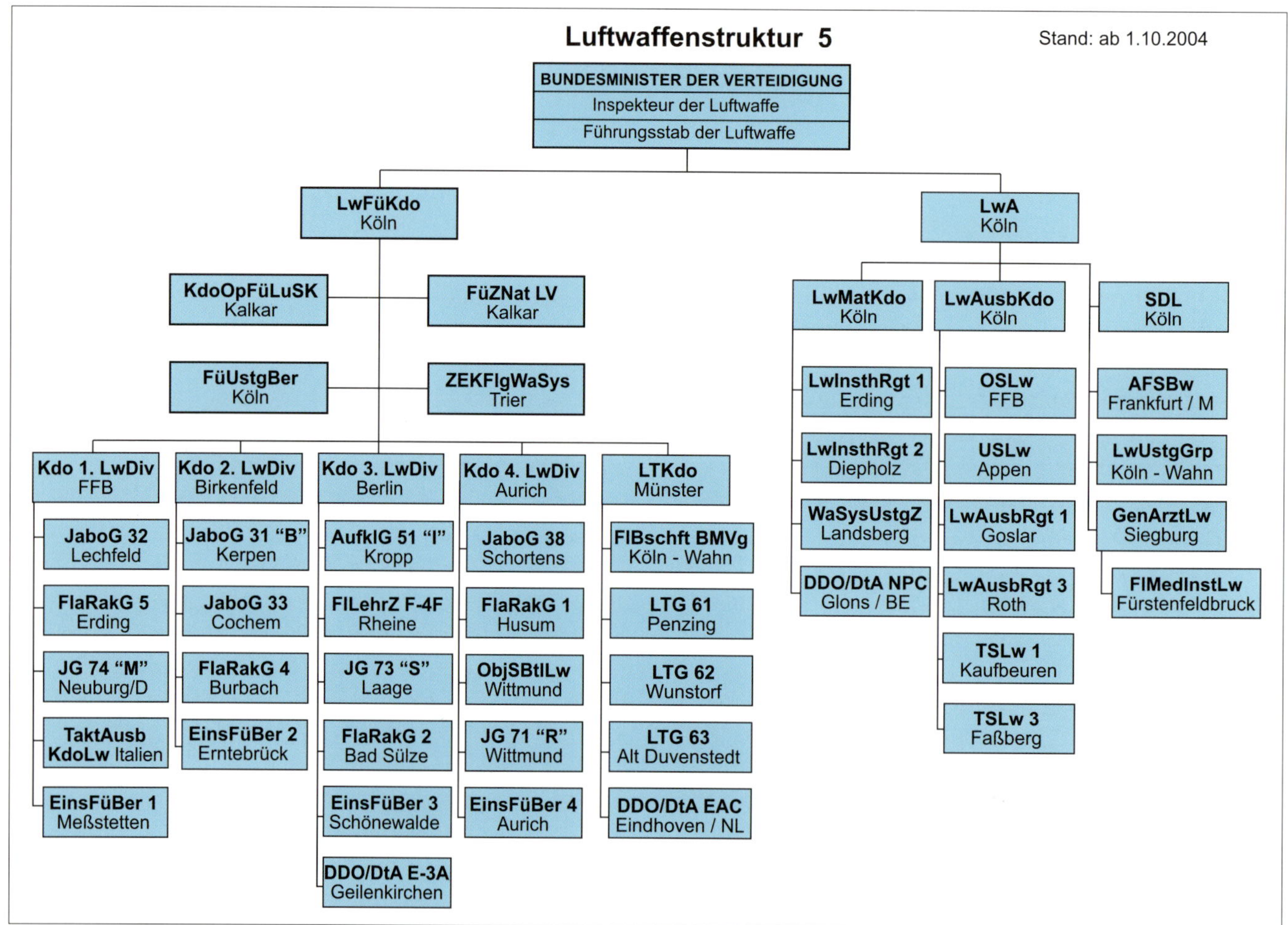

die Streitkräftebasis verlagert worden war. Das Führungsdienstkommando wurde aufgelöst, seine Aufgaben ebenfalls teils in die SKB, teils in das Materialkommando verlagert. Die luftwaffenspezifischen Anteile wurden in fünf IT-Sektoren überführt, zusammengefaßt in einem Führungsunterstützungsbereich. Der Fernmeldebereich 70 wurde ebenfalls an die Streitkräftebasis abgegeben.

Auf der Verbandsebene bestimmten konzeptionell hergeleitete Vorgaben die in vielen Bereichen gravierenden Einschnitte. Als Einsatzkräfte der Luftwaffe wurden festgelegt: ein Aufklärungsgeschwader, vier Jagdbombergeschwader, drei Jagdgeschwader, vier Flugabwehrraketengeschwader und vier Einsatzführungsverbände.

In den gemischten FlaRak-Geschwadern sollten in Umsetzung des Cluster-Konzepts Patriot, Hawk und Roland verfügbar sein. Die Einsatzführungsverbände sollten erweiterte Fähigkeiten, auch für den mobilen Einsatz, erhalten, die Objektschutzkräfte in fünf Verbänden konzentriert werden. Im logistischen Bereich wurden ein Waffensystemunterstützungszentrum und zwei Instandhaltungsregimenter für die luftwaffenspezifischen Aufgaben vorgesehen. Auch die Ausbildungsverbände wurden angepaßt – mit vier Schulen, zwei Ausbildungsregimentern und weiteren Ausbildungseinrichtungen im In- und Ausland. Während die strukturellen Vorgaben bereits bis 2006 umgesetzt sein sollten, reichten die personellen und materiellen Anpassungen weit ins nächste Jahrzehnt.

Nach den umfassenden Reduzierungen der Luftwaffenstruktur 4 war dies der zweite gravierende Einschnitt innerhalb einer Dekade. Dies machte die Realisierung nicht leichter. Von der Akzeptanz der Maßnahmen hing auch die Moral der Truppe ab. Daher reiste die Luftwaffenführung in den Jahren 2001/2002 zu allen aufzulösenden Verbänden und stellte sich den kritischen Fragen von Soldaten, zivilen Mitarbeitern, Personalvertretungen, Bürgermeistern und der regionalen Presse.

In einer ganzen Reihe von Standorten war man von den Entscheidungen überrascht – und wer wollte das den Betroffenen verdenken? In Memmingen, Lenggries, Rottenburg/Laaber, Lauda, Freising, Rheine, Bremervörde und an vielen anderen Orten war man zu Recht stolz auf »seine« Luftwaffe gewesen und überzeugt, daß die vorzügliche Arbeit, die in den Verbänden geleistet wurde und ihre Integration in das Umfeld eine negative Entscheidung ausschließen würden. Doch auch wo es weh tat, wurden die Entscheidungen letztlich mitgetragen. Neben einer bemerkenswerten Loyalität der Betroffenen war wohl ausschlaggebend, daß es gemeinsames Verständnis aller Führungsebenen war, die unvermeidbaren Eingriffe in Tausende von Lebensplanungen mit einem Höchstmaß an Rücksichtnahme zu bewältigen.

Sicher half auch, daß mit der Abteilung POCAR (Personalstruktur, Organisation, Controlling, Aufwandsbegrenzung, Rationalisierung) im Luftwaffenamt eine zentrale Steuerstelle geschaffen wurde, die in einem gewaltigen Arbeitspensum die Grundlagen für die komplexen Abläufe bei der Umsetzung schuf. Mit einem detaillierten Realisierungsplan, den der Inspekteur im Frühjahr 2001 erließ, sollten verläßliche Zeit- und Organisationsregelungen gegeben werden. Generalleutnant Gerhard Back konnte zu diesem Zeitpunkt nicht wissen, daß bereits drei Jahre später erneut tiefe Einschnitte ins Haus stehen würden.

Kampf gegen den internationalen Terrorismus

»Sicherheit im Luftraum«: Konsequenzen des 11. September

Bis zum 11. September 2001 waren Bedrohungen aus der Luft nur durch militärische Mittel vorstellbar gewesen. Warnungen vor Terrorangriffen aus der Luft gab es zwar seit Mitte der 90er Jahre, doch wurden solche Gefahren als realitätsfern verdrängt. Auch für die Luftwaffe war das seit Oktober 1990 auf den Inspekteur delegierte hoheitliche Air Policing-Verfahren auf militärische Ziele begrenzt; Gewalt gegen zivile Flugzeuge war ausdrücklich untersagt.

All dies hat der 11. September 2001 grundlegend verändert. Die Terroranschläge von New York und Washington brachten die Frage, wie man einen vergleichbaren Angriff in Deutschland abwehren könnte, als dringlich auf die Tagesordnung. Für zivile Flugzeuge, die als Waffe mißbraucht werden sollten, führte die NATO die Klassifizierung »Renegade« ein. In Deutschland war unter der Bezeichnung »Sicherheit im Luftraum« eine neue, wichtige Aufgabe entstanden.

Unmittelbar nach dem 11. September intensivierte der Inspekteur im Rahmen eines Pakets von Sofortmaßnahmen die militärische Luftraumüberwachung und erhöhte die Bereitschaftsstufen der Jagdflugzeuge, die für Air Policing vorgehalten wurden. Die Luftwaffe vereinbarte mit der zivilen Flugsicherung, jedes ungewöhnliche Verhalten ziviler Flugobjekte umgehend der militärischen Luftraumüberwachung anzuzeigen. Doch damit war es nicht getan. Im Führungsstab der Luftwaffe erkannte man schnell, daß hier umfassender Analyse- und Handlungsbedarf geboten war; denn Einzelmaßnahmen konnten immer nur partiell Wirkung erzielen.

Noch im September 2001 setzte der Inspekteur eine Arbeitsgruppe ein, die wegen der Sensitivität des Themas unter höchsten Verschlußauflagen arbeitete. Wenige Wochen später konnte er dem Verteidigungsminister einen umfangreichen Bericht mit konkreten Empfehlungen für Maßnahmen im Bereich der Luftwaffe vorlegen. Der Bericht hob hervor, daß »Sicherheit im Luftraum« ein rechtlich komplexes Feld sei mit mannigfaltigen Zuständigkeiten des Bundes, der Bundesländer sowie internationaler Institutionen. Die Kernaussage lautete, daß »Sicherheit im Luftraum« nur über einen ganzheitlichen Ansatz zu erreichen sei.

Die Abstimmung im internationalen Bereich erfolgte im wesentlichen innerhalb der NATO. Das im Sommer 2002 verabschiedete Operationelle Konzept des Bündnisses für den Renegade-Fall legte, nicht zuletzt aufgrund einer deutschen Forderung, fest, daß lufthoheitliche Maßnahmen gegen zivile Luftfahrzeuge, im Unterschied zum Air Policing gegen militärische Angriffe, ausschließlich in nationaler Zuständigkeit, unter nationalem Kommando sowie mit nationalen Kräften und Mitteln durchgeführt werden durften.

Generalleutnant Back und die Bundesminister Dr. Peter Struck und Otto Schily (v.l.) bei der Einweisung in das »Nationale Lage- und Führungszentrum – Sicherheit im Luftraum«

In einer interministeriellen Arbeitsgruppe »Sicherheit im Luftraum« wurden unter Beteiligung des Bundesministeriums des Innern und des Bundesministeriums für Verkehr, Bau- und Wohnungswesen, zeitweise auch des Justizministeriums, die komplexen Rechts- und Zuständigkeitsfragen sowie organisatorische und praktische Konsequenzen geprüft. Die Leitung der Arbeitsgruppe war dem Stellvertretenden Inspekteur der Luftwaffe übertragen worden, da Einvernehmen bestand, daß allein die Luftwaffe über die Mittel verfüge, einen terroristischen Angriff aus der Luft in letzter Konsequenz abzuwehren. Für Situationen, in denen von Terroristen mißbrauchte Zivilflugzeuge nur mit Gewalt an Anschlägen mit katastrophaler Wirkung gehindert werden könnten, mußten Regelungen gefunden werden, die für die beteiligten Jägerleitoffiziere und Flugzeugbesatzungen transparent, verantwortbar und praktikabel waren. Die Verhandlungen waren wegen der ethisch, rechtlich und organisatorisch vielfältigen Fragen schwierig.

Der Durchbruch kam in der Folge des 5. Januar 2003. An diesem Tage überflog ein verwirrter Mann mit einem gestohlenen Sportflugzeug die Frankfurter Innenstadt und drohte, sich in das Bankenviertel zu stürzen – nach allen bis dahin festgelegten Kriterien ein Renegade-Fall. Erstmals bewährte sich das Verfahren, das in der interministeriellen Arbeitsgruppe entwickelt, zu diesem Zeitpunkt jedoch noch nicht entschieden war: Die nationale Führung wurde durch den Inspekteur der Luftwaffe übernommen. Generalleutnant Back setzte in nationaler Zuständigkeit eine Alarmrotte Phantom ein. Während des Einsatzes hatte er Kontakt mit den für die »Innere Sicherheit« und »Luftsicherheit« zuständigen Stellen und den politischen Entscheidungsträgern, insbesondere mit Verteidigungsminister Dr. Struck, der über einen Waffeneinsatz hätte entscheiden müssen. Dazu kam es nicht, der verwirrte Pilot gab auf und landete sicher.

Der Vorfall hatte nicht nur den dringenden Bedarf für praktikable organisatorische Regelungen, sondern ebenso die Vorstellungen der Luftwaffe zu den Einsatzverfahren bestätigt. Was noch fehlte, war eine formale Inkraftsetzung der Vorschläge und der Erlaß gesicherter, für alle Akteure nachvollziehbarer Rechtsgrundlagen.

In der Folge wurden die meisten dieser Maßnahmen relativ schnell umgesetzt. Im Juli 2003 wurde in Kalkar ein interministerielles »Nationales Lage- und Führungszentrum – Sicherheit im Luftraum« (NLFZ-SiLuRa) eingerichtet. Damit wurden die Voraussetzungen geschaffen, um die für Luftverteidigung, innere Sicherheit und den zivilen Luftverkehr wesentlichen Informations- und Entscheidungsabläufe unter Wahrung der Zuständigkeiten, selbst unter zeitkritischen Bedingungen sicherstellen zu können. In dieser Einrichtung sind die durch die Luftwaffe betriebene »Führungszentrale Nationale Luftverteidigung«, eine Außenstelle des Lagezentrums BMI – durch Beamte des Bundesgrenzschutz besetzt – sowie ein Bereich »Luftsicherheit« des BMVBW zusammengefaßt. Wann immer sich im deutschen Luftraum der Verdacht auf eine terroristische Bedrohung ergibt, übernimmt das »Nationale Lage- und Führungszentrum – Sicherheit im Luftraum« die Gesamtkoordination und veranlaßt alle erforderlichen Maßnahmen.

Bei entsprechender Eskalationsgefahr nimmt der Inspekteur der Luftwaffe dann direkt Kontakt mit dem Bundesminister der Verteidigung als politischem Entscheidungsträger auf und berät ihn über das weitere Vorgehen. Sollte hierbei Waffengewalt erwogen werden, obliegt die Entscheidung ausschließlich dem politischen Inhaber der Befehls- und Kommandogewalt.

Das NLFZ-SiLuRa hat seit seiner Aufstellung bei Übungen und in konkreten Einsatzlagen, die allerdings alle ohne Androhung oder Anwendung von Waffengewalt beendet werden konnten, mehrfach nachgewiesen, daß mit diesem Instrumentarium auch unter Zeitdruck angemessen reagiert werden kann.

Die für solche Reaktionen notwendigen rechtlichen Grundlagen wurden nach langer Diskussion im Januar 2005 mit dem Luftsicherheitsgesetz erlassen. Damit wurde nach mehr als drei Jahren das Projekt »Sicherheit im Luftraum« auf eine solide Basis gestellt. Die Luftwaffe kann für sich in Anspruch nehmen, maßgeblich daran mitgewirkt zu haben.

Enduring Freedom

Die Reaktionen in Deutschland auf die Terrorakte in den USA waren allerdings nur ein Teil der im Kampf gegen den internationalen Terrorismus notwendigen Maßnahmen. Bereits am 12. September 2001, einen Tag nach den Anschlägen, verurteilte der Sicherheitsrat der Vereinten Nationen die Terrorakte als bewaffnete Angriffe sowie als Bedrohung für den internationalen Frieden. Am gleichen Tag beschloß der NATO-Rat, daß die Terrorakte gegen die USA als Angriff auf alle Bündnispartner zu werten seien, sofern sie von außen gegen die USA gerichtet waren.

Als erste Beistandsmaßnahme verlegte die NATO im Oktober 2001 einen Teil der AWACS-Flotte von Geilenkirchen auf die Tinker AFB in Oklahoma: Von dort verstärkten die NATO-AWACS die Luftraumüberwachung in den USA und entlasteten die amerikanische Frühwarnflotte. An Bord der NATO-AWACS waren durchschnittlich 50 Soldaten der Luftwaffe eingesetzt. Der Einsatz wurde Mitte Mai 2002 abgeschlossen.

Anfang Oktober 2001 starteten amerikanische und britische Streitkräfte die Operation Enduring Freedom. Ziel war es, Führungs- und Ausbildungseinrichtungen internationaler Terrornetzwerke auszuschalten, Terroristen zu bekämpfen und Dritte von der Unterstützung terroristischer Aktivitäten abzuhalten. Seit dem Bundestagsbeschluß vom November 2001 beteiligt sich die Bundeswehr an Enduring Freedom. Einige der Beiträge waren zeitlich begrenzt, andere halten an. Dies schloß anspruchsvolle Einsatzaufträge für die Luftwaffe ein. Regelmäßig wurden Dschibuti und Mombasa durch Lufttransportverbände angeflogen, um die am Horn von Afrika eingesetzten deutschen See- und Seeluftstreitkräfte zu versorgen. Ebenso wurden das deutsche ABC-Abwehr-Kontingent in Kuwait und die in Afghanistan eingesetzten Soldaten des Kommandos Spezialkräfte durch Lufttransport unterstützt.

NATO-AWACS waren bei »Eagle Assist« an der Sicherung des amerikanischen Luftraums beteiligt

Über den Jahreswechsel 2001/2002 war die Luftwaffe mit 116 Transportflügen an der Unterstützung amerikanischer Streitkräfte in der Türkei beteiligt. Seit Anfang 2002 waren Angehörige der Luftwaffe in Verbindungskommandos und Hauptquartieren eingesetzt. Zudem verstärkte die Bundeswehr die amerikanischen Streitkräfte bei der Absicherung ihrer Liegenschaften in Deutschland. Dabei waren zeitweilig bis zu 300 Soldaten der Luftwaffe eingesetzt.

Stabilisierung Afghanistans

Im Dezember 2001 autorisierte der Sicherheitsrat der Vereinten Nationen den Einsatz einer International Security Assistance Force (ISAF) in Afghanistan. Auftrag war zunächst die Unterstützung der Übergangsregierung bei der Gewährleistung von Sicherheit und Ordnung im Raum Kabul. Mittlerweile wurde das Mandat der ISAF auf ganz Afghanistan ausgeweitet.

Der Bundestag hatte am 22. Dezember 2001 der Beteiligung der Bundeswehr an dieser Mission zugestimmt; es folgten weitere Parlamentsbeschlüsse, mit denen die Personalobergrenze von 1.200 Soldaten erweitert und das Einsatzgebiet neu definiert wurden. Seit 2003 stellte Deutschland das größte Truppenkontingent der 36 ISAF-Nationen. In Kabul, Kunduz und Feyzabad sowie im usbekischen Termez waren ca. 2.200 deutsche Soldaten an der insgesamt 8.000 Soldaten starken ISAF-Truppe beteiligt. Seit Januar 2002 sind Soldaten der Luftwaffe regelmäßig im ISAF-Einsatz.

Aufgrund der Aufgabenstellung waren die Truppenteile und Stäbe in Kabul und später an den Einsatzorten der deutschen »Provincial Reconstruction Teams« heereslastig. Luftwaffensoldaten hatten Stabsfunktionen, Verbindungsaufgaben sowie allgemeine Einsatz- und Truppenunterstützung wahrzunehmen. Doch ebenso stellte die Luftwaffe Fliegerleittrupps und Kräfte ihres Objektschutzbataillons, speziell zur risikoreichen Kampfmittelerkundung und Kampfmittelbeseitigung zur Verfügung.

Inzwischen haben mehrere Generale der Luftwaffe in Kabul im Hauptquartier der ISAF Verantwortung getragen. Die Anerkennung, die den Brigadegeneralen Peter Schelzig, Andris Freutel und Gero Schachthöfer sowie Generalmajor Hermann Wachter für ihre mehrmonatigen Einsätze zuteil wurde, galt zugleich den Leistungen, die von deutschen Luftwaffensoldaten aller Dienstgrade im usbekischen Termez sowie vor allem durch den Betrieb des Kabul International Airport von Februar 2003 bis Juni 2004 erbracht worden war.

Drehscheibe Termez

Im Vorfeld der Verlegung deutscher Truppen nach Afghanistan ging es darum, in der Nähe einen Flugplatz für den Umschlag von Personal und Material zu finden. Auch eine Notfall-Evakuierung der Truppen in Afghanistan mußte sichergestellt werden. Ein Direktanflug nach Kabul mit der A310 kam nicht in Frage, weil der Airbus nicht über Abwehrmittel gegen die dort befürchtete Bedrohung durch einfache Flugabwehrraketen verfügte.

Die Wahl fiel auf den vorrangig zivil genutzten, wenige Kilometer von der afghanischen Grenze entfernten Flughafen Termez in Usbekistan. Mit der usbekischen Regierung wurde ein Abkommen geschlossen, unverzüglich folgte die Verlegung von Personal und Material. Nach wenigen Tagen meldete die Luftwaffe Mitte Februar 2002 die Einsatzbereitschaft des Lufttransportstützpunktes 3 in Termez.

Knapp über 200 Soldaten erfüllen dort einen vielschichtigen Einsatzauftrag. Auch Termez wurde als gemeinsame Anstrengung der Luftwaffe angenommen: Offiziere, Unteroffiziere und Mannschaften, auch Reservisten, aus allen Bereichen der Luftwaffe waren beteiligt. Der Einsatz erfolgte unter schwierigen Bedingungen. Die Außentemperaturen schwankten zwischen -20°C im Winter und +60°C im Sommer. Eine gesicherte Wasserversorgung konnte erst nach Bohrung eigener Brunnen erreicht werden. Die Sicherheitslage war angespannt. In den Anfangsmonaten erschwerten desolate Flugbetriebsflächen die Auftragserfüllung. Allerdings schufen bald umfangreiche, durch Deutschland finanzierte Maßnahmen Abhilfe.

Die Luftwaffe flog zweimal wöchentlich mit der A310 die Strecke Köln-Termez, vorrangig für das deutsche ISAF-Kontingent. Die Flüge standen auch für afghanische Regierungsangehörige zur Verfügung und wurden bisweilen sogar durch den afghanischen Präsidenten genutzt.

Beim Lufttransportstützpunkt 3 wurden bis zu sieben speziell ausgerüstete Transportflugzeuge vom Typ C-160, davon eine in MedEvac-Konfiguration, einsatzklar gehalten. Alle Personaltransporte nach und aus Afghanistan wurden grundsätzlich mit diesen Transall durchgeführt. Seit Februar 2002 erfolgten mit der Transall C-160 nahezu täglich mehrere Luftransportflüge über den Hindukusch in das eineinhalb Flugstunden entfernte Kabul sowie an die anderen Einsatzorte des deutschen ISAF-Kontingents. Diese Flüge wurden ausschließlich unter Sichtflugbedingungen, mit hohen Belastungen für die Besatzungen und das Fluggerät sowie unter den Bedingungen einer unverändert hohen Bedrohungslage durchgeführt. So kam es wiederholt vor, daß die Schutzmaßnahmen der C-160 ansprachen bzw. ausgelöst wurden.

Termez entwickelte sich innerhalb kürzester Zeit zur Lebenslinie für das deutsche Engagement in Afghanistan – und für die gesamte internationale ISAF-Truppe.

Hoher Besuch – Präsident Karzai trägt sich ins Gästebuch des Einsatzgeschwaders Termez ein

Im Juni 2004 wurde der LTStp formal in das »Einsatzgeschwader Termez« überführt. Hierbei handelte es sich um den ersten teilstreitkraftübergreifenden, jedoch weiterhin durch einen Luftwaffenoberst geführten Einsatzverband der Bundeswehr mit einer Personalstärke von etwa 310 Soldaten. Durch die Zusammenfassung von Kräften der Luftwaffe, der Heeresflieger, der Streitkräftebasis und des Zentralen Sanitätsdienstes in einem Geschwader wurden die Strukturen gestrafft und die Effizienz nochmals gesteigert. Damit konnte die Unterstützung aller ISAF-Teams im Norden Afghanistans sichergestellt werden, auch an Einsatzorten, die mit der Transall nicht anfliegbar gewesen waren. Bis Mitte 2005 sind mit C-160 insgesamt 2.850 Einsätze mit 6.900 Flugstunden geleistet, mehr als 81.000 Passagiere befördert und 6.900 Tonnen Luftfracht umgeschlagen worden.

KAIA: Kabul International Airport

Im Herbst 2002 erhielt die Luftwaffe den Auftrag sich darauf einzustellen, für die Dauer der sechsmonatigen »Lead Function« für ISAF III durch Deutschland und die Niederlande den »sicheren und gesicherten« Betrieb des Kabul International Airport (KAIA) sowohl für die militärischen Operationen als auch für die zivile Nutzung vor allem für die afghanische Fluggesellschaft Ariana sicherzustellen.

Mitte Februar 2003 übernahm die Luftwaffe von den bis dahin für KAIA zuständigen türkischen Streitkräften den Betrieb des Kabul International Airport. Für diesen Zweck wurde das »Einsatzgeschwader 2 Luftwaffe« (EG 2) aufgestellt. Aus der ursprünglich geplanten Einsatzdauer von sechs Monaten wurden am Ende 15, weil sich keine andere Nation bereitfand, die Verantwortung für KAIA zu übernehmen. Im Juni 2004 übernahm dann die NATO den Flugplatz mit einer eigens hierfür geformten »Multinational Force«. Für die Luftwaffe hatten sich die 15 Monate Verantwortung für KAIA als ein ebenso wichtiger wie schwieriger und fordernder Einsatzauftrag erwiesen. Wichtig vor allem deshalb, weil der sichere Betrieb des Flugplatzes für das Engagement der internationalen Gemeinschaft in Afghanistan entscheidend war. Ein ISAF-Befehlshaber brachte die zentrale Bedeutung des Platzes auf den Punkt: »No KAIA, no ISAF«. Alle Truppenverlegungen und der Personalaustausch liefen ausschließlich über den Flugplatz, ebenso wie der größte Teil der Materialtransporte. Ohne gesicherte Kontrolle über KAIA wären alle Notfallplanungen hinfällig gewesen.

Der Flughafen war nicht nur militärisch bedeutsam. Im Lichte der Geographie Afghanistans und der nahezu vollständig zerstörten Verkehrsinfrastruktur war

KAIA die »Nabelschnur«, die das Land mit der Welt verband.

Die Herausforderungen für die Luftwaffe lagen zunächst darin, daß sie den Platz nach nur kurzer Vorbereitungszeit übernehmen mußte. Zwischen der ersten Erkundung und der Übernahme der Verantwortung lagen nicht einmal drei Monate. Allein für den Aufbau des Feldlagers und die Herstellung einer begrenzten Einsatzbereitschaft war ein Minimum von zwei Monaten nötig.

Übergabe KAIA an die NATO im Juni 2004 – das Einsatzgeschwader 2 nach dem Appell

Bis zur vollen Einsatzbereitschaft Mitte März 2003 war eine Organisation aufzubauen, die alle Funktionen eines Lufttransportgeschwaders, zusätzlich Objektschutzaufgaben, einen Feldlagerbetrieb und sanitätsdienstliche Aufgaben sicherstellte. Der Personalumfang betrug im Schnitt etwa 550 Soldaten, davon entfielen auf die Luftwaffe etwa 300. Die restlichen Kräfte wurden durch andere Nationen gestellt, im wesentlichen für die Bereiche Luftumschlag, Sicherungsaufgaben sowie für die sanitätsdienstliche Versorgung.

Vor Ort war absolut nichts vorhanden; selbst die Fläche für das Feldlager mußte erst von Blindgängern, Minen und Kriegsschrott geräumt und mit ca. 12.000 Kubikmeter Schotter aufgefüllt werden. Für den Transport aus Deutschland wurden – mangels eigener Großraumflugzeuge – Il-76 und An-124 gechartert. In 174 Flügen wurden 2.340 Tonnen Material nach Kabul eingeflogen.

Die rudimentäre Flugsicherungsinfrastruktur, ohne technische Hilfsmittel wie Radar oder Peilsystem, ließ Flugbewegungen ausschließlich unter Sichtflugregeln zu. Erschwerend war das disziplinlose, mitunter gefährliche Verhalten einiger ziviler Nutzer. Es bedurfte großer Anstrengungen, europäische Mindeststandards im Hinblick auf Flugsicherheit zu vermitteln und durchzusetzen. Und schließlich war ständig von einer hohen Bedrohung durch terroristische Angriffe auszugehen, insbesondere durch Raketenbeschuß aus den Bergen nördlich des Flughafens.

Dessen ungeachtet erfüllte das Einsatzgeschwader 2 den gestellten Auftrag vom ersten Tag an. Während der 15monatigen Einsatzdauer gab es keinen Tag, an dem der sichere Betrieb von KAIA nicht gewährleistet wurde. Alle wichtigen Bereiche wurden entmint und aufgeräumt, die Gesamtinfrastruktur wurde in einen akzeptablen Zustand gebracht. Während des laufenden Einsatzes leisteten die deutschen Feuerwehrleute und die Flugsicherung erfolgreich Ausbildungshilfe für afghanisches Personal. Damit wurden wichtige Voraussetzungen geschaffen, um in absehbarer Zeit zumindest Teilbereiche des Flughafenbetriebs in afghanische Zuständigkeit übertragen zu können.

Am 1. Juni 2004 wurde KAIA an die Multinational NATO Force übergeben. 52.000 Soldaten, 40.000 Tonnen Fracht aller Art und einige hunderttausend zivile Flugpassagiere vor allem der afghanischen Airline Ariana waren unter deutscher Verantwortung auf KAIA abgefertigt worden, eine Größenordnung, die dem Flughafen Hannover entspricht. Wenige Tage vor der Übergabe feierten die deutschen Tower Controller auf KAIA ein stolzes Jubiläum: die 40.000. Flugbewegung auf KAIA unter ihrer Kontrolle.

Der Einsatz der Luftwaffe am Kabuler Flughafen war in jeder Hinsicht ein Erfolg. Allerdings war der Aufwand beträchtlich gewesen: Aus vielen Einsatzverbänden der Luftwaffe waren Ressourcen abgezogen worden. Entscheidend für das Ergebnis war jedoch vor allem das großartige Engagement der beteiligten Soldaten.

Weiterentwicklung und Transformation

Die Luftwaffenstruktur 5 war angesichts eines in den 90er Jahren für die deutschen Streitkräfte deutlich erweiterten Aufgabenspektrums unausweichlich gewesen. Sie wurde auf der Basis einer umfassenden Bestandsaufnahme entworfen. Konzeptionell war sie in eine grundlegende Reform der Bundeswehr eingebettet. Wie kam es dazu, daß nur zwei Jahre nach Erlaß des Realisierungsplanes für die Struktur 5 – mitten im Umbau und bei laufenden Einsätzen – erneut gravierende Einschnitte notwendig wurden?

Vordergründig waren die Ursachen für die Eingriffe finanzieller Natur. Die zeitgerechte Einnahme der Luftwaffenstruktur 5 war unauflöslich mit den Modernisierungsschritten der Ausrüstung und verfügbarer Infrastruktur an den neuen Standorten verbunden. Um volle Wirkung in der neuen Struktur zu erreichen, mußte es gelingen, den Verbänden leistungsfähige und motivierte Soldatinnen und Soldaten bereit zu stellen, was eine Verbesserung der Rahmenbedingungen erforderte. Diese Vorbedingungen für den Erfolg der Luftwaffenstruktur 5 bedurften einer soliden finanziellen Unterlegung, und die verfügbaren Mittel entwickelten sich schlechter als erwartet.

Jede Mark bzw. jeder Euro konnte zudem nur einmal ausgegeben werden. In dem entstehenden Verteilungskampf schnitt die Luftwaffe durchaus gut ab, da sie Projekte einbringen konnte, die für streitkräftegemeinsame Einsätze von hohem Wert waren. Und so gelang es der Luftwaffenplanung immer wieder, für ihre großen Projekte die politisch-parlamentarische Zustimmung zu gewinnen. Mit dem Eurofighter konnten die Weichen für die fliegenden Kampfverbände bis nach 2030 gestellt werden. Inzwischen befindet sich das Jagdgeschwader 73 »Steinhoff« in der Umrüstung auf den Eurofighter, die ersten Piloten sind umgeschult. Als »Multi Role«-fähiges Jagdflugzeug besitzt der Eurofighter großes Wachstumspotential. Wenn es gelingt, ihn über seine gesamte Lebensdauer technologisch modern auszurüsten und zu bewaffnen, wird der Eurofighter sein anspruchsvolles Aufgabenspektrum mit hohem Leistungspotential abdecken.

Für die A400M gilt eine ähnliche Einschätzung; der einzige Nachteil des Projekts – die späte Realisierung – könnte mit einer Zwischenlösung im Leasing-Verfahren kompensiert werden. In den Bereichen Einsatzführung und Flugkörperabwehr sind positive Entscheidungen gefallen. Doch relativiert der späte Zulauf der Systeme auch hier die positiven Perspektiven.

Dennoch sind die eingegangenen Verpflichtungen zu Gunsten des NATO ACCS, einschließlich der nationalen Ergänzung durch GIADS II, und für MEADS in ihrer langfristigen Wirkung nicht hoch genug zu bewerten. Alle genannten Systeme haben ausgezeichnetes Potential für streitkräftegemeinsame Einsätze, auch in modularer Zusammensetzung. Alle können in multinationalen Einsätzen, im Bündnis oder in anderen Konstellationen, wertvolle deutsche Beiträge einbringen. Und alle Systeme haben große Bedeutung für die Rüstungskooperation. Für die Luftwaffe und ihre Soldaten bieten sie zugleich gute Zukunftsperspektiven.

Doch diese Großprojekte haben in der Planung zu Verdrängungseffekten geführt – nicht nur bei der Luftwaffe. Abstriche in Bewaffnung, Führungsausstattung und Beistellgerät mußten hingenommen werden, um die Großsysteme finanzierbar zu machen. Jede Entscheidung für kostenträchtige Investitionsvorhaben belastete zugleich den Betrieb. Und die Hoffnungen, daß durch Privatisierung und Zentralisation kurzfristig Mittel freigesetzt würden, haben sich bislang nicht erfüllt. Stattdessen war der erwartete Anstieg der Finanzlinie ausgeblieben, Deckungslücken im Bundeshaushalt hatten sogar Absenkungen des Verteidigungsetats erzwungen.

Rasch wurde klar, daß die Neuausrichtung frühestens mittelfristig greifen würde. Der knappe Haushalt zwang dazu, einen Teil des Materials länger als geplant in Dienst zu halten. Erneut standen Logistik, Materialerhaltung und Betrieb auf dem Prüfstand. Und tatsächlich wurden in gemeinsamen Überlegungen mit der Industrie Wege gefunden, in »Kooperativen Modellen« Redundanzen weiter abzubauen und die Materialer-

Der Eurofighter – künftig zentraler Träger der Kampfkraft

haltung noch stärker zu rationalisieren. Doch auch diese Modelle bedurften eines zeitlichen Vorlaufs, so daß kurzfristig Gewinne nicht zu erzielen waren.

Die schwierige Gesamtlage – Belastungen durch Einsätze und strukturbedingte Auflösungen, Verlegungen und Versetzungen einerseits, unsichere Planungsvorhaben und fehlende Betriebsmittel andererseits – bewog den Inspekteur, eine Arbeitsgruppe einzusetzen, um die »innere Lage« der Luftwaffe zu erfassen und Vorschläge zu entwickeln, wie das Vertrauen der Truppe in die Verläßlichkeit von Planung und Entscheidungen wiedergewonnen werden konnte. Aus allen Dienstbereichen der Luftwaffe kamen Vorschläge, die analysiert und in einem Katalog zusammengefaßt wurden. Vieles davon war für die Kommandeure in ihrer Führungsverantwortung sicher hilfreich. Die Kernaussagen zur Steigerung der »Corporate Identity« wurden in einem Leitbild »Team Luftwaffe« verdichtet, das vom Inspekteur 2003 erlassen wurde.

Doch in einem Punkt änderten weder die Bemühungen der Vorgesetzten noch die bemerkenswerte Disziplin der Truppe etwas: Die Reduzierung der verfügbaren Mittel machte eine zeitgerechte und vollständige Einnahme der Luftwaffenstruktur 5 unmöglich. Bereits Anfang 2003 mußte deutlich nachgesteuert werden.

Die neben der Haushaltssituation zweite wesentliche Einflußgröße, die eine Nachsteuerung gebot, gründete auf den umfassenden Veränderungen der internationalen Sicherheitslage, die in ihren Konturen immer klarer hervortraten. Die Risiken durch den internationalen Terrorismus, durch ethnische und religiöse Konflikte sowie durch mögliche Proliferation von Massenvernichtungswaffen hatten in Verbindung mit technologischen Weiterentwicklungen zu neuartigen Anforderungen und Konzepten geführt. Ausgehend von den USA wurde bei etlichen Bündnispartnern eine Transformation ihrer Streitkräfte eingeleitet. Ziel war es, im vollen Spektrum militärischer Handlungsoptionen rasch und maßgeschneidert reagieren zu können.

Neue Konzepte mußten zugleich im Auge behalten, daß die gesamte Sicherheitsarchitektur in Europa in Bewegung war. NATO und EU wurden erweitert, die

Kooperation des Bündnisses mit Rußland und der Ukraine ausgebaut. Im Jahre 2004 wurden sieben weitere NATO-Mitglieder aufgenommen, zehn Staaten traten der EU bei. Um die NATO zu entlasten, wurde die Handlungsfähigkeit der EU gestärkt; sie baute eigene Kräfte zur schnellen Krisenreaktion auf. Inzwischen übernahm die EU bereits die Führung von Einsätzen auf dem Balkan und in Afrika.

Am Irak-Krieg 2003 waren die deutschen Streitkräfte nicht beteiligt. Aber auch von außerhalb war unübersehbar, daß diese Art der Kriegführung für die Anforderungen an Streitkräfte zukunftsweisend war. Daher wurden die erfolgreichen Operationen der US-geführten Koalitionstruppen sorgfältig ausgewertet. Alle europäischen Nationen stellten bei der Frage nach ihrer eigenen Befähigung für solche Operationen erhebliche Defizite fest, auch die Bundeswehr. Vor allem aber hat dieser Krieg gezeigt, welche Bedeutung die Transformation für die Streitkräfte hat.

Im Irak waren in den Einsätzen die traditionellen Abgrenzungen der Teilstreitkräfte weitgehend aufgegeben. Sie verschmolzen in einer auf Wirkung fokussierten, gemeinsamen, multinationalen und vernetzten Operationsführung. Eine zentrale Rolle spielten allerdings die Fähigkeiten der Luftstreitkräfte: Reaktionsvermögen, Reichweite, Präzision, Flexibilität. Dabei ging es um weit mehr als nur technologische Einzelbefähigungen. Gefordert war ein Führungs-, Sensoren- und Effektoren-Verbund. Vorbereitung, Planung und Durchführung für einen solchen Verbund brachten ein neues Denken hervor, ohne das Koalitionsfähigkeit mit den führenden Nationen bei militärischen Einsätzen künftig nicht mehr gegeben sein wird.

Die Verteidigungspolitischen Richtlinien (VPR) vom Mai 2003 trugen diesen Entwicklungen Rechnung und legten das Fundament für die Transformation der Bundeswehr. Die nach Einsatzbereitschaft und Präsenz differenzierten Streitkräfte wurden auf die wahrscheinlichen Aufgaben ausgerichtet. Ihr Profil umfaßte sechs miteinander verzahnte Fähigkeitskategorien: Führungsfähigkeit, Nachrichtengewinnung und Aufklärung, Mobilität, Wirksamkeit im Einsatz, Unterstützung und Durchhaltefähigkeit sowie Überlebensfähigkeit und Schutz.

Doch wie zuvor die Reformen war die Transformation der Bundeswehr nicht kostenfrei zu bewerkstelligen. Bereits mit der Veröffentlichung der VPR hatte Minister Dr. Struck Einschnitte angewiesen, die auch die Luftwaffe betrafen: Sie sollte von der Marine deren Tornados und die Aufgabe der Seekriegführung aus der Luft übernehmen, in der Folge aber aus dem neuen Gesamtbestand zwei Geschwaderäquivalente Tornado auflösen. Die Marine protestierte – erfolglos. Die Entscheidung brachte den dritten scharfen Rückschnitt bei den Kampfflugzeugen der Luftwaffe seit 1990, mit der Konsequenz, daß die Reduzierungen der Zahl der Flugstunden und der verfügbaren »Cockpits« unmittelbar auf die Stärke des fliegenden Personals durchschlugen. Die Auswirkungen reichten bis in die Regeneration: Junge Pilotenanwärter mußten in andere Laufbahnen umgesteuert werden.

Zudem mußte die Luftwaffe vorzeitig die Waffensysteme Hawk und Roland abgeben, deren Außerdienststellung für 2008 bzw. 2012 geplant gewesen war. Alle Entscheidungen sollten kurzfristig realisiert werden, um die Einsparungen rasch zur Wirkung zu bringen. Die finanzielle Dimension war beachtlich. In der Tornado-Flotte wurde eine deutliche Reduzierung der kostenträchtigen Nutzungsdauer-Verlängerung möglich. Bei Hawk und Roland lag das Einsparpotential primär in der Aufgabe von Strukturen und Liegenschaften. Genau hier aber gab es Probleme: Wieder war, relativ überraschend nach der Luftwaffenstruktur 5, die Lebensplanung vieler Soldaten und ziviler Mitarbeiter betroffen.

Die FlaRak befand sich mitten im Einnahmeprozeß für die Struktur 5 und wurde nun von weiteren Verlegungen, Umgliederungen und Auflösungen getroffen. Ein extremes Beispiel: In Leipheim wurde den Angehörigen der FlaRakGruppe 15 während ihres Aufstellungsappells die Auflösung des Verbandes bekannt gegeben. Auch der Divisionskommandeur, Generalmajor Henner Scholz, hatte diese Entscheidung erst einen Tag vorher erfahren. Weitere Traditionsstandorte (Möhnesee, Oldenburg und Burbach) gingen verloren. Doch schuf die nun vorgesehene Konzentration aller FlaRak-Verbände in drei Räumen in Schleswig-Holstein, Mecklenburg-Vorpommern und Bayern die Hoffnung, daß damit für die Flugabwehrraketenverbände endlich Standortsicherheit erreicht würde.

In der Folge wurde die Neuausrichtung weiter ausgeplant. Im Januar 2004 stellte der Verteidigungsmi-

Ausmarsch der Truppenfahne: Nach der Rückgabe der Fahne an die Flugabwehrraketengruppe 2 verließen die Soldaten und das Luftwaffenmusikkorps drei aus Münster symbolisch den Appell-Platz auf dem Kasernengelände. ▪ *Fotos: Niggemeier*

Dank für „wunderbare gemeinsame Zeit“

Großer Abschlussappell in der Graf-Yorck-Kaserne: Klaus Patt gab Kommando über Flugabwehrraketengruppe 21 feierlich zurück. 45 Jahre am Möhnesee

MÖHNESEE ▪ „Eine Ära geht zu Ende“ – so war der gestrige Abschlussappell in der Graf-Yorck-Kaserne übertitelt, der einen feierlichen Schlusspunkt setzte unter mehr als 45 Jahre Flugabwehrraketengruppe 21 am Möhnesee.

Anfang des Jahres waren erste Gerüchte laut geworden über die Außerdienststellung der Gruppe im Rahmen der Luftwaffenstruktur – und was zu Beginn niemand wahr haben wollte, ist heute, kein halbes Jahr später, bittere Gewissheit. Am 30. Juni wird die Flugabwehrraketengruppe 21 aufgelöst und zum 1. Juli erfolgt in Sanitz bei Rostock gemeinsam mit Soldaten und Zivilisten der dort aufgelösten FlaRak-Gruppe 12 die Neuaufstellung der FlaRak-Gruppe 21.

„Auch wenn durch die Beibehaltung des Namens der Verband weiter bestehen bleibt, bedeutet es, dass mit dem Datum 30. Juni eine Epoche der FlaRak-Geschichte enden wird“, brachte es gestern Kommandeur Klaus Patt auf den Punkt. Er dankte der Gemeinde, dem Kreis Soest und der gesamten Öffentlichkeit für die überaus positive Aufnahme der Bundeswehr und eine „wunderbare gemeinsame Zeit“. Den Mitgliedern der FlaRak-Gruppe 21 gab Patt mit auf den Weg: „Sie können mit dem Geleisteten mehr als zufrieden sein und mit Stolz Rückschau halten sowie gleichzeitig mit Zuversicht und Optimismus in die Zukunft blicken.“ Klaus Patt gab gestern das Kommando über den Verband an den Kommodore der FlaRak-Gruppe 2, Oberst Rüdiger Knappe, zurück.

In dem feierlichen Appell, bei dem Vertreter der Öffentlichkeit und Fahnenabordnungen der Schützenbruderschaften aus Büecke, Echtrop und Körbecke anwesend waren, wurde auch die Truppenfahne zurückgegeben und symbolisch erfolgte der Vorbeimarsch des Patriot-Waffensystems und das Abschalten zweier Startgeräte. Worte des Dankes gab es von General Aarne Kreuzinger-Janik, Divisionskommandeur der 3. Luftwaffendivision, und von Kommodore Knappe. Musikalisch sorgte das Luftwaffenmusikkorps drei aus Münster für den passenden Rahmen.

Nach der Außerdienststellung trafen sich die Soldaten und die Gäste aus Politik, Verwaltung, Kirche und öffentlichem Leben zu einem Empfang, bei dem auch Landrat Wilhelm Riebniger und Bürgermeister Gerd Brune sich offiziell von der FlaRak-Gruppe verabschiedeten (wir berichten noch). ▪ **bL**

Durch mehrfache Rückschnitte in der Luftwaffenstruktur mußten seit Beginn der 90er Jahre zahlreiche Standorte aufgegeben werden – hier der Abschied aus dem Traditionsstandort Möhnesee (Soester Anzeiger vom 26. Juni 2004)

Die Schützen aus Körbecke (Bild), Echtrop und Berlingsen, Büecke, Wippringen kamen mit Fahnenabordnungen

nister der Öffentlichkeit den neuen Kurs für die Weiterentwicklung der Bundeswehr vor. Die Grundlinie: Die gestiegenen Anforderungen erforderten uneingeschränktes bundeswehrgemeinsames Denken und Handeln, dementsprechend waren alle Fähigkeiten der Teilstreitkräfte ausschließlich an ihrer Bedeutung für die Gesamtstreitkräfte zu messen.

Die Bundeswehr hatte den Weg der bisherigen Reformen endgültig verlassen. In der Vergangenheit war auf veränderte Rahmenbedingungen stets mit dem Anspruch reagiert worden, mit den Anpassungen zu einem konkreten Zieldatum den neuen Bedingungen gerecht zu werden. Seit der Wende 1989/90 hatten sich die Rahmenbedingungen jedoch zunehmend schneller verändert. Und jedesmal waren »fundamentale Anpassungen« gefordert, manchmal bevor die letzte Reform zu Ende geführt war. Das Beispiel der Luftwaffenstruktur 5, die noch nicht eingenommen war, als die ersten Nachsteuerungen vorgenommen wurden, machte endgültig klar: Nur durch einen andauernden Transformationsprozeß konnte die Bundeswehr in die Lage versetzt werden, auf stetig sich ändernde Rahmenbedingungen angemessen zu reagieren.

Die Konzeption der Bundeswehr (KdB) vom August 2004 schrieb den fähigkeitsorientierten Ansatz der Transformation fest. Transformation wurde als »die Gestaltung des fortlaufenden und vorausschauenden Anpassungsprozesses definiert, der die Einsatzfähigkeit der Bundeswehr erhöhen und auf Dauer erhalten soll«. Mit operativen, personellen, strukturellen und materiellen Vorgaben unterstützt die KdB die rasche Neuausrichtung der Streitkräfte. Detailliert werden die Beiträge der Luftwaffe als Fähigkeitsmodule zu neu geschaffenen Kräftekategorien beschrieben –

In der MRTT-Version kann die A310 der Luftwaffe seit 2005 zur Luftbetankung genutzt werden – eine neue im erweiterten Aufgabenspektrum wichtige Voraussetzung

den Eingreif-, Stabilisierungs- und Unterstützungskräften – und eine Grobstruktur der Luftwaffe vorgegeben.

Die Einteilung der Streitkräfte in die Kräftekategorien erfolgt abgestuft mit den entsprechenden Konsequenzen für die Bereitschaftsgrade und die Ausstattung der Truppenteile. Die Eingreifkräfte müssen sich in intensiven Kampfhandlungen durchsetzen können. Stabilisierungskräfte haben in friedenserhaltenden Operationen, ggf. über lange Zeit, ein breites Aufgabenspektrum abzudecken, das von humanitärer Hilfeleistung über Überwachungsmissionen bis hin zur Trennung von Konfliktparteien reicht. Unabhängig von der Intensität einer Operation müssen die Streitkräfte der Bundeswehr auch aggressiv handelnde Gegner militärisch dominieren und im Fall einer Eskalation qualitativ überlegen agieren können. Unterstützungskräfte sichern den Grundbetrieb und die Eingreif- und Stabilisierungskräfte in ihren Einsätzen. Gemeinsam bilden diese Kräfte fortan die militärischen Mittel für einen glaubwürdigen sicherheitspolitischen Ansatz der Bundesrepublik Deutschland.

Was bedeuteten diese Vorgaben für die Ausplanung der künftigen Luftwaffe? Bei den Eingreifkräften reicht das Spektrum von der Sicherstellung einer günstigen Luftlage über luftgestützte Aufklärung im Einsatzge-

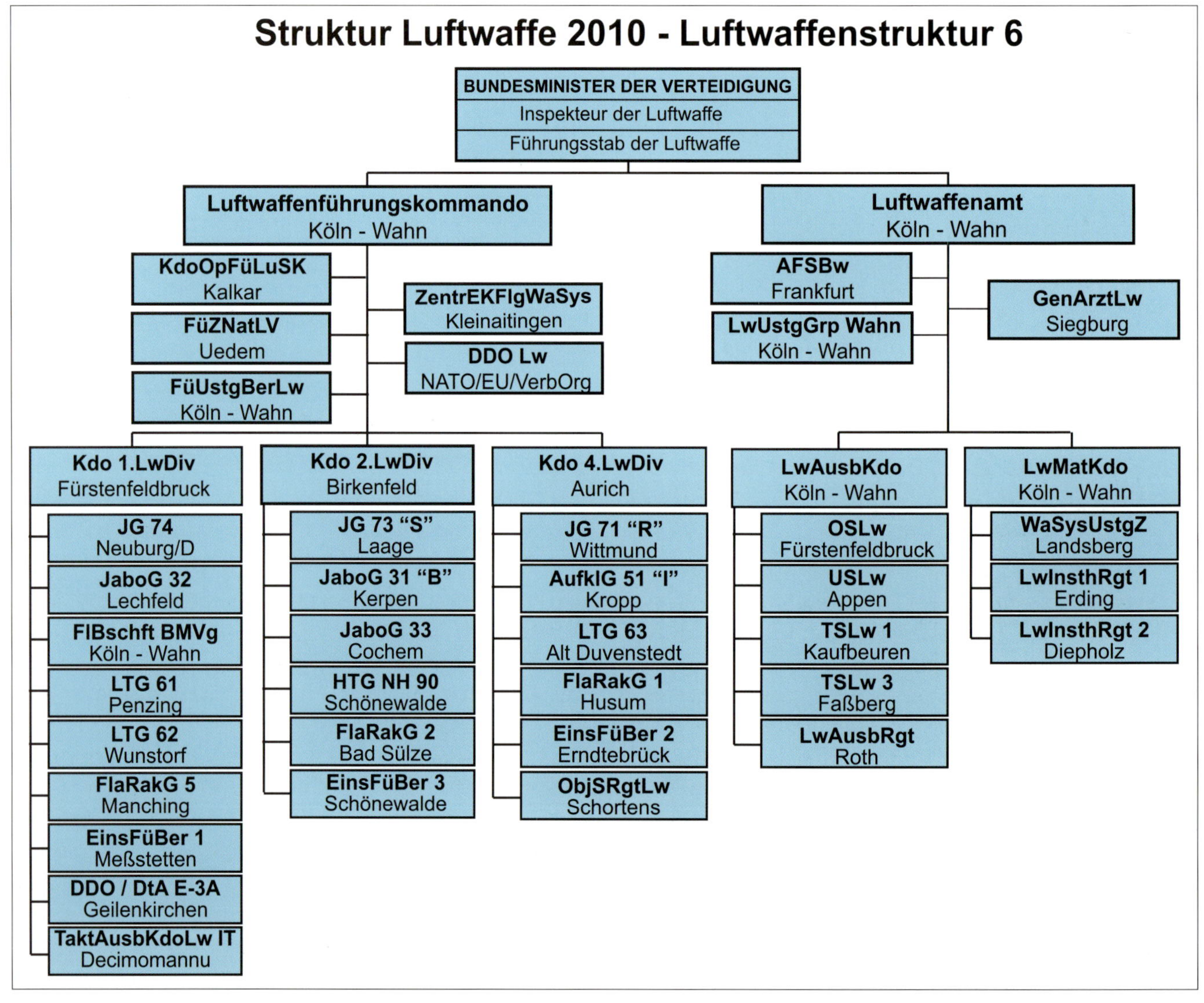

biet und die bewaffnete Suche und Rettung (Combat Search-and-Rescue – CSAR) bis hin zu Luftbetankung und zu taktischem Lufttransport. In den Stabilisierungskräften konzentriert sich die Luftwaffe auf Überwachung und Schutzaufgaben und stellt dabei gleichzeitig die Eskalationsdominanz zur Trennung von Konfliktparteien bereit. Anders als Heer und Marine nimmt die Luftwaffe auch im Inland Dauereinsatzaufgaben wahr, die den Stabilisierungskräften zugeordnet werden: die Sicherheit im Luftraum über Deutschland und die Nukleare Teilhabe. Hierfür sind ständig Kräfte vorzuhalten, die für andere Aufgaben nicht zur Verfügung stehen.

Der überwiegende Teil der Unterstützungskräfte der Luftwaffe stellt die Ausbildung, Führung und Unterstützung im Grundbetrieb in Deutschland sicher. Doch können Kräfte des strategischen und operativen Lufttransports, Kräfte der weiträumigen luftgestützten Aufklärung oder für den Betrieb einsatzwichtiger Infrastruktur, etwa eines Flugplatzes im Einsatzland, auch bei Auslandseinsätzen gefordert sein.

Zur Ausplanung der Fähigkeiten innerhalb der Kräftekategorien wurde ein modularer Ansatz gewählt. Die Module in den Eingreif- und Stabilisierungskräften stellen das für Einsätze der Bundeswehr verfügbare Dispositiv der Luftwaffe dar. Die Module der Unterstützungskräfte komplettierten die künftige Kategorisierung.

Der gesamte Umfang der Bundeswehr wurde in dem Personalstrukturmodell (PSM) 2010 aufgeteilt. Der Luftwaffe wurden 6.000 Soldatinnen und Soldaten für die Eingreifkräfte vorgegeben, 11.000 für die Stabilisierungskräfte und 27.400 bei den Unterstützungskräften. Um diesen Dienstpostenumfang zu erreichen, wurde über die mit den VPR angewiesenen Maßnahmen weiterer Personalabbau notwendig. Dabei galt es, die Kernfähigkeiten zu erhalten und die bereits eingeleiteten Planungen der Großwaffensysteme zu berücksichtigen. So trafen die Kürzungen dieses Mal auch die Kommandostruktur: Die Zahl der Divisionen sollte auf drei reduziert, das Lufttransportkommando aufgelöst werden, wenn seine Aufgaben durch ein Europäisches Lufttransportkommando übernommen werden können.

Zur Transformation gehört es, auch Aufbau- und Ablauforganisationen fähigkeitsorientiert zu gestalten. Die Luftwaffenstruktur 6 sichert den Grundbetrieb der Luftwaffe und ermöglicht es im geforderten Fähigkeitsspektrum, aufgabengerecht Kräfte und Mittel für den Einsatz zusammenzustellen. Sie setzt die konzeptionellen und operativen Vorgaben konsequent um. Dabei ist es der Luftwaffe zudem gelungen, die Gestaltungsprinzipien, die Grundlage der Struktur 5 waren, zu erhalten. So ist es unverändertes Ziel, robuste Strukturen und durchhaltefähige Verbände zu schaffen; weiterhin sollen truppendienstliche und fachliche Führung möglichst in einer Hand belassen werden. Auch die Trennung zwischen Einsatz und Einsatzunterstützung bleibt bestehen.

Die Luftwaffe wird sich in den nächsten Jahren deutlich verändern. Die Einführung neuer bzw. die Ausphasung vorhandener Waffensysteme wird für nahezu alle Einsatzverbände erhebliche Auswirkungen haben. Die bereits laufenden Aufgabenverlagerungen in die Streitkräftebasis und die Realisierung kooperativer Modelle mit der Industrie werden strukturelle Anpassungen in der Logistik und den Ausbildungsverbänden erzwingen. Allein die Kommandostruktur wird, wenn die entschiedenen Maßnahmen abgeschlossen sein werden, wohl für längere Zeit erhalten bleiben. Und dies ist wichtig, um eine einheitliche Führung der Verbände in unruhigen Zeiten zu gewährleisten.

Bilanz und Ausblick

50 Jahre Luftwaffe – für Frieden und Freiheit

In einer Welt voller Risiken, Spannungen und Konflikte ist verantwortungsvolle Sicherheitspolitik jedes Landes auf Streitkräfte angewiesen, die dem Gewicht seiner nationalen Interessen entsprechen. Daran hat auch das wirtschaftliche und mediale Zusammenwachsen der Kontinente nichts geändert. Satellitenfernsehen, Internet und Großraum-Flugzeuge haben nicht nur den Außenhandel und den Tourismus erleichtert. Vernetzte Rechner, Kommunikations- und Transportmittel haben ebenso dafür gesorgt, daß Krisen und Konflikte über große Entfernungen eskalieren können.

Noch vor wenigen Jahren hätte sich niemand vorstellen können, daß von einem kaum beachteten Ausbildungslager in Afghanistan ein katastrophaler Schlag gegen die Weltmacht USA ausgehen würde. Heute werden kritische Entwicklungen in einzelnen Regionen weltweit wahrgenommen. Die Medien berichten nicht nur über Katastrophen, sondern immer wieder von Menschenrechtsverletzungen und Völkermord. Die Weltgemeinschaft ist zum Eingreifen aufgefordert. Und das vereinte Deutschland stellt sich in zunehmendem Maße den daraus erwachsenden Verpflichtungen.

Seit ihrer Gründung hat die Bundesrepublik erfolgreich Sicherheitspolitik betrieben. Gerade in der Anfangszeit war das Bedürfnis nach Sicherheit riesig. Der Weltkrieg stand den Menschen buchstäblich täglich vor Augen: Ruinen und Schutt erinnerten an die Luftangriffe und zeugten von der Gewalt moderner Waffen. Und direkt angrenzend stand jenseits des Eisernen Vorhangs eine gewaltige Militärmaschinerie.

Doch es gelang, Frieden, Freiheit und wirtschaftlichen Aufbau über die Jahrzehnte zu sichern. Mehr noch: Als sich die Chance bot, wurde auf friedlichem Wege die Einheit erlangt, ohne auf Recht, Freiheit oder die Sicherheit durch das westliche Bündnis verzichten zu müssen.

Die Bundeswehr hatte ohne Zweifel beträchtlichen Anteil an dieser Entwicklung. Während des Kalten Krieges, weil die Abschreckung trotz der Übermacht des Warschauer Paktes funktionierte. In der Phase der Herstellung der Einheit, weil sie die heikle Aufgabe der Übernahme zuvor feindlich gegenüberstehender Streitkräfte mit klaren Konzepten und für die betroffenen Menschen fair löste. Und seit 1991, weil die für sie neuen friedenserhaltenden und friedenschaffenden Einsätze ebenso sicher bewältigt wurden wie zahlreiche Hilfsaktionen. Alle Teilstreitkräfte – und in jüngster Zeit auch die Streitkräftebasis und der Zentrale Sanitätsdienst – haben dazu beigetragen. Alle verdienen Anerkennung dafür.

Eine Bilanz der letzten 50 Jahre weist aus, daß die Luftwaffe seit ihrer Gründung – aufgrund ihrer spezifischen Eigenschaften und Fähigkeiten – in jeder Phase der Geschichte der Bundesrepublik in ganz besonderem Maße gefordert war.

Bis in die 60er Jahre war die Bundesrepublik angesichts des mächtigen und auf Expansion ausgerichteten Sowjetblocks vollständig auf die Schutzmacht USA und das NATO-Bündnis angewiesen. Allein durch die Übernahme amerikanischer Waffensysteme, in deren Folge die fliegerische und FlaRak-Ausbildung in die USA verlegt wurde, gelang es der Luftwaffe, wie auch der Marine, schon früh, aus einer Zweckgemeinschaft ehemaliger Kriegsgegner echte Partnerschaft zu formen. Daß die Luftwaffe nicht ganze Korps, sondern Einheiten und Verbände der NATO assignierte, führte zu einer tiefgreifenden Integration und engen Kontakten zu den Alliierten, bis in die Truppe hinein. Auf diese Weise wurde bereits in der Aufbauphase das Vertrauen der Alliierten gewonnen.

Dabei ging der Beitrag der Luftwaffe weit über diese für den Zusammenhalt des Bündnisses wichtigen Begegnungen hinaus. In Himmerod war der Luftwaffe noch eine eher subsidiäre Rolle zugedacht worden. Doch während der Konfrontation mit dem Warschauer Pakt, also für die ersten 35 Jahre der Bundeswehr, lieferten die strategisch relevanten Fähigkeiten der Luftwaffe die sicherheitspolitisch bedeutsamsten Beiträge aller deutschen Streitkräfte zum Bündnis.

In der Zeit der Massive Retaliation waren die Nuklearträger entscheidend. Selbst die Nuklearmächte, die Deutschland eigene Waffen niemals zugestanden hätten, sahen in der Bereitstellung von nuklearen Trägermitteln durch die Bundesrepublik zu Recht einen Beitrag eigener Qualität. Denn einerseits erhöhte die räumliche Verteilung der Waffen das Risiko für einen Angreifer. Andererseits stärkte die Bereitschaft, die mit dieser Rolle verbundene Verantwortung und eigene Gefährdung anzunehmen, die Solidarität – und damit die Glaubwürdigkeit der Strategie.

Nach dem Wechsel zur Flexible Response behielt die nukleare Komponente ihre Bedeutung als ultimatives Einsatzmittel, doch wurden die konventionellen Kräfte gestärkt, um eben nicht zu diesem Mittel greifen zu müssen.

Glaubwürdige Verteidigungsfähigkeit und Solidarität – das waren auch die Ziele der tiefen Integration in der NATO-Luftverteidigung. Angesichts der Kräfteverhältnisse in Mitteleuropa war eine aus dem Stand einsatzbereite Luftverteidigung Voraussetzung für die Handlungsfreiheit aller anderen Kräfte. Deutschland stellte mit den Luftwaffenkräften des Radarführungsdienstes, der FlaRak und der Jagdgeschwader den größten Beitrag zur Integrierten Luftverteidigung in Mitteleuropa. Dies gab der Luftwaffe im Bündnis Gewicht und Einfluß. Luftwaffenoffiziere führen seit Jahren die mitteleuropäischen CAOC und tragen damit auch die Verantwortung für die Unversehrtheit des Luftraums über Belgien, Luxemburg, den Niederlanden und, seit deren NATO-Beitritt, auch über Polen und Tschechien.

Die Planungsstäbe der NATO-Luftstreitkräfte – früher RFAS, heute Joint Air Power Competence Center – gingen auf deutsche Initiativen zurück und werden von Luftwaffengeneralen geleitet. Im Januar 2004 wurde erstmals ein Luftwaffenoffizier Oberbefehlshaber der Alliierten Streitkräfte Nordeuropa: nicht nur für die Luftwaffe, sondern für die NATO-Luftstreitkräfte eine Anerkennung ihrer Rolle in aktuellen und künftigen Joint Operations. Auch in einer Reihe von NATO-Foren und Agenturen, die sich mit Führung oder Luftverteidigung befassen, besetzt die Luftwaffe regelmäßig Spitzenpositionen: im NATO Air Defence Committee, in der NATO ACCS Management Organization, bei der NATO Airborne Early Warning and Control Force und der dazu gehörenden Programme Management Agency, der NATO MEADS Management Agency und der NATO Command, Control and Communications Agency.

Der Commander-in-Chief Allied Forces Northern Europe, General Gerhard W. Back (mitte), bei der Kommandoübergabe im HQ ISAF in Kabul

Doch nicht nur die beiden unmittelbar strategierelevanten Bereiche der Luftwaffe, sondern auch eine Reihe anderer Aufgaben der Luftwaffe hatten für die gemeinsame Operationsführung des Bündnisses hohen Wert: Zerstörung des gegnerischen Luftkriegspotentials am Boden, unverzichtbar angesichts der riesigen Luftangriffskapazitäten des Warschauer Paktes. Abriegelung der Kampfzone, die einem Angriff das Nachstoßen mit einer zweiten Staffel verwehren konnte. Oder Luftnahunterstützung, die in Brennpunkten mit konzentrierter Feuerkraft die eigenen Verteidigungslinien rasch verstärken konnte. Auch die Frühwarnsysteme, die Aufklärung und die fermeldeelektronische Aufklärung gehörten hierzu. Selbst der Beitrag, den die Luftwaffe im Host Nation Support zu leisten hatte, primär eine territoriale Aufgabe, besaß besondere Qualität: Durch Bereitstellen eigener Flugplätze und Unterstützung der US-Basen schuf er die Voraussetzung für die im Falle eines Angriffs durch den Warschauer Pakt dringend notwendige Verstärkung der NATO-Kräfte durch die kampfstarke US Air Force.

Gute bis sehr gute Ergebnisse bei Taktischen Überprüfungen, überzeugende Übungseinsätze und zunehmend konzeptionelle Anstöße zeichneten bereits in den 70er und 80er Jahren das Bild einer leistungsstarken und selbstbewußten Teilstreitkraft. Das Cluster-Konzept der bodengestützten Luftverteidigung und das Konzept der Verbundenen Luftkriegsoperationen wurden national entwickelt und erprobt – und anschließend in NATO-Konzepte eingebracht. In Verbundenen Luftkriegsoperationen wurden erstmals die synergetischen Effekte des Zusammenwirkens aller Luftkriegsmittel genutzt: Radarführung, Aufklärung, Jagdschutz, Luftangriffskräfte und elektronische Unterstützung wurden in enger Abstimmung mit der eigenen FlaRak unter zentraler Führung eingesetzt. Dies erlaubte flexible Schwerpunkte für Luftangriffsoperationen wie in der Luftverteidigung und steigerte den Wert der Luftstreitkräfte bei eigenständigen Einsätzen ebenso wie im Verbund mit Land- und Seestreitkräften. Die NATO hat später – wie auch die USAF – Varianten dieses Konzeptes bei der Mehrzahl aller scharfen Einsätze genutzt.

Auf dem Weg zur Einheit haben alle Teilstreitkräfte und die Wehrverwaltung Großartiges geleistet.

DACT – Dissimilar Air Combat Training: deutsche MiG-29 und Schweizer F-18 bei der ersten gemeinsamen Übung

Doch auch bei dieser Aufgabe hatte die Rolle der Luftwaffe spezielle Facetten: Mit dem Air Policing wurde von der Luftwaffe eine hoheitliche Aufgabe übernommen, die in Ost und West im Frieden bis dahin den Siegermächten des Zweiten Weltkriegs vorbehalten gewesen war.

Die Übernahme der MiG-29 und ihre Aufrüstung auf NATO-Standards hatte gleich dreifachen Effekt: Erstens erkannten die ehemaligen NVA-Angehörigen, daß die Aussonderung ihrer Ausrüstung und Waffen nicht aus Prinzip erfolgte, sondern weil die meisten Systeme in keiner Weise westlichen Anforderungen entsprachen. Zum zweiten war dies für die NATO-Kandidaten aus Osteuropa ein Zeichen, daß ihre Ausrüstung zumindest in Teilen an NATO-Standards herangeführt werden konnte. Und drittens erwies sich die MiG-29 in einer Phase, da der Eurofighter noch nicht verfügbar war, als substantielle Verstärkung der fliegenden Luftwaffe.

Der Luftrettungsdienst SAR machte den Bürgern in den neuen Bundesländern deutlich, daß die Luftwaffe auch nach der Wende für sie da war. Und es waren Luftwaffeneinheiten, die als erste im östlichen Teil Deutschlands der NATO assigniert wurden.

Im erweiterten Aufgabenspektrum der 90er Jahre traten die konzeptionellen Stärken der Luftwaffe sogar noch stärker hervor. Kaum ein Einsatz war ohne Luftwaffenbeteiligung vorstellbar. Zumindest Lufttransport war gefordert, oft darüber hinaus Aufklärung oder Verstärkung durch Spezialkräfte, beispielsweise in der Kampfmittelerkundung und -beseitigung. Doch auch den ersten scharfen Waffengang der Bundeswehr, bei Allied Force, übernahm die Luftwaffe. Er wurde zu einem herausragenden Beispiel für die Bedeutung von »Luftmacht« im erweiterten Aufgabenspektrum. Erstmals in der Geschichte wurde eine politische Zielsetzung ausschließlich durch den Einsatz von Luftstreitkräften erreicht. Allied Force schuf die Voraussetzungen für die friedenserhaltenden Folgemaßnahmen im Kosovo.

Kommunikation auf höchster Ebene – die Inspekteure der Teilstreitkräfte bei Common Arrangement 2004, der Erprobung Vernetzter Operationsführung

Mit dem Übergang zu Vernetzter Operationsführung werden die konzeptionellen Stärken der Luftstreitkräfte – dies hat der letzte Irak-Krieg bewiesen – noch deutlicher werden. Zwar wird jeder Erfolg vernetzter Operationen zu Recht am Gesamtergebnis gemessen. Doch die Luftwaffe ist maßgeschneidert für diese Art von Einsätzen. Sie deckt mit ihren wesentlichen Parametern exakt das Anforderungsprofil: Flexibilität, Reaktionsvermögen, Reichweite, dazu das Denken im Verbund. Es erstaunt nicht, daß die ersten Versuche mit Vernetzter Operationsführung innerhalb der Bundeswehr von der Luftwaffe ausgingen. Gemeinsam mit der Marine, später auch mit dem Heer, wurde 2004 ein übergreifender Luftverteidigungsverbund erprobt.

Trotz dieser in allen Abschnitten gewichtigen Aufgaben ist die Luftwaffe inzwischen erheblich kleiner geworden. Zwischen 1970 und 2005 hat sie bei zwischenzeitlichem Aufwuchs nach der Wiedervereinigung rund 70 Prozent ihres militärischen und fast 60 Prozent ihren zivilen Personals verloren. Der Bestand an Kampfflugzeugen der Bundeswehr ging allein seit 1990 um über die Hälfte zurück, in der Zielstruktur 2010 wird er nur gut 30 Prozent der damaligen Zahl ausmachen. Dementsprechend wurde die Anzahl der Geschwader verringert. Bei der Flugabwehrraketentruppe war der Abbau noch dramatischer: Gut 85 Prozent des Bestands an vor der Wende verfügbaren Waffensystemen und zwei Drittel der FlaRak-Gruppen wurden seither aufgegeben. Beim Einsatzführungsdienst werden aus ehemals 14 Abteilungen drei Einsatzführungsbereiche bestehen bleiben.

Die verschiedenen Kommandostrukturen reflektieren diese Entwicklung. Von den drei Höheren Kommandobehörden und neun Divisionsäquivalenten der Struktur 1970 werden in der Zielstruktur nur noch zwei Höhere Kommandobehörden, drei Divisionen und die beiden Kommandos für Ausbildung und Material verbleiben.

Die Umfangsentwicklung der Luftwaffe im Vergleich

	vor 1990	Luftwaffenstruktur 6 (Zielstruktur 2010)
Soldaten	110.000	34.500
Zivilpersonal	21.500	ca. 6.500
Kampfflugzeuge	755 *	262
Fliegende Kampfverbände	18 *	7
FlaRak-Systeme	176	24
FlaRakGruppen/Btl	15	6
RafüAbt/EinsfüBer	14	3
Kommandobehörden	13	7 **

* einschließlich Marineflieger, deren Aufgaben von der Luftwaffe übernommen wurden
** ohne Kernstab KdoOpFüLuSK

Für jede Änderung der Struktur gab es gute Gründe: neue Waffensysteme, veränderte Bedrohung, strategische oder konzeptionelle Neuausrichtung. Und immer wieder Rückschnitte im Verteidigungshaushalt. Doch von den Veränderungen am stärksten getroffen wurden die eigentlichen Leistungsträger der Luftwaffe. Jede Umstrukturierung, Verlegung oder Auflösung von Einheiten oder Verbänden war mit tiefen Eingriffen in die Lebensplanung vieler Mitarbeiter, in Uniform und in Zivil, verbunden. Manchmal taten unausweichliche Entscheidungen einfach deshalb weh, weil sie das wertvollste Kapital der Luftwaffe trafen: die Frauen und Männer des Teams Luftwaffe. Der Geist, der in den 50 Jahren der Luftwaffengeschichte stets herrschte, findet sich auch später in diesem Band in den Berichten der vielfältigen Bereiche der Luftwaffe wieder.

Ausblick

Die Frage, an welchen Orten und mit welchen Aufträgen die Luftwaffe in Zukunft eingesetzt werden wird, läßt sich heute weniger denn je beantworten. In der eingeleiteten Transformation sind aber bereits die Fähigkeiten beschrieben, mit denen sich die Luftwaffe an streitkräftegemeinsamen Einsätzen beteiligen soll – national, im Bündnis, in der Europäischen Union oder multinational in anderen Konstellationen. Die konzeptionelle und strukturelle Ausrichtung ist mit der Konzeption der Bundeswehr bereits vorgegeben.

Als »Mittel der ersten Stunde« können Luftstreitkräfte Konflikte rasch eindämmen. Auch bei der Bewältigung von Krisen und in asymmetrischen Szenarien können sie ihre Flexibilität in gemeinsamen Operationen mit hochmobilen und spezialisierten Kräften einbringen. Schnell dislozierbare und vielseitig einsetzbare Luftstreitkräfte sind oftmals das einzige Mittel, mit dem überhaupt kurzfristig Wirkung zu erzielen ist. Allein das Vorhandensein leistungsfähiger Luftstreitkräfte kann einen Opponenten zum Einlenken bewegen – in jedem Fall demonstriert es politische Entschlossenheit und militärische Durchsetzungsfähigkeit mit großem Wirksamkeitsradius. Das Nutzen von Sanktuarien wird ihm verwehrt: So kann die Dominanz in der Fähigkeit zu eskalieren letztlich Deeskalation bewirken.

- Um die Fähigkeiten für derartige Handlungsalternativen zu schaffen, muß sich die Material- und Ausrüstungsplanung streng an dem Fähigkeitsprofil der Gesamtstreitkräfte orientieren: Grundvoraussetzung für alle Luftwaffeneinsätze im Verbund ist ein vernetztes Führungssystem der operativen und taktischen Ebene zur Luftraumüberwachung, Luftraumordnung und Einsatzführung von Luftstreitkräften. Priorität hat Mobilität der Führungskomponenten und Sensoren. Fernziel bleibt die NATO-weite Einführung eines gemeinsamen Air Command and Control Systems mit mobilen Anteilen.
- Ein leistungsfähiger, mehrstufiger, streitkräftegemeinsamer Aufklärungsverbund ermöglicht frühzeitige und angemessene Reaktion, bereits während der Entstehung von Krisen und Konflikten. Mit weitreichender und multispektraler Sensorik ausgestattete fliegende Plattformen können Beiträge zur Informationsgewinnung leisten, die durch bodengebundene Mittel niemals erzielbar wären. Neben streitkräftegemeinsam betriebenen raumgestützten Systemen trägt auch der Einstieg in die Nutzung unbemannter Luftfahrzeuge zur signalerfassenden und abbildenden Überwachung und Aufklärung der Bedeutung der Allwetter-, Abstands- und Echtzeitfähigkeit Rechnung, um auch in schwierigen, wechselnden Bedrohungslagen urteilsfähig zu bleiben.
- Die schnelle Verlegung von Kräften der Bundeswehr in geographisch nicht mehr begrenzte Einsatzgebiete

Zukünftiges Transportflugzeug A400M

Aufklärungssatellit SAR-Lupe

»Jetzt gehört er uns« – Wappenlackierung auf dem ersten Eurofighter des Jagdgeschwaders 73 »Steinhoff«

erfordert Lufttransportmittel, die in der Lage sind, logistische Anfangsversorgung und taktische Beweglichkeit sicherzustellen. Die nationalen Rettungs- und Evakuierungseinsätze haben sich bis heute weltweit und bereits vielfach bewährt. Mit der A400M und der Umrüstung von vier Airbus A310MRT zu Tankern wird die Luftwaffe erstmals eine strategische Verlegefähigkeit erreichen. Die Einsätze der Vergangenheit haben zudem die Dringlichkeit des geplanten Aufbaus einer CSAR-Fähigkeit unterstrichen.

- Mit dem Eurofighter wird die Luftwaffe über ein hochmodernes Kampfflugzeug verfügen. In der Luftverteidigungsrolle mit den Lenkflugkörpern IRIS-T und Meteor, in der mehrrollenfähigen Version mit moderner Präzisionsbewaffnung und der Abstandswaffe Taurus ausgestattet, wird der Eurofighter das Rückgrat der Kampfflugzeugflotte bilden. Um die gravierende Lücke in der Flugkörperabwehr zum Schutz der Kräfte im Einsatz und zum Schutz Deutschlands zu füllen, plant die Luftwaffe eine Kampfwertanpassung des Patriot-Systems. Langfristig ist die Einführung des taktischen Luftverteidigungssystems MEADS vorgesehen.
- Mit dem Systemverbund aus Einsatz- und Basislogistik ist der Weg in die streitkräftegemeinsame Unterstützung bereits beschritten. Bei zunehmend komplexeren Systemen wird es – neben den operativen Forderungen – darauf ankommen, durch moderne Kooperationsmodelle mit der Industrie die Betriebskosten kontrollierbar zu halten.

Entscheidend aber wird der Mensch bleiben – aktiver Soldat, ziviler Mitarbeiter oder Reservist. Es muß gelingen, Auftrag, Ausrüstung und Lebensbedingungen in der Luftwaffe so zu gestalten, daß qualifizierter Nachwuchs sichergestellt bleibt. Denn eines haben die vergangenen 50 Jahre unzählige Male bestätigt: Gerade wegen der zunehmenden technischen Komplexität und der Spezialisierung in den Fachbereichen wird der Teamgedanke immer wichtiger.

Der traditionell enge Zusammenhalt im »Team Luftwaffe«, das Gemeinschaftsgefühl in den Verbänden, die großartige Unterstützung aus den Familien heraus – dies alles dient nicht nur der persönlichen Bindung und dem Wohlbefinden aller Luftwaffenangehörigen. Denn der Effekt des Teamgedankens auf die Auftragserfüllung in einem komplexen, risikoreichen Umfeld darf nicht unterschätzt werden. Die »menschliche« Komponente in dem bisher erfolgreichen Weg der Luftwaffe wird durch Technisierung oder Automatisierung keineswegs abnehmen. Im Gegenteil: Sie wird noch bedeutsamer werden.

Auf dem Weg in die Zukunft wird daher der Ausbildung zentrale Bedeutung zukommen, allgemeinmilitärisch und fachlich. Sinnvermittlung und Wertebezug sind in unübersichtlichen Einsätzen für die Streßverarbeitung unverzichtbar. Vernetzte Operationsführung wird künftig nicht nur das Beherrschen des eigenen Systems erfordern, sondern zusätzlich Kenntnisse von allen beteiligten Komponenten. Ausbildung und Erziehung werden einen vorrangigen Platz einnehmen müssen.

In der Zukunft wird die Luftwaffe schlanker werden – und sie wird ein neues Gesicht erhalten. Aber eines wird bleiben: Der gemeinsame Wille, jede Herausforderung anzunehmen. Daher wird auch das neue, erweiterte Aufgabenspektrum gemeistert werden, so wie alle Aufgaben in den vergangenen 50 Jahren bewältigt wurden: Mit Engagement und Zuversicht, einem großartigen Team – und »Immer im Einsatz«.

»... der Bundesrepublik Deutschland treu zu dienen und das Recht und die Freiheit des deutschen Volkes tapfer zu verteidigen.«

Bilder aus fünf Jahrzehnten

*Über den Wolken ... –
Tornado des
Aufklärungsgeschwaders 51 »Immelmann«*

Kunstflugformation der Flugzeugführerschule A, Landsberg am Lech, mit Fouga Magister

Gute Stimmung mit Stil

Reifenwechsel –
F-84 Thunderstreak Jagdbombergeschwader 33

*Springerausbildung in den 60er Jahren –
Noratlas des Lufttransportgeschwaders 61*

Ungewöhnliches Line-Taxi

Pershing Ia im Gelände

»Missile away« – Abschuß einer Nike Hercules auf Kreta

»Cleared for take off« – Tower des Jagdbombergeschwaders 33

»Starfighter«

»Pre-flight check« – F-84 Thunderstreak in Bandirma, Türkei

»Mission accomplished« – Tornado-Ausbildung in Cottesmore, Großbritannien

»Überleben See«

Innenansicht eines Nachbrenners

Gefechtspause – Leben im Felde

Realitätsnahe Ausbildung der Objektschutzkräfte – Bergen eines verschütteten Kameraden

*Selbstschutz im Einsatz –
Transall stößt Flares aus*

*»Engage« –
Testschießen mit MiG-29*

Oben: »Blazing Skies!« –
Feuerleitcrew im Battery Control Center Hawk

Unten: Konzentration am Radarscope

Arbeitsplatz in 20.000 ft

Oben: A310 der Flugbereitschaft transportiert Soldaten der Afrikanischen Union zu UN-Einsatz 2004

Unten: Offizierschule der Luftwaffe in Fürstenfeldbruck – das Motto des Führungsnachwuchses

Hilfe zur Selbsthilfe – Feuerwehrausbildung in Kabul

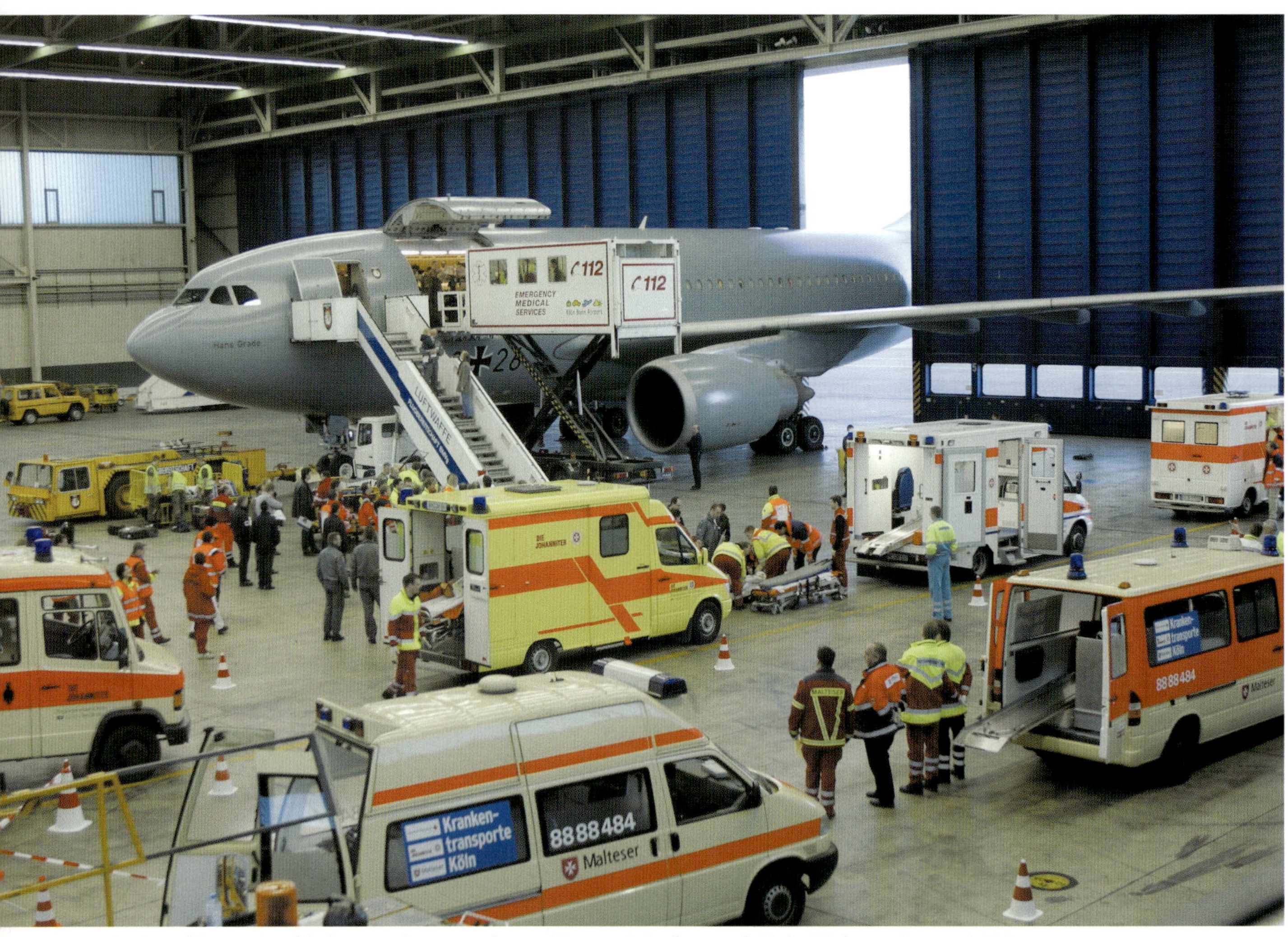

A310 MedEvac – Rückkehr mit schwerstverletzten Tsunami-Opfern nach Köln-Wahn im Januar 2005

Luftverteidigung am Polarkreis – Patriot bei Battle Griffin 2005

Eurofighter des Jagdgeschwaders 73 »Steinhoff« – Take-off in Laage

Die Luftwaffe unterstützt die bemannte Raumfahrt – Oberst Thomas Reiter beim Außenbordeinsatz im All

A400M

Der Mehrzwecktransporter

Schnelle Reaktionsfähigkeit ist in der Welt von heute unerlässlich – ob es um die dringende Anforderung humanitärer Hilfe, den schnellen Einsatz einer Friedenstruppe oder der sofortigen Reaktion auf eine militärische Bedrohung geht. Luftmobilität ist eine entscheidende Voraussetzung für das Erreichen dieser Ziele. Der Lufttransport hat die schnelle Bereitstellung von Personal, Versorgungsgütern und Ausrüstung revolutioniert.

Die A400M ist eine europäische Neuentwicklung, deren Leistungsspektrum auf heutige und zukünftige Anforderungen hin optimiert wurde. Sie repräsentiert den neuesten Stand technischer Entwicklungen, die von Anfang an in ihrer Auslegung berücksichtigt wurden.

Taktischer Lufttransport

Die A400M ist ein vielseitiges Flugzeug für Lufttransporteinsätze aller Art. Der taktische Lufttransport setzt eine breite Palette an Fähigkeiten voraus: Tiefflugeinsätze, Absetzen von Luftlandetruppen, Start und Landung auf unbefestigten und unpräparierten Plätzen und autonomes Be- und Entladen von Fracht.

Strategischer Lufttransport

Der schnelle Transport überdemensionierter Fracht zeichnet die A400M auch für den strategischen Lufttransport aus. Dabei spielen die hohe Reisegeschwindigkeit, die grosse Frachtraumkapazität, die Langstreckentauglichkeit und die Luftbetankung zur Erweiterung der Reichweitenkapazität eine entscheidende Rolle.

Luftbetankung

Das Frachladesystem

Ein technologisches High-Light stellt das Frachladesystem dar. Der Boden des Frachtraumes, der sogenannte "Flat-Floor" ist mit einem Rollenbahn-Transportsystem und Zurrpunkten ausgestattet (beides versenkbar). Der Frachtraum kann schnell und einfach für die Beföderung von Containern, Paletten und Fahrzeugen angepasst werden.

Humanitäre Hilfseinsätze

Ihre Leistungsmerkmale machen die A400M zu einer idealen Plattform für humanitäre Hilfseinsätze. Der vollständig autonome Langstreckentransporter kann auf abgelegenen, unbefestigten Pisten landen und alle Hilfsmittel liefern, die im Krisenfall benötigt werden.

Die A400M fliegt mit einer jet-ähnlichen Reisegeschwindigkeit von 422kt bzw. 780 km/h. Das ist 30% schneller als die Militaärtransporter der früheren Generation, die durch die A400M ersetzt werden sollen.

Tanker

Die A400M kann nach einer schnellen Umrüstung auch als Tanker eingesetzt werden. Eine Betankung von Hubschraubern bis zu schnellen Kampfflugzeugen zählt zum Standard-Leistungsspektrum.

Die europäische Zusammenarbeit

Am 27. Mai 2003 hat die internationale Rüstungsagentur OCCAR bei Airbus Military S.L. offiziell 180 Militärtransporter vom Typ A400M bestellt. Von den bestellten Flugzeugen sind 60 für Deutschland bestimmt, 50 für Frankreich, 27 für Spanien, 25 für Großbritannien, zehn für die Türkei, sieben für Belgien und eine Maschine für Luxemburg.

Die Führung des A400M Programms liegt bei der Airbus Military. Diese Tochtergesellschaft von Airbus vereint unter ihrem Dach die meisten der führenden Flugzeughersteller. Sie greift nicht nur auf die umfassende Erfahrung und auf das technologische Know-How des Airbus-Konsortiums zurück, sondern zieht auch Nutzen aus anderen zivilen und militärischen Flugzeugprogrammen (ATR, C-160 Transall, C-212, CN235 und C-295).

Workshare

Entsprechend der Abnahme von einem Drittel der Flugzeuge beträgt auch der deutsche Arbeitsanteil etwa 33% und stellt damit den größten Anteil dar. So erfolgt in Bremen die Montage und Ausrüstung des gesamten Rumpfes, die Entwicklung und Integration des Frachtladesystems, die Entwicklung des High-Lift Systems inklusive der Flügelschalen und die Montage der Landeklappen. In Stade wird das Seitenleitwerk und in Nordenham sämtliche Großbleche und Schalen gefertigt. Komponenten für das Rumpfheck entstehen in Ottobrunn und das Frachttor in Augsburg.

Rahmenbedingungen und Organisation

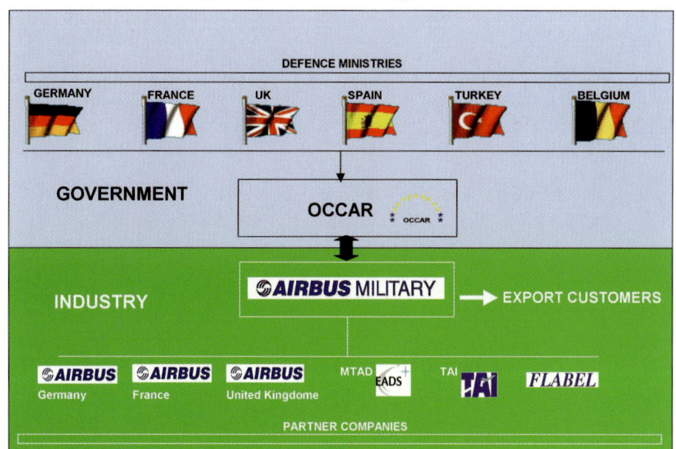

Sieben Nationen werden in naher Zukunft ihren Friedensmissionen und humanitären Aufgaben wirkungsvoller nachkommen können. Die A400M ersetzt die heutigen Transportflugzeuge und kann die doppelte Menge an Gütern schneller, weiter und kostengünstiger befördern. Mit der A400M entsteht ein flexibler Militärtransporter nach Standards, die den langfristigen Erfordernissen jeder modernen Luftwaffe entsprechen.

Die deutsche Luftwaffe erwartet ihre ersten A400M im Jahr 2010 und will bis 2012 die erste Staffel mit einem Dutzend Maschinen einsatzbereit haben. Alle Flugzeuge sollen bis 2016 geliefert sein.

IFA Integrated Fuselage Assembly

Nations	Germany	France	UK	Spain	Turkey	Belgium	RSA
A/C Commitment	60	50	25	27	10	8	8

Lufthansa Technik AG
Government & Special
Mission Aircraft Services
Weg beim Jäger 193
22335 Hamburg
Germany

Phone: +49-40-5070-2548
Fax: +49-40-5070-64423
christian.reck@lht.dlh.de
www.lufthansa-technik.com

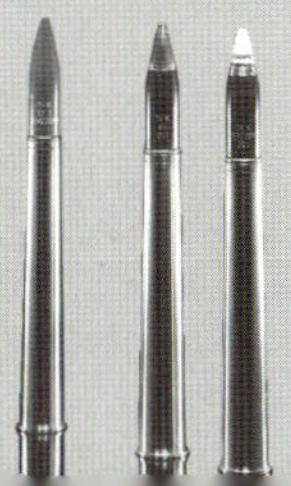

Broadening the horizons of globa

DIE ESW EXTEL SYSTEMS WEDEL GESELLSCHAFT FÜR AUSRÜSTUNG MBH ist Anbieter technologisch komplexer Lösungen für Produkte und Leistungen in der Verteidigungs- und Zivilluftfahrt. ESW gehört seit 50 Jahren zu den erfahrenen und etablierten Unternehmen für die ganzheitliche Betreuung der Bundeswehr und im speziellen der deutschen Luftwaffe. Basierend auf dieser langjährigen Partnerschaft hat ESW sich in den folgenden Programmen der Luftwaffe positioniert.

OSIRIS

Eine hochpräzise stabilisierte Plattform, die bei der Deutschen Ausführung des Helikopters Tiger (UHT) beim Mastvisier „OSIRIS", das über dem Rotor angeordnet ist, zur Anwendung kommt. Die elektromechanische Stabilisierung sorgt für die punktgenaue Ausrichtung der Sensorsysteme. Es können in 18 km Entfernung mehr als zwei Dutzend Ziele erfasst werden.

Enteisung

ESW liefert elektrothermische Enteisungstechnik für Lufteinlässe von Triebwerken und Rotorblattenteisung bei Helikoptern. Die Systeme verhindern durch Beheizung die gefährliche Eisbildung an flugkritischen Strukturteilen. Unser Fachwissen über optimierte Energieverteilung, Regelung und Überwachung bei Enteisungssystemen, gewährleistet den sicheren Flugeinsatz unter extremen Wetterbedingungen.

Winden

ESW ist Ausrüster für elektrische und hydraulische Rettungswinden, die bei Helikoptern wie der UH 1-D, BO 105 und NH90 zur Anwendung kommen. Die Kernkompetenz liegt hier besonders in der extrem hohen Zuverlässigkeit und den Sicherheitsanforderungen. Die für den Rettungseinsatz und Lasttransport ausgelegten Winden können im Flug Lasten bis zu 270 kg aus ca. 80 m Tiefe heben.

Stromversorgung

ESW liefert 400Hz Bodenstromversorgung für die Luftfahrzeuge der deutschen Luftwaffe sowie die elektrische Bordnetzversorgung von Helikoptern, Starrflüglern und Drohnen. Hierfür entwickelt, fertigt und liefert ESW Generatoren, Regler und Kontrolleinheiten.

Radome/Composites

ESW ist im Tornado/Eurofighter Programm Prime Contractor für die Lieferung der Nose Radomes. Für das NH 90 Helicopter Programm wurde das Wetter-Radom entwickelt mit anschließender Lieferung der Serienradome sowie kundenspezifischen Exportausführungen. ESW führt für das AWACS Programm im NATO Auftrag Depot Level Maintenance (DLM) durch, z.Zt. läuft die Zertifizierung für weltweite AWAC's DLM's. Ein neuer Geschäftszweig der ESW ist die Herstellung und Lieferung von Composite Teilen, die in einem Autoklaven modernster Bauart hergestellt werden.

ESW PROGRAMME DER LUFTWAFFE

- Sensorplattform OSIRIS für UHT
- TV-Tab
- Triebwerksenteisung
- Rotorblattenteisung für EH101, AH64 APACHE
- Rettungswinde für NH 90, UH1D
- Bodenstromversorgung
- Stromversorgung für Drohnen
- Bordnetzgenerator für CH53, SEA KING, Sea LYNX, UH 1D
- Radom und DC-Notstromgenerator für EF 2000 Typhoon
- AWACS Radom Maintenance
- Radome (Nose+ERWE), Wanderwellenschutz für Tornado
- Transall (C160)-Radom

Tiger

Eurofighter

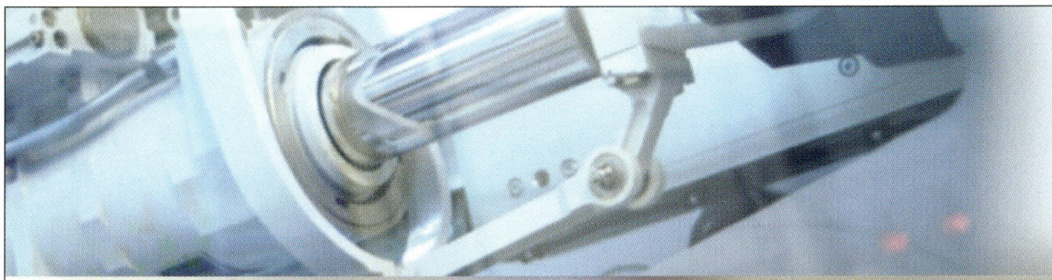

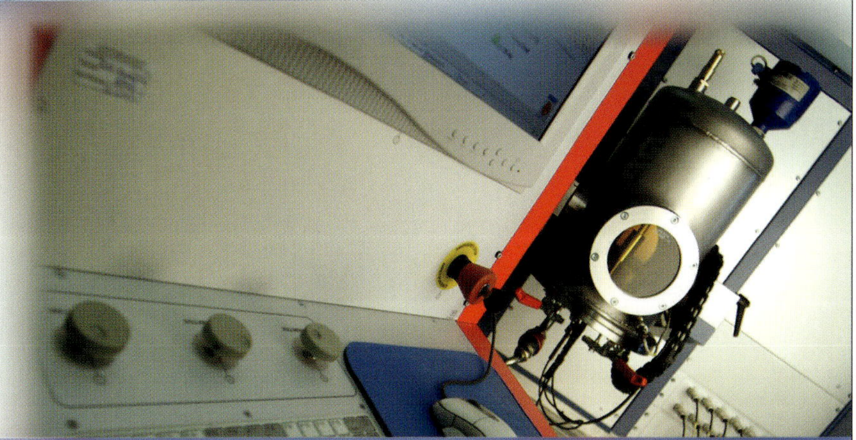

Fliegen für die Freiheit
Fliegende Kampfverbände der Luftwaffe

Jörg Kuebart

Der Start

Man mochte seinen Augen nicht trauen: Da standen auf den ersten Flugplätzen der neuen Luftwaffe beeindruckend lange Reihen von F-84 und F-86. Wir sollten sie bald fliegen.

Es gab Gerüchte, daß dieselben Flugzeuge ein paar Mal verwendet wurden, um auf jeweils anderen Basen Geschwader aus der Taufe zu heben.

Der erste Inspekteur, Josef Kammhuber, sagte: »Der Aufbau der Bundeswehr sah von Anfang an die Aufstellung einer schlagkräftigen und tüchtigen Luftwaffe vor. 1.326 Kampfflugzeuge werden bereit stehen. Der Wert einer Luftwaffe wird durch die Soldaten, die in ihr dienen, bestimmt. Gerade dem Flieger ist das Wort ›Freiheit‹ kein leerer Begriff.« Das war Motivation genug.

Keiner von uns begann den Start in der Luftwaffe mit Überlegungen, was man dabei verdienen und was man vielleicht werden könne. Wir wollten nur fliegen.

Hinter uns lag die Ausbildung in den USA, in Kanada und bei den Amerikanern in Landsberg und in Fürstenfeldbruck, wo wir in der Offiziersmesse noch in Dollars zahlten. Es gab die ersten Auslandsflüge – für uns Kinder der harten Nachkriegszeit einmalige Erlebnisse.

Männer der ersten Stunde

Alles begann mit den »Alten«, Mittdreißigern, Vierzigern vielleicht. Die meisten der frühen Verbandsführer waren berühmte, hochdekorierte Jagdflieger des Weltkrieges wie Bubi Hartmann, Gerd Barkhorn, Walter Krupinski, Johannes Steinhoff und später Günther Rall und Fritz Obleser. Man hatte sie in den USA und in England auf den modernen Flugzeugen geschult, und sie bauten Geschwader aus dem Nichts heraus auf.

Sie führten, wie sie es in den knappen Kriegsjahren gelernt hatten, direkt und selbständig. Viele ihrer Entscheidungen waren weder mit ihren Vorgesetzten noch mit der Personalabteilung abgesprochen.

Limberg in Husum und Greve in Memmingen befahlen ihre Geschwader während der Kuba-Krise in Sitzbereitschaft, wenngleich es ihnen niemand auferlegt hatte.

Uns sie haben nie vom Krieg erzählt. Erst sehr viel später erfuhren wir von ihren Leistungen.

Trotz aller Strenge konnten wir mit ihnen reden, sie hörten uns zu und hatten Vertrauen in die junge Generation. Sie nahmen uns an ihre Fläche, wenn wir in andere Länder flogen und sie übertrugen uns früh Verantwortung.

Die ersten Piloten der Luftwaffe, die am 23. August 1957 auf der amerikanischen Luftwaffenbasis Luke in Arizona die Waffensystemausbildung auf der F-84F begannen. V.l.n.r.: Friedrich Obleser, später Generalleutnant und Inspekteur der Luftwaffe, Günther Rall, später Generalleutnant und Inspekteur der Luftwaffe, Paul Schauder, später Oberst, Fritz Wegner, später Generalleutnant und Kommandierender General der Luftflotte, Erich Hartmann, später Oberst und Kommodore des Jagdgeschwaders 71 »Richthofen«, Dieter Bernhard, später Generalleutnant und Deutscher Militärischer Vertreter im Militär-Ausschuß der NATO, und ihr amerikanischer Fluglehrer Gert Tetteroo *Luftwaffe, H. 3/83*

Die Geschichten über die »Alten« sind endlos. Manche stimmen, manche nicht. Die Mähr von den Übervätern hält sich jedenfalls lange: In der Sauna in Memmingen als junger Kommodore. Die altgedienten Hauptfeldwebel, die auch schwitzen, sagen: »Als Greve hier noch Kommodore war, da lag der 30 Minuten auf dem obersten Brett.« Greve später zu mir: »Ich war nie in der Sauna, schon wegen meines schwachen Herzens nicht.«

Heimat NATO

Wenn wir ehemaligen Inspekteure mit Offizieranwärtern reden, fragen sie, was uns in 50 Jahren Luftwaffe am meisten geprägt habe. Wir sagen dann: Es war und ist die NATO, diese großartige, einmalige Familie freier Völker, es ist die bereitwillige Aufnahme Deutschlands nach dem Kriege, und es ist das Leben in der internationalen Gemeinschaft, die uns zur Heimat wurde.

Später wunderten wir uns, welch politisches Aufsehen die Bildung mehrnationaler Korps hervorrief. Wir kannten nichts anderes. Schon die fliegerische Ausbildung beginnt im Verbund mit mehreren Nationen, gemeinsame Übungen im Ausland sind ebenso Alltag wie der Staffelaustausch innerhalb und manchmal auch außerhalb der NATO. Viele Länder sind uns vertraut, von Arizona bis zum Osten der Türkei, von Norwegen bis zum italienischen Stiefel. Seit der Wende kennen wir auch Flugplätze in Polen, Tschechien und Rußland.

Im Flugbuch habe ich 40 Jahre fliegerischen Dienstes durchforstet: 180 Landungen auf ausländischen Plätzen, 22 Übungsperioden in Decimomannu, zwölf in Goose Bay und sechs in Beja.

So wurde die fliegende Luftwaffe zum Botschafter unseres Landes, oft ohne es zu wissen.

Und sie hat ihre Sache gut gemacht.

Vor den Kampffliegern gebührt der größte Respekt zweifellos unseren Transportern.

Heute können wir ermessen, was es bedeutete, daß uns in all den Jahren keiner nach der deutschen Vergangenheit fragte – mit einer Ausnahme.

Erst 1972 wurde uns ein Staffelaustausch nach Nordnorwegen, nach Bodö, genehmigt. Vorher waren deutsche Kampfverbände dort nicht gelitten. Wir wußten nicht, warum.

Jahre danach, als Inspekteur, lernte ich, daß wegen eines »Verbrannte Erde-Befehls« die Wehrmacht die meisten Städte im hohen Norden Norwegens in Schutt und Asche gelegt hatte. Niemand hatte uns das gesagt.

Das Training

Immer wieder fragten wir uns, ob die Luftwaffe eine Flugschule im Lande haben sollte. Und immer war die Antwort: Nein – und das zu Recht.

Trotz mancher Höhen und Tiefen hat sich die Grundausbildung in Texas bis heute bewährt. Das spezielle Training danach war ohnehin unsere Sache, früh bei der Waffenschule 30 für die F-84-Flieger, für die Starfighter-Piloten bei der Waffenschule 10 in Jever, für die F-4-Crews in Hopsten und für die Alpha Jet-Flieger in Fürstenfeldbruck.

Flughöhe 100 ft – Tiefstflugtraining in Labrador

In den Zeiten des Kalten Krieges übten nahezu täglich Jets von sieben Nationen über Deutschland. Die Last für die Bevölkerung war groß. Die Luftwaffe suchte daher, zusammen mit anderen, nach Lösungen für die anspruchsvolle Waffenausbildung im Ausland. Dafür stehen Namen wie Decimomannu, Beja, Cottesmore, Goose Bay und Holloman. Überall dort gab es ständige Kommandos, und überall dort waren wir zuhause.

Wir erinnern uns an das Fischrestaurant in Cagliari ebenso wie an Motorschlittenfahrten über das Eis des Churchill Rivers und an Tiefflüge über den Harp Lake in Labrador.

Mittlerweile ist es ruhiger geworden über Deutschland, und auch im Ausland werden nicht mehr alle Übungsplätze gebraucht.

Es sei noch erwähnt, daß die Luftwaffe auch deutsche Raumfahrer trainiert hat. Wir wählten nicht nur Oberstleutnant Flade und Oberst Reiter als künftige und später erfolgreiche Astronauten aus, sondern schulten auch die Besatzung der »D-1-Mission«, die Professoren Furrer und Messerschmid. Wir setzten sie ins Cockpit und versuchten, ihnen ein Gefühl vom Fliegen und der Weite über der Erde zu vermitteln.

Die Flugzeuge

Für Kampfflieger sind Flugzeuge wie eine Frau und wenn man sie so behandelt, dann danken sie es auch.

Militärischer Flugdienst ist stets eine Herausforderung. Es war von Beginn an unser Ziel, das Fliegen so sicher wie möglich zu machen. Nicht immer gelang es.

Der Anfang war schwierig. So gab es für den ersten Jet, die F-84, keine Doppelsitzer. Wir mußten also einsteigen und fliegen, gleich als Soloflug und mit Fluglehrern, die kaum mehr wußten. Die G-91-Leute hatten es da besser, die Jagdflieger auf der F-86 hingegen wieder nicht.

Die Landebefeuerung war schlecht. Beim Nachtflug wurden zusätzlich Lastwagen mit aufgeblendeten Scheinwerfern neben die Bahn gestellt. Im Winter versuchten wir, mit den Triebwerken unserer Jets Schnee und Eis wegzublasen, meist vergeblich.

Unseren großen Sprung machten wir mit der Einführung der F-104, dem Starfighter. Zunächst war der Sprung zu weit, und wir haben bitter bezahlt. Erst nach und nach wuchsen Kenntnis und Zuversicht, auch getreu der Lehre, daß für sicheres Fliegen nichts besser ist als Fliegen.

Der Starfighter, der neben dem Jäger zum schweren Jagdbomber, zum Aufklärer und zum Seeflieger mutierte, war unser elegantestes und meistgeliebtes Flugzeug. Er hat unser Fliegerleben über Jahrzehnte dominiert, wie der kleine und wendige Alpha Jet ebenso.

Nächtliche Tiefflugmissionen flogen wir im Starfighter allein, mit einem winzigen Radarscope im Cockpit. Die Echos, die wir hofften erkennen zu können, zeichneten wir uns nach der Landkarte vorher auf. Manchmal stimmten sie.

Mit leichter Beklommenheit denken wir an Nachteinsätze zur Nordhorn-Range, wo Abwürfe mit Über-Kopf-Manöver geübt wurden. Das Einlaufbier danach in der Staffel hielten wir stets für verdient.

Die nächste Generation, F-4 und Tornado, kam mit zwei Cockpits und zwei Triebwerken. Die Luftwaffe lernte das Crew-Konzept und die Arbeitsteilung an Bord. Beide Flugzeuge sind heute noch unsere Arbeitspferde.

Ohne den unschätzbaren Dienst unserer »Backseater«, die planen, beobachten, Computer steuern und korrigieren, wäre kein einziger Kampfeinsatz möglich, weder in der Jagd noch im tiefen Flug über Land oder über der See.

Mit unserem Tornado-Manager Amboß kam beim Kaffeegespräch in Eberhard Eimlers kargem Inspek-

Mixed Formation

teursbüro die Idee auf, eine Tornadoversion zu prüfen, die gegnerisches Luftverteidigungsradar erkennen und sogleich bekämpfen sollte. Daraus wurde der ECR-Tornado, ein gesuchter Spezialist in der NATO, einsatzerfahren und beim Jagdbombergeschwader 32 in Lechfeld zuhause. Für die fliegende Luftwaffe beginnt wieder eine neue Ära. Der Eurofighter startet beim Jagdgeschwader 73 »Steinhoff« in Laage. Die rasant fortgeschrittene Technik erlaubt, auf den zweiten Mann im Cockpit zu verzichten.

Die atomare Rolle

Die atomare Rolle lag uns stets auf der Seele. Schon früh, in den Fünfzigern, entschied sich die Bundesrepublik für die so genannte Nukleare Teilhabe. Wir stellten mit Flugzeugen und Pershing-Raketen Träger für amerikanische Atomwaffen. Mit der F-84 begannen wir das Sondertraining auf der Suippes Range bei Reims in Frankreich. Wir lernten Flugwege zu Zielen im Osten auswendig, so daß wir sie fast im Schlafe hersagen konnten. Manche dieser Ziele lagen in Gegenden, aus denen wir oder unsere Eltern kamen. Einige unserer Flugzeugführer glaubten daher, diese Aufgabe nicht erfüllen zu können und baten um Versetzung. Nicht immer, auch auf der F-104 nicht, langte unsere Reichweite, um sicher heimzukehren. Also planten wir Abkürzungen über neutralem Land. Als wir das dem Minister Helmut Schmidt vortrugen, bekamen wir keine Genehmigung, aber auch keine Lösung.

Später besuchte uns Bundespräsident Heinemann. Die Weisung lautete, nichts über die atomare Rolle zu berichten. Wir verstanden das nicht – Heinemann war schließlich unser erster Mann im Staate.

Wir sind dann doch, zusammen mit dem Inspekteur Johannes Steinhoff, in die QRA gegangen, zu unseren Amerikanern und zu den Flugzeugen mit den Bomben.

Beim Abschied sagte der Bundespräsident leise: »Warum hat mir das niemand vorher erzählt?«

1992 flog ich in der Nähe Prags mit einem jungen tschechischen Major in einer Su-25 und bat ihn, mich nach dem Gedächtnis zu einem meiner alten Ziele fliegen zu lassen. Als wir den Militärplatz sahen, war ich erschrocken, wie nahe die große Stadt heranreichte. Die Zielunterlagen von damals hatten darüber nichts gesagt.

Die Lufthoheit

Erst nach der Wende und mit der Vereinigung Deutschlands wurden wir auch im Luftraum unseres Landes wieder souverän. Bis dahin lag die Lufthoheit in den Händen der Siegermächte des Zweiten Weltkrieges. Ausgeübt wurde sie durch die alliierten Kommandeure der »Sector Operations Center« in der Bundesrepublik.

Unsere Jagdgeschwader wurden jedoch früh und schnell eingebunden, erhielten mehr und mehr verantwortungsvolle Aufgaben, waren jederzeit startbereit und bewährten sich als zuverlässige Partner. Bald waren deutsche Obersten die Stellvertreter in den SOC und hatten damit die Hand am Puls. Bei der Münchner Olympiade 1972 sorgten ausschließlich deutsche Jagdflieger für sicheren Luftraum.

In der DDR war alles anders. Die Deutschen flogen nur, wenn die Russen am Boden standen und umgekehrt. Die Lufthoheit war allein Sache der Sowjetunion. Deshalb war es für uns zwingend, nach dem Abzug der 16. Frontluftarmee mit der MiG-29 unverzüglich die Sicherung des Luftraumes über den neuen Ländern in eigener Verantwortung zu übernehmen.

Schwere Zeiten

Es begann mit Frankreich. Wir waren gewohnt, nach Chateauroux und Chaumont zu fliegen, wo die Luftwaffe Einrichtungen aufgebaut hatte. Damals plante man atlantische Versorgung über Portugal und Frankreich. Uns gefiel, daß wir mittags mit den Franzosen gemütlich speisen und anschließend noch nach Hause fliegen konnten. Der abrupte Abschied der Franzosen von der militärischen NATO im Jahre 1965 enttäuschte uns tief. Für Jahre schwand das Interesse an der französischen Sprache. Erst langsam, mit den Tausenden von Überflügen auf dem Weg nach Südeuropa, welche die Franzosen vorbildlich unterstützten, kehrte das Vertrauen zurück.

Unsere schlimmste Krise wurde zweifellos mit der Einführung des Starfighter ausgelöst. Unter uns gibt es nur wenige, die dadurch nicht einen Freund oder Kameraden verloren hätten.

Fast gelähmt verfolgten wir die Unfälle und die Statistiken in den Zeitungen und hörten die mühsamen

Versuche der Erklärung. Wir jedenfalls glaubten, tüchtig, sicher und einsatznah zu fliegen. Erst allmählich dämmerte uns, daß bei fast allen Unfällen die entscheidenden Fehler im Cockpit gemacht wurden.

Schließlich haben uns Männer wie Johannes Steinhoff, Günther Rall, Dieter Hrabak und Heinz Birkenbeil mit Erfahrung und Sachverstand aus dem Tief herausgeführt.

In Fürstenfeldbruck, mit dem sich jeder Flieger verbunden fühlt, geschah das fatale Ende des Olympiadramas von 1972. Zufällig war ich Zeuge und vergeblicher Helfer. Die Aufstellung der GSG 9 war die Antwort.

Obwohl wir jung und weit weg von der hohen Führung waren, haben uns die vorzeitigen Entlassungen von Walter Krupinski und Günther Rall bewegt. Beide waren herausragende Jagdflieger des Krieges und ebenso tüchtige Flieger und Kommandeure in der Bundeswehr. Sie gerieten ohne Schuld in den Strudel hektischer Tagespolitik.

Katastrophal war das Unglück der italienischen Kunstflugstaffel in Ramstein. Viele Menschen verloren ihr Leben, viele wurden für immer gezeichnet. Für die Luftwaffe bedeutete es, auch weil ein Ereignis in unserer Truppe damit verbunden wurde, die vorschnelle Entlassung eines Generals, das Aus für alle Kunstflüge und einen schmerzlichen Untersuchungsprozeß im Bundestag.

Die neue Zeit

Mit dem Ende des Warschauer Paktes und der Vereinigung Deutschlands haben wir den Frieden gewonnen. Das war seit 50 Jahren unser Ziel.

Die Armee kann jetzt kleiner werden, so auch die Luftwaffe. Wir haben harte Abschiede von altgedienten Geschwadern hinter uns, andere liegen noch vor uns.

Die neue Zeit fordert die Bundeswehr an vielen Brennpunkten der Welt, sichernd, helfend, aufbauend. Dabei trägt das Heer eine große Last. Die Luftwaffe fliegt die Soldaten und ihr Gerät, und die Marine schützt die Wege über das Meer. So wird die Armee auch künftig zusammenarbeiten und dem Frieden und den Menschen dienen, wie seit 50 Jahren.

Die Ereignisse auf dem Balkan haben aber gezeigt, daß von allen jederzeit Kampfeinsätze gefordert werden können. Unsere Kampfflieger sind auch darauf vorbereitet. Sie haben sich im Einsatz bewährt, und sie werden sich immer wieder bewähren, wenn es sein muß.

Bereit für die Zukunft – Eurofighter beim Start

First In and Last Out

Lufttransport im weltweiten Einsatz

Reinhart Hoppe

Mit dem Zerfall des Warschauer Paktes, dem damit einhergehenden Ost-West-Entspannungsprozeß und der Wiedervereinigung Deutschlands im Jahr 1990 wandelte sich das Aufgaben- und Einsatzspektrum der Bundeswehr entscheidend.

Dabei ist dem Lufttransport eine erhebliche und eigenständige Bedeutung zugewachsen, die den ursprünglichen Charakter einer reinen Unterstützungskomponente längst hinter sich gelassen hat. Wann und wo immer Soldaten der Bundeswehr zum Einsatz kommen, findet man die Flugzeuge und Hubschrauber der Lufttransportverbände der Luftwaffe als »Mittel der ersten Stunde« im Einsatz. Die Möglichkeiten der Lufttransportkräfte sowie das Selbstverständnis des Personals, die neuen – auch bedrohlichen – Einsätze zu wagen, führten häufig zu einer politischen Fortschreibung der konzeptionellen Grundlagen der Streitkräfte. In diesem Prozeß verstehen sich die Lufttransporter gleichsam als in vorderster Linie Durchführende wie auch als Förderer dieser Entwicklung.

Die heutigen Einsätze des Lufttransportkommandos (LTKdo) und seiner unterstellten Verbände verdeutlichen den Wandel der Bundeswehr zu einer Armee im Einsatz.

Einsatz auf dem Balkan

Die seit Beginn der 90er Jahre ausgetragenen Konflikte auf dem Balkan hatten auf die Weiterentwicklung der Bundeswehr einen wesentlichen Einfluß. Mit der Beteiligung an der NATO-Operation »Allied Force« 1998 nahmen deutsche Streitkräfte erstmals nach Erlangung der Souveränität aktiv an einem Kampfeinsatz der Allianz teil.

Die Transportflieger der Luftwaffe wurden aber bereits viel früher mit den Risiken und der persönlichen Gefahr für Leib und Leben durch Einsätze unter Bedrohung konfrontiert.

Zur Versorgung der durch serbische Milizen eingekesselten Stadt Sarajevo entschlossen sich die Vereinten Nationen, im Juli 1992 eine Luftbrücke einzurichten. Eigentlich ein humanitärer Auftrag, erhielt diese Operation durch die ständige Bedrohung des Flugplatzes und der einfliegenden Luftfahrzeuge eine völlig andere Qualität als die vorhergehenden Einsätze der Lufttransportgeschwader.

Die Luftwaffe versuchte diesen neuen Gefahren Rechnung zu tragen, indem sie die individuelle und luftfahrzeugtechnische Schutzausstattung schnellstmöglich anpaßte. Leider konnten diese Maßnahmen nicht verhindern, daß am 6. Februar 1993 eine Transall des LTG 62 auf dem Flug von Zagreb nach Sarajevo von einer Luftabwehrrakete getroffen wurde. Glücklicherweise gelang der Besatzung mit dem schwer beschädigten Flugzeug die Umkehr nach Zagreb und eine erfolgreiche Landung. Der durch Splitter schwerverletzte Ladungsmeister konnte erfolgreich medizinisch versorgt werden. Aber der Schock über diese

Beinahe im Sturzflug – Transall im »Sarajevo Approach«

unmittelbare Erfahrung der Gefahr unserer Einsätze saß tief.

Angestoßen durch die Eindrücke dieses Vorfalls und den Abschuß einer italienischen Fiat G-222 verlegte die Luftwaffe ihren Lufttransportstützpunkt in der Folge von Zagreb nach Falconara, Italien. Von dort aus transportierten die deutschen Lufttransportkräfte bis zur Einstellung der längsten Luftbrücke der Geschichte am 9. Januar 1996 in insgesamt 1.411 Einsätzen mit 3.424 Flugstunden 10.774 Tonnen an Hilfsgütern und 3.881 Passagiere.

In der Folge beteiligte sich die Bundesrepublik Deutschland an allen internationalen Operationen auf dem Balkan und wurde nach den Streitkräften der USA zum größten Truppensteller im ehemaligen Jugoslawien. Damit die gesamten Kontingente der Bundeswehr bei IFOR, SFOR, EUFOR, Amber Fox und KFOR versorgt und Personalwechsel vorgenommen werden können, flogen und fliegen die Verbände des Lufttransportkommandos mit Transall C-160 und Airbus A310 regelmäßig von Deutschland aus auf den Balkan.

Einsatz weltweit

Aber auch außerhalb des Balkans übernahmen die Verbände des LTKdo bei den Missionen der Bundeswehr unverzichtbare Einsatzaufgaben, die sie in den letzten 15 Jahren zu fast jedem Brennpunkt in der Welt

Einer der Piloten, OTL i.G. Daniel Draken, der an den Einsätzen nach Sarajevo teilgenommen hat, schildert seine Eindrücke:

»Nach dem Start (vom Lufttransportstützpunkt in Falconara) verblieben uns noch ca. 30 bis 40 Minuten, bis wir in den Luftraum des ehemaligen Jugoslawien einflogen und das Kommando kam: ›Combat Entry Checklist!‹ Die EloKa-Anlage (elektronische Selbstschutzausstattung) im Luftfahrzeug wurde ›scharf‹ gemacht, Geräte, die Wärme abstrahlen, wurden weitest möglich ausgeschaltet und die Schutz- und Rettungswesten nochmals überprüft. Über Split flogen wir dann in das Gefährdungsgebiet ein und es ging weiter Richtung Nordosten.

Unsere Flughöhe betrug 19.000 Fuß, und wir versuchten so lang wie möglich in dieser Höhe zu verweilen, da ein Teil der serbischen Flugabwehr und Heckenschützen mit ihren Gewehren nicht so hoch schießen konnte. Nur eine ausgewählte Anzahl von Flugabwehrsystemen vermochte uns in dieser Höhe zu bekämpfen. Daher kam es gelegentlich zu einem Alarm in unserer EloKa-Anlage. Entweder wurden wir von einem Radar erfaßt oder es wurde der Abschuß einer Rakete angezeigt. Dann ging alles sehr schnell. Während unsere Warnanlage bereits Täuschkörper ausstieß, versuchten wir, in möglichst kurzer Zeit, unseren originären Flugweg zu verlassen, um potentiellen Geschossen auszuweichen. ...

Die nächste fliegerische Herausforderung folgte im Anflug auf die Stadt, oder besser, den Kessel von Sarajevo. Von unserer Flughöhe von 19.000 Fuß bedeutete dies einen sehr steilen Anflug auf den Flugplatz. Hier sind wir an einem Punkt, in dem unsere gute alte Transall im Vergleich zu den Transportflugzeugen unserer Alliierten unschlagbar ist. Dank ihrer aerodynamischen Bremsen und der Konstruktion konnten wir mit Abstand die steilsten Anflüge durchführen. Sinkraten von über 6.000 Fuß pro Minute (30mtr/sek) waren dabei keine Seltenheit.

Endlich in Sarajevo gelandet, begann die Bodencrew sofort mit dem Entladen. Zur Schonung des Entladeteams mußten wir – zu unserem Leidwesen, aber im Sinne der Sicherheit – die Triebwerke abstellen. Hier war für uns eigentlich die gefährlichste Phase. Wir saßen zur Passivität verdammt in unseren Flugzeugen und boten allen möglichen Scharfschützen ein großes, statisches Ziel. Oft sahen wir, wie sich die Kriegsparteien mit ihren Mörsern auf den Flugplatz einschossen oder Granateinschläge in der Nähe unseres Flugzeuges niedergingen. An dieser Stelle sei jedoch ein Lob an das Bodenpersonal in Sarajevo erlaubt: Hoch professionell und furchtlos wurden unsere Flugzeuge in weniger als sechs Minuten entladen. Und wir konnten nach knapp zehn Minuten am Boden wieder starten. ...«

führten. Exemplarisch seien hier die wichtigsten Missionen genannt:

- Einsätze im Rahmen des Golfkrieges (1990–1991) zur Verlegung und Versorgung eigener Truppen in die Türkei (NATO/AMF), der Versorgung der Marine im Mittelmeer und zur Entlastung der USA und Großbritanniens auf europäischen Lufttransport-Routen,
- Unterstützung von Verifikationsaufgaben der UN im Irak / UNSCOM (1991–1996),
- Versorgung des deutschen Kontingents in Somalia bei UNOSOM II (1993–1994),
- Versorgung deutscher Truppenteile bei der »Operation Enduring Freedom« (ab 2001),
- ISAF – Federführung beim Aufbau und Betrieb des heutigen »EG Termez« in Usbekistan seit 2002,
- EU-Mission Artemis – Versorgungsflüge nach Entebbe, Uganda (2003),
- AMIS (2004) – Verlegung von Soldaten der Afrikanischen Union in den Sudan.

Ein Einsatz ist allerdings der Kategorie »außergewöhnlich« zuzuordnen, da er uns an das andere Ende der Welt führte. Im Oktober 1999 stationierte die Bundeswehr auf Bitten der UN 72 Soldaten und zwei C-160 des LTG 63 in MedEvac-Konfiguration im nordaustralischen Darwin. Von hier sollten sie im Rahmen der multinationalen Interventionstruppe INTERFET Verwundete aus dem Krisengebiet von Osttimor ausfliegen.

Nach 49 Einsätzen, bei denen drei Flüge zur schnellen Evakuierung lebensbedrohlich Erkrankter erfolgten und insgesamt 230 Verwundete und Kranke transportiert wurden, verabschiedete der INTERFET-Oberbefehlshaber General Peter Cosgrove die deutschen Kräfte im Februar 2000 mit den Worten »Mission accomplished and well done«.

Ein »Arbeitspferd« braucht gute Pflege

Humanitäre Hilfe/Katastrophenhilfe

Hilfe aus der Luft ist für von Hunger, Obdachlosigkeit und Verfolgung bedrohte Menschen oftmals die einzige und letzte Rettung.

Die wesentlichen humanitären Hilfseinsätze der auch unter dem Namen »Engel der Lüfte« bekannten Transportflieger waren die Erdbebenhilfe im Iran (1990), die Kurdenhilfe (1991), die Hilfsflüge in Somalia (1992) und Ruanda (1994) und die Beteiligung an dem Programm »Lifeline Sudan« (1998).

Es gibt aber immer wieder Hilfseinsätze, die auch Jahre später noch im Gedächtnis der Beteiligten präsent sind, da sie den Rahmen der vorherigen Einsätze deutlich übertreffen. Einer davon war im Jahr 2000 im afrikanischen Mosambik. Das Ausmaß der Regenfälle, die seit Anfang Februar im südlichen Afrika niedergegangen waren, führte dazu, daß im März weite Landesteile von der Größe Deutschlands unter Wasser standen. Tausende Menschen waren ums Leben gekommen und Zehntausende waren in den Flutgebieten vom Wasser eingeschlossen und obdachlos.

Aber auch Deutschland wurde von verheerenden Naturkatastrophen heimgesucht. Jedem sind die Bilder der Hochwasser von Hamburg (1962), am Oderbruch (1997) und an der Elbe (August 2002) lebhaft in Erinnerung.

Bei allen diesen Katastrophen haben die Kräfte des Lufttransportkommandos einen wesentlichen Beitrag dazu geleistet, daß die Folgen der Naturgewalten nicht noch mehr Menschenleben gekostet haben.

Wie schon 1962 in Hamburg kam auch beim Hochwasser im Oderbruch 1997 die Hubschrauberflotte des LTKdo zum Einsatz, und es wurden in knapp 100 Missionen 180 Menschen transportiert und aus zum Teil lebensbedrohlichen Situationen gerettet. Dankbar war die Bevölkerung auch für den unermüdlichen Transport von Sandsäcken, die den Verstärkungen der Deiche dienten.

Noch einen Schritt weiter gingen die Hilfeleistungen der Lufttransportverbände beim Elbehochwasser im August 2002, wo neben den in solchen Situationen »klassischen« Einsätzen unserer Hubschrauberflotte auch die anderen Luftfahrzeugmuster zum Einsatz kamen.

Die Dresdener Kliniken drohten von den Wassermassen derart eingeschlossen zu werden, daß eine durchgehende Versorgung der Patienten nicht mehr sichergestellt werden konnte. Es wurde der Beschluß zur Evakuierung der Kliniken getroffen. Um die vorwiegend intensiv behandelten Patienten auf dem Luftwe-

Die Bundesrepublik Deutschland entsandte zur Versorgung der Menschen in Mosambik u.a. Hubschrauber Bell UH-1D des LTG 62 und Transall in das Katastrophengebiet. Eindrücke aus diesem Einsatz gibt OTL Karl Trautvetter, heute stellvertretender Kommodore des LTG 62, wieder:

»... Innerhalb von nur zwei Tagen verwandelte sich der verschlafene Regionalflughafen Beira in eine internationale Drehscheibe (für die Hilfsflüge). Bereits 36 Stunden nach Ankunft des Erkundungsteams verlegten die ersten Hubschrauber des BGS – zwei Puma und eine Bo-105 – von Maputo nach Beira, wo sie nur Stunden vorweg durch eine gecharterte An-124 angeliefert worden waren. Einen Tag später folgten die sechs UH-1D der Luftwaffe auf gleichem Wege nach. Sofort nach Eintreffen vor Ort wurden die Hilfsflüge aufgenommen, die unser, aus dem Winter kommendes Personal – hier mit den meteorologischen Bedingungen des afrikanischen Hochsommers konfrontiert – bis an den Rand der Belastungsgrenze forderten.
Trotz der Konfrontation mit dem Elend der Katastrophe, den bittenden Blicken der erkrankten und vielfach mit HIV infizierten Kindern, mit den meteorologischen Wettererscheinungen, die sich in Gewittern und Regenschauern für uns bis dato nicht bekannten Ausmaßes und Heftigkeit zeigten, mit Ungeziefer, das ohne Probleme durch jede Art der Bekleidung stechen konnte, mit kleinen grünen und äußerst giftigen Fröschen und Schlangen, die sich überall im Gras verbargen, und mit sehr genügsamen Rahmenbedingungen der Unterbringung, konnte in nur einem Monat, in einem Gebiet von 200 mal 100 Kilometern, den Hilfsbedürftigen soweit geholfen werden, daß diese sich in eigener Regie wieder dem Aufbau und dem Alltag stellen konnten.
Eine Leistung, die auch durch den Präsidenten von Mosambik am Tage der Rückreise, Ende März, gewürdigt wurde, indem er sich bei jedem Einzelnen persönlich und mit Handschlag bedankte.«

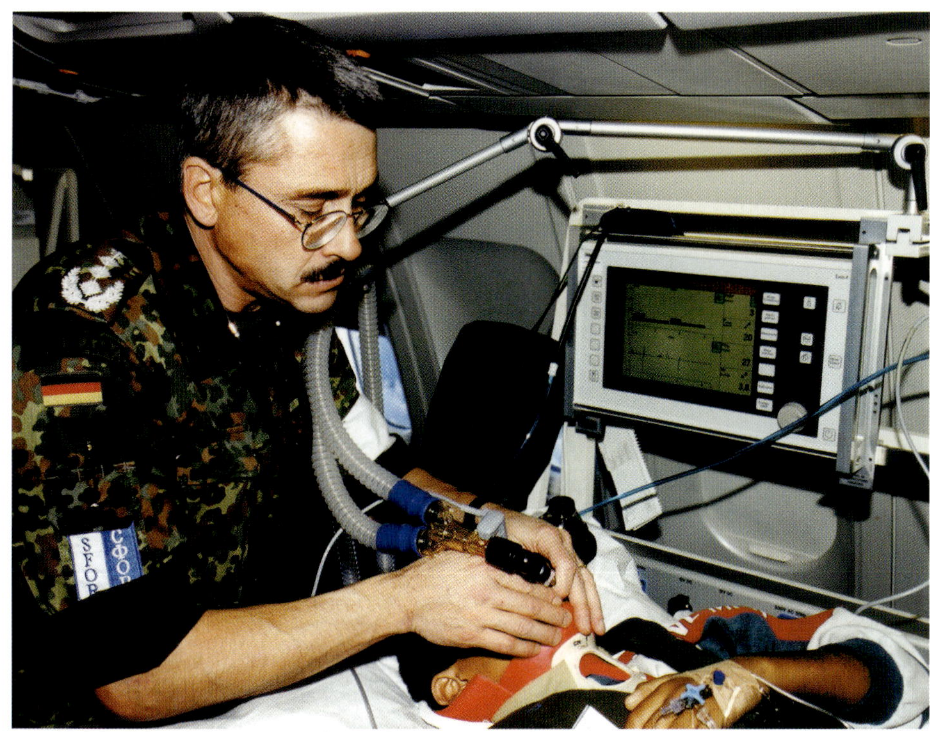

Einzigartige Notfallmedizin – der Airbus A310 MedEvac

ge vom Flughafen Dresden in andere Kliniken innerhalb Deutschlands zu transportieren, lag es nahe, die C-160- und Airbus A310-MedEvac-Flotte des LTKdo in die Operation einzubinden. In insgesamt 15 Missionen wurden 474 Patienten erfolgreich verlegt.

Erwähnenswert ist in diesem Zusammenhang auch, daß die komplette Koordination der Hilfseinsätze aller beteiligten Luftfahrzeuge durch die SAR-Leitstelle (RCC – Rescue Coordination Center) im LTKdo erfolgte, die für die diese Aufgabe bestens gerüstet und ausgerüstet war.

MedEvac

Eine weitere Erfolgsgeschichte, an deren Entwicklung das LTKdo und seine Verbände einen erheblichen Anteil haben, ist die heute auch in der Öffentlichkeit beachtete Fähigkeit zur medizinischen Evakuierung von Verwundeten und Verletzten mit Lufttransportmitteln (MedEvac).

Was im Rahmen des Somalia-Einsatzes von 1994 mit der Entwicklung eines Rüstsatzes für die Transall C-160 begann, wird heute mit dem Airbus A310 der Flugbereitschaft mit bis zu sechs Patienten-Transport-Einheiten (PTE) für Intensivpatienten und 38 Tragen für liegend zu transportierende schwerverletzte Patienten zu einer Fähigkeit ergänzt, die in den deutschen und verbündeten Streitkräften die höchste moralische Wertschätzung genießt.

Entwickelt im Kommandobereich LTKdo werden diese weltweit fliegenden Intensivstationen heute im erfolgreichen Zusammenwirken vom Sanitätsdienst der Bundeswehr und der Luftwaffe betrieben. Ausgerüstet mit modernster Beatmungstechnik und zentraler Monitor-Überwachung stellen sie im Vergleich mit den verfügbaren Rettungsmitteln anderer Nationen die Spitze des heute Realisierbaren dar.

Ursprünglich für die Rettung und den Transport von verletzten Soldaten aus den Einsatzgebieten entwickelt, sind die Airbusse der Flugbereitschaft primär durch die Evakuierung ziviler Opfer von Terroranschlägen und

Präzision und Handarbeit – Bell UH-1D legt Sandsäcke zur Deichsicherung ab

Naturkatastrophen in das Bewußtsein der Öffentlichkeit gerückt. Als Beispiele sind die Evakuierungen von Explosionsopfern aus Djerba, Tunesien (2002), von französischen Explosionsopfern aus Karachi, Pakistan (2002), von deutschen Staatsbürgern nach einem Busunglück in Puebla, Mexiko (2004) und die Evakuierung deutscher Staatsbürger aus dem Katastrophengebiet Süd-Ost-Asien nach dem Tsunami (269 Passagiere/ 2004–2005).

SAR

Neben dem Lufttransportauftrag ist die Durchführung des militärischen Such- und Rettungsdienstes (SAR) in Pilotfunktion für die Bundeswehr eine weitere wesentliche Aufgabe des Lufttransportkommandos.

SAR ist eine Einrichtung der Streitkräfte zur Einsatzunterstützung der eigenen und verbündeten Streitkräfte, die vornehmlich der Lebensrettung und der Abwendung drohenden Verlustes von wertvollem Material dient. Zugleich leistet dieser Dienst als Teil des nationalen Such- und Rettungsdienstes der Bundesrepublik Deutschland allen in Not geratenen Luftfahrzeugen und Schiffen Hilfe, ohne Rücksicht auf deren Herkunft.

Zur Erfüllung dieser Aufgabe unterhalten Luftwaffe und Marine über ganz Deutschland verteilt zwölf SAR-Kommandos und Rettungszentren. Die fachdienstliche Führung und Koordinierung aller SAR-Kommandos und Rettungszentren erfolgt mit Unterstützung der SAR-Leitstelle der Marine in Glücksburg zentral aus dem SAR-Dezernat im LTKdo in Münster.

Sofern die militärischen Aufgaben und die Erfordernisse des SAR-Dienstes es zulassen, leisten diese Kräfte im Rahmen dringender Notfälle auch Unterstützung für das zivile Rettungswesen, bei Naturkatastrophen und besonders schweren Unglücksfällen. Als Beispiel wurden bereits die Einsätze bei den Flutkatastrophen genannt, unvergessen ist aber auch der vorbildliche Einsatz während des schweren Zugunglücks von Eschede im Juni 1998.

Insgesamt wurden seit Bestehen des SAR-Dienstes von 1956 bis heute über 270.000 Einsätze zur Rettung von Menschenleben durch die Hubschrauber der Verbände des LTKdo geflogen.

Zukunft des Lufttransports

Der militärische Lufttransport hat in den letzten Jahren wiederholt seine unverzichtbare Rolle im Fähigkeitsprofil unserer Streitkräfte eindrucksvoll unter Beweis gestellt und dient häufig als Motor der Weiterentwicklung der Bundeswehr.

Die Beteiligung der Bundeswehr an den militärischen und humanitären Operationen auf dem Balkan, in Afghanistan und bei der Bekämpfung des internationalen Terrorismus wäre ohne den Lufttransport nicht möglich und ist auch nicht durch zivile Charterflugzeuge zu ersetzen.

Bei den Diskussionen über die Fähigkeitslücken der NATO, der Europäischen Union, aber auch einzelner Staaten steht der militärische Lufttransport, vor allem der strategische, immer wieder an erster Stelle.

Diese Fähigkeitslücke zu schließen, ist der erklärte Wille aller Nationen der NATO und der EU. Darüber hinaus sind sich auch alle Beteiligten einig, daß diese Aufgabe von einem der Partner nicht alleine geschultert werden kann.

Mit den europäischen Rüstungsprojekten des Airbus A400M und des NH90 werden wir in der näheren Zukunft Luftfahrzeuge erhalten, die uns die gemeinsame Lösung der Lufttransportproblematik schon durch die Tatsache, daß dann die europäischen Nationen über die gleichen Lufttransportmittel verfügen, erheblich erleichtern.

Die bewährte enge Zusammenarbeit mit unseren Partnern bei der Entwicklung der konzeptionellen Grundlagen und der praktischen Umsetzung verschafft uns eine ausgezeichnete Ausgangsposition für unsere gemeinsamen Projekte.

Die bereits begonnene und erfolgreiche Kooperation im EAC (European Airlift Center) in Eindhoven, Niederlande, das mittelfristig zu einem europäischen Lufttransportkommando aufwachsen soll, ist hierzu ein erster und wichtiger Schritt gewesen.

Unsere Professionalität und Leistungsfähigkeit wird sich auch in internationalen Kooperationen beweisen und durch diese noch steigern lassen. Der Lufttransport kann den Herausforderungen der Zukunft mit Optimismus entgegensehen.

For Some must watch that Most can sleep
Zum Selbstverständnis der Flugabwehrraketentruppe

Jörg Peter Köpke

»For Some must watch that Most can sleep« – dieses Motto am Eingang eines norddeutschen NATO-Luftverteidigungsgefechtsstandes zur Zeit des Aufbaues der FlaRak-Verbände der Luftwaffe kennzeichnet Geist und Selbstverständnis der Flugabwehrraketentruppe. Diese selbstverständliche soldatische Pflichterfüllung, das bereitwillige Akzeptieren von Belastungen, aber auch das besondere Zusammengehörigkeitsgefühl und der hohe Teamgeist werden durch diese – uns als junge Feuerleitoffiziere beeindruckenden und überzeugenden – Worte treffend ausgedrückt.

Wie ist es zu dem noch heute tragenden Selbstverständnis der FlaRak-Truppe gekommen, die stolz darauf ist, Teil unserer Luftwaffe zu sein und zugleich überzeugt ist, durch Haltung und Fähigkeiten eine ganz besondere Qualität in ihre Teilstreitkraft einzubringen?

Frühe Wurzeln

Da ist zum einen die erdverbunden-militärische Wurzel der frühen FlaRak-Truppe, das Element »Erde« auf dem man steht – Nike – oder sich im mobilen Einsatz bewegt – Hawk, Roland, Patriot. Die Heeresflugabwehrschule mit ihren Luftwaffenanteilen, die engen Verbindungen zu den Heereskorps und die Verlegeübungen in deren Bereich. Dazu trat die mehr zum Formalen und Allgemein-militärischen denn zur Waffensystemtechnik neigende erste Generation von Vorgesetzten; sie schuf die formal-straffe innere und äußere Einstellung der jungen Waffe, um die FlaRak-Soldaten heute noch beneidet werden. Menschliche Urgesteine wie die letzten Preußen, Generalmajor Willert und Oberst Brook, aber auch Brigadegeneral Boehnke und Oberst Otto Frank wirkten neben vielen anderen hier prägend.

Den gesunden Ausgleich brachten die taktisch-technischen Sacherfordernisse des Waffensystemeinsatzes, deren Priorität für den Einsatz bald unumstritten wurde – Generalmajor Coerdt leistete hier Kärrner- und Missionarsarbeit.

Dennoch kam es manchmal zu Kollisionen zwischen beiden Auffassungen: So ist mir noch heute meine erste Einsatzbereitschaftsüberprüfung ORE in Erinnerung, die nach fast dreistündigem Ringen mit dem Waffensystem und den Flugzielen mit einem guten Ergebnis – einsatzbereit und exzellente Mannschaftsleistung – endete. Als ich dies stolz dem in der Stellung anwesenden Kommandeur meldete, bemerkte er lediglich, daß zur Meldung das Licht in der Feuerleit-

Einmessen einer Patriot-Stellung

anlage nicht eingeschaltet war und der Feuerleitoffizier keine Handschuhe trug – *ein* Ereignis auf dem manchmal schwierigen Weg zum Selbstverständnis der FlaRak-Truppe.

Grenzen und Freiräume

Da die gesamte Waffensystemausbildung zunächst bei der US Army Air Defense in den USA stattfand, bildeten strikte amerikanische Regeln und Vorschriften die Handlungsgrundlage für die deutschen FlaRak-Soldaten. Mit wachsender eigener Erfahrung wurden zwar die geforderte Genauigkeit und Zuverlässigkeit beibehalten, aber bald Denk- und Reaktionsfreiräume geschaffen und im Sinne der Auftragstaktik als selbstverständlich in Anspruch genommen. Die Einrichtung der Raketenschule der Luftwaffe in Fort Bliss, Texas, beschleunigte diesen Prozeß. Sie hat die Hand am Puls der Truppe in Deutschland, wirkt durch ihre Ausbildungsqualität standardisierend, tauscht sich mit der deutschen fliegerischen Ausbildung in Holloman, New Mexico, aus und arbeitet eng mit der amerikanischen Luftverteidigung zusammen. Eine Verwendung in dieser »Herzkammer« der FlaRak-Truppe ist immer noch erstrebenswert und bereichernd.

Integration und Internationalität

Aufgeschlossenheit, ganzheitliches Denken und Systemverständnis bei den FlaRak-Verbänden waren die Voraussetzungen für die Einbindung in die Luftwaffe über das System der integrierten NATO-Luftverteidigung. Das tägliche Zusammenwirken mit dem Radarführungsdienst, mit Jagdflugzeugen und den anderen fliegenden Verbänden brachte einen Qualitäts- und Motivationsschub, der noch heute Bestandteil unseres Selbstverständnisses ist.

Gleichermaßen prägend war die von Beginn an gelebte Internationalität:

- die Ausbildung der Offiziere und Unteroffiziere in den USA,
- das Jahresschießen, heute Taktisches Schießen, auf Kreta,
- das Zusammenwirken mit alliierten FlaRak-Verbänden im Gürtel unter der Führung von NATO-Gefechtsständen,
- die taktischen Überprüfungen durch internationale Teams,
- das tägliche Zusammenleben mit den US-Detachments für Sonderwaffen bei Nike,
- die für deutsche FlaRak-Verbände positiven Vergleiche mit alliierten Verbänden bei NATO-Übungen im In- und Ausland.

All diese Ereignisse führten zu hohem Selbstwertgefühl, einem angemessenen Selbstbewußtsein sowie Aufgeschlossenheit und Toleranz. Trotz berechtigten Stolzes auf die FlaRak-Waffe betrachtet man die eigene Vorstellung nicht als einzig mögliche Lösung, sondern lernt im internationalen Umfeld auch von anderen – von der guten englischen Sprachfähigkeit einmal abgesehen.

Zu dem rein dienstlichen Gewinn kommen das gemeinsame außerdienstliche Erleben in fremden Kulturen und die verbindenden Erinnerungen. Noch heute bekommen reifere FlaRak-Soldaten beim Nennen bestimmter Namen – Arturo, Mauricio, Mammacita, Sifi – einen träumerischen Blick, gleiches gilt für die Erlebnisse der Jüngeren. Die enge Verschworenheit, das starke Wir-Gefühl der Truppe hat hier eine Quelle. Bei den traditionellen Zusammenkünften der FlaRak wie dem jährlichen Fla-Treffen gemeinsam mit der Heeresflugabwehr in Köln-Wahn, den Verabschiedun-

Roland im Objektschutz in Pferdsfeld/Sobernheim

»AC/DC – Check« – Prüfen der Feuerbereitschaft eines Hawk-Launchers

gen in (bisher) Möhnesee und den Barbarafeiern in den Verbänden erhalten die Geschichten von Missile Away-Partys auf Kreta oder Erlebnisse unterschiedlichster Art im mexikanischen Juarez einen verklärt-glänzenden Schein. Feiern können gehört zum Selbstverständnis, aber auch sehr harter Dienst.

Entbehrungsreich, fordernd und prägend: der Schichtdienst

Nichts hatte auf das Selbstverständnis der FlaRak bis heute soviel Einfluß wie der Schichtdienst – 24 Stunden, 365 Tage – mit seinen Besonderheiten zur Zeit des Kalten Krieges. Die Kargheit der Einsatzstellungen führte zum einen zu hoher Belastbarkeit und Leidensfähigkeit, weckte auf der anderen Seite Kreativität und zupackende Initiative. Die Fähigkeit, mit wenigen Mitteln viel zu erreichen, findet sich noch heute.

Im hohen Bereitschaftsstatus wechselte sich höchste Anspannung mit entspannteren Wartezeiten ab, über Erfolge gab es gemeinsame Freude, bei Mißerfolgen entsprechenden Trost.

Das enge Zusammenleben der Kampfbesatzungen über längere Zeit führte nicht nur zu einer besonderen Vertrautheit mit dem Waffensystem, sondern auch zu hohem Teamgeist, einer verschworenen Gemeinschaft und dem Stolz, einen sinnhaften Auftrag zu erfüllen. Junge Feuerleitoffiziere mußten sich in der Menschenführung unter schwierigen Bedingungen bewähren – und taten es, loyal unterstützt von den oft erfahreneren Unteroffizieren, besonders den hochqualifizierten Portepeeunteroffizieren. Wehrpflichtige zeigten sich belastbar und motiviert. Noch heute finden wir diese Eigenschaften bei anspruchsvollen Übungen und Herausforderungen.

Die Dichte der Überprüfungen und der Qualitätskontrollen tat ein übriges: Die FlaRak-Verbände waren wohl lange der einzige Bereich der Bundeswehr, in dem fortlaufend und konsequent nationale und internationale Überprüfungen durch Check-Teams von außerhalb durchgeführt wurden – nicht immer zur Freude der Soldaten; diese Überprüfungen führten aber langfristig zu Selbstbewußtsein und Wertgefühl. Die Waffensystemauslegung schweißte zum Team zusammen, jeder einzelne erlebte auf seinem Platz die eigene Wichtigkeit und erfolgsentscheidende Funktion.

Neuzugänge durch Flugkörper-Verbände

Als die Bundesregierung im Zuge der Abrüstungsmaßnahmen auf Pershing-Verbände zur Nuklearen Teilhabe verzichtete, fanden die Angehörigen der FK-Truppe bei der FlaRak eine neue Heimat. Obwohl vom Auftrag her gänzlich verschieden, halfen viele gemeinsame Erfahrungen:

- Ausbildung in USA einschließlich Jahresschießen,
- Schichtdienst,
- hohe Bereitschaftsstufen und NATO-Überprüfungen,

- Umgang mit moderner Technologie,
- Einsatzsprache Englisch.

Die FK-Soldaten wurden integriert, und es dauerte nicht lange, bis die FlaRak ihren ersten Kommandeur hatte, der aus der FK-Truppe stammte.

Schwierigkeiten und Trauer

Die Verlegung von FlaRak-Einheiten in die Türkei zur Zeit des zweiten Golfkrieges führte zu heißen Diskussionen innerhalb der Truppe, führte vielen die Ernsthaftigkeit eines Einsatzes real vor Augen und letztendlich zur überzeugenden Bewältigung des Unerwarteten.

Zwei Ereignisse ließen die Truppe, ja die gesamte Bundeswehr, tief trauern: Die Explosion zweier Hawk-Flugkörper in einer Einsatzstellung in Niedersachsen kostete Soldaten das Leben, der Absturz einer Transall auf Kreta mit der gesamten Schießcrew erschütterte uns alle; das Denkmal auf dem NATO-Schießplatz erinnert an sie.

Namen, Persönlichkeiten

Viele Soldaten aller Dienstgrade müßten genannt werden, die mit ihren Ideen und Handlungen Form und Inhalt der FlaRak-Truppe bestimmten und heute noch bestimmen.

Das waren im großen Rahmen General Eimler und Generalleutnant Feldhoff, die als Inspekteur und Stellvertreter eine neue FlaRak-Struktur schufen und durchsetzten, bis die großen politischen Ereignisse anderes erforderten. Da war Generalleutnant Mende, der als erster Inspekteur der Luftwaffe aus der FlaRak-Truppe Hochachtung und Verehrung weit über seine Stammwaffe hinaus genoß.

Da gab es auch den FlaRak-Regimentskommandeur Oberst Kuczewski: Mit einfachen, pragmatischen Lösungen – meist begründet mit Lebensweisheiten aus seiner ostpreußischen Heimat – überraschte er oft seine Soldaten. Die Wertschätzung der Flak 20 mm-Zwillingskanone in seinem Verband und der erfolgreiche Umgang mit Gewehr und Pistole sind ihm zu verdanken, die Leistungen mit dem Waffensystem litten nicht.

Zu den Urgesteinen und Originalen können wir auch den FlaRak-Kommodore Oberst von der Felsen zählen, der neben vielen anderen positiven Einflüssen den Amerikanern in der Wüste New Mexicos die Schmackhaftigkeit ihrer Einsatzverpflegung nahebrachte. In den Gefechtspausen der Übung »Roving Sands« erfreute sich seine Lektion »Cooking with the Colonel« großer Beliebtheit, und bald nannten die US-Soldaten ihre MRE (Meals Ready to Eat) nicht mehr »Meals Rejected by Ethiopeans«. Die Reihe von FlaRak-Persönlichkeiten läßt sich bis heute beliebig fortsetzen.

Die FlaRak-Waffe heute

Einen kleinen Anteil an der deutschen Wiedervereinigung und dem Ende des Kalten Krieges schreibt sich die FlaRak-Waffe mit ihrer Schutzfunktion im Gürteleinsatz zu. Wir freuen uns, daß Standorte wie Sanitz und Bad Sülze heute genauso wie Husum und Erding zur FlaRak-Welt gehören und daß Übungen gemeinsam mit Polen, Tschechen und anderen neuen Partnern Normalität sind.

Auch nach Ende des Schichtdienstes haben sich die erworbenen Fähigkeiten und Grundwerte erhalten, allerdings bei veränderten, schwierigen Bedingungen: Der Umfang der FlaRak-Kräfte wurde um mehr als zwei Drittel reduziert. Ganze Waffensystemkategorien (Hawk, Roland) wurden kurzfristig außer Dienst gestellt. Daraus ergibt sich eine hohe Personalfluktuation; die betroffenen Soldaten müssen für ihr neues Waffensystem Patriot erst noch heimatliche Gefühle und Waffenstolz entwickeln. Der Grad der Automatisierung in den Bekämpfungsabläufen hat stark zugenommen, bei gleichzeitiger Abnahme rein »handwerklicher« Tätigkeiten. Die computer-gewöhnte Generation junger Soldaten wird damit zurechtkommen, ebenso mit der hohen Belastungsdichte durch neue Anforderungen.

Denn auch heute bilden das enge Zusammenwirken in der Kampfbesatzung, die Bedienung moderner Waffensysteme und die internationale Einsatzwelt eine starke Motivation, die Schwierigkeiten und Probleme als Herausforderungen begreifen läßt. Wie bei der gesamten Bundeswehr und der Luftwaffe sind die Fähigkeit und der Wille, schwere Aufgaben mit hohen Belastungen zu meistern, weiterhin Kern des Selbstverständnisses der FlaRak-Truppe – »for Some must watch that Most can sleep«.

Der Führung dienen – im Einsatz wirken

Die Führungsdienste der Luftwaffe

Siegfried Poschwatta

Die Führungsdienste der Luftwaffe entstanden in ihrer Zusammensetzung auf der Basis der Erfahrungen des Zweiten Weltkrieges und der für die deutschen Streitkräfte neuen Bedingungen der Integration der Luftwaffe in die NATO-Luftstreitkräfte. Auch wenn die einzelnen Dienstteile der Führungsdienste unterschiedliche Aufgabenbereiche abdecken müssen, sind sie doch in ihrer Wirkung auf Führung, Unterstützung und Einsatz der Luftwaffe miteinander verknüpft, so daß die organisatorische Zusammenfassung sinnvoll und effektiv war und ist.

Die sehr unterschiedlichen Bereiche der Führungsdienste dienten mit ihren Kräften und Mitteln der Führungsfähigkeit, Aufklärungsfähigkeit und dem Durchsetzungsvermögen der Luftstreitkräfte. Von Beginn an galt es, die Fähigkeiten mit moderner Technik und ausgefeilten Verfahren zu entwickeln, um der Luftwaffe in allen Bereichen größtmögliche Unterstützung zu gewährleisten. Der Truppenalltag spiegelt diese Zielsetzung in allen Phasen des Aufbaus und späteren Einsatzes der Verbände der Führungsdienste wider.

In den Anfangsjahren, besonders unter der Führung unserer Generale August Hentz, Paul Buntrock und Eberhard Gralka, stand der Fernmeldeverbindungsdienst im Vordergrund. Doch parallel zur Aufstellung der Kampfverbände der Luftwaffe wuchsen der Radarführungsdienst, die Fernmelde-Elektronische Aufklärung und die Militärische Flugsicherung auf. Mit der zunehmenden technischen Entwicklung der Datenverarbeitung gesellte sich der Bereich rechnergestützter Führungs- und Informationssysteme hinzu.

Noch während der Planungsphase wurde die Truppe bereits aufgestellt und wirkte mit veraltetem Gerät oder bisweilen ganz ohne spezifische Ausstattung. Einige solcher Schwierigkeiten sollten über lange Zeit den täglichen Betrieb bestimmen, wie Oberst a.D. Werner Braun zu berichten weiß:

Das Einsatzstammnetz der Luftwaffe

Das Einsatzstammnetz der Luftwaffe, ein Richtfunk-Fernmeldenetz, überzieht – vereinfacht dargestellt – den Dislozierungsraum der Luftwaffe in Form einer Leiter mit Holmen und Sprossen von Nord- nach Süddeutschland. An den Schnittpunkten der Holmen mit den Leitersprossen führen Richtfunkstrecken zu den Standorten der Einsatz- und Einsatzunterstützungsverbände der Luftwaffe, zu Hauptquartieren, Gefechtsständen, zu NATO-Einrichtungen und zu den Alliierten auf deutschem Boden. So etwa stellte sich die Situation in einem speziellen Bereich des Fernmeldeverbindungsdienstes der Luftwaffe vor etwa 30 Jahren dar, also tief im Kalten Krieg.

Im übrigen gibt es dieses Fernmeldenetz auch heute noch; es hat einen anderen Namen, ist strukturell der

Bei jedem Wetter im Einsatz – Fernmeldeverbindungsdienst

aktuellen Lage angepaßt und mit zeitgemäßer Technik ausgestattet.

Das Einsatzstammnetz hatte seinerzeit ein schwerwiegendes Manko in Form einer permanenten Lücke auf einer der beiden Nord-Süd-Verbindungen. Konkret klaffte diese Lücke zwischen der Gegend um Bingen und dem Raum München im ansonsten stationär ausgebauten, »rund um die Uhr« einsatzbereiten Fernmeldenetz. Dieser kritischen Situation wurde mit einem Auftrag im Alarmkalender des Fernmelderegiments 12 begegnet. Er legte fest, daß im Alarmfall die besagte Strecke mit mobilen Fernmeldetrupps aus dem Regiment zu schließen sei.

Wie wurde dieser Auftrag von den Fernmeldern in der Praxis angepackt? Die notwendigen Fernmeldetrupps waren nach Typ, Einsatzort und Fahrzeugnummern festgelegt, die Besatzungen aus Unteroffizieren und Mannschaften waren bestimmt, das Führungspersonal eingeteilt. Fahrbefehle, Anfahrtsskizzen, Frequenzen für die Richtfunkgeräte und Marschzahlen für die Ausrichtung der Antennen lagen im verschlossenen Umschlag bereit, die Fahrzeuge waren aufgetankt, das Meldewesen war geregelt. Bekleidung, persönliche Ausrüstung, Modalitäten für Verpflegung und Versorgung waren befohlen. Kleingeld fürs Telefonieren bei unvorhergesehenen Vorkommnissen hatte der jeweilige Truppführer am Mann. Der Alarm konnte im doppelten Sinne des Wortes also jederzeit ausgelöst werden. Gott sei Dank geschah dies nur bei Übungen, in denen die Verfahren buchstäblich »gedrillt« wurden.

Dann ging es los: Die Soldaten wurden alarmiert, falls sie nicht ohnehin in Bereitschaft waren, Befehle ausgegeben, der Abmarsch befohlen. Im Kasernenhof ermahnten sich die Truppführer gegenseitig, insbesondere diejenigen von benachbarten Richtfunkstellen, vor der Abfahrt nochmals eindringlich, die Frequenzen bloß richtig einzustellen, nicht zu vertauschen und bei den Marschzahlen für die Ausrichtung der Antennen »keinen Mist« zu bauen. Ein gesunder Konkurrenzkampf begann, der Ehrgeiz in den Trupps war erwacht, jeder brannte darauf, schnell seinen Einsatzort zu erreichen, die Fernmeldestelle einzurichten, den Antennenträger aufzubauen, Kontakt mit der Gegenstelle herzustellen und den Fernmeldebetrieb aufzunehmen. »Nicht die Sicherung der Fernmeldestelle vergessen«, schärfte der Zugführer den Truppführern zuletzt nochmals ein. So wurden die Richtfunklinien professionell eingerichtet. Bei den Fernmeldern vor Ort sank der Adrenalinspiegel erst wieder, wenn die »Strecke stand« und der Schichtbetrieb aufgenommen werden konnte. Und bei den Vorgesetzten zeigte sich Erleichterung, Genugtuung, ja Stolz auf die Truppe, wenn von den Fernmeldestellen die Meldung »Auftrag ausgeführt« einging.

Aufklärung im Kalten Krieg

Neben der Herstellung vielfältiger Kommunikationsmöglichkeiten für Führung und Truppe galt es zunehmend, umfassende nationale Aufklärung und rasche, direkte Führung unserer Einsatzkräfte zu ermöglichen. Beim Einmarsch der Warschauer Pakt-Truppen in die Tschechoslowakei 1968 zeigte sich das Engagement und die für die damalige Zeit bereits positiv entwickelten Fähigkeiten der Führungsdienste. Oberstabsfeldwebel a.D. Hans Frommer erinnert sich:

Die Soldaten der Fernmelde-Elektronischen Aufklärung der Luftwaffe in den fünf grenznahen Erfassungssektoren, den drei rückwärtigen Erfassungsstellen und in den Auswertesektoren, später in der Auswertezentrale Trier, waren durchgehend hoch konzentriert und motiviert. Man kann sagen, daß für sie der Frieden der Ernstfall war.

Dies wird insbesondere an einem Ereignis deutlich, das neben der Kubakrise zu den größten Belastungen im Ost-West-Verhältnis zählte: dem Einmarsch von Streitkräften des Warschauer Pakts in die ČSSR am 21. August 1968.

Für einige Wochen war bereits Funkstille angesagt, trotzdem hatte die Fernmeldeaufklärung ein Gespräch aufgefaßt, aus dem hervorging, daß der Einmarsch in die Tschechoslowakei bevorstand. Der Routineflugbetrieb in der DDR und in Polen wurde nahezu eingestellt. Am 16. August wurde ein außergewöhnlicher Wechsel der Funkbetriebsunterlagen festgestellt. All diese Indikationen ergänzten das Lagebild und machten die Absicht deutlich.

Die Horchfunker auf dem Schneeberg bei Wunsiedel hatten an diesem frühen Dienstagabend wenig zu tun. Magere Ausbeute auf der Frequenz 124.00: Ein Flugzeug des russischen Aufklärungsregiments Welzow in der DDR meldet sich auf der allgemeinen Flugsicherungsfrequenz bei seinem Tower ab. Einige Minuten später eine Meldung auf dem Einsatzkanal: »Das Wetter bis zur Goldenen Stadt klar, die Sicht ist gut.« Goldene Stadt? Sicher, das ist Prag. Nochmals die Aufzeichnung nachhören. Eindeutig, schnell eine Meldung nach Osnabrück, denn Wetteraufklärung zieht immer was nach. Doch dann wieder Ruhe im Äther.

Die Okkupation begann am späten Abend des 20. August mit der Landung von als Aeroflot-Maschinen getarnten Flugzeugen der sowjetischen Transport-

Erfassung in der Tiefe – Fernmelde-Elektronische Aufklärung

fliegerkräfte auf Flugplätzen in der ČSSR und der Besetzung von wichtigen Gefechtsständen bzw. Flugsicherungszentralen. Sie benutzten zivile Frequenzen, die nicht im Auftrag der Horchfunker lagen.

Ab 22.30 Uhr fanden die ersten Einsätze taktischer Fliegerkräfte zur Unterstützung der Landstreitkräfte statt, die in den Folgestunden an 18 verschiedenen Stellen aus Ungarn, Polen und der DDR die Grenze überschritten. Zur gleichen Zeit wurde mit 250 Transportflugzeugen eine ganze Fallschirmjägerdivision aus dem Militärbezirk Leningrad auf Flugplätze in der ČSSR verlegt. In zwei Wellen kamen etwa 600.000 Mann mit 4.200 Panzern bzw. Gefechtsfahrzeugen und 500 Flugzeugen zum Einsatz.

Die enorme Anzahl an Flugbewegungen, teilweise ohne Funkverkehr und später mit völlig neuen funktechnischen Unterlagen operierend, forderten Erfasser und Auswerter extrem. Die Besetzung der gesamten ČSSR war weitgehend innerhalb von zwei Tagen abgeschlossen. Die politische und militärische Führung wurde schon in den ersten Stunden informiert. Nach einigen Tagen konnten umfassende Lagebeiträge geliefert werden und die routinemäßige Überwachung der Luftstreitkräfte einsetzen. Dies war nicht einfach, da durch aktiven Widerstand der tschechoslowakischen Bevölkerung bei den Interventionstruppen Chaos herrschte. Allen Aufklärern wurde in dieser Zeit bewußt, daß der Slogan »Wachsamkeit ist der Preis der Freiheit« nicht nur eine Phrase war.

Kurz vor dem Ernstfall?

Der Radarführungsdienst der Luftwaffe hat diesen Einmarsch der Truppen des Warschauer Paktes nach einem Bericht von Oberst a.D. Lutz Schikorra so erlebt:

Gegen Ende der Spätschicht des 20. August 1968 – es war während des »Prager Frühlings« – erfaßte der Early Warning Reporting Post Burglengenfeld umfangreiche Flugaktivitäten über der ČSSR. Die Flugziele wurden in das Luftverteidigungssystem eingegeben. Das System und der Gefechtsstand des NATO-Hauptquartiers SHAPE waren dadurch alarmiert. Weitere Radargeräte des Luftverteidigungssystems und offenbar das von den Amerikanern in Berlin betriebene Radargerät erfaßten diese Flugziele nicht bzw. konnten sie aufgrund physikalischer Gegebenheiten nicht erfassen. Das einzige ebenfalls Radarechos erfassende Radargerät des CRC Freising wurde so massiv von mechanischem Störmaterial (Düppel) gestört, daß eine Erfassung von Flugzielen nicht erfolgen konnte. Der zuständige US-geführte Luftverteidigungssektor ließ die eingegebenen Radardaten von Burglengenfeld kontinuierlich aus dem System entfernen.

Als Grund wurde die Summe aller Erkenntnisse mit dem Hinweis »there is no air traffic« angegeben. Taktische Maßnahmen erfolgten nicht. Gegen Mitternacht wurde das System über die Flugsicherung von einem Anruf vom Flugkontrollturm Prag informiert. Es hieß: »Die Russen kommen.«

Ab diesem Zeitpunkt spätestens war das System über die Ereignisse informiert. Trotzdem wurden die von Burglengenfeld eingegebenen Flugziele durch den Sektorgefechtsstand immer wieder als »invalid« erklärt und aus dem System entfernt. Als später bekannt wurde, daß die Amerikaner offensichtlich von der Sowjetunion über den bevorstehenden Einmarsch informiert waren, wurde uns klar, weshalb der US-Sector Controller die Flugziele über der ČSSR als »invalid« bezeichnet hatte. Man wollte aus politischen Gründen keine militärische Eskalation. Der Radarführungsdienst hatte – wenn auch nur von einem Radargerät – den Einflug erfaßt und gemeldet. Eine spannungsreiche Schicht, die die Diensthabenden nicht vergessen werden.

Der formale Informationsaustausch zwischen der rein nationalen Fernmelde-Elektronischen Aufklärung und der integrierten Luftverteidigung bestand 1968

Status-Board im CRC

noch nicht, obwohl Erkenntnisse auch damals schon »national« zwischen einzelnen CRCs und der Aufklärung ausgetauscht wurden. Der formale Verbund wurde erst 1981 offiziell vom damaligen Kommandeur Fernmeldebereich 70 durchgesetzt.

Truppenalltag in der Militärischen Flugsicherung

Nicht weniger wichtig für die Einsatzbereitschaft der fliegenden Verbände war die Militärische Flugsicherung. Über die Schwierigkeiten beim Aufbau, aber auch das Engagement der Soldaten weiß Oberst a.D. Manfred Schenk zu erzählen:

Der Truppenalltag in den 60er und 70er Jahren war durch Optimismus, Personalmangel, Improvisation und gesellschaftliche Umbrüche geprägt.

Im Aufbau fehlte es der militärischen Flugsicherung überall an qualifiziertem Personal. Zwar bot sie schnellen Aufstieg, fordernde Aufgaben und gute Ausbildung, wies jedoch nur geringe Durchlässigkeit für begabte Aufsteiger auf. Wirtschaft und auch zivile Flugsicherung hatten in der Gunst der potentiellen Bewerber zumeist die Nase vorn. Nicht zuletzt deshalb beschloß die Bundeswehr seinerzeit die Einführung der Fachoffizierlaufbahn. In keinem anderen Bereich erwies sich der dadurch ausgelöste Umbruch als derart einschneidend. Als die ersten Feldwebel nach kurzer Offizierschulzeit als Leutnante in den Offizierkasinos auftauchten, lösten sie heftige und anhaltende Statusdiskussionen in den Geschwadern aus. Auf mittlere und lange Sicht bewährte sich die mutige Maßnahme jedoch. Es gelang, die Abwanderung der Flugsicherungsoffiziere in den zivilen Bereich einzugrenzen. Dennoch dauerte der gravierende Personalmangel in allen Dienstgraden bis in die 80er Jahre an. Der finanzielle Spielraum verheirateter Unteroffiziere war zu jener Zeit besonders eng bemessen. In Nörvenich verdienten sich Controller in ihrer schichtfreien Zeit beispielsweise durch Vereinzeln von Rübenpflanzen ein Zubrot.

Die gezielt eingeplanten, im allgemeinen hoch motivierten und qualifizieren Wehrpflichtigen waren kaserniert. Im Flugsicherungssektor Nord (FSSkt N) in Goch, der größten FS-Einheit der Bundeswehr, wurden bei einer Friedensstärke von 330 Soldaten bis zu 60 wehrpflichtige Abiturienten und Kurzdiener in Unteroffizierfunktionen anstelle von Zeitsoldaten mit Lehrgangsausbildung eingesetzt. Ihre nach der Mode der Zeit über die Schulter fallenden Haare waren durch Haarnetze gebändigt. Aber sie erfüllten im 24-Stundendienst als Flugdatenspezialisten an der Seite der militärischen FS-Kontrolloffiziere verantwortungsvolle Aufgaben bei der Flugüberwachung in Goch oder der zivilen FS-Zentrale Hannover. Beim FSSkt N fehlten bis zu 80 Prozent der Technischen Offiziere, die durch die Industrie ersetzt werden mußten. Als Elektroniker oder Fernmeldehandwerker zivil vorgeprägte Wehrpflichtige wurden nach kurzer Einweisung in Unteroffizierfunktionen eingeplant.

Bei taktischen Überprüfungen der Einsatzbereitschaft schlugen sich Improvisationsvermögen und schnelle Reaktion der unterbesetzten Dienststellen der

MilFS regelmäßig in guten oder sehr guten NATO-Bewertungen nieder. Nicht ungewöhnlich war bei tagelangen Einsatzübungen überschlagender Personaleinsatz – sechs Stunden Dienst am Radar, zeitweise mit Schutzmaske, sechs Stunden häufig von ABC-Alarm unterbrochene »Ruhe«, dann erneut sechs Stunden am Radar oder auf dem Kontrollturm.

Frieden als Ernstfall

Alle Teilbereiche der Führungsdienste handelten stets getreu dem Motto »Der Frieden ist der Ernstfall«. Die Führung der Luftwaffe mußte so unterstützt werden, daß sie verzugslos, umfassend und zielgerichtet agieren konnte. Die Kampfverbände mußten lagegerecht und wirkungsvoll ihren Auftrag erfüllen können.

Unverzichtbar im Kalten Krieg – der Tieffliegermelde- und Leitdienst

Diese einsatzorientierte Wirkungsweise unserer Dienste galt seit der Aufstellung der Luftwaffe.

Durch die rasante technologische Entwicklung, durch die Globalisierung, aber auch durch neue Bedrohungen hat sie weiter an Bedeutung gewonnen.

Zum einen haben die Kriege und Konflikte der letzten Jahre gezeigt, daß durch eine koordinierte Vernetzung der einzelnen Komponenten der Streitkräfte nicht nur Verluste vermieden, sondern daß »Netted Operations« der Schlüssel zum Erfolg werden können. Die meisten modernen Industrienationen gestalten ihre Strukturen derzeit entsprechend, es geht im wesentlichen um fortschrittliche Datenverarbeitung und Übertragungswege. Auch die Bundeswehr durchläuft hierzu einen umfassenden Transformationsprozeß, der nahezu alle Bereiche betrifft. Die Luftwaffe spielt aufgrund ihrer Charakteristika – Geschwindigkeit, Reichweite, Präzision – in diesem Prozeß eine herausragende Rolle. Der neue Einsatzführungsdienst wird dadurch enorm gefordert werden.

Zum zweiten fällt den Führungsdiensten in der Abwehr terroristischer Angriffe aus der Luft eine Schlüsselrolle zu. Der 11. September 2001 hat die Welt verändert. Die Luftwaffe hat damals umgehend mit einer Reihe von Sofortmaßnahmen reagiert. Inzwischen sind im »Führungszentrum Nationale Luftverteidigung« in Kalkar Soldaten des Einsatzführungsdienstes für die Sicherheit im Luftraum rund um die Uhr im Einsatz. Bei Zwischenfällen im Luftraum mit potentiell terroristischem Hintergrund beraten sie in Abstimmung mit NATO-Gefechtsständen, der zivilen Flugsicherung und dem Lagezentrum des Innenministeriums den Inspekteur der Luftwaffe als »National Air Defence Commander« (NADCOM) – und über ihn den Bundesminister der Verteidigung, der über jeden Waffeneinsatz zu entscheiden hätte. Schon bei dem – glimpflich verlaufenen – Zwischenfall des verwirrten Sportpiloten, der im Januar 2003 gedroht hatte, sich in das Frankfurter Bankenviertel zu stürzen, waren die beteiligten Controller für General Back als NADCOM und Minister Dr. Struck wichtige Ratgeber.

Es war immer etwas Besonderes, unserer Luftwaffe als »Auge und Ohr, Hirn und Nerv« zu dienen. Wer gedacht hatte, daß dies sich nach der Auflösung des Warschauer Paktes ändern würde, hatte recht: Es ist noch spannender geworden.

Ein Team im Team

Die Logistikverbände der Luftwaffe

Eckehard Kügler

Selbstverständnis

Logistik war und ist nie Selbstzweck, sondern eine aus den Einsatzerfordernissen abgeleitete Größe. Änderungen in der Sicherheitspolitik und Militärstrategie verlangen flexible Anpassungen. Die Geschichte der Logistik der Luftwaffe ist dafür ein beredtes Beispiel. Ihre Stärke bezog sie dabei aus ihrer Innovationskraft, die über fünf Jahrzehnte Kurs hielt über die Grundlinien: Ausrichtung am Einsatzauftrag, wirtschaftlicher Mitteleinsatz und Professionalität in Führung und Durchführung.

Ausrichtung am Einsatzauftrag

»Logistik folgt dem Einsatz« ist für die Logistikverbände der Luftwaffe Zuordnungskriterium und Programm zugleich. Das bedeutete schon immer, vor, mit und nach den Einsatzkräften präsent zu sein. Im zivilen Bereich ist Logistik ein Wettbewerbsfaktor. In den Streitkräften ein force multiplier, wenn sie in Reaktionsfähigkeit, Flexibilität, Mobilität, Projektions- und Durchhaltefähigkeit aufgaben- und bedarfsgerecht aufgestellt ist.

Wirtschaftlicher Mitteleinsatz

Die logistische Leistung so rationell und ressourcenschonend wie möglich zu erbringen, war dabei ein Dauerbrenner und stete Herausforderung.

Ziel war und ist es, über die Reduzierung der Betriebskostenanteile einen Beitrag zur Rückgewinnung des investiven Handlungsspielraums zu leisten.

Die Knappheit der zugewiesenen Ressourcen verlangte immer Kostenbewußtsein, Aufwandsbegrenzung und Beschränkung auf das operativ Erforderliche, eine Zusammenfassung der logistischen Kräfte und Mittel, wo immer möglich und zweckmäßig, die teilstreitkraftübergreifende Koordination und TSK-gemeinsame Nutzung vorgegebener Ressourcen, die multinationale Zusammenarbeit in der logistischen Unterstützung oder die Nutzung industrieller Kapazitäten, wenn dies operationell vertretbar und jüngst durch moderne Formen der Kooperation und Finanzierung der wirtschaftlichere Weg ist.

> »Die Anerkennung der Gleichwertigkeit der Logistik zum Einsatz ist noch nicht überall Allgemeingut, aber auf gutem Wege.«
>
> Generalleutnant Hellmuth Hauser, Kommandierender General Luftwaffenunterstützungskommando 1970 bis 1974

Professionalität in Führung und Durchführung

Die Zusammenfassung von Führungs- und Fachverantwortung, die zentrale Führung durch das Luftwaffenunterstützungskommando, die frühe Etablierung einer Fachkommandostruktur und eine flache truppendienstliche Hierarchie waren beste Voraussetzungen, um allen Aufgaben der Material- und Versorgungsverantwortung des Inspekteurs der Luftwaffe gerecht zu werden.

Hinzu trat eine frühe, vorzügliche technisch-logistische Ausbildung auf der Spezialisten- und Meisterebene oder in den Wirtschafts- und Ingenieurswissenschaften, die den sicheren Betrieb, in der Luft und am Boden, menschenmöglich gewährleistet. Vor allem aber eine einsatzbereite Truppe, die in den Heimatstandorten, Übungs- oder Einsatzgebieten jedes »benchmarking«

»Das Zusammenwirken mit der Ministerialebene ... lief gut. Die Nähe zu Bonn und die Sensibilität, die auch im politischen Bereich mit der Einführung speziell des Tornado vorherrschte, führten zu ständigen Rückfragen und Tartarenmeldungen auch bei relativ kleinen Problemen. Diese zu beantworten, die dazu erforderliche Zuarbeit, und wohl wissend, daß eine fehlende Schraube sicher keiner ministeriellen Überlegungen bedarf, um ein Beispiel zu nennen, hat viel Zeit gestohlen und oft gerade die besten Leute von der eigentlichen Arbeit abgehalten.«

Generalleutnant Dipl.-Ing. (FH) Claus Thierschmann, Kommandierender General Luftwaffenunterstützungskommando 1981 bis 1986

mit der gewerblichen Wirtschaft oder anderen Nationen mit Auszeichnung besteht.

Die Geschichte der Logistik der Luftwaffe begann mit der Aufstellung des Luftwaffenversorgungsregiments 1 am 1. Oktober 1956 in der »Wiege« Erding. Zehn Kommandierende Generale, vier Kommandeure der Luftwaffenversorgungsverbände, 14 Leiter des Materialamts der Luftwaffe, zwei Kommandeure des Luftwaffenmaterialkommandos sowie ungezählte Kommandeure der Einsatz- und Einsatzunterstützungsverbände haben mit ihrer Führungsverantwortung dazu beigetragen, daß durch die Logistikverbände der Luftwaffe der höchste Stand an Vollkommenheit einer TSK-geprägten Logistik erarbeitet werden konnte.

Das Logistische System der Luftwaffe – ein Markenname

In einer zweistufigen Versorgungslogistik, ausgerichtet nach dem Item-Management und Zuführungsprinzip und im Pilotdienst für fliegerisches Material verantwortlich auch für Heer, Marine und den Rüstungsbereich, wurden in den Luftwaffenversorgungsregimentern jene Kräfte und Mittel der Luftwaffenlogistik zur Materialerhaltung, Materialbewirtschaftung, zum Transport, zur Softwarepflege und -änderung und für logistische Sonderaufgaben zusammengefaßt, die zur Sicherstellung des operativen Bedarfs eine besonders teure und spezialisierte Infrastruktur, Betriebsmittel sowie aufwendige und hochqualifizierte Ausbildung benötigten.

Jahresflugstundenprogramm – Herausforderung für die Fliegende wie für die Technische Gruppe eines Geschwaders

Um all diese Fähigkeiten im quantitativ und qualitativ geforderten Maß für Einsätze abrufbar zu haben, wurden die Logistikverbände in der Unterstützung des laufenden Ausbildungsbetriebes genutzt und inübunggehalten. Dies hatte weitere Vorteile. So leisteten die Luftwaffenwerften in einer mit der Industrie qualitativ vergleichbaren Instandsetzungsarbeit einen wesentlichen Beitrag zur Erkenntnisfähigkeit über die Systeme und Geräte sowie zur Dialogfähigkeit auf gleicher Ebene, oftmals als Alleininstandsetzer, wenn in der Wirtschaft ein Anbieter für die Betreuung fehlte.

Die Werften hatten wesentlichen Anteil daran, trotz allge-

Depotinspektion eines Tornado bei der Luftwaffeninstandhaltungsgruppe 14

waren in Übungen einbezogen und Teil taktischer Überprüfungen der Kampfverbände.

Ausgerichtet an den jeweiligen Erfordernissen reichte das Spektrum von der Abstellung einzelner mobiler Instandsetzungstrupps der Luftwaffenwerften bis zum Einsatz eines alle logistischen Funktionen umfassenden Logistischen Einsatzkontingents. Dazu gehörten auch Transport- und Umschlagaufgaben in allen Verkehrsarten, Versorgungsaufgaben sowie Einrichtung und Betrieb eines Teilnetzes des DV-gestützten Logistischen Informationssystems der Luftwaffe (LogInfoSysLw). Denn Information und Informationsmanagement sind Schlüssel für zeitgerechte, ressourcenschonende und transparente logistische Prozesse.

Es war ein langer Weg von der Lagerortkartei hin zum Informationsverbund des LogInfoSysLw. Heute steuern über 30 DV-gestützte Verfahren die Geschicke der Luftwaffe. Wer sie nur als »Inseln« betrachtet, tut ihnen Unrecht; der Eintritt in die SASPF-Welt und ein Supply Chain Management bleiben länger Vision als viele versprachen. Deren Realisierung ist in einer arbeitsteiligen Logistik unverzichtbar, um den Informationsfluß mit den Materialflüssen bei allen Nutzern transparent und kongruent zu halten.

Die Zuordnung von Aufgaben, Kräften und Mitteln zwischen Einsatzverband, Logistiktruppe, der »zwei-

meiner Kostensteigerungen, die Ausgaben für die Materialerhaltung zu begrenzen und bezahlbar zu halten. Dies galt in vergleichbarer Weise für die anderen logistischen Einrichtungen.

Das Team bestand aus bis zu 25.000 Soldaten und zivilen Mitarbeitern in acht Luftwaffenversorgungsregimentern, 24 Luftwaffenwerften, drei Materialkontrollzentren, 28 Luftwaffendepots für Material-, Munitions- und Betriebsstoffe, 34 Kraftfahrzeugtransportstaffeln und -teileinheiten, zwei Technischen Schulen, der Nachschubschule der Luftwaffe, drei Programmierzentren zur Softwarepflege und -änderung sowie in weiteren Truppenteilen zur Sicherung, zum Betrieb der Flugplätze Diepholz, Erding und später Trollenhagen und zur sanitätsdienstlichen Betreuung.

In einem Funktionsverbund der logistischen Auftragserfüllung, eng verzahnt mit den »organischen« logistischen Kräften der Einsatzverbände, leistete die Logistiktruppe so ihren auftragsgerechten Beitrag im Rahmen der jeweiligen Doktrinen im täglichen Kampf um Klarstand und Einsatzbereitschaft. Kräfte der Luftwaffenversorgungsregimenter gehörten zum Einsatzkontingent der Luftwaffe für Krisenreaktionseinsätze,

»Die Einnahme der Luftwaffenstruktur 4 ähnelte der Reparatur eines Fernsehgerätes bei laufendem Programm.«

Generalleutnant Ing. (grad) Peter Klatte, Kommandierender General Luftwaffenunterstützungskommando 1991 bis 1993

Kühlcontainer auf dem Airfield in Prizren, Kosovo

ten Ebene«, Industrie und neuerdings der Streitkräftebasis (SKB) unterlag massiven Veränderungen und war oft genug strittig. Am Ende siegte der Teamgedanke, der Staatssekretär oder die höhere Einsicht mit dem Charme des top down-Ansatzes. Kein Wunder, geht es doch um Macht, Einfluß, Geld und Arbeitsplätze. Ausgefochten über treffsichere oder dazu geschminkte Argumente wie Einsatzbereitschaft, Kombattantenstatus, Kernaufgaben, Effizienz, Aufwandsbegrenzung, Parallelkapazitäten, Synergien, oder schon früher – Material- und Versorgungsverantwortung, Kontrastkapazität oder den Pilotdienst. Die Betroffenen mag manches Ergebnis heute nicht wirklich trösten; wichtig bleibt, daß bei aller Betroffenheit das Verständnis für die Situation der jeweils Aktiven nicht verloren geht. Die neue Fähigkeit zur Projektion und zielgerichteten Schwerpunktbildung logistischer Unterstützungsleistungen für Einsatz-, Stabilisierungs- und Unterstützungskräfte und die Grenzen des politischen Mandats stellen vertraute Fragen nach der Größe der logistischen Footprints und der teeth to tail ratio. Der »Operateur« weiß die Antwort: small is beautiful.

Aufbau und Betrieb eines Feldlagers, die Feldpostversorgung, die Verbindung zur gastgebenden Nation für die Nutzung von zivilen oder militärischen Unterstützungsleistungen und logistische Steuerungsaufgaben in einem Einsatzraum haben sich als neue Fachaufgaben schnell bewährt.

»Human Logistics« war kein neues Modewort, sondern erlebte Wirklichkeit für unsere Einsatzkräfte. Die Luftwaffenquartiermeisterstaffel traf Seele und Nerv der Truppe und schuf so im laufenden Betrieb mit ihrem Feldlagerkonzept ein Zuhause im Einsatz. Mit Service aus einer Hand, tailored to mission, erreichte das Team Luftwaffe im gesamten Operationsgebiet der deutschen KFOR-Kräfte einen bisher nicht mehr erreichten Stand an technischer Verfügbarkeit und betrieblicher Einsatzbereitschaft. Unvergessen die Leistungen von Major Kraus und seiner Truppe bei der Verlegung des Feldlagers unter Beschuß in den Märztagen 2001 von Tetovo auf den Erebino; über die infanteristische Leistung staunte selbst das Heer.

Die Luftwaffenversorgungsverbände waren so über viereinhalb Jahrzehnte mit ihren logistischen Kräften, Mitteln und Fähigkeiten für die Auftragserfüllung der Luftwaffe ein wesentlicher Faktor zur Sicherstellung, Flexibilität, Mobilität und Durchhaltefähigkeit einer bedarfsgerechten Verfügbarkeit der Waffensysteme, Geräte sowie für die Versorgung, Unterbringung und logistische Betreuung der Einsatzkontingente.

Die Neuen im Team

Die Entscheidung, streitkräftegemeinsame Unterstützungsaufgaben zentral in der SKB zu bündeln, hat zu umfangreichsten Umstrukturierungen der Logistiktruppen geführt.

Nur so schien, bei Reduzierung des Personalumfangs, eine nahezu Verdreifachung von Einsatzkräften möglich – auch um den Preis weiterer Abstützung auf

> »Wenn der Wind des Wandels weht, bauen die Ängstlichen Mauern und die Mutigen Windmühlen.«
>
> Chinesisches Sprichwort

Kooperation zwischen Industrie und Luftwaffe

externe Dienstleister, vor allem der zivilen Wirtschaft, die anders als bei der »Privatisierung« weiterhin mit allen Folgen für die Betriebstitel über den Einzelplan 14 zu bezahlen sind.

Das neue Team »Luftwaffe-SKB« war keine Liebe auf den ersten Blick. Zu fremd die neue Begriffswelt, zu fern oder unsicher der Zugriff in einer neuen Bedarfsträger-/Bedarfsdeckerbeziehung diesmal innerhalb der Streitkräfte. Zunächst nur verbunden mit »Leistungsvereinbarungen«, die nicht den Blick verstellen dürfen: Uns trennt weder die Idee noch der Buchstabe im Artikel 87 des Grundgesetzes.

Der gemeinsame Standort Köln-Wahn hat mittlerweile vieles gerichtet, auch wenn inzwischen Nüchternheit selbst bei den Gründervätern eingekehrt ist. Dazu beigetragen haben als »Mitgift« über 6.000 Logistikkräfte der Luftwaffe, die unter dem neuen Dach der SKB den Versorgungsauftrag gewohnt zuverlässig und nun für Heer, Luftwaffe und Marine fortsetzen.

Auch bei der Ausgestaltung neuer Formen partnerschaftlicher Zusammenarbeit mit der Industrie hat die Logistik der Luftwaffe stets wegweisende Kooperationsformen beschritten, um die wirtschaftlichen Interessen der Industrie und die ressortspezifischen Aufgaben zum beidseitigen Nutzen bestmöglich in Einklang zu bringen. Es war ein langer Weg vom »Technical Representative (Tech Rep)«, über »Nutzer-Unterstützungs-Leistung (NUL)«, die 75:25 Prozent Aufteilungsvarianten der Depotinstandsetzungsplanung und des Arbeitskreises Industrieunterstützung (AKINDUNT) hin zu den Integrationsmodellen wie beim Eurofighter. Der Vater des Gedankens hieß hier »Einsparung des Systemzuschlages«. Die Folgen sind nun im Betrieb zu bezahlen.

Ob die Fähigkeitsverteilung zwischen Verband und industrieller Basis in der neuen strategischen Partnerschaft richtig gewählt wurde, werden der fliegerische Alltag und der Einsatz zeigen. Nie zuvor hatte die Industrie unmittelbarere Mitverantwortung in der Kernkompetenz der Luftwaffe, der Entwicklung von Luftmacht. Willkommen im Team, einmal mehr und näher denn je!

Einsatzlogistik Luftwaffe

Die Einsatzlogistik Luftwaffe kann sich unter Führung des Luftwaffenmaterialkommandos stolz als eine Kraft positionieren, ohne ihre bisherigen Vorzüge ganz aufgeben zu müssen. Wichtig wird sein, das erforderliche Know-how im Management, in der Systemfähigkeit und den höheren Materialerhaltungsstufen ebenso zu erwerben, zu halten und weiterzuentwickeln wie die Betreuungsfähigkeit des industriellen Partners in Deutschland.

Einsatz und logistische Waffensystemlogistik für fliegende Waffensysteme der Bundeswehr, bodengestützte Flugabwehrsysteme und Fernmelde- wie Führungssysteme rücken in der Luftwaffe noch näher zusammen. Bleibt zu wünschen, daß die weiteren »Prozeßteilnehmer« eine ähnliche »Nähe zum Produkt« vor allem auch mental erreichen. Nur dann wird das Logistische System der Bundeswehr eine ebenbürtige Einsatznähe, Wirtschaftlichkeit und Professionalität aufweisen, die die Logistikverbände der Luftwaffe immer auszeichnete, im Grundbetrieb wie im Einsatz. Denn Erfolg ist selten das Ergebnis der Leistung eines Einzelnen. Bei komplexen Vorgängen zählt immer die vertrauensvolle und zielgerichtete Leistung im Team.

Grüne Qualität in der blauen Luftwaffe

Die Objektschutztruppe

Karl H. Schreiner

Die Luftwaffensicherungstruppe, ihre Verbände und Einheiten – eine stolze und kleine Truppe der Luftwaffe, seit nahezu 50 Jahren Mitglied im Team Luftwaffe. Konsequent ausgerichtet an dem jeweils geltenden Grundauftrag der Luftwaffe und den sich stets ändernden Rahmenbedingungen, blickt die Sicherungstruppe auf eine bewegte und abwechslungsreiche Geschichte zurück. Längst vergangene Stichworte wie »Bodendienststaffel«, »Bodenverteidigung« oder »Unteroffizierlehr- und Sicherungsstaffel« stehen exemplarisch für eine Entwicklung, der es nie an Tempo und Dynamik fehlte.

Immer schon war die Luftwaffe mit ihren Kampfverbänden eine multinational integrierte Teilstreitkraft, die mit einem ständig hohen Bereitschaftsgrad, mitunter sogar im Minutenspektrum, ihren internationalen und nationalen Verpflichtungen nachkommt. Vor dem Hintergrund einer sich stets wandelnden Sicherheitslage in Deutschland und in der NATO war die Verzahnung von internationalen und nationalen Verfahren, Standards und Vorgaben charakteristisch für die Verbände der Luftwaffe.

Mit Blick auf die damalige strategische Lage Deutschlands war von Anfang an klar: Es würde entscheidend sein, die Fähigkeit zur eigenen Operationsführung zu erhalten. Bedenkt man, daß die Kampfverbände der Luftwaffe vielfach ihren Einsatzauftrag orts- und objektbezogen leisten, müssen die Luftwaffenanlagen schon in Friedenszeiten geschützt werden. Aber nicht nur der reine Objektschutz der fliegenden Verbände und der Führungszentren der Luftverteidigung stand dabei im Blickfeld. Auch die zumindest teilweise mobilen Kampfverbände der Luftwaffe, insbesondere die Flugabwehrraketen-Verbände, verlangten einen wirksamen und ihre Operationsfreiheit sicherstellenden Schutz der Waffensysteme, der Führungssysteme und schließlich der sie bedienenden Soldaten.

In den ersten Jahren der Luftwaffe stand das Bemühen im Vordergrund, fliegende Verbände und Flugabwehrraketen-Verbände nach amerikanischem Vorbild aufzubauen. Parallel entstand zu deren Schutz und Unterstützung eine auf diese Aufgaben spezialisierte eigene Truppe. Aus einem Tagebucheintrag des Inspekteurs der Luftwaffe aus dem Januar 1962 geht hervor, daß das Ziel eine »Truppe für Verteidigungs- und Bewachungsaufgaben« sein sollte.

Neben Bewachungs- und Ausbildungserfordernissen war bereits in den 60er Jahren der Ruf nach einem durchschlagkräftigen Schutz gegen Luftangriffe in allen Höhen laut geworden. Mit den Waffensystemen Hawk und Nike konnte zwar der mittlere und hohe Luftraum abgedeckt werden, bei der Bekämpfung tieffliegender Luftfahrzeuge klaffte aber eine deutliche Lücke. Zur Beseitigung dieser Lücke wurden ab 1969 die Staffeln der Sicherungstruppe mit der Zwillingssockellafette ausgestattet.

Einfach, doch wirkungsvoll gegen Tiefflieger – Flak 20 mm Zwilling

Ab Anfang der 70er Jahre konnte mit der Flugabwehrkanone 20 mm Zwilling (Flak 20 mm Zw) der Rundum-Schutz einer Anlage wesentlich verbessert werden. Mit den in teilaktiven Flak-Batterien organisierten Kräften sollten feindliche Tiefflieger, die die vorgeschalteten Abwehrgürtel durchdrungen hatten und unterhalb der Erfassung durch die damaligen Radarsysteme anflogen, wirksam bekämpft werden.

Generationen von Soldaten haben die Ausbildung auf der Flak 20 mm Zw durchlaufen, das Zielverfahren durch das Mitfahren der querliegenden »8« geübt und erfahren, daß der Beckensicherheitsgurt dabei sehr sinnvoll war. Die Zielauffassung wurde frühzeitig durch vorgeschobene Luftraumbeobachter unterstützt, die ihrerseits in einem permanent großen Aus- und Weiterbildungsaufwand die Charakteristika gegnerischer Luftfahrzeug-Silhouetten pauken mußten, damit sie eine Freund/Feind-Kennung, die ausschließlich auf eigenem Urteilsvermögen basierte, über das Funkgerät »Teleport VI« melden konnten.

Gerade am Beispiel der Flugabwehrkanonen-Batterie 20 mm Zwilling läßt sich ein weiteres Charakteristikum der Sicherungstruppe verdeutlichen. Die Anzahl der zu schützenden Objekte erforderte einen hohen Mobilmachungsgrad der zahlenmäßig umfangreichen Flak- wie auch der Sicherungskräfte. Jedem Verband waren mehrere gekaderte oder teilgekaderte Einheiten zugeordnet, die im festen Rhythmus übten. Ausschlaggebend für die Wirksamkeit dieser Geräteeinheiten mit einem sehr geringen Anteil aktiver Soldaten war das Wissen und Können der Reservisten, die an »ihrem« Objekt den notwendigen Personalaufwuchs erst sicherstellen konnten. Daneben zog die Luftwaffe auch ihre Grundausbildungsorganisation heran, um sowohl Führungspersonal als auch Rekruten für den Objektschutz in Krisenzeiten einsetzen zu können.

Sicherungs- bzw. Operationspläne ordneten die Ausbildungskompanien den unterschiedlichen Objekten fest zu. Dabei war der geschlossene Einsatz einer oder mehrerer Kompanien z.B. bei einem Jagdbombergeschwader ebenso vorgesehen wie der Einsatz eines verringerten Sicherungszuges an der Funkstation einer Fernmelde-Weitverkehrskompanie.

Die hohe Mobilmachungsabhängigkeit dieser Einheiten und der Zwang, vielfach aktive Soldaten in Zweitfunktion einsetzen zu müssen, führten jedoch bald zu Einschränkungen des taktischen Nutzwertes.

Parallel dazu wurde schon Ende der 70er Jahre das Führungspersonal der Sicherungstruppe auf das Zusammenwirken mit den Kräften des damaligen Territorialheeres vorbereitet. Denn ein wirksamer Objektschutz der Luftwaffe, deren Objekte vorwiegend in der rückwärtigen Kampfzone lagen, war nur gemeinsam mit den Kräften des Heeres möglich.

Die frühen 80er Jahre stellen für die Entwicklung der Sicherungstruppe eine deutliche Zäsur dar: Das Aufgabenspektrum für Objektschutz und Sicherungstruppe wuchs. Fortan definierten drei Buchstaben die wachsende Bedeutung: »STO« – Survive to operate. Der Anteil STO bei Taktischen Überprüfungen durch die NATO (TacEval) war deutlich gestiegen, oft entscheidend für den Erfolg.

Die umfassende TacEval-Bewertung der Kampfverbände rückte den Objektschutz als Aufgabe und die Sicherungstruppe immer weiter ins Blickfeld. Denn die überprüften Verbände mußten aktiven und passiven Objektschutz sicherstellen. Bewachung, InfObjS, FlaObjS sowie ABC/Se, Brandschutz, Tarnen und Täuschen, Kampfmittelerkundung bzw. -beseitigung und Schadensbeseitigung waren die bestimmenden Kriterien für den Bereich STO. Die in den Verbänden in Erstfunktion vorhandenen Luftwaffensicherungskräfte mußten ebenso die Erfordernisse des Objektschutzes der Luftwaffe umsetzen wie die in Zweitfunktion eingesetzten Kräfte z.B. der ABC-Abwehr und der Kampfmittelabwehr.

Der damalige Inspekteur der Luftwaffe, Generalleutnant Eimler, stellte 1983 fest, daß die Luftwaffensicherungstruppe ihre Aufgaben nicht in der Qualität erfüllen konnte, die vom Erstfunktionspersonal zu erwarten war. Konzeption, Ausrüstung, Verfahren und Ausbildungsgänge wurden deshalb von Grund auf verändert. So mußten die Sicherungsstaffeln nicht länger das Geschwaderpersonal und die Unteroffiziere ausbilden, Wachaufgaben mußten von allen Angehörigen der Verbände anteilig übernommen werden.

Mit der Neuausrichtung der Ausbildung wurde erstmals ein eigenes Ausbildungsprogramm für die Mannschaftsdienstgrade der Sicherungstruppe durchgesetzt. Alle Ausbildungsgänge der ehemaligen Bodenverteidigung an der Truppendienstlichen Fachschule in Iserlohn wurden in zwei Inspektionen der Luftwaffe an die Infanterieschule des Heeres nach Hammelburg verlegt. Dort war eine bessere Infrastruktur für die Ausbildung im infanteristischen Objektschutz gegeben. Die Lehrgangsinhalte wurden konsequent auf die Erfordernisse des Einsatzes ausgelegt und ein Sonderabzeichen für Zugführer der Sicherungstruppe geschaffen. Diese Maßnahmen führten in kurzer Zeit zu einer Steigerung der Leistungsfähigkeit der Sicherungstruppe und zu einem gesteigerten Korpsgeist ihrer Angehörigen.

Jahre zuvor hatten bereits zahlreiche Kompaniechefs und Kommandeure der Luftwaffe den Schutz und die Sicherung von Luftwaffenanlagen in der damaligen Territorialheer-Inspektion der Infanterieschule mit der Lage »Blaue Donau« am Beispiel des Jagdgeschwaders 74 geübt. Für die Objektschutz- und Sicherungskräfte, zu denen auch die ABC/Se-Kräfte der Luftwaffe gehören, die an der ABC- und Selbstschutzschule des Heeres in Sonthofen ausgebildet werden, war die Zusammenarbeit mit den anderen Teilstreitkräften und Betonung des »Joint«-Gedankens, der seit Ende der 90er Jahre konsequent an Bedeutung gewann, zu diesem Zeitpunkt bereits eine seit vielen Jahren vollzogene Erfolgsstory.

Die Bezeichnungen dieser Einheiten wechselten häufig: Aus den Bodendienst- und Sicherungsstaffeln entstanden die »Unteroffizier Lehr- und Sicherungsstaffeln« (ULS-Stff). Alle Einheiten der »Bodenverteidigung« waren in die Kampf- bzw. Unterstützungsverbände eingebunden. Die Staffeln übernahmen vielfältige Aufgaben: Neben reinen Bewachungsaufgaben waren

»Make up« für den Einsatz

sie in den Verbänden für die Aus- und Weiterbildung der meisten Wehrpflichtigen und – wie aus der Bezeichnung bereits hervorgeht – auch für die Aus- und Weiterbildung des Unteroffiziernachwuchses verantwortlich. Erst mit der Aufstellung der Unteroffizierschule der Luftwaffe in Appen im Jahr 1988 wurden die allgemeinmilitärischen Unteroffizierlehrgänge schrittweise zentralisiert und nach Appen verlagert. Auch das Ausbildungspersonal in den Luftwaffenausbildungsregimentern gehörte nahezu vollständig dem Dienstteilbereich Bodenverteidigung an.

Die Besonderheiten des Aufgabenbereiches und die damit zwangsläufig verbundene eigene Führungs- und Verhaltenskultur führten in der Fremd- und Eigenwahrnehmung vielfach zu einem dissonanten Bild: Die betonte (manchmal auch überbetonte) Pflege traditionellen militärischen Verhaltens ließ die »Bodenverteidiger« in den Augen des Restes der Luftwaffe als »heereseigentümliche« Wesen erscheinen, während sie sich oftmals selbst als die einzigen »echten Kämpfer« in der Luftwaffe empfanden. Auch zwischen den »Bodenverteidigern« in den Einsatzverbänden der Luftwaffe und in den Ausbildungsverbänden gab es insbesondere bei geselligen Veranstaltungen heftige Diskussionen über die unterschiedliche Leistungsfähigkeit, die sich Ende der 90er Jahre mit der Entscheidung über die Einführung des Baretts und der Tragegenehmigung für die »richtige« Sicherungstruppe und jenen in der Ausbildung, die das geliebte Barett nicht tragen dürfen, anfangs sogar noch verschärft hatten.

Die zweite ganz wesentliche Zäsur vollzog sich Anfang der 90er Jahre und war eine Konsequenz aus den sicherheits- und militärpolitischen Umwälzungen dieser Jahre. Strukturreformen der Streitkräfte und damit auch der Luftwaffe sowie die Notwendigkeit der Bereitstellung von Krisenreaktionskräften führten dazu, daß für Einsätze entsprechend ausgebildet und ausgestattet werden mußte. In diesem Kontext wuchs vor allem in der Luftwaffensicherungstruppe selbst die Gewißheit, daß ihre Struktur, Organisation, Ausbildung und Ausstattung vor allem in den Einsatzverbänden insbesondere den Kriterien von Überlebens- und Durchhaltefähigkeit in diesem dramatisch veränderten Szenario nicht mehr angemessen Rechnung tragen konnte. Das Konzept »Objektschutz in der Luftwaffe« wurde rasch und in unkonventioneller Zusammenarbeit zwischen Stäben und Truppe den neuen Rahmenbedingungen angepaßt. Sehr schnell war deutlich, daß die Fliegerhorstgruppen in den fliegenden Verbänden der Krisenreaktionsverbände keine Zukunft mehr hatten. In den ersten Überlegungen stand der Aufbau einer Objektschutzbrigade mit drei bis vier identischen Objektschutzbataillonen, in denen alle Aufgaben des Objektschutzes in der Luftwaffe abgebildet wurden, im Zentrum der Diskussionen in der Luftwaffensicherungstruppe. Sehr schnell war aber deutlich, da diese operative Ideallösung aufgrund fehlender Dienstposten und im Kontext der Organisa-

»Tiefflieger 10 Uhr, Entfernung dreitausend!« – Teamwork im Stinger-Trupp

tionsprioritäten nicht finanzierbar war. Das Ziel der Aufstellung eines Objektschutzbataillons wurde hingegen mit Kreativität und unerschütterlichem Glauben an die Notwendigkeit eines derartigen Verbandes weiter verfolgt.

Weitblick und Sturheit lohnten sich bald: 1997 wurde in Jever das Objektschutzbataillon der Luftwaffe in Dienst gestellt. Mit fünf aktiven Staffeln und mit knapp 1.000 Dienstposten sind in diesem Bataillon alle Einsatzarten des Objektschutzes abgebildet und bereitgehalten.

Gänzlich neu waren dabei die Züge des militärischen Brandschutzes und der Flugabwehr mit der Fliegerfaust 2 Stinger. Ständige Ausbildung und die Einbindung in nationale und internationale Großübungen sorgen für ein hohes Potential. Die Einsätze im Kosovo und in Afghanistan haben die Leistungsfähigkeit deutlich unter Beweis gestellt.

Die Aufwuchsfähigkeit im Rahmen der Landesverteidigung wurde weiter durch teilaktive Einheiten in den Verbänden sichergestellt, deren aktive Züge zusammen mit dem Personal in Zweitfunktion einen »Forcepool« bildeten. Nach Herstellung der Einsatzbereitschaft des Objektschutzbataillons und mit dem Forcepool der Soldaten aus den Objektschutz-Verbänden war die Luftwaffe in der Lage, alle Formen des aktiven und passiven Objektschutzes in einem Einsatzland abzubilden.

Beim Übergang der Luftwaffenstruktur 4 auf die Luftwaffenstruktur 5 ab 2001 wurden die vielfach singulären und zersplitterten Kräfte des Objektschutzes in drei fliegenden Kampfverbänden weiter zusammengefaßt. So konnte man die Kräfte bündeln und die Reaktionsfähigkeit erhöhen. Außerdem sparte man durch diese Neugliederung finanzielle Ressourcen. Die Fähigkeiten im InfObjS konnten aus operationeller Sicht verringert, die der Einsatzformen ABC-Abw, EOR/EOD, Luftwaffen-Pionierwesen und Brandschutz auf der anderen Seite verstärkt werden.

Auch im Übergang zur Luftwaffenstruktur 6 sind die Fähigkeiten der Luftwaffe für den aktiven und passiven Objektschutz durch den Generalinspekteur der Bundeswehr ausdrücklich bestätigt und anerkannt worden. In seiner Weisung zur Weiterentwicklung der Streitkräfte hat er 2004 die Beibehaltung der ablauforganisatorischen Zusammenfassung der Sicherungs-, Flugabwehr-, Kampfmittelabwehr-, ABC-Abwehr-, Brandschutz- und Startbahnschnellinstandsetzungseinheiten in den Objektschutzkräften der Luftwaffe angewiesen. Die Feinausplanungen der Luftwaffe sehen dazu die Konzentration der für den Einsatz erforderlichen Kräfte der aktiven und passiven Einsatzformen in einem Objektschutzregiment vor, das bis Mitte 2007 aufgestellt sein soll. Damit wird das künftige Kräftedispositiv der Luftwaffensicherungstruppe eine signifikante Übereinstimmung mit den ersten konzeptionellen Überlegungen in den 90er Jahren aufweisen.

Bereits ab 1999, nur zwei Jahre nach Aufstellung des Verbandes, hatte das Objektschutzbataillon die ersten Kräfte im Rahmen von KFOR für den Einsatz bereitzustellen. Seither haben ca. 1.300 Soldaten dieses Verbandes u.a. im Rahmen von KFOR, Enduring Freedom und ISAF wirkungsvoll und weit über die Grenzen der Luftwaffe hinaus ihr herausragendes Können, ihre hohe Motivation und ihre ausgezeichnete Disziplin unter Beweis gestellt.

Mit ihrem Wirken haben die Schutz- und Sicherungskräfte der Luftwaffe seit ihrem Bestehen erfolgreich zur Überlebens- und Durchhaltefähigkeit der Verbände der Luftwaffe beigetragen und einen maßgeblichen Anteil an der hohen Qualität insbesondere der allgemeinmilitärischen Aus- und Weiterbildung in der Luftwaffe.

Mit der Verlagerung der militärfachlichen infanteristischen Ausbildung an die Infanterieschule des Heeres nach Hammelburg und der konsequenten Ausrichtung an streitkräftegemeinsamen Aus- und Weiterbildungserfordernissen marschiert die Luftwaffensicherungstruppe an der Spitze des Fortschritts: Der »Joint«-Gedanke ist den Soldaten der Luftwaffensicherungstruppe seit vielen Jahren bestens vertraut. Wenn heute Sicherungs- und Objektschutzkräfte des Heeres und der Luftwaffe im Einsatz gemeinsam den Auftrag erfüllen, dann zeigt dies, daß der frühzeitig und konsequent eingeschlagene Weg richtig war.

Es bleibt zu wünschen, daß diese kleine, aber feine Truppe im Spannungsfeld zwischen streitkräftegemeinsamen Erfordernissen und teilstreitkraftorientierter Einbindung ihre Effektivität und Effizienz sowie die Fähigkeit zur konzeptionellen und strukturellen Anpassung auch unter künftig sich ändernden Rahmenbedingungen erfolgreich unter Beweis stellen kann.

Vom Luftwaffensanitätsdienst zur operativen Flugmedizin

Der Flugmedizinische Dienst

Erich Rödig

Ein einsatzwirksames Aufgabenspektrum ...

> ... gelockt von der Liebe der Heimat ... öffnet der Himmel sich: dort sei die Laufbahn!
>
> nach Ovid, *43 v. Chr.

Mit der Aufstellung der Bundeswehr wurde in die Luftwaffe ein eigener Sanitätsdienst eingebettet, der das allgemeine Personal truppenärztlich versorgen sollte. Die Chefs der ihrem Versorgungsumfang angepaßten Sanitätsstaffeln waren für den Sanitätsdienst im Verband verantwortlich. Diese Staffeln besaßen in Gestalt ihrer auf leistungsstarken Teileinheiten basierenden Struktur ein solides Rückgrat, das sie vergleichsweise fachlich autark und von externer Führung unabhängig machte. So waren sie für den Einsatz bestens gerüstet.

Für die Betreuung des fliegenden Personals und des Flugsicherungspersonals wurde zusätzlich ein fliegerärztlicher Dienst geschaffen. Der Fliegerarzt hatte von Beginn an eine herausgehobene Position, war unmittelbar dem Kommodore unterstellt. Er war präventivmedizinisch, kurativ und begutachtend für das ihm anvertraute hochspezialisierte Personal verantwortlich, »Coach« und »Doc« in einer Person.

Im Zuge der Aufstellung des fliegerärztlichen Dienstes in der Luftwaffe war es besonders wichtig, für das fliegende Personal möglichst schnell angemessene Fliegertauglichkeitsbestimmungen auszuarbeiten und über flugmedizinisch geschulte Sanitätsoffiziere zu verfügen. So wurden Fliegerärzte der Luftwaffe ab 1957 an der School of Aerospace Medicine der US Air Force in Randolph AFB und später in Brooks AFB ausgebildet. In dieser Zeit entwickelte sich bereits die ausgeprägte, transatlantisch orientierte Internationalität der Flugmedizin der Bundeswehr mit besonderer Bindung an die USAF.

Im Jahre 1959 wurde das Flugmedizinische Institut der Luftwaffe in Fürstenfeldbruck als zentrale flugmedizinische Einrichtung gegründet. In der unfallträchtigen Zeit der F-104G Starfighter und angesichts

Flugphysiologie der frühen Jahre – Blick in eine Unterdruckkammer

der Bedeutung des Faktors »Mensch« im Flugunfallgeschehen erlangten die Begutachtung und ärztliche Betreuung des fliegenden Personals einen hohen Stellenwert, der mit dem zunehmend komplexen Aufgabenspektrum bis zum heutigen Tage weiter zugenommen hat.

Waren die Bestimmungen zur Untersuchung auf Wehrfliegerverwendungsfähigkeit in den Anfangsjahren der Luftwaffe noch teilweise aus der Historie und auf der Basis von unscharfen Annahmen formuliert (wer hatte denn schon sichere Erfahrungen mit den flugmedizinischen Faktoren z.B. rund um die Jet-Fliegerei), so bildeten sich im Laufe der wissenschaftlichen Evolution mehr und mehr fundierte

Der Fliegerarzt an seinen Arbeitsplätzen

Erkenntnisse aus. Untersuchungsbestimmungen und -methoden wurden angepaßt und weiterentwickelt, allerdings nicht ganz ohne gelegentliche fachliche Eskapaden.

Vielen wird die »PWC 170« noch in den Gliedern stecken, wenn sie sich an ihre extrapolierten Pulsfrequenzkurven nach Fahrradergometerbelastung erinnern. Und es gab keine Diskussionen in der Unterdruckkammer, wenn unmittelbar vor der Kammerfahrt der früher bei Piloten äußerst beliebte Bartwuchs durch das Einfräsen von »Schneisen« für den dichten Sitz der Maske ästhetisch beeinträchtigt wurde. Inspekteure befaßten sich mit dem Thema – rasiert wurde trotzdem.

… wächst mit der technischen Evolution …

War die Flugmedizin in ihrer Anfangszeit auf dem Wege zum heutigen »Hochglanzprodukt« weniger professionell? Nein, sicher nicht.

Die alte Flugmedizin hat die heutige erst möglich gemacht, die sich mit Einführung der neuen Waffensysteme mit bisher unbekannten wissenschaftlichen Herausforderungen konfrontiert sieht. Wohlüberlegte evidenzbasierte flugmedizinische Schritte mit unmittelbarer Erfolgs- und Qualitätskontrolle und dem Mut zu neuen Wegen haben den fliegerärztlichen Dienst zum Vorreiter einer modernen professionellen Entwicklung gemacht. Der heute als Transformation bezeichnete bundeswehrweite Prozeß der kontinuierlichen Weiterentwicklung hat sich als »roter Faden« durch die Evolution der Luft- und Raumfahrtmedizin und des Fliegerärztlichen Dienstes der Bundeswehr gezogen.

Flugmedizin und Fliegerei stehen seit jeher in einer ambivalenten Beziehung: Man kennt seinen »Doc« genau. Er wird geliebt, respektiert und zugleich gefürchtet.

Ein wesentlicher Faktor in der Förderung des gegenseitigen Vertrauens und zunehmenden Verständnisses liegt in der gelebten Tätigkeit der Fliegerärzte

»an der Front«. Sie sind fester Bestandteil ihres fliegenden Verbandes, Vertraute ihrer Besatzungen und dabei kontinuierliche und verläßliche Sachwalter der Flugmedizin. Gleichzeitig vertreten die »Docs« vehement und sachkundig die Interessen ihrer Besatzungen im Schulterschluß mit dem Flugmedizinischen Institut der Luftwaffe und den Kommandobehörden.

Diese Doppelrolle der Fliegerärzte ist besonders bei den wenigen »fliegenden« Fliegerärzten ausgeprägt, die mit dem Ziel einer übergreifenden Fachkompetenz auf Grund einer Weisung des damaligen Inspekteurs der Luftwaffe, Generalleutnant Obleser, zu Strahlflugzeugführern bzw. Hubschrauberführern ausgebildet wurden. Sie haben in besonderer Weise den notwendigen »Stallgeruch« in beiden Berufsfeldern und können bei Problemen mit herausragender Kompetenz agieren. Im Bereich der Strahlflugzeuge war der spätere Leiter des Flugmedizinischen Institutes, Generalarzt Dr. Burchardt, der u.a. eine Ausbildung bei der NASA absolviert hatte, der erste Vertreter dieser Doppelrolle. Das Bild des Fliegerarztes in der Luftwaffe wurde von diesen fliegenden Kollegen wesentlich mitgeprägt. *Allen* Fliegerärzten verschafft die Verpflichtung zum regelmäßigen Mitfliegen in dem Flugzeugmuster ihres Verbandes Einblicke in den Arbeitsplatz »Cockpit« und die professionelle Tätigkeit der Besatzungen.

Zentrifuge in Königsbrück

Mit waffensystemspezifischem Sachverstand gewinnen sie hohe Anerkennung in ihren Verbänden wie auch in der Luftwaffe.

... lebt in der Transformation ...

Die Entwicklung des fliegerärztlichen Dienstes der Bundeswehr verfolgte von Anfang an ein Ziel: Die Feststellung und Erhaltung der »Wehrfliegerverwendungsfähigkeit«. Daran hat sich bis heute nichts geändert, auch wenn diese Zielsetzung inzwischen um erhebliche Aspekte erweitert wurde. Aus der früheren Momentaufnahme zum Zeitpunkt der Untersuchung ist ein kontinuierlicher Prozeß des flugmedizinischen »Monitoring« geworden, der viel mehr als früher der Prävention von Erkrankungen und Schädigungen folgt und somit nicht nur den momentanen Gesundheitszustand betrachtet, sondern bestehende Risikofaktoren, sich über die Zeit abzeichnende Entwicklungen und Auswirkungen auf den zukünftigen Gesundheitszustand beleuchtet. Aus der periodischen Untersuchung wurde zum Wohle des anvertrauten Personals mehr und mehr ein flugmedizinisches und ganzheitliches Gesundheitsmanagement.

In Rahmen der Transformation der Bundeswehr übernahm der Zentrale Sanitätsdienst 2001 die truppenärztliche Versorgung, auch für die Luftwaffe. Der Generalarzt der Luftwaffe bleibt weiterhin für den fliegerärztlichen Dienst der Bundeswehr verantwortlich. Er berät den Inspekteur der Luftwaffe und den Inspekteur des Sanitätsdienstes unmittelbar. Mit der im Jahre 2002 begonnenen Implementierung eines modernen Qualitätsmanagementsystems sind die Weichen für eine zukunftsorientierte Weiterentwicklung des fliegerärztlichen Dienstes gestellt.

Dem Generalarzt der Luftwaffe sind unmittelbar das Flugmedizinische Institut der Luftwaffe, fachdienstlich die Fliegerärzte der Luftwaffe und fachlich alle Fliegerärzte der Bundeswehr unterstellt. Seine Aktivitäten in zahlreichen Gremien haben dem fliegerärztlichen Dienst international Anerkennung und Akzeptanz verschafft.

Nach der Wiedervereinigung gelang es, das Institut der NVA in Königsbrück als einzigen Luftwaffenstandort im Freistaat Sachsen zu erhalten. Die Abteilung »Flugphysiologie« des Flugmedizinischen Instituts nutzt bis heute die dortigen hochmodernen Geräte wie Humanzentrifuge und klimatisierbare Unterdruckkammer.

... bleibt innovativ und zukunftsorientiert

Das Konzept der engen Zusammenarbeit aller im fliegerärztlichen Dienst tätigen Dienststellen und Personen auf allen Ebenen als »TEAM Flugmedizin« (Together Everyone Achieves More) hat sich in der Zeit begrenzter Ressourcen und gewachsener Aufgaben bewährt. Im Selbstverständnis als »der Doc« für das fliegende Personal, das Flugsicherungs- und das Radarführungspersonal erfüllt der Fliegerarzt auf wissenschaftlicher Grundlage interdisziplinär seinen Auftrag. Er ist fester Bestandteil der sanitätsdienstlichen Versorgung im Frieden und im Einsatz, sowohl kurativ als auch in Führungsverantwortung. So wird die Position des »Senior Medical Officer« in Termez ausschließlich durch aktive Fliegerärzte besetzt. Auch bei den MedEvac und StratAirMedEvac-Flügen sind Fliegerärzte als »Medical Director« direkt in zentraler Verantwortung beteiligt.

Durch seine enge aktive Einbindung in die Herstellung der Operationsfähigkeit der Einsatzmodule und die Einsatzdurchführung ist der fliegerärztliche Dienst mehr als nur Dienstleister im Sinne eines »force provider«. Die Kontinuität der fliegerärztlichen Versorgung auf allen Ebenen ist Garant einer verläßlichen Durchhaltefähigkeit. Der fliegerärztliche Dienst bringt seine Expertise aktiv und konzeptionell in den aktuellen Transformationsprozeß mit der effektiven und einsatznahen Integration in die Streitkräfte ein. Bei der Entwicklung von medizinischen Evakuierungsoperationen in allen Ebenen und unter allen Bedingungen (SAR, CSAR, AirMedEvac) spielt der fliegerärztliche Dienst eine wichtige Rolle.

Dieser auf Engagement und Professionalität beruhende TEAM-Gedanke wird auch in Zukunft die Basis jedes fliegerärztlichen Handelns bleiben. So wird der besondere Wert der modernen Flugmedizin in einer sich politisch, militärisch, fliegerisch und flugmedizinisch-fachlich stürmisch entwickelnden Welt sichergestellt werden.

Im Sinne der kontinuierlichen Transformation ist der Generalarzt der Luftwaffe bestrebt, die moderne Flugmedizin, die – ausgehend von der Medizin *für* die dritte Dimension – sich um die Medizin *in* der dritten Dimension erweitert hat, einsatzorientiert und mit dem Blick über den nationalen Tellerrand hinaus – also joint, allied, multinational und interoperabel – zu gestalten. Die neuen Waffensysteme stellen mit ihrer Informationsflut völlig neue Herausforderungen für Besatzungen und Bediener dar. Data fusing und schließlich vernetzte Operationsführung in der modernen Luftkriegsführung erfordern psychophysische Höchstleistungen von den fliegenden Besatzungen. Ohne eine kontinuierliche flugmedizinische Begleitung und Betreuung können diese nicht zuverlässig bereit gestellt werden.

Luftwaffensanitätsdienst und der Fliegerärztliche Dienst der Bundeswehr sind reaktionsschneller sowie handlungs- und durchsetzungsfähiger geworden und damit gegenüber den dynamischen Anforderungen des Transformationsprozesses im Interesse des ihnen anvertrauten Personenkreises bestens gerüstet – getreu dem Motto »We keep 'em flying«!

In der Diaspora

Luftwaffensoldaten außerhalb ihrer Teilstreitkraft

Hanspeter Broekelschen

Was ist ein Luftwaffensoldat?

Was ist ein Luftwaffensoldat? »Ganz einfach«, könnte man meinen, »das ist ein Soldat, der in der Luftwaffe Dienst tut. An seiner blauen Uniform kann man ihn erkennen, und auch im Kampfanzug erkennt man ihn an den Luftwaffenschwingen auf den Dienstgradschlaufen.« Leider ist es nicht ganz so einfach. Seit Bestehen der Bundeswehr ist es immer so gewesen, daß eine erhebliche Anzahl von »Luftwaffensoldaten« in Verwendungen außerhalb der Luftwaffe eingesetzt war.

Strenggenommen gibt es somit »echte« Luftwaffensoldaten, nämlich solche, die in der Luftwaffe Dienst tun, wobei die auf präzise Differenzierung bedachte ministerielle Sprache hier den Begriff »Organisationsbereich Luftwaffe« verwendet, und eben andere, die als Luftwaffensoldaten in anderen Bereichen eingesetzt sind. Diesem Umstand haben wir dann wohl auch die fragwürdige Bezeichnung »Uniformträger Luftwaffe«, Abkürzung LUT !!, zu verdanken, die als Sammelbegriff für alle Luftwaffensoldaten unabhängig von ihrem Einsatzort gemeint ist. Sicherlich ist dies besser als von »echten« und »unechten« Luftwaffensoldaten zu sprechen. Und ich habe mich auch in meinen Verwendungen außerhalb der Luftwaffe nie als »Kleiderträger« einer Uniform, sondern immer als Luftwaffensoldat gefühlt.

Wie werden Luftwaffensoldaten außerhalb der Teilstreitkraft verwendet?

Spricht man vom Einsatz von Luftwaffensoldaten außerhalb der Teilstreitkraft, denkt man vordergründig natürlich an den Einsatz bei anderen Teilstreitkräften oder den Zentralen Militärischen Dienststellen. In Wirklichkeit sind die Verwendungen jedoch wesentlich vielfältiger und werden durch die Betroffenen oft gar nicht als Einsatz außerhalb der Luftwaffe wahrgenommen. So sind streng genommen alle im Ministerium eingesetzten Luftwaffensoldaten nicht Angehörige der Luftwaffe, sondern gehören eben zum Organisationsbereich BMVg mit dem Minister als alleinigem Disziplinarvorgesetzten.

Der Angehörige des Führungsstabes der Luftwaffe hat sich aber wohl immer weiterhin als Luftwaffenangehöriger gefühlt, leistet er doch da Dienst, wo die grundlegenden Entscheidungen für die Luftwaffe getroffen werden und von wo aus sie truppendienstlich geführt wird. Anders sieht es sicherlich bei den Luftwaffensoldaten aus, die beim Führungsstab der Streitkräfte, den anderen Abteilungen des BMVg, beim Planungsstab, Organisationsstab, beim Presse-/InfoStab oder in sonstigen Bereichen eingesetzt sind. Hier wird je nach Verwendung und Aufgabenstellung schon deutlich empfunden, daß man nicht in der oder direkt für die Luftwaffe Dienst tut.

Die größten Bereiche, in denen Luftwaffensoldaten außerhalb ihrer Teilstreitkraft verwendet wurden, waren aber immer die Zentralen Militärischen Dienststellen, die heute in der Streitkräftebasis aufgegangen sind, und früher auch das Heer.

In den Zentralen Militärischen Dienststellen der Bundeswehr, die seit 1957 als streitkräftegemeinsamer Organisationsbereich der Bundeswehr bestanden und seit 1970 durch den Stellvertreter des Generalinspekteurs geführt wurden, waren die wesentlichen streitkräftegemeinsamen Aufgaben zusammengefaßt. Ein außerordentlich heterogenes Aufgabenspektrum, welches im Kern die Bereiche

- Beiträge zur Lagebeurteilung,
- Ausbildung und Forschung,
- Dienstleistungen,

• bi- und multinationale Kooperation sowie
• internationale Kooperation

umfaßte. Hinter diesen Aufgabenfeldern verbergen sich eine Vielzahl von streitkräftegemeinsamen Dienststellen deren Bezeichnung das Aufgabenspektrum am besten beschreibt:

Amt für Nachrichtenwesen, Militärischer Abschirmdienst, Amt für Militärkunde, Zentrum für Verifikation, Führungsakademie, Universitäten der Bundeswehr in Hamburg und München, Zentrum Innere Führung, Akademie für Information und Kommunikation, Sportschule, Sozialwissenschaftliches Institut, Militärgeschichtliches Forschungsamt, Streitkräfteamt, Logistikamt, Amt für Fernmelde- und Informationssysteme, Amt für Studien und Übungen, Personalamt, Bundeswehrkommando USA/Kanada, bis auf wenige Ausnahmen alle Deutschen Anteile bei NATO-Dienststellen, bei den Vereinten Nationen und der OSZE, die Militärattachéstäbe sowie sonstige Deutsche Delegationen und Verbindungselemente bei befreundeten ausländischen Streitkräften, insbesondere Ausbildungseinrichtungen.

Die höchste Bildungsstätte der Streitkräfte – die Führungsakademie der Bundeswehr in Hamburg-Blankenese

Der Bereich der Zentralen Militärischen Dienststellen umfaßte bis zur Überführung in die Streitkräftebasis ca. 7.100 militärische Dienstposten, von denen nach einem festgelegten Verteilungsschlüssel 33 Prozent, also ca. 2.350 durch Luftwaffensoldaten besetzt wurden. Hierbei gab es – das erklärt sich aus der Aufgabenstellung – einen überproportionalen Anteil an Stabsoffizieren.

Der zweite Schwerpunkt für den Einsatz von Luftwaffensoldaten außerhalb ihrer Teilstreitkraft war lange Jahre das Heer. Das mag auf den ersten Blick verwundern, erklärt sich aber mit den territorialen Aufgaben, die streitkräftegemeinsamen Charakter haben, aber bis zur Überführung in die Streitkräftebasis durch das Heer in Pilotfunktion wahrgenommen wurden.

Von 1969 bis Mitte der 90er Jahre gab es eine Trennung in Feldheer und Territorialheer – da waren die Luftwaffensoldaten mit Schwerpunkt im Territorialheer –, später wurden diese fusioniert. Das führte dazu, daß Luftwaffensoldaten voll integriert in den fusionierten Divisionskommandos/ Wehrbereichskommandos eingesetzt wurden, bis hin zu leitenden Positionen als Abteilungsleiter oder als stellvertretende Divisionskommandeure. Ansonsten fanden Luftwaffensoldaten ihre Aufgaben in der Territorialorganisation in den Verteidigungsbezirkskommandos, den Verteidigungskreiskommandos und vormals auch in den Territorialkommandos. Immer besetzten Luftwaffenoffiziere auch eine beträchtliche Anzahl an Kommandeurspositionen auf den verschiedenen Ebenen.

Neben den genannten Schwerpunktbereichen des »artfremden« Einsatzes von Luftwaffensoldaten gibt und gab es noch einige »exotische« Aufgabenfelder. Gemeint ist die Gruppe der Soldaten, die zeitweilig beurlaubt, insbesondere bei NATO- oder anderen bi-/ multinationalen Agenturen, Dienst leistet.

Wie haben sich Luftwaffensoldaten außerhalb der Teilstreitkraft bewährt?

Es steht wohl außer Zweifel, daß sich auch die Luftwaffe an den streitkräftegemeinsamen Aufgaben beteiligen muß. Streitkräftegemeinsamkeit und der Einsatz in diesem Rahmen bestimmen das neue Aufgabenspektrum. Hierfür ist qualifiziertes Personal bereitzustellen. Streitkräftegemeinsamkeit lebt nun einmal von der Expertise und den Erfahrungen aus allen Teilstreitkräften. Hinzu kommt, daß streitkräftegemeinsame Aufgaben ja insbesondere den Zweck haben, die Teilstreitkräfte zu unterstützen und ihnen die Voraussetzungen für ihre Aufgabenerfüllung zu schaffen, sei es in der Ausbildung, der Personalregeneration oder der Führungsunterstützung, um nur einige Beispiele zu nennen.

Die Luftwaffe braucht also fähige Vertreter in diesen Bereichen, die immer auch die Aufgabe haben, Verständnis für die spezifischen Erfordernisse der Luftwaffe zu wecken und dafür zu sorgen, daß diese Berücksichtigung finden. Die unzähligen Luftwaffensoldaten, die in den vergangenen 50 Jahren außerhalb ihrer Teilstreitkraft in streitkräftegemeinsamen Verwendungen waren, haben sich in diesem Sinne hervorragend bewährt.

Sie haben hohes Ansehen erworben, haben die Bundeswehr insgesamt an maßgeblicher Stelle entscheidend gestaltet, haben einen Beitrag zu einem im besten Sinne des Wortes streitkräftegemeinsamen Verständnis geleistet. Sie waren gute Botschafter der Luftwaffe und ihrer Führungskultur, sie haben hohe und höchste Führungspositionen bekleidet bis hin zum Inspekteur der Zentralen Militärischen Dienststellen (Stellvertreter des Generalinspekteurs). Die Geschichte der Luftwaffe wäre nicht vollständig ohne Würdigung der Leistung der Luftwaffensoldaten, die sich auch außerhalb der Teilstreitkraft um die Bundeswehr und die Luftwaffe verdient gemacht haben.

Was fühlen die Betroffenen?

Natürlich fiel und fällt es nicht immer leicht, eine Ankündigung der Personalführung zu akzeptieren, daß die nächste Verwendung sich nun außerhalb der Luftwaffe abspielen soll. Das ist sicherlich besonders schwerwiegend bei Soldaten, die auf Dauer von der Luftwaffe Abschied nehmen müssen und in eine Endverwendung gehen oder als Dauerverwender in andere Bereiche wie MAD oder AMK wechseln. Letztlich stellen die Verwendungen in den anderen Bereichen aber immer einen wichtigen Erfahrungsgewinn dar, einen Zugewinn an streitkräftegemeinsamem Verständnis, einen Einblick in die Denkweise der Kameraden anderer Teilstreitkräfte, den man in der Rückschau auf keinen Fall missen möchte. Trotzdem – und das spricht für wohl eindeutig für den guten »Spirit« der Luftwaffe – hat es die meisten Betroffenen immer mit Freude erfüllt, wenn es nach einigen Jahren wieder zurück »in die Heimat« ging.

Wie hat sich die streitkräftegemeinsame Aufgabenwahrnehmung entwickelt?

Bis etwa zum Jahr 2000 war eine Verwendung außerhalb der Luftwaffe eher die Ausnahme, auch wenn eine beachtliche Zahl von Luftwaffensoldaten mindestens eine Verwendung in anderen Bereichen geleistet hat. Die Entwicklung ging aber über die Jahre kontinuierlich hin zu mehr zentraler Aufgabenwahrnehmung in den Streitkräften, natürlich mit der Folge, daß auch immer mehr Luftwaffensoldaten außerhalb der Teilstreitkraft einzusetzen waren.

Ein bedeutsamer Schritt in diese Richtung war unter anderem die Zentralisierung des Militärischen Nachrichtenwesens Anfang der 90er Jahre. Ein sehr weitreichender Schritt erfolgte dann im Jahr 2000 mit der Aufstellung der Streitkräftebasis. Dorthin wurden nicht nur die bisherigen Zentralen Militärischen Dienststellen und die territorialen Aufgaben aus dem Heer überführt, sondern es wurde auch eine erhebliche Anzahl von bisher in der Teilstreitkräften wahrgenommenen Unterstützungsaufgaben in diesem neuen und gemischt besetzten Organisationsbereich zusammengefaßt.

Die Idee, streitkräftegemeinsame Unterstützungsaufgaben in einem Zentralbereich zusammenzufassen, war übrigens nicht neu. Bereits in den 70er Jahren entwickelte General Harald Wust, der erste Generalinspekteur in Luftwaffenuniform, Vorstellungen eines

Zentralen Unterstützungsbereiches (ZUB). Die Zeit war allerdings damals noch nicht reif für diesen durchgreifenden Ansatz. Verwirklicht wurde er im Jahr 2000 unter dem zweiten Luftwaffensoldaten, der das Amt des Generalinspekteurs inne hatte, General Harald Kujat, mit Aufstellung der Streitkräftebasis. Für die Luftwaffe bedeutete dies, daß wesentliche Aufgabenfelder und die dazugehörigen Truppenteile zur Streitkräftebasis wechselten. Dies betraf vor allem die Kräfte

Gemeinsam zum Ziel – die Streitkräftebasis

der ortsfesten und mobilen Führungsunterstützung, die logistischen Kräfte der Materialbewirtschaftung und des Kfz-Transportes sowie die Kräfte der Fernmelde-Elektronischen Aufklärung.

Hinzu kam, daß für die Besetzung der neu aufgestellten Kommandos und Dienststellen der Streitkräftebasis, wie das Streitkräfteunterstützungskommando, das Einsatzführungskommando, das Kommando Strategische Aufklärung oder das Logistikzentrum, ein weiterer erheblicher Bedarf an Luftwaffensoldaten für diese streitkräftegemeinsamen Aufgaben entstand. Ebenso hatte auch die Aufstellung des Zentralen Sanitätsdienstes der Bundeswehr eine erhebliche Migration von Luftwaffensoldaten in einen streitkräftegemeinsamen Bereich zur Folge. Von wenigen Ausnahmen auf dem Gebiet der Luft- und Raumfahrtmedizin und des Fliegerärztlichen Dienstes abgesehen, wechselte nahezu das gesamte Sanitätspersonal der Luftwaffe in diesen neuen Organisationsbereich.

Diese historisch neue Dimension des Einsatzes von Luftwaffensoldaten außerhalb der Teilstreitkraft ist am besten mit einigen Zahlen zu verdeutlichen. Nach den derzeitigen Planungen des Personalstrukturmodells 2010 – ausdrücklicher Hinweis: es handelt sich um eine nicht abgeschlossene Planung – wird es künftig ca. 63.000 Luftwaffensoldaten geben. Davon werden nur ca. 35.000 in der Luftwaffe selbst – ohne Berücksichtigung des Schüleranteils von 10.500 – Dienst tun. Etwa 17.000, also jeder dritte Soldat in Luftwaffenuniform, werden außerhalb der Luftwaffe mit Schwerpunkt in der Streitkräftebasis (ca. 13.000) und im Zentralen Sanitätsdienst (ca. 4.000) eingesetzt. Mehr als 50 Prozent der Generalsverwendungen und ca. 38 Prozent der Stabsoffiziersverwendungen für Luftwaffenoffiziere werden außerhalb der Luftwaffe liegen. Angesichts dieser Zahlen muß zumindest jeder Offizier der Luftwaffe erwarten, einmal – oder noch wahrscheinlicher mehrfach – in seinem Berufsleben außerhalb der Luftwaffe eingesetzt zu werden.

Wir müssen aber noch eine weitere Änderung zur Kenntnis nehmen, die die Aufstellung der großen zentralen Organisationsbereiche mit sich gebracht hat. War es bisher die Regel, daß Verwendungen außerhalb der Teilstreitkraft meist temporärer Natur waren, so wird die Zentralisierung von Aufgabenfeldern wie Fernmelde-Elektronische Aufklärung, Materialbewirtschaftung oder Sanitätsdienst dazu führen, daß sich bestimmte Werdegänge ausschließlich außerhalb der Luftwaffe abspielen. Selbst die Grundausbildung wird bereits heute in den genannten Bereichen außerhalb der Luftwaffe absolviert. Wir werden in erheblichem Umfang Luftwaffensoldaten haben, die während ihrer gesamten Dienstzeit – sei es als Grundwehrdienstleistender, als Soldat auf Zeit oder auch als Berufssoldat – nie in der Luftwaffe selbst Dienst tun werden.

Die in den NATO-Hauptquartieren dienenden Luftwaffensoldaten gehören organisatorisch zur Streitkräftebasis

Was folgt für die Luftwaffe?

Die Luftwaffe hat sich immer erfolgreich um die ihre »Abgesandten« gekümmert. Seit Jahrzehnten bietet sie flächendeckend periodisch Informationsveranstaltungen für die außerhalb der Teilstreitkraft Eingesetzten an, früher sinnigerweise unter der Bezeichnung »Diaspora«. Es galt und gilt, die Verbindung zur Luftwaffe aufrechtzuerhalten, über neue Entwicklungen in der Luftwaffe zu informieren, die Rückkehr in die Luftwaffe zu erleichtern und sicherlich vor allem den Betroffenen das Gefühl zu vermitteln, daß sie auch außerhalb der Teilstreitkraft unverändert dem Team Luftwaffe angehören.

Die neue Situation bedeutet jedoch eine enorme Herausforderung. Es muß gelingen, künftig den bedeutend höheren Anteil der Luftwaffensoldaten in anderen Bereichen gleichermaßen erfolgreich zu betreuen. Besonderes Augenmerk muß dabei der Tatsache gewidmet werden, daß eine erhebliche Anzahl von Luftwaffensoldaten – wie erwähnt – von der Grundausbildung bis zum Ausscheiden nie in der Luftwaffe selbst dienen werden. Die zweckmäßigen Maßnahmen, wie diese Soldaten an die Luftwaffe gebunden werden können, wie ihnen Luftwaffenexpertise vermittelt und auf Stand gehalten wird, ohne die ein »joint«-Einsatz ja keinen Sinn machen kann, und wie sie in das Team Luftwaffe integriert werden können, sind noch zu entwickeln. Wenn das nicht gelingt, haben wir tatsächlich eines Tages den »Uniformträger Luftwaffe«.

Die Teilung überwinden

Erfahrungen eines Offiziers mit der deutschen Einheit

Norbert Straka

Vor der Wende

Von 1975 bis 1980 absolvierte ich in Moskau ein universitäres Studium der Luft- und Raumfahrttechnik an der sowjetischen Militärakademie der Luftstreitkräfte für Ingenieure mit dem Namen »Shukowski«. Nach erfolgreichem Abschluß kehrte ich im Juli 1980 nach Deutschland zurück. Es folgten verantwortungsvolle Truppenverwendungen in verschiedenen Verbänden. Neu war für mich eine Verwendung bei den Hubschrauberkräften, wovon ich erst im letzten halben Jahr vor Abschluß des Studiums erfuhr.

In den folgenden Jahren war ich wesentlich an der Aufstellung eines Hubschrauberverbandes in Brandenburg-Briest beteiligt, der dann, nach seiner Verlegung und Stationierung in Cottbus, an die Landstreitkräfte übergeben wurde. 1986 begann ich meine Tätigkeit im Kommando Luftstreitkräfte/Luftverteidigung. Im Fliegeringenieurdienst war ich als Oberoffizier Zelle verantwortlich für alle in der NVA genutzten Hubschraubermuster im Sinne eines Materialverantwortlichen, mit Ausnahme der Mi-14 der Volksmarine.

Diese Zeit war gekennzeichnet von knapper werdenden Haushaltsmitteln. Sparsames Wirtschaften war tägliche Herausforderung. Als Beispiel ist die Umstellung der betriebszeitabhängigen auf die kalenderzeitabhängige Wartung der Luftfahrzeuge zu nennen. Hier wurde Grundsatzarbeit geleistet, Arbeitsaufwand spürbar minimiert und die Planbarkeit grundlegend verbessert. Die Umsetzung erfolgte ohne negativen Einfluß auf die Flugsicherheit!

Wendezeit

Nachdem die Parlamente die Wiedervereinigung, d.h. den Beitritt der DDR zur Bundesrepublik Deutschland, beschlossen hatten, gab es eine Fülle offener Fragen. Welche Luftfahrzeugmuster würden eine Chance haben, in der Bundeswehr weiter genutzt werden? Mich beschäftigte natürlich vor allem die Situation bei Transportflugzeugen und Transporthubschraubern.

Erste Kontakte

Ende August 1990 bekamen wir Besuch aus dem »Westen«. Eine Expertengruppe aus dem Verteidigungsministerium und verschiedenen Dienststellen hatte sich angekündigt. Sie sollte prüfen, ob mit dem Zeitpunkt des Beitritts der SAR-Dienst im Beitrittsgebiet durch ehemalige Angehörige der NVA mit deren Hubschraubern und Flugzeugen durchgeführt werden könne. Eine schwierige Frage, da mit dem Beitritt die Gesetze der ehemaligen DDR keine Gültigkeit mehr hatten.

Für uns war es darüber hinaus wichtig, die Luftrettung aufrechtzuerhalten, die mit dem Hubschrauber Mi-2, vereinzelt Mi-8, durchgeführt wurde. Diese war der Bevölkerung vertraut. Wir hatten sie ab Ende 1989, in Anlehnung an die Luftrettung in den Alten Ländern, lückenlos aufgebaut und damit dem gestiegenen Verkehrsaufkommen auf Ostdeutschlands Straßen nach der Wende Rechnung getragen. Unfallopfern konnte schnell ärztliche Hilfe zuteil werden, manchmal konnten sogar Leben gerettet werden.

Für die Prüfung der Bedingungen zur Weiterführung der Luftrettung im Beitrittsgebiet hatte die Expertengruppe jedoch leider keinen Auftrag. In zähen Verhandlungen versuchten wir, die Bedeutung der Luftrettung für die Menschen in der ehemaligen DDR herauszuarbeiten. Kein Bürger hätte verstanden, weshalb mit dem Beitritt die Retter aus der Luft nicht mehr am Himmel erscheinen sollten. Die Bundeswehr hätte dadurch an Ansehen verloren. Erst in letzter Minute vor der Abreise erklärte man sich bereit, die Unterlagen für die Mi-2 mit nach Bonn zu nehmen.

Das Ergebnis war für mich überwältigend. Gegenüber der Expertenkommission hatten wir nachweisen können, daß die Verfahren der Zulassung und Nutzung von Luftfahrzeugen im Osten den Forderungen des bundesdeutschen Luftfahrtgesetzes gerecht wurden. Die Musterprüfstelle Luftfahrzeuge des BWB erteilte für die Mi-8 und die Mi-2 vorläufige Musterzulassungen. In diesen wurde festgelegt, daß die Transporthubschrauber betrieben werden dürfen, wenn die in den Luftstreitkräften der NVA gültigen Materialerhaltungs- und Betriebsvorschriften Anwendung finden. Diese Entscheidung erfüllte mich mit Stolz. Sie machte den Weg frei für einen verzugslosen Weiterbetrieb. Die Welt hatte sich über Nacht geändert und war doch gleich geblieben.

Als Angehöriger des Fliegeringenieurdienstes trug ich persönlich Verantwortung für die fachliche Richtigkeit der betroffenen Vorschriften. Bei der Umstellung auf kalenderzeitabhängige Wartung hatte ich selbst einige davon gerade erst neu erstellt. Die damaligen Verhandlungen ließen in mir die Erkenntnis reifen, daß unser Denken und Handeln als in der Luftfahrt tätige Ingenieure in der Sache in Ost und West zu vergleichbaren Lösungen geführt hatte. Die politischen Systeme hatten dies nicht verhindert. Unterschiede gab es allenfalls in Terminologie- oder Formfragen, nicht in den Grundsätzen oder Inhalten.

Mi-8 in SAR-Version beim Training

Kommandobehörden Ost

Der »Aufstellungsstab Kommando 5. Luftwaffendivision« war ab Oktober 1990 die neue Kommandobehörde für die ostdeutschen Luftstreitkräfte geworden. Bis zum Dienstgrad Oberst wurden alle Angehörigen des alten (ostdeutschen) Kommandostabes als »Weiterverwender« übernommen. Die Erfahrungen mit der Expertengruppe bei Übernahme des SAR-Dienstes und das dort erzielte Ergebnis ließen in mir die Hoffnung reifen, daß der Beschluß der beiden Parlamente zur Wiedervereinigung mit Leben erfüllt werden würde. Und an dieser Aufgabe, für die es kein fertiges Rezept gab, wollte ich mitwirken. Deshalb ging ich damals in den Status eines Weiterverwenders.

Als oberste Kommandobehörde für das Beitrittsgebiet wurde das Bundeswehrkommando Ost in Dienst gestellt. Es sollte innerhalb von sechs Monaten die Streitkräfte im Osten so umgestalten, daß die verbleibenden Anteile in dauerhafte Strukturen überführt werden konnten. Ich wurde in dieses Kommando kommandiert und wirkte beim G 4 an der Vorbereitung vieler Entscheidungen mit.

Die Arbeit in beiden Kommandobehörden habe ich in positiver Erinnerung. Es entwickelte sich schnell eine vertrauensvolle Atmosphäre. Berührungsängste auf beiden Seiten wurden abgebaut, auch wenn der Prozeß immer wieder durch plötzliche Entlassungen belastet wurde. Wir standen unter enormem Zeitdruck, denn es galt rasch zu entscheiden, welche Luftfahrzeuge in welchem Umfang weiter genutzt werden sollten. Dabei wurden drei vorläufige Kategorien unterschieden: keine Nutzung (Jagdflugzeuge und Jagdbomber), befristeter Betrieb (Hubschrauber und Transportluftfahrzeuge) und Übernahme in die Bundeswehr (MiG-29, Airbus A310, einige Mi-8S und L-410). Im Vorgriff auf weitere Untersuchungen wurde nach dieser Kategorisierung verfahren. In Arbeitsgruppen wurden später die Luftfahrzeugmuster für die Entscheidung des BMVg umfassend bewertet.

Nach der Kategorisierung hatte die Truppe klare Vorgaben. Den Angehörigen der Hubschrauber- und Transportfliegerverbände gebührt Dank und Anerkennung. Wohl wissend, daß der Weiterbetrieb befristet sein würde, haben sie, bei ständig abnehmendem Personalumfang, viele hundert Flugstunden mit hoher Flugsicherheit produziert. Dadurch konnten die Betriebsstunden der in der DDR beschafften Hubschrauber und Transportluftfahrzeuge umfassend genutzt werden.

Probezeit als Zeitsoldat und Sicherheitsüberprüfungen

Die erste Überraschung für viele Kameraden, die Weiterverwender geworden waren, kam gleich in den ersten Tagen nach dem Beitritt. Der Vergleich der Laufzeiten zur Beförderung zwischen Ost und West führte dazu, daß viele Kameraden im Dienstgrad herabgesetzt wurden.

Für eine längerfristige Übernahme in die Bundeswehr mußte man zunächst auf zwei Jahre befristet Zeitsoldat (SaZ 2) werden. Mit meiner Übernahme im Februar 1991 wurde auch ich im Dienstgrad vom Oberstleutnant zum Major herabgestuft. Dafür habe ich bis heute keine nachvollziehbare Erklärung gefunden. Meine Beförderung zum Oberstleutnant in der NVA war bereits im Oktober 1984 erfolgt.

In der Zeit als SaZ 2 wurden die Sicherheitsüberprüfungen durchgeführt. Diese waren: Abfrage bei der Gauck-Behörde, Befragung durch den MAD und abschließend Überprüfung durch den Unabhängigen Ausschuß, der speziell eingerichtet worden war. Tief in Erinnerung ist mir die Befragung durch den MAD. Für mich als Stabsoffizier war es völlig unvorstellbar, durch einen Unteroffizier mit Portepee, unterstützt durch einen Leutnant, vernommen zu werden. Auch die Art der Vernehmung erschien mir merkwürdig. So etwas war mir bis dahin noch nicht widerfahren. Ich trug mich ernsthaft mit dem Gedanken, den Dienst in der Bundeswehr zu quittieren. Gespräche mit Kameraden aus den alten Bundesländern halfen mir, den »Schock« zu überwinden.

Grundsätzlich war der Weg über den SaZ 2 vernünftig. Die Sicherheitsüberprüfungen konnten vollständig durchgeführt werden. Es war ausreichend Zeit vorhanden, die »Neuen« kennen zu lernen. In dieser Zeit wurden auch die ersten Beurteilungen erstellt.

Mit Abschluß der Überprüfungen wurde entschieden, wer in welche Laufbahngruppe übernommen wurde. Das war abhängig vom Bedarf in den einzelnen Jahr-

NVA-Soldaten im Ludger-Hölker-Saal an der Offizierschule

gängen. Nicht selten wurden Angebote unterbreitet, in einer niedrigeren Laufbahngruppe übernommen zu werden. Darüber gab es bei uns manche Diskussion. Mein Standpunkt: Das mußte jeder Betroffene mit sich selbst ausmachen.

Übernahme zum Berufssoldaten und Versetzung in den Westen

Nach Ausbildung und Abschluß aller Überprüfungen wurde ich als Berufssoldat in die Laufbahn der Offiziere des Truppendienstes übernommen. Im Herbst 1993 versetzte man mich nach Kalkar an den Niederrhein. Gleichzeitig wurde ich das zweite Mal in meinem Leben zum Oberstleutnant befördert. Es folgten für mich sehr interessante Jahre. Neben der Zuständigkeit für die Materialerhaltung von Luftfahrzeugen hatte mein Sachgebiet A 4b im Luftwaffenkommando Nord die logistischen Planungen aller Verlegungen fliegender Verbände auf den nordamerikanischen Kontinent zu koordinieren. Das war eine echte Herausforderung, die den Beteiligten viel abverlangte, aber auch viel Freude gemacht hat.

In den ersten Jahren wurden die Beurteilungen der aus dem Osten übernommenen Soldaten gesondert betrachtet. Erst nach Vorlage von drei vollwertigen Beurteilungen in der Bundeswehr erfolgte die gemeinsame Betrachtung im Jahrgang. Aufgrund meines fortgeschrittenen Alters führte dies in meinem Fall dazu, daß mir zwar die Fähigkeit bescheinigt wurde, die Aufgaben eines Kommandeurs B zu übernehmen. Da aber in meinem Jahrgang die A 15-Quote schon erreicht war, rückte die Chance auf einen Kommandeursdienstposten in weite Ferne. Doch Anfang 2000 eröffnete mir mein Disziplinarvorgesetzter, daß ich Kommandeur Technische Gruppe beim Jagdgeschwader 71 »Richthofen« werden sollte. Ich freute mich riesig über das in mich gesetzte Vertrauen und auf diese Aufgabe.

Dreieinhalb Jahre später fiel der Kandidat für die Nachbesetzung des Kommandeurs Technische Gruppe beim Fliegerischen Ausbildungszentrum der Luftwaffe in Holloman AFB, New Mexico, aus. Ich signalisierte, daß ich kurzfristig zur Verfügung stünde, kam in die nähere Auswahl und bekam den Zuschlag. Ich empfand dies als weitere Würdigung meiner in 13 Jahren Bundeswehr erbrachten Leistungen.

Abschließend möchte ich hervorheben, daß ich vom ersten Tag an immer Kameradschaft und faires Miteinander erlebt habe. Wir sind offen aufeinander zugegangen und haben sachlich und fachlich begründete Entscheidungen herbeigeführt. Ich blicke dankbar auf das Vertrauen und die Fürsorge zurück, die ich in der Luftwaffe erfahren habe.

Mein Weg zur Mir
Bemannte Raumfahrt

Thomas Reiter

Jagdbombergeschwader 43, Herbst 1986. Gerade war ich vom zweiten Flug an diesem Tag mit meinem Kameraden, mit dem ich in Zweierformation eine Luftnahunterstützungsmission durchgeführt hatte, in die erste Staffel zurückgekehrt. Nach dem Debriefing sollte ich mich sofort beim Kommandeur melden, wie mir unser Einsatzoffizier mitteilte.

Die Frage, die mir dort gestellt wurde, versetzte mich in maßloses Staunen: »Reiter, wollen Sie Astronaut werden?« Sollte tatsächlich die Chance bestehen, viele hundert Kilometer höher in einem ungewohnten Fluggerät außerhalb der Atmosphäre zu fliegen, um einmal aus dem Weltraum auf unsere Erde blicken zu können? Die Antwort kam spontan: »Ja.« Solch eine phantastische Möglichkeit wollte ich gerne wahrnehmen.

Bereits in meiner Kindheit hatte ich davon geträumt, vielleicht einmal in den Weltraum zu fliegen. Mit elf Jahren verfolgte ich gebannt die erste Mondlandung

Astronautentraining

im Fernsehen. Nie hätte ich damit gerechnet, daß mir der Beruf als Offizier in der Luftwaffe eine solche Gelegenheit bieten würde. Nun bot sie sich. Allerdings war der Weg in den Erdorbit noch sehr weit!

Bis zur Nominierung bei der europäischen Raumfahrtagentur ESA sollten noch fast sechs Jahre vergehen, in denen ich – nach Abschluß des nationalen Auswahlverfahrens – meine militärische Laufbahn fortsetzte. Bereits während des Studiums der Luft- und Raumfahrttechnik an der Universität der Bundeswehr in Neubiberg wollte ich Theorie und Praxis im Rahmen einer Verwendung als Testpilot verbinden. Diesen Weg schlug ich Ende 1990 dann auch ein.

Schon hatte ich befürchtet, daß sich die Auswahl bei der ESA im Sande verlaufen hatte, als ich 1991 die Einladung zur Teilnahme an der nächsten Auswahlrunde auf europäischer Ebene erhielt. Im Mai 1992, während meiner Ausbildung an der »Empire Test Pilot School« im englischen Boscombe-Down, bekam ich von der ESA die erfreuliche Nachricht: Zusammen mit fünf weiteren Kandidaten war ich für das europäische Astronautenkorps nominiert worden.

Das Astronauten-Training begann schließlich nach Abschluß der Testpilotenschule im Januar 1993. Zwei meiner ESA-Kollegen hatten bereits im Vorjahr das Training bei der NASA für Missionen an Bord des amerikanischen Space-Shuttle begonnen. Zusammen mit den verbleibenden drei Kollegen startete die Ausbildung zunächst am europäischen Astronautenzentrum EAC in Köln-Wahn.

Neben der Wiederholung von Themen aus Luft- und Raumfahrttechnik lag der Schwerpunkt auf dem Erlernen der russischen Sprache. Denn wir hatten erfahren, daß wir uns auf zwei Missionen an Bord der russischen Raumstation Mir vorbereiten sollten: eine 30tägige Mission im Jahr 1994 und eine viereinhalbmonatige Mission 1995.

Noch bevor wir Ende des Sommers 1993 mit unseren Familien ins russische Kosmonautenausbildungszentrum im sogenannten »Sternenstädtchen« Звёздный Городок bei Moskau umzogen, wurden mein schwedischer Kollege Christer Fuglesang und ich für die Langzeitmission 1995 nominiert. Wer von uns beiden dann tatsächlich die Mission durchführen würde, sollte allerdings erst ein halbes Jahr vor dem Start bestimmt werden.

Die folgenden zwei Jahre bestanden aus intensivem Training: dem Erlernen der russischen Sprache, dem Umgang mit den Bordsystemen der Sojus-Kapsel, die uns als Transportvehikel zur Mir-Station und zurück zur Erde diente, der Bedienung und Wartung der Mir-Bordsysteme und schließlich dem Umgang mit den zahlreichen wissenschaftlichen Experimenten, die an Bord durchzuführen waren.

Mit großer Erleichterung erfuhr ich schließlich im Frühjahr 1995, daß ich den Flug durchführen sollte. Christer und ich hatten bereits lange vorher vereinbart, die Entscheidung – egal zu wessen Gunsten sie ausfallen sollte – gemeinsam zu feiern. Während der gesamten Ausbildung hatten wir uns sehr gut verstanden und immer gegenseitig unterstützt, obgleich wir miteinander in Konkurrenz standen. Dennoch war uns klar, daß solch eine Mission beste Zusammenarbeit erfordert. Abgesehen davon bestand natürlich für Christer die Möglichkeit, zu einem späteren Zeitpunkt eine Mission durchzuführen.

Nach zweieinhalb Jahren Ausbildung stand ich nun am 3. September 1995 zusammen mit meinem Kommandanten, Juri Gidzenko, und meinem ersten Bordingenieur, Sergej Avdejev, in Baikonur vor der 50 Meter hohen Sojus-Rakete. Noch konnte ich kaum glauben, daß wir tatsächlich in Kürze an der in einer Höhe von 400 Kilometern fliegenden Raumstation andocken würden – und dies sogar länger als ursprünglich geplant. Denn kurz zuvor hatten wir erfahren, daß sich die Mission möglicherweise wegen Verzögerungen in der Produktion von Sojus-Trägerraketen um sechs Wochen auf knapp ein halbes Jahr verlängern würde, was sich nach unserer Ankunft in der Station auch bestätigte.

Der neunminütige Flug, der uns von der Erdoberfläche zunächst in eine Höhe von 200 Kilometern und auf eine Geschwindigkeit von ca. 28.000 km/h katapultierte, stellte zweifellos den ersten Höhepunkt dieser Mission dar. Die Beschleunigung in einem Jet bei angewähltem Nachbrenner war mir nur zu gut bekannt – all das ließ sich aber nicht mit dem Gefühl beim Start einer Rakete vergleichen.

Zwei Tage später legten wir an der Mir-Station an und begannen mit den geplanten Tätigkeiten. Neben der Wartung und Instandhaltung aller Bordsysteme machte die wissenschaftliche Arbeit großen Spaß. Insgesamt führten wir 40 Experimente aus den Bereichen Medizin, Materialwissenschaften, Technologie und Astrophysik durch. Der Besuch des amerikanischen Shuttles Atlantis für drei Tage war eine angenehme Unterbrechung des »All«tags.

Weitere Höhepunkte stellten die zwei Außenbordeinsätze dar, bei denen ich zusammen mit jeweils einem meiner russischen Kollegen »ins Freie« durfte, um astrophysikalische Sensoren zu installieren. Trotz allen Verständnisses für die komplexe Technik, die Menschen das Arbeiten im freien Weltraum ermöglichte, waren die Eindrücke während der Außenbordeinsätze so überwältigend, daß es mir auch heute noch schwerfällt, diese Gefühle in Worte zu fassen.

Die Erde alle 90 Minuten einmal zu umrunden und dabei mit eigenen Augen ganze Kontinente zu überblicken, hinterließ Eindrücke und Gefühle, die mich ein Leben lang begleiten werden. So wunderschön sich unsere Erde einerseits aus 400 Kilometern Höhe darstellte, so verwundbar erschien sie andererseits. Diese dünne Atmosphäre, die unseren Planeten umgibt und die sich gegen den Horizont betrachtet in einer faszinierenden Vielfalt von Blautönen darstellt, erschien ausgesprochen verletzlich.

Trotz der Verlängerung der Missionsdauer von 135 auf 179 Tage verging die Zeit »wie im Fluge«, ohne auch nur eine Sekunde von Langeweile. Dennoch waren das tägliche Leben und die Arbeit an Bord trotz der Schwerelosigkeit alles andere als einfach: die Enge, der permanente Zeitdruck, der unvorhersehbare Ausfall von Bordsystemen – all das forderte unsere permanente Aufmerksamkeit, Zusammenarbeit und Motivation. Und natürlich freuten wir uns nach einem halben Jahr in dieser außergewöhnlichen Umgebung auf die Rückkehr in unseren »natürlichen Lebensraum«, zu unseren Familien, Freunden und Kollegen.

Nach dem Abdocken von der Station dauerte es nur dreieinhalb Stunden, bis wir in der kasachischen Steppe »aufschlugen«. Nach weiteren sechs Stunden waren wir zurück im »Sternenstädtchen«, wo man uns einen überwältigenden Empfang bereitete. Die Rückgewöhnung an die Schwerkraft war allerdings alles andere als ein Vergnügen – insbesondere das Gleichgewichtssystem machte nach sechs Monaten Schwerelosigkeit etliche Schwierigkeiten. Es dauerte Tage, bis wir uns wieder als »normale« Erdenbürger fühlten. Gleichzeitig waren wir stolz auf die Arbeit, die wir an Bord der Station für Wissenschaft und Forschung geleistet hatten.

Auch wenn ich heute – zehn Jahre nach der Landung – von meiner Mission Euromir 95 berichte, habe ich das Gefühl, all die beeindruckenden und bewegenden Erlebnisse seien erst gestern passiert. Ich bin dankbar, daß ich – ebenso wie mein Kamerad Klaus Flade im Rahmen der Mission Mir 92 – diese außergewöhnliche Aufgabe ausführen durfte.

Zweifellos unterscheidet sich die Aufgabenstellung in der bemannten Raumfahrt grundsätzlich von der unserer Bundeswehr. Dennoch habe ich sowohl während der zweieinhalbjährigen Ausbildung als auch im Laufe der Mission immer wieder Parallelen zu meinem Dienst als Offizier in der Luftwaffe entdecken können. Ich weiß, daß viele meiner Kameraden diese Aufgabe mindestens genauso gut hätten bewältigen können –

Raumfahrt heißt nicht nur Abenteuer, sondern intensive wissenschaftliche Vorbereitung

nicht nur aufgrund ihrer technischen Fähigkeiten und Fertigkeiten, sondern vor allem wegen ihrer Einstellung, schwierigen Herausforderungen nicht auszuweichen, persönliche Härten in Kauf zu nehmen, das Ziel nicht aus den Augen zu verlieren und trotz all der kleinen Erfolge und Mißerfolge Mensch zu bleiben.

Ich bin stolz darauf, als Offizier der Luftwaffe einen Beitrag zur bemannten Raumfahrt in der europäischen Raumfahrtagentur ESA geleistet zu haben, und hoffe, daß mir in Zukunft noch weitere Kameradinnen und Kameraden auf diesem Wege folgen werden.

Die neue Normalität

Frauen in der Luftwaffe

Gerhard Schulz und Verena von Weymarn

Historie

Im 50. Jubiläumsjahr der Luftwaffe dienen ca. 2.400 Frauen im Status Soldat in der Luftwaffe. Diese Soldatinnen stehen in allen Dienstteilbereichen »ihre Frau« und sind dort mit 6,5 Prozent aller Berufs- und Zeitsoldaten repräsentiert.

Frauen in der Bundeswehr gibt es bereits seit 1975. Vor über 30 Jahren konnten sich erstmals Ärztinnen, Zahn- und Tierärztinnen sowie Apothekerinnen freiwillig zum waffenlosen Dienst als Sanitätsoffiziere verpflichten. 1989 folgten schließlich die ersten weiblichen Sanitätsoffizieranwärter, ehe 1991 auch die Laufbahngruppen der Unteroffiziere und Mannschaften im Sanitäts- und Militärmusikdienst für den freiwilligen Dienst von Frauen geöffnet wurden.

Seit 1991 leisten weibliche Offiziere und Offizieranwärter des militärfachlichen Dienstes (Sanitäts- und Musikdienst) in der Bundeswehr ihren Beitrag zur Erfüllung des Auftrages, und seit 1992 fördert die Bundeswehr Spitzensportlerinnen. Gemäß Artikel 12a des Grundgesetzes beschränkte sich der Dienst an der Waffe auf die Selbstverteidigung, da Frauen im Rahmen bewaffneter Konflikte von der Mitwirkung an militärischen Kampfhandlungen ausgeschlossen waren.

Mit der Entscheidung des Europäischen Gerichtshofes vom 11. Januar 2000 und der daraus resultierenden Änderung des Grundgesetzes wurde die Öffnung aller militärischen Laufbahnen für den freiwilligen Dienst von Frauen in Streitkräften zum 2. Januar 2001 umgesetzt.

Seit diesem Zeitpunkt machen Frauen auch verstärkt von der Möglichkeit Gebrauch, je nach dem zuvor erworbenen Ausbildungsstand, mit höherem Dienstgrad in die Luftwaffe einzutreten. Abhängig vom abgeschlossenem Universitäts- oder Fachhochschulstudium ist die Einstellung im Dienstgrad Hauptmann oder nach dem zweiten Staatsexamen, z.B. als Juristin, sogar im Range eines Majors möglich.

Frauen im alltäglichen Dienst

Damit begann auch für die Luftwaffe ein neues Zeitalter. Es galt, Frauen in den Streitkräften nicht mehr als Besonderheit in der gesellschaftlich gesehen »typisch weiblichen« Verwendung als Ärztin oder Sanitäterin, sondern als Normalfall im Kombattantenstatus zu definieren, zu verstehen und wahrzunehmen. Die anfänglich sehr akademisch und mancherorts hölzern anmutenden Bemühungen bei der Vorbereitung auf die Öffnung aller Bereiche der Streitkräfte für Frauen offenbarten unterschwellige, aber teilweise auch of-

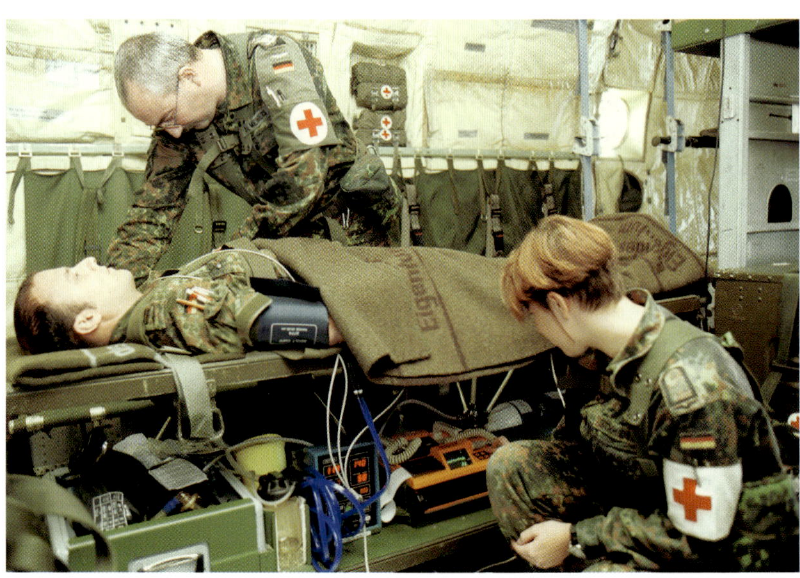

Medizinische Betreuung in einer Transall

fene Befürchtungen, die für etliche Überlegungen Pate standen. Es erforderte ohne Frage in allen Dienstteilbereichen der Luftwaffe auch ein mentales Umdenken, das nicht ohne Ressentiments ablief. Für viele männlichen Soldaten waren, abgesehen von den Amazonen der griechischen Mythologie, Frauen als Kämpferinnen nicht vorstellbar. So mußte es auch in der Natur der Sache liegen, daß sich die Soldaten – und hier insbesondere die »alten Hasen« – erst an weibliche Kommandos gewöhnen mußten. Und sie hatten sich mit verschiedenartigsten, ihrer Ansicht nach »weiblicher« Logik folgenden Lösungsansätzen auseinanderzusetzen, die auf anderem Wege zum Erfolg bzw. zum gewünschten militärischen Ergebnis führten.

Der Lernprozeß auf allen Seiten ist nicht abgeschlossen; die Akzeptanz gegenüber Frauen in den Streitkräften, insbesondere in der Luftwaffe, ist jedoch auf einem guten Wege. Denn es bewähren sich die Luftwaffensoldatinnen seit einigen Jahren nicht nur im normalen Alltagsdienst vor Ort, sondern darüber hinaus auch im Rahmen der Auslandseinsätze.

Dabei haben die Frauen in der Luftwaffe gezeigt, daß sie ihren männlichen Kameraden in Motivation und Engagement, Leistungsbereitschaft, Eignung und Befähigung sowie dem Ergreifen zielgerichteter Initiative in nichts nachstehen. Sie zeigen zum Teil ein weit überdurchschnittliches Berufsverständnis und unterstreichen ihren Einsatzwillen sowie ihre Belastbarkeit durch Spitzenleistungen.

Mit der Integration der Frauen in den zuvor genuin männlich definierten Lebensraum Militär gelang der Bundeswehr trotz aller anfänglicher Bedenken und Reibungsverluste ein wesentlicher gesellschaftspolitischer Schritt.

Frauen in der Ausbildung

Warum gehen Frauen zur Bundeswehr? Warum wollen sie Offizier oder Unteroffizier werden? Dies sind dann auch Fragen, mit denen sich Frauen des öfteren im militärischen Alltag konfrontiert sehen. »Soldat sein ist kein Beruf, es ist vielmehr eine Berufung, die volle Einsatzbereitschaft, Leistungswillen und Charakter voraussetzt«, sagt dazu die Hauptgefreite OA Spaltmann, die sich in der Ausbildung zum Offizier befindet. »Der Anspruch, sich mit ganzem Willen und aller Kraft für das Richtige, die Verteidigung der freiheitlichen demokratischen Grundordnung, zu engagieren, ist für die meisten von uns ausschlaggebend, Offizier bei der Bundeswehr werden zu wollen.« Auch die Erwartungshaltung hinsichtlich der Menschenführung, Übernahme von Verantwortung und das Erfüllen des Auftrages in einem motivierten und zukunftsorientierten Team unterstützen die Entscheidung.

Die gesamte zu durchlaufende Ausbildung zum Offizier, wie zum Beispiel der Einsatz im Truppenpraktikum und die damit verbundene Führungsverantwortung und der Ausbildungsabschnitt »Überleben Land«, fordern gleichermaßen auch von den Frauen Willensstärke, Leistungsbereitschaft, Teamfähigkeit und Selbstdisziplin. Besonders die körperlich anspruchsvollen Ausbildungsvorhaben bringen sie, wie ihre männlichen Kameraden auch, immer wieder an ihre

Teil der Gefechtsausbildung – das Überlebenstraining

Grenzen, deren Überwindung eine besondere Erfahrung darstellt. Das in der Ausbildung Erlebte verdeutlicht, daß Frauen ihre physischen Nachteile häufig auf der psychischen Ebene kompensieren können und ebenso qualifizierte wie auch kompetente Soldaten sind. »Ich bin davon überzeugt, daß unsere Akzeptanz in der Luftwaffe in direktem Zusammenhang mit unserer Leistungsbereitschaft, dem Engagement und entsprechendem Verhalten steht. Die meisten Soldatinnen sehen es als ihre Aufgabe an, das bisher erarbeitete positive Bild, in der Ausbildung oder wo auch immer eingesetzt, zu erhalten und zu fördern«, meint die Obergefreite OA Drossel, ebenfalls Lehrgangsteilnehmerin an der Offizierschule der Luftwaffe.

Die Anforderungen, welche die Luftwaffe an die weiblichen »Staatsbürger in Uniform« stellt, sind anspruchsvoll. Auch die Frauen erleben täglich, daß das »Team Luftwaffe« für angehende Offiziere ein attraktives Berufsfeld ist, in dem sich jede Frau mit der entsprechenden Motivation und Einstellung integrieren kann. Deshalb ist es konsequent, wenn die Hauptgefreite OA Spaltmann feststellt: »Insbesondere als Offizieranwärterinnen wollen wir Frauen natürlich unser Denken und Handeln an den soldatischen Pflichten orientieren: Wir sind bereit, Verantwortung zu übernehmen – immer gemäß dem Motto unserer Schule: ›Ich will!‹«

Frauen im Einsatz

Daß Frauen als Soldaten der Luftwaffe auch im Einsatz bereits einen bedeutenden Beitrag leisten, beweist Patricia Woidich.

»Wenn unsere Soldaten in den Einsatz müssen, dann will ich das auch! Schließlich bin ich auch Bundeswehrangehörige!« 2003 erfuhr die Regierungsobersekretärin Patricia Woidich, die als Rechnungsführerin an der Offizierschule der Luftwaffe tätig ist, aus dem Intranet der Bundeswehr von der Möglichkeit, daß auch ungediente Beamte der Bundeswehr als Soldaten im Rahmen von Wehrübungen in den Einsatz gehen können. »Von da an war es für mich ein klarer Entschluß: Da mache ich mit! Egal wo!«

Frau Oberfeldwebel (vorläufiger Dienstgrad) Woidich leistete vom 4. Februar bis zum 15. Mai 2004 als Rechnungsführerin und Zahlstellenverwalterin Dienst bei der Operation »Enduring Freedom« am Horn von Afrika in Dschibuti. Das Tragen der Flecktarn-Uniform weit weg von zuhause empfand sie als eine persönliche Herausforderung.

Am meisten beeindruckt hat Oberfeldwebel Woidich das freundliche, entgegenkommende Verhalten der Bevölkerung: »Ich hätte nicht gedacht, daß die Einheimischen uns so vorbehaltlos akzeptieren würden.«

Darüber hinaus fand sie die internationale freundschaftliche Zusammenarbeit zwischen Amerikanern, Franzosen und Deutschen bemerkenswert. Es entwickelten sich Freundschaften, die auch heute noch halten.

Ruhepause im Einsatz

Eine Herausforderung stellten die klimatischen Verhältnisse dar, die über die Dauer des Einsatzes auch von der Frau körperliche Fitness abverlangten. Probleme mit den männlichen Kameraden gab es nicht: Weibliche Soldaten im Einsatzland sind mittlerweile eher der Normalfall als die Ausnahme, sie gehören dazu.

Die gebürtige Augsburgerin Woidich, die seit 1997 Bundeswehrangehörige ist, sagt heute: »Wenn sich die Gelegenheit ergibt und Not am Mann ist, gehe ich jederzeit wieder in den Einsatz und ziehe gern wieder die Uniform an.«

Frauen machen Karriere

Für Frauen stellt die Luftwaffe ein neues Berufsbild mit vielseitigen Perspektiven dar, die aber erst im Laufe ihrer Dienstzeit in allen Facetten deutlich zu erkennen sind. Und natürlich mangelt es auch heute noch an Erfahrungen von Vorgängerinnen. Für viele Frauen bedeu-

Generalarzt Dr. Verena von Weymarn – erste Frau der Bundeswehr im Generalsrang

tet dies, sich auf Informationen und Versprechungen zu verlassen sowie einem gewissen Instinkt für Machbares und der Neugier für neue Berufschancen zu folgen.

So begann die Karriere bei der Luftwaffe für Frau Generalarzt a. D. Dr. Verena von Weymarn zuerst einmal ganz unspektakulär mit einem Zeitungsbericht über die ersten Ärztinnen als Soldaten im Oktober 1975. Dieser überzeugte sie und brachte sie dazu, in die Luftwaffe einzutreten. Sie hat diesen Schritt nie bereut.

»Alle diese Unwägbarkeiten sind nicht enttäuscht worden, weil zuverlässige Vorgesetzte, faire Kameraden und sehr reizvolle Aufgaben meinen Weg begleitet haben. Diese Luftwaffe hat mich geformt und mir eine militärische Heimat gegeben«, so die mittlerweile pensionierte Generalärztin.

»Was kann mehr prägen und Zufriedenheit bewirken als übertragene Aufgaben, die Selbständigkeit, Verantwortung und Führung verlangen?« Verena von Weymarn hatte verschiedene, attraktive und fordernde Truppenführungsverwendungen inne: Sie war Staffelchef, Divisionsarzt, zweimal Chefarzt von Bundeswehr-Krankenhäusern und Generalarzt der Luftwaffe. Dr. von Weymarn dazu: »Mein Beruf verlangte von mir die spannende Mischung aus menschlicher und militärischer Führung, fachlichem Fundus, Mut zu Entscheidungen und viel Freude am Alltag.«

Die internationale Dimension der Militärmedizin erfuhr für die erste deutsche Frau im Generalsrang fachlich und militärisch eine Abrundung durch halbjährige Aufenthalte in den USA und Rom. Die sich ständig ändernden Rahmenbedingungen in fast 30 Jahren Dienstzeit forderten stets Flexibilität, Lust auf Neues, Vertrauen in Menschen und die Überzeugung, daß für die richtigen Ziele gearbeitet wurde. Das Fazit von Generalarzt Dr. von Weymarn lautet:

»Ich danke der Luftwaffe und dem Sanitätsdienst, daß mir eine Chance gegeben wurde.«

Wir stellen uns der Herausforderung
Die Luftwaffe der Zukunft

Martin Schubert

Wie wird die Luftwaffe der Zukunft ausgerüstet sein? Welche Aufgaben wird sie zu erfüllen haben, und wie wird sie dazu organisiert sein? Wo werden wir stehen in der nahen wie auch fernen Zukunft?

Die Luftwaffe im Streitkräfteverbund

Die Gegenwart lehrt uns, daß multinationale Zusammenarbeit immer mehr in den Vordergrund rückt. Wie müssen wir uns die Luftwaffe in Hinsicht auf den Streitkräfteverbund vorstellen?

Wir gehen davon aus, daß die Luftwaffe langfristig nicht mehr als nationale Teilstreitkraft existieren wird, sondern sich eine europäische Luftwaffe herausbildet, in der die Luftstreitkräfte aller Nationen der Europäischen Union zusammengefaßt und auch geführt werden. Europa wird künftig noch mehr Verantwortung in der Weltpolitik übernehmen und demzufolge auch einen größeren Beitrag zur internationalen Konfliktverhütung und Krisenbewältigung leisten. Das schließt ein, daß sich auch die Aufgaben für die Luftwaffe verändern werden. Zum Beispiel ist vorstellbar, daß die Luftwaffe, eingebunden in streitkräftegemeinsame und multinationale Strukturen, im gesamten Raum Nahost tätig werden könnte. Wir werden dann Aufträge im Rahmen der Wiederaufbau- und Entwicklungshilfe vermutlich in noch größerem Umfang als zur Zeit zu übernehmen haben. Geographisch werden Einsätze im Verbund der Nationen zur Vermeidung von Eskalationen politischer Konflikte und zur Krisenbewältigung dann von Europa über den Nahen bis in den Fernen Osten sowie den gesamten afrikanischen Raum denkbar.

Es werden, so glauben wir, künftig völlig neue Aufgaben auf uns zukommen, wie z.B. die Erschließung der dritten Dimension oberhalb der Erdatmosphäre: Luftwaffe goes space! Der Weltraum wird zum Einsatzraum für Sensoren wie auch Effektoren werden müssen, um der sich wandelnden, womöglich durch große Asymmetrie gekennzeichneten Bedrohungslage begegnen zu können.

Ausrüstung

Die Ausrüstung wird sich in der Zukunft durch die ständig fortschreitende Technisierung der Streitkräfte und anhaltende Neuentwicklungen und Verbesserungen im Bereich der Technologie verändern. Mit Blick auf die Luftabwehr ist vorstellbar, daß Raketenabwehrsysteme dann so schnell sein und auf so weite Distanz wirken werden, daß sie Schutz sowohl vor bemannten als auch unbemannten Flugzeugen bieten

Raumgestützte Einsatzmittel (Skizze)

können und darüber hinaus die Abwehr von Gefechtsfeldraketen über große Entfernungen sicherstellen können. Man wird so von Europa aus auf Luftangriffe aus der ganzen Welt reagieren können. Die (Luft-)Raumüberwachung wird dann von Satelliten aus sichergestellt, die die globale Aufklärung und Interaktion ermöglichen. Denkbar sind Satelliten, die nicht nur beobachten, sondern beispielsweise auch mit Hilfe von Lasertechnik direkt auf Objekte wirken können. Es wird einen unbegrenzten Daten- und Informationsaustausch zwischen nordamerikanischen, europäischen und russischen Systemen geben, der kontinentübergreifende Entscheidungsprozesse ermöglicht und beschleunigt. Europa wird im übrigen in der Zukunft über ein eigenes satellitengestütztes Navigationssystem verfügen müssen, das feiner und präziser als das GPS ist, um von anderen Anbietern dieser Dienste unabhängig zu werden. Es wird auch dabei helfen, Flugzeuge fernzusteuern. Dies wird notwendig werden, da die Luftfahrzeuge der Zukunft vermutlich noch schneller und wendiger sein werden, und der Mensch den dadurch verursachten G-Kräften nicht mehr standhalten kann. Deshalb bedarf es einer Technik, die es ermöglicht, daß der Pilot nicht dieser Belastung ausgesetzt wird. Heute schon gibt es sogenannte Unmanned Aerial Vehicles, die ohne Besatzung ferngesteuert fliegen, nur beschränkt man sich zur Zeit noch auf sogenannte Aufklärungsdrohnen. Vorstellbar wäre, daß der Pilot der Zukunft auf der Heimatbasis an einem Computer sitzen und von dort aus sein Kampfflugzeug oder seine Transportmaschine steuern wird. Es wird sich auch im Bereich Transport vieles verändern, da aufgrund der oben angesprochenen globalen Einsetzbarkeit der Streitkräfte eine weitaus höhere Mobilität unabdingbar ist. Nicht nur, daß Transportflugzeuge ferngesteuert werden, sie werden auch wesentlich

Erweiterte Luftmacht

Arbeitsplatz der Zukunft

weitere Distanzen überwinden müssen und gleichzeitig wesentlich mehr Material und Personal mit sich führen.

Schiffe, die zur Verlegung von Truppen und Material bestimmt sind, werden schneller sein und mehr Nutzlast mit sich führen. Die Ausrüstung der Luftstreitkräfte wird dann auch mit Hilfe unserer Partnerländer außerhalb Europas weltweit so gut disloziert sein, daß eine Verlegung in ein beliebiges Einsatzgebiet wesentlich schneller als heute möglich sein wird.

Möglicherweise werden die europäischen Luftstreitkräfte in der Zukunft über eigene Flugzeugträger verfügen, um schneller am Einsatzort wirken zu können. Dadurch wird es möglich sein, innerhalb weniger Tage in jedem beliebigen Krisengebiet einsatzbereit zu sein.

Auch die Ausrüstung des Infanteristen der Luftwaffe im Objektschutz wird sich künftig verändert haben. Der Infanterist der Zukunft wird mit einer hoch technisierten Grundausstattung ausgerüstet sein, z.B. mit Nachtsichtgeräten, Navigationssystem und Schußwaffen, die Präzisionsschüsse bei jeder Wetterlage mit wenigen Zentimetern Abweichung auf größere Entfernung ermöglichen. Die Panzerfaust, deren Visiereinrichtung per Head-Up-Display dem Soldaten das Ziel zeigt, wird Geschosse abfeuern, die nicht nur auf Wärme reagieren, sondern von dem oben erwähnten europäischen Navigationssystem gesteuert ihr Ziel finden werden. Einem Truppführer wird es außerdem möglich sein, über Funk die vitalen Lebensfunktionen der einzelnen Soldaten abzufragen, um deren Einsatzbereitschaft besser beurteilen zu können. Er wird durch die Helmkameras seiner Soldaten am PC verfolgen können, was diese sehen, und Bilder auf deren Head-Up-Displays projizieren können, um ihnen die Orientierung zu erleichtern. Das gesamte System ermöglicht es ihm, seine Truppen besser zu führen und einzusetzen.

Ausbildung

Die Ausbildung wird sich in Zukunft umfassend auf vernetzte Computer abstützen. So wird ein Offizieranwärter künftig nicht mehr zum Offizierlehrgang an die Offizierschule der Luftwaffe versetzt, sondern in seiner Stammeinheit eingesetzt und erhält den größten Teil seiner Offizierausbildung am PC. Die künftige Offizierausbildung wird möglicherweise in einer Art Fernstudium durchgeführt, in dem der Lehrgangsteilnehmer selbständig lernen und die Leistungsnachweise zu den angesetzten Zeiten durchführen muß. Ein Leistungsnachweis wird nicht länger in Papierform zu erbringen und von einem Lehrer zu korrigieren sein, sondern der Test wird virtuell ablaufen und die Ergebnisse werden in einer großen zentralen Datenbank erfaßt. Die nötige allgemeinmilitärische Ausbildung, wie Geländedienste und Schulschießen, wird durch Ausbilder vor Ort angeleitet und durchgeführt. Allein die ethischen Grundlagen des Soldatenberufs, das Menschenbild und das Eintreten für die Würde des Menschen sowie das Völkerrecht werden an einer zentralen Bildungseinrichtung gelehrt.

Das A und O für eine an jedem Ort der Welt einsetzbare Luftwaffe der Zukunft wird, im Sinne der interkulturellen Kompetenz, eine umfassende und vielfältige Sprachenausbildung erfordern. Der Soldat muß nicht nur Englisch in Wort und Schrift beherrschen, sondern möglicherweise auch diejenige Sprache, die im jeweiligen Einsatzgebiet die größte Verbreitung findet, wie zum Beispiel Arabisch im nordafrikanischen Raum und im Nahen Osten. Das wird erforderlich sein, um besser mit den Menschen im Einsatz kommunizieren zu können. Englisch wird die Sprache sein, mit der wir uns innerhalb der europäischen Streitkräfte verständigen werden, da sie bereits im NATO-Rahmen als eine der beiden »Amtssprachen« neben Französisch anerkannt ist. Die Anforderungen an die Offiziere der Zukunft werden also auch weiterhin steigen.

Virtuelle Welt

Die Komplexität der Vernetzten Operationsführung (Network Centric Warfare) wird auch künftig immer mehr zunehmen. Deshalb denken wir, daß die gesamte Organisation der Streitkräfte über EDV-gestützte Medien abgebildet sein wird. Zeit- und kostenaufwendige Dienstreisen werden mehr und mehr der Vergangenheit angehören, da die Teilnahme an Besprechungen per Videotelekonferenz am eigenen Arbeitsplatzcomputer ermöglicht wird. Dies erlaubt es, weltweit diejenigen Personen hinzuzurufen, deren Anwesenheit für erforderlich erachtet wird.

Die Konsequenzen einer solchen Abhängigkeit von Netzwerken werden sich extrem auf den Bereich der IT-Sicherheit auswirken. Es wird zukünftig verstärkt darauf ankommen, unsere Netzwerke vor externen An- und Eingriffen zu schützen. Diese Notwendigkeit wird Personal von hoher Kompetenz erfordern, dessen Aufgabe es sein wird, ständig neue Systeme, Verfahren und Strategien zu entwickeln, die es einem potentiellen Gegner unmöglich machen, die eigenen Schutzsysteme zu durchbrechen. Auseinandersetzungen werden also nicht mehr länger ausschließlich zu Wasser, auf dem Land oder in der dritten Dimension stattfinden, sondern auch virtuell im Bereich der Informationsverarbeitung; eine noch nicht abschätzbare Rolle wird hier das sich rasant entwickelnde Internet einnehmen. Es muß davon ausgegangen werden, daß es die Möglichkeit geben wird, sozusagen per Knopfdruck einen Virus zu generieren und in den Systemen des Gegners zu plazieren, der dann dessen Kommunikation, Informationsverarbeitung und somit dessen Waffen lahmlegt. Die Digitalisierung wird sich auf alle Bereiche auswirken und so dazu beitragen, Personal einzusparen. Gleichzeitig wird das Personal hochqualifiziert sein müssen, um die komplexen Systeme betreiben und schützen zu können.

In der Zukunft sind Auseinandersetzungen vorstellbar, die sich ausschließlich auf einer virtuellen Ebene abspielen (»Cyber War«) und in denen Angriffe gegen die militärisch weit überlegenen Länder der »Ersten« und »Zweiten Welt« mit Hilfe von Computerschädlingen, z.B. Viren, Trojaner, Würmer u.ä., über das Internet geführt werden, die von äußerstem Schaden für die Wirtschaft und Zivilisation dieser Staaten sein können.

Zusammenfassend läßt sich also sagen, die Luftwaffe der Zukunft wird nicht mehr die Luftwaffe sein, wie wir sie heute kennen. Es wird verbundene (»combined«) europäische Luftstreitkräfte geben, die wesentlich mobiler, technisierter und schneller einsatzbereit sein werden und die im Verbund mit den anderen Teilstreitkräften (»joint«) vernetzt agieren werden. Die Informationswege und -zeiten werden sich dramatisch verkürzen, die globale Digitalisierung wird strategisch nutzbar werden, um Konflikte zu vermeiden oder sie zu beenden.

Die Luftwaffe der Zukunft ist nicht nur eine Vision, sie ist unsere Herausforderung, der wir uns stellen!

Mitwirkende Autoren: Hauptgefreiter OA Torsten Braun, Hauptgefreiter OA Dirk Schäfer, Obergefreiter OA Jacob Sänger

Zentrale Verantwortung
Pilotdienste für die Bundeswehr

Hanspeter Broekelschen

Die Luftwaffe hat neben den Aufgaben, die der Sicherstellung des Auftrages der eigenen Teilstreitkraft dienen, auch immer eine Reihe von Aufgaben für die gesamte Bundeswehr wahrgenommen. Schon früh setzte sich in der Bundeswehr die Erkenntnis durch, daß es in spezifischen Aufgabenfeldern zweckmäßiger und wirtschaftlicher ist, sie nicht in allen Teilstreitkräften redundant abzubilden, sondern als Pilotfunktion dorthin zu vergeben, wo die erforderliche Expertise ohnehin vorhanden ist.

Sehr deutlich wirkt sich dieser Ansatz in der Verteilung der Materialverantwortung auf die Inspekteure der Teilstreitkräfte aus. So trägt die Luftwaffe hier die Verantwortung für alle fliegenden Systeme der Bundeswehr, unabhängig davon, ob es sich um Waffensysteme der Luftwaffe, des Heeres, der Marine oder des Rüstungsbereiches handelt. Diese Pilotaufgabe umfaßt die bedarfsträgerseitigen Aktivitäten im Rahmen des Rüstungsmanagements, die Nutzungsbetreuung der Systeme und die Materialerhaltung sowie in weiten Teilen auch die Ausbildung des fliegenden und des technischen Personals. So wurden und werden beispielsweise die Hubschrauber des Heeres in den Werften (heute Instandhaltungsgruppen) der Luftwaffe instandgesetzt – auch wenn Systeme wie die CH-53 oder die Bo-105 gar nicht in der Luftwaffe betrieben werden – und durch das Materialkommando der Luftwaffe (früher Materialamt) in der Nutzung betreut.

Die erforderliche enge Zusammenarbeit zwischen den Teilstreitkräften bei den fliegenden Waffensystemen ist auch die Erklärung dafür, daß in der Abteilung Luftwaffenrüstung, beim Materialkommando und auch in den Ausbildungseinrichtungen eine erhebliche Anzahl von Heeres- und Marinesoldaten Dienst leistet. Das ist gelebte und gewachsene Streitkräftegemeinsamkeit, seit Jahrzehnten bewährt und erfolgreich.

Neben diesen aus der Materialverantwortung des Inspekteurs erwachsenen Pilotaufgaben sind zwei weitere Aufgaben besonders herauszustellen, die der Luftwaffe im Pilotdienst für die gesamte Bundeswehr zugewiesen sind: Die Zuständigkeit für die Flugsicherheit der Bundeswehr und für den Flugbetrieb der Bundeswehr.

Mit der Aufgabe *Flugsicherheit der Bundeswehr* ist eine Abteilung im Luftwaffenamt unter Führung des Generals Flugsicherheit der Bundeswehr beauftragt. Ihre Kernaufgabe besteht in der Prävention und damit in der Verhütung von Unfällen und Zwischenfällen mit Luftfahrzeugen der Bundeswehr. In ihren Grundzügen entstand diese Abteilung mit der Aufstellung der Luftwaffe, ihre jetzige Bezeichnung und Struktur gehen auf das Jahr 1962 zurück. Hier arbeiten erfahrene Luftfahrzeugführer und Techniker zusammen, die aus allen Teilstreitkräften kommen. Diese gemischte Besetzung ist erforderlich, da alle Teilstreitkräfte von Fragen der Flugsicherheit betroffen sind und der General Flugsicherheit der Bundeswehr gleichermaßen Berater des Inspekteurs der Luftwaffe wie der anderen Inspekteure ist.

Grob vereinfacht kann die Flugsicherheitsarbeit in aktive und reaktive Maßnahmen unterteilt werden. Unter aktiven Maßnahmen ist die eigentliche Präventionsarbeit zu verstehen. Oberstes Ziel hierbei ist, das Flugsicherheitsbewußtsein aller Betroffenen – das sind nicht nur die fliegenden Besatzungen und das Flugsicherungs- und Technikpersonal – wachzuhalten, zu schärfen und weiterzuentwickeln. Hierzu bedient sich der General Flugsicherheit einer ganzen Reihe von Maßnahmen. Dies beginnt mit der Planung und Kontrolle der gesamten Flugsicherheitsausbildung in der Bundeswehr. Insbesondere gehören dazu aber auch die Flugsicherheitsinspektionen aller fliegenden Verbände und Einheiten – inzwischen auch bei Heerestruppenteilen, die Drohnen operieren –, die etwa alle zwei Jahre durchgeführt werden. Im wesentlichen kann hierbei festgestellt werden, ob die für die Sicherheit im Flugbetrieb erlassenen Vorschriften eingehalten werden, aber es können auch Erkenntnisse gewonnen werden hinsichtlich des Stellenwertes, den die Flugsicherheit besitzt.

Wichtiger noch als der Prüfungscharakter bei diesen Inspizierungen ist ihr Wert als Hilfestellung und Beratung für die betroffenen Verbände. Daneben wird eine umfassende Information betrieben gemäß dem Leitsatz »Prävention durch Information«. Hierzu werden eine Reihe von Druckschriften herausgegeben, von mehrfarbigen Jahreskalendern und der periodischen Zeitschrift »Flugsicherheit« über Unfallverhütungsprogramme bis hin zu »fachlichen Mitteilungen«. Dies wird ergänzt durch Videopublikationen, die sich mit dem Unfallgeschehen, auffälligen Zwischenfällen und anderen aktuellen Problemen beschäftigen.

Bei allem Bemühen, Unfälle und Zwischenfälle zu verhüten, waren diese in der Vergangenheit und sind bedauerlicherweise auch noch heute niemals gänzlich auszuschließen. Hier wird die Abteilung Flugsicherheit der Bundeswehr reaktiv tätig in der Aufgabe, die Unfall- oder Zwischenfallursachen exakt zu ermitteln. Eine Flugunfalluntersuchung muß unverzüglich nach dem Schadensereignis aufgenommen werden, um alle Spuren zu sichern. Die Abteilung Flugsicherheit steht daher in ständiger Bereitschaft, mit einem Team von Fachleuten jederzeit und an jedem Ort eine Flugunfalluntersuchung zu beginnen. Allein auf Grundlage einer präzisen Ursachenformulierung ist es möglich, die erforderlichen Schlüsse zu ziehen und Maßnahmen abzuleiten, um eine Wiederholung künftig zu verhindern. Die Unfallursachenermittlung ist somit auch wieder entscheidender Baustein in der Prävention von Flugunfällen.

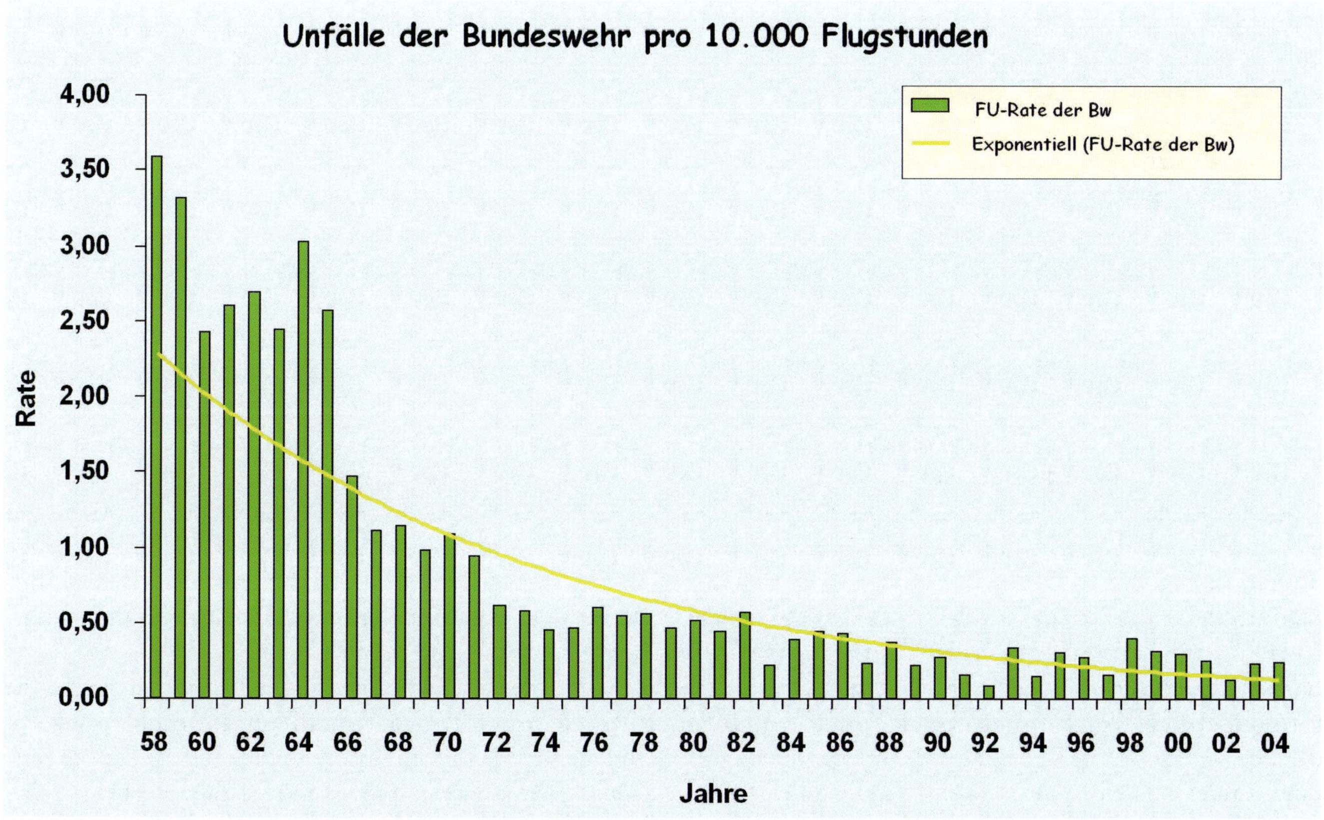

Flugunfalluntersuchungen sind in der Regel äußerst komplex und häufig sehr langwierig. Der General Flugsicherheit stützt sich hierzu im Bedarfsfall auf modernste Untersuchungstechniken ab, oft auch auf Unterstützung durch technisch-wissenschaftliche Ein-

Kampfflugzeuge sind auf einsatznahe Flugbetriebsbestimmungen angewiesen – hier Tornados bei einer Übung

richtungen innerhalb und außerhalb der Bundeswehr, auch im Ausland.

Die Flugunfallrate der Bundeswehr hat sich gegenüber den Anfangsjahren deutlich verringert. Ein Zeichen dafür, daß die fliegenden Besatzungen und das technische Personal ihre Systeme im Griff haben und das Flugsicherheitsbewußtsein gut ausgeprägt ist. Dennoch bleibt immer gültig: »Jeder Flugunfall ist einer zuviel«.

Eine weitere bedeutsame Pilotaufgabe der Luftwaffe, ebenfalls durch eine Abteilung im Luftwaffenamt wahrgenommen, ist der *Flugbetrieb der Bundeswehr.* Artikel 73 des Grundgesetzes legt fest: »Der Bund hat die ausschließliche Gesetzgebungskompetenz ... über den Luftverkehr«. Darauf basieren das Luftverkehrsgesetz für den zivilen und militärischen Flugbetrieb in der Bundesrepublik Deutschland sowie die Luftverkehrs- und die Luftverkehrszulassungsordnung zur Regelung des allgemeinen und des Luftverkehrs der Streitkräfte. Zusätzliche Bestimmungen erlauben der Bundeswehr und den hier stationierten Truppen befreundeter Staaten »... soweit dies zur Erfüllung besonderer Aufgaben unter Berücksichtigung der öffentlichen Sicherheit ... erforderlich ist ...« ein Abweichen von den allgemeinen Regelungen. Hierbei geht in erster Linie darum, Möglichkeiten und Raum für eine realitätsnahe Ausbildung der fliegenden Besatzungen der Bundeswehr und der Alliierten zu schaffen. Hauptaufgabe der Abteilung Flugbetrieb war und ist es, diese Voraussetzung zu gewährleisten und dafür Sorge zu tragen, daß die entsprechenden gesetzlichen Forderungen für bedarfsgerechte Bestimmungen für den militärischen Flugverkehr formuliert und mit den zuständigen Stellen abgestimmt und umgesetzt werden. Daraus sind dann wieder flugbetriebliche Regelungen für die Bundeswehr festzulegen.

Skyguard

militärischer Güter nutzen darf. Insgesamt sind jährlich mehr als 3.000 Überfluggenehmigungen zu bearbeiten.

Seit Beginn der 80er Jahre, im wesentlichen ausgelöst durch die damalige »Tiefflugdiskussion«, sind als Aufgabenfelder die Überwachung des militärischen Flugbetriebes und die Öffentlichkeitsarbeit in allen Fragen des Flugbetriebes der Bundeswehr hinzugekommen. 1983 wurde nach einem Bundestagsbeschluß das mobile Tiefflugüberwachungssystem Skyguard eingeführt. Dieses radargestützte System, das zusätzlich über hochauflösende Videokameras verfügt, wird in den Medien gern als »Radarfalle für Tiefflieger« bezeichnet. In den vergangenen 22 Jahren waren die vier Radartrupps in über 1.400 Einsätzen – selbstverständlich unangemeldet – unterwegs. Mehr als 80.000 Flugbewegungen wurden aufgezeichnet und ausgewertet. Die festgestellten Verstöße bewegten sich im Promillebereich. So konnte im Rahmen der Öffentlichkeitsarbeit, die selbstverständlicher Bestandteil jedes Skyguard-Einsatzes ist, den interessierten Bürgern und Mandatsträgern nachdrücklich die hohe Disziplin unserer Besatzungen verdeutlicht werden. Aktuell wird erprobt, wie die Überwachung des Flugbetriebes mit einem alternativen System eines Sensor- und Datenverbundes noch effizienter gestaltet werden kann.

Öffentlichkeitsarbeit wird auch durch die Fluginformationszentrale der Abteilung geleistet. Jährlich wenden sich mehr als 4.500 Anrufer an diese »Hotline«, denen hier die Notwendigkeit des militärischen Flugbetriebes erläutert werden kann. In vielen Fällen – natürlich nicht in allen – gelingt es, Einsicht zu wecken. Auch wenn in den vergangenen 15 Jahren der militärische Tiefflug um ca. 90 Prozent abgenommen hat, ist das Interesse der Bürger und deren Betroffenheit ungebrochen.

Hinzu kommt die Bewertung der Auswirkungen ziviler Baumaßnahmen auf den Flugbetrieb der Bundeswehr. Ein Beispiel aus der jüngeren Vergangenheit sind die Windkraftanlagen, die von ihrer Verbreitung und Dimension her erheblichen Einfluß auf den militärischen Flugbetrieb haben. Waren bis vor fünf Jahren Luftfahrthindernisse über 100 Meter über Grund noch die Ausnahme, so erreichen heutige Anlagen Höhen von über 215 Metern.

Weiterer Schwerpunkt im Aufgabenspektrum ist die Bearbeitung von Überfluggenehmigungen (sog. Diplo Clearances) für militärische Auslandsflüge aller Teilstreitkräfte, aber auch für Auslandsflüge des politisch-parlamentarischen Bereichs. Diese Aufgabe hat vor dem Hintergrund der Auslandseinsätze der Bundeswehr erheblich an Gewicht gewonnen. Die Bemühungen um eine Dauerüberfluggenehmigung über Rußland zur Unterstützung des ISAF-Einsatzes in Afghanistan haben zu einem deutsch-russischen Transitabkommen geführt, das im Oktober 2003 von Präsident Putin und Bundeskanzler Schröder ratifiziert wurde. Deutschland ist seitdem die einzige Nation, die den russischen Luftraum für den Transport militärischen Personals und

Der Luftwaffe verbunden

Erfahrungen eines Reservisten

Reiner Pommerin

Eigentlich wollte ich Feldwebel werden. Der Zugführer in der Grundausbildung im Luftwaffenausbildungsregiment 2 in Stade war das Vorbild, mein persönliches »role model«. Allerdings verfügte ich, als ich mit 17 Jahren im Sommer 1961 als Soldat auf Zeit in die Luftwaffe eintrat, noch über keinen ordentlichen Schulabschluß. Die Ausbildung zum Flugbetriebsspezialisten, der Lehrgang »Luftunterstützung« an der Waffenschule 50 in Fürstenfeldbruck, die sechsmonatige Sprachausbildung beim Fluganwärterregiment in Uetersen sowie der Unteroffizierlehrgang in Husum halfen, dieses Defizit zunächst etwas zu kompensieren.

Der Traum Feldwebel erfüllte sich jedoch nicht. Zwar wurde ich im Februar 1964 zum Unteroffizier befördert, doch mein Staffelchef der 2./JaboG 35 in Husum beurteilte mich mit »nicht ausreichend« und, schlimmer noch, für den nächsthöheren Dienstgrad, also Stabsunteroffizier, sah er mich als »nicht geeignet« an. Als besonders negativ führte mein Chef an, daß ich nicht konsequent und ausdauernd arbeiten könne, mich gern über Anordnungen hinwegsetze und Ermahnungen nicht ernst nähme. (So ganz Unrecht hatte er damit wohl nicht.) Da mir die Unteroffizierlaufbahn somit versperrt war, mußte ich, wollte ich der Luftwaffe auch weiterhin eng verbunden bleiben, zwangsläufig in die Offizierlaufbahn wechseln.

Zunächst verließ ich 1965 die Luftwaffe schweren Herzens. Doch kaum hatte ich in Hamburg, die räumliche Nähe zu den Kameraden des Husumer Geschwaders war für die Wahl dieser Stadt ausschlaggebend gewesen, auf dem Abendgymnasium die Mittlere Reife und das Abitur nachgeholt, machte ich 1969 meine erste Wehrübung im Dienstgrad Uffz ROA, natürlich in Husum. Nach der Aufnahme des Studiums in Bonn erfolgte die Teilnahme am 47. Reserveoffizierlehrgang zunächst im OA-Bataillon in Fürstenfeldbruck und dann an der Offizierschule. Diese war damals noch in Neubiberg beheimatet. Trotz allen Büffelns fand sich sogar noch die Zeit, die Segelboote der Schule auf dem Ammersee und natürlich die Nähe zur Großstadt München und zu ihren Schwabinger Lokalen zu nutzen.

1971 übte ich im S 3-Bereich des Stabes der Fliegenden Gruppe beim JaboG 31 »Boelcke« in Nörvenich als Fähnrich d.R. In und außer Dienst nahmen sich meine Vorgesetzten viel Zeit, mich auf meine Rolle als Offizier der Teilstreitkraft Luftwaffe vorzubereiten. Auf Auftreten, Stil und Form nahm der Kommandeur persönlich Einfluß, gab sinnvolle »väterliche Ratschläge«. Es folgten drei längere Wehrübungen im IP-Stab des Bundesministeriums der Verteidigung. Dort wurde ich im Oktober 1971 zum Leutnant und im Mai 1974 zum Oberleutnant befördert. Mit einer Ausnahmegenehmigung des Fü S durfte ich bereits in diesem Dienstgrad am Lehrgang »Stabsoffiziere der Reserve in höheren und integrierten Stäben« an der Führungsakademie der Bundeswehr in Hamburg teilnehmen. Daß mir im Casino der FüAkBw Brigadekommandeure des Heeres sogar trotz vorgerückter Stunde noch persönlich die Haare schneiden wollten, unterstrich die liebevolle Fürsorge des Heeres für einen Kameraden der Luftwaffe.

Im Mai 1977 zum Hauptmann d.R. befördert, übte ich zunächst erneut im IP-Stab des BMVg und im folgenden Jahr als S 1 im Stab des jetzt in LeKG 41 umbenannten Husumer Geschwaders. Nach Abschluß des Studiums der Geschichte an der Universität Köln mit der Promotion bildete mich die OSLw ab 1978 zum Kriegstagebuch (KTB)-Führer aus. Danach führte ich bei Wintex-Übungen »unter Tage« in Mechernich ein KTB. Dem Oberst i.G. und späteren Generalleutnant Hans-Heinz Feldhoff verdanke ich so manche nächtliche Nachhilfestunde sowie die geduldige Hinführung zu mehr Präzision und Kürze beim Abfassen eines KTB.

Nach der Verwendung als KTB-Führer beim Fü L folgte eine neue Herausforderung. Diese führte ins Territorialheer zum VBK 31 Köln-Butzweilerhof. Für die Besetzung der V-Stelle des Verbindungsstabsoffiziers dieses VBK zum Kölner Regierungspräsidenten wurde ein Offizier der Luftwaffe benötigt. Im Zuständigkeitsbereich des VBK lag nämlich unter anderem der Flugplatz Köln/Bonn. Diesen sollte ein amerikanisches Korps im Ernstfall zu seiner Verlegung aus den USA in die »staging area« bei Münster nutzen. Die Möglichkeiten und Kapazitätsgrenzen des Flugplatzes wurden in mehreren größeren Übungen ausgelotet. So mancher amerikanische Konvoi, der eigentlich von Köln in Richtung Münster unterwegs sein sollte, konnte, nicht zuletzt mit Hilfe der Autobahnpolizei, in der Gegend um Frankfurt am Main oder in Lüttich geortet und wieder in die richtige Richtung geleitet werden.

Internationale Unterführerausbildung für Reservisten – Gastgeber 2004: Unteroffizierschule der Luftwaffe in Appen

1986 folgte die Beförderung zum Major d.R. Größere Übungen zwischen 1984 und 1987 brachten mich mit einigen amerikanischen CIMIC-Einheiten in engen Kontakt. Hier kamen mir die seit dem Eintritt in der Luftwaffe so intensiv betriebene Sprachausbildung in Englisch sowie meine Sprachpraxis und die dabei in den USA gesammelten Erfahrungen zugute. Welche Bedeutung den Bereichen einer zivil-militärischen Zusammenarbeit noch einmal zukommen sollte, war damals natürlich noch nicht absehbar. Als besonders bereichernd für diese Verwendung erwies sich 1987 eine Wehrübung in den USA. Diese fand im Rahmen des deutsch-amerikanischen Reserveoffizieraustausches bei Einheiten der Air National Guard und der Air Force Reserve statt.

Während dieser Wehrübung fand ich mich mit weiteren drei Luftwaffenkameraden fast täglich in der Luft, denn wir wurden mit den unterschiedlichsten Flugzeugen zu Besuchen von Flugplätzen und Geschwadern fast durch die gesamten Vereinigten Staaten transportiert. Einer meiner Luftwaffenkameraden, im normalen Leben im Daimler-Benz-Konzern tätig, hatte Flugangst. Er kam jedoch durch die vielen Flüge gar nicht dazu, über diese Angst weiter nachzudenken und verließ diese Wehrübung schließlich als »geheilt«. Ich hatte einige Zeit zuvor in Fürstenfeldbruck die Jet Passenger Card erhalten und den ersten G-91 Backseat-Flug absolviert. Auf meine bange Frage in Fürstenfeldbruck, was denn passiere, wenn bei dem bevorstehenden Sitzabschuß auf der Lafette oben der Sperrbolzen brechen würde, antwortete mir der zuständige Feldwebel: »Wir haben es so eingerichtet, daß Sie dann in der Versuchsbrauerei in Maisach landen.« Das beruhigte mich kolossal.

Es mag für den einen oder anderen ja nicht verwunderlich sein: Aber es war wirklich kein geplanter Teil meiner militärischen Laufbahn, daß ich 1988 Ulrike Pieper heiratete, deren Vater Oberst bei der Luftwaffe (wo denn sonst!) war. Noch im gleichen Jahr galt es, den Lehrgang für Verbindungsstabsoffiziere an der Kampftruppenschule in Hammelburg zu absolvieren. Kein einfaches Territorium für einen Angehörigen der Luftwaffe, der weder die große Begeisterung seiner Heereskameraden für frühmorgendliche Waldläufe zu teilen noch seinen Pkw von den nicht für ihn vorgesehenen VIP-Parkplätzen fernzuhalten vermochte.

Inzwischen war ich Professor in Erlangen, im März 1989 zum Oberstleutnant befördert und Mitglied des

»Deutschen Strategieforums« geworden und arbeitete auch wissenschaftlich im sicherheitspolitischen und strategischen Bereich. Der Chef der Abteilung Personal regte eine Versetzung auf die V-Stelle als G 3 im Stab des Deutschen Militärischen Bevollmächtigten in Washington an. Schon in der ersten sechswöchigen Übung konnten 1989 erwartungsgemäß die alten Verbindungen aus der Zeit als Kennedy-Fellow an der Harvard-University 1979/80 auch militärisch nutzbar gemacht werden; arbeiteten doch viele meiner amerikanischen Kollegen inzwischen in der Administration oder in einem den zahlreichen Washingtoner »think tanks«.

1990 berief mich Bundesverteidigungsminister Gerhard Stoltenberg in den Beirat Innere Führung. Seit 1994 habe ich die Ehre, die Funktion des Sprechers ausüben zu dürfen. Daß ich der Luftwaffe und der Bundeswehr seit 1961 eng verbunden war, »von der Pike auf« gedient hatte und »Gott und die Welt« kannte, erwies sich für die Arbeit im Beirat als unschätzbarer Vorteil.

Den Tag der Wiedervereinigung erlebte ich 1990 in Uniform während einer Wehrübung auf der Hardthöhe. Unvergeßlich wird mir das gemeinsame Singen mit den versammelten Kameraden des Chorals »Nun danket alle Gott« bleiben, den Staatsekretär Karl-Heinz Carl anstimmen ließ. Nach meinem Wechsel auf einen Lehrstuhl für Neuere und Neueste Geschichte an der TU Dresden folgten Wehrübungen bei Fü S III 5 und damit bei den späteren Luftwaffen-Generalen Lühr-Onno Oldigs und Harald Kujat. Hier ging es unter anderem um die Arbeiten an »Open Skies«, eine durchaus luftwaffenspezifische und spannende Verwendung. 1993 nahm ich am NAROC Integrated Course des NATO Defense College in Rom teil.

Seit 1985 arbeitete ich als Historiker im deutschen Steering Committee des Nuclear History Program (NHP), an dem amerikanische, britische und französische Kollegen teilnahmen. Gemeinsam mit dem früheren Generalinspekteur General Jürgen Brandt durf-

Der Reservistenbeauftragte, Generalleutnant Heinz Marzi, zu der Rolle und den Leistungen der Reservisten der Luftwaffe:

»Professor Dr. Pommerins einnehmende Schilderung beleuchtet treffend viele Facetten eines Reservisten in der Luftwaffe – doch natürlich kann nicht jeder auf einen derart außergewöhnlichen Weg zurückblicken. Eine Feststellung allerdings trifft im Kern auf alle Reservisten, unbeschadet von Dienstgrad und Aufgabenstellung, immer zu: Seit ihrer Aufstellung waren Reservisten ein wichtiger Teil unserer Luftwaffe – sie bleiben dies auch; der Charakter ihres Beitrages allerdings ändert sich.

Standen Reservisten in der Zeit des Kalten Krieges für Aufwuchs, Kampfkraft, Unterstützung und Überlebensfähigkeit, so werden sie heute als Spezialisten in wichtigen Feldern im Einsatz benötigt bzw. nehmen zu Hause Aufgaben wahr für die im Einsatz befindlichen aktiven Soldaten. Waren es früher zahlreiche nicht-aktive, mob-beorderte Truppenteile und Verbände, in denen Reservisten in der Gesamtheit aufgerufen ihren Dienst leisteten, so wird es künftig nur noch ein nicht-aktives Objektschutzbataillon geben. Die künftige strukturelle Ausgestaltung wird durch die Unterscheidung zwischen Verstärkungs- und Personalreserve bestimmt. Die Verstärkungsreserve umfaßt dabei alle die Reservisten, die auf strukturgebundene, gespiegelte aktive Dienstposten der STAN beordert sind. Dagegen wird durch die Dienstposten der Personalreserve die planerische Vorsorge zur Kompensation aktiven Personals oder zur Deckung eines temporär erhöhten Bedarfs zur Steigerung der Einsatzbereitschaft und Durchhaltefähigkeit getroffen. Diese umfaßt die auf nicht strukturgebundenen Dienstposten beorderten Reservisten und berücksichtigt den individuellen Bedarf der jeweiligen Dienststellen und Verbände.

Einer der tragenden Pfeiler der neuen Konzeption ist das Grundprinzip des freiwilligen Engagements. Qualifizierte Reservisten tragen mit ihren militärischen, militärfachlichen, aber auch gerade ihren zivilberuflichen Kenntnissen maßgeblich zur Auftragserfüllung bei.

In einem entscheidenden Punkt jedoch hat sich die Rolle und Bedeutung der Reservisten in unserer Luftwaffe niemals geändert: Reservistinnen und Reservisten waren und bleiben Botschafter unserer Luftwaffe in die und in der Gesellschaft.«

te ich das deutsche klassifizierte Material einsehen und zur Deklassifizierung und Benutzung für die Forschung bringen. Ohne den Status eines seit langen Jahren sicherheitsüberprüften Reserveoffiziers hätte ich diese für mich beruflich so wichtige und prestigeträchtige Aufgabe gewiß nie wahrnehmen dürfen. Als General a. D. Johannes Steinhoff im Rahmen des NHP gefragt wurde, mit welchem Wissenschaftler er ein Buch zum Wechsel der Nuklearstrategie von der »massive retaliation« zur »flexible response« schreiben wolle, zeigte er auf mich. Entscheidend war für ihn wohl, bei aller fachlichen Qualifikation, daß ich Oberst d.R. der Luftwaffe und damit »blau« war. Aus dieser Zusammenarbeit entwickelte sich eine enge Verbindung, die bis zum Tode General Steinhoffs andauerte. Ich verdanke ihm nicht nur als Historiker wichtige Einsichten, sondern gerade auch als Offizier eine Fülle von prägenden Eindrücken.

Weitere Wehrübungen absolvierte ich auf der V-Stelle des Referatsleiters Fü S I 3. An meinem Geburtstag, am 17. Juni 1994, erfolgte durch Bundesverteidigungsminister Volker Rühe meine Beförderung zum Oberst d.R. Nach der Teilnahme am Lehrgang »Führung Bundeswehr« an der FüAkBw und nachdem mich der Generalinspekteur General Klaus Naumann bereits einmal als Adjutant eingesetzt hatte, folgten in gleicher Funktion zwei weitere Wehrübungen bei General Kujat. Daß er mich in Brüssel, nachdem er Vorsitzender des Militärausschusses der NATO geworden war, in dieser Funktion 2003 erneut üben ließ, bedeutete den Höhepunkt meiner Laufbahn als Reserveoffizier. Im Dezember 2004 verabschiedete mich der StAL I (mit Brigadegeneral Gräber ein Luftwaffenoffizier) gemeinsam mit allen Referatsleitern der Stabsabteilung aus dem Dienst als Reserveoffizier. Daß ich weite Teile meiner Reserveoffizierlaufbahn außerhalb der eigenen Teilstreitkraft im Führungsstab der Streitkräfte verbrachte, ist auch für aktive Offiziere der Luftwaffe durchaus keine Seltenheit. Von unschätzbarem Wert ist für mich die mir seit 1961 von Kameraden der Luftwaffe entgegengebrachte Freundschaft. Ihre Anstöße, ihre Ratschläge und ihre Anteilnahme haben meinen militärischen und persönlichen Werdegang, mein ganzes Leben geprägt und bereichert. So fühle ich mich der Luftwaffe auch weiterhin verpflichtet und werde ihr stets eng verbunden bleiben.

Die MTU Aero Engines und die Luftwaffe – 50 Jahre erfolgreiche Partnerschaft

50 Jahre Luftwaffe bedeuten ein halbes Jahrhundert im Dienste Deutschlands und ein halbes Jahrhundert enge Zusammenarbeit mit der MTU Aero Engines. Deutschlands führender Triebwerkshersteller und seine Vorgängergesellschaften standen der Luftwaffe von ihrer Geburtsstunde an zur Seite. Zu jeder Zeit konnten sich die Kommandeure darauf verlassen, dass ihre fliegenden Verbände mit neuesten Antriebs- und Reparaturtechnologien, innovativen Instandhaltungspaketen und individuellem Kundenservice versorgt werden.

Schon mit der Einführung des Starfighters – des ersten Hochleistungs-Kampfflugzeugs der Bundeswehr – Anfang der 60er-Jahre des vergangenen Jahrhunderts übernahm eine MTU-Vorgängerfirma, die damalige BMW Triebwerksbau, die Montage und Instandhaltung des Antriebs J79. Die Kooperation setzte sich fort, als wenige Jahre später die Phantom zur Luftwaffe kam – ebenfalls mit dem General Electric-Antrieb J79. Im Laufe der Produktion und Betreuung hat die MTU mehrere Umrüstungen vorgenommen, um das Triebwerk an die neuesten Anforderungen der Luftwaffe anzupassen: Der Kunde erhielt immer ein auf seine Bedürfnisse optimal ausgerichtetes Aggregat – bis heute. Das J79 durchläuft immer noch die Instandhaltung der MTU in München.

Basierend auf den Erfahrungen aus dem J79-Programm beteiligte sich der deutsche Branchenprimus als gleichberechtigter Partner am trinationalen Tornado-Triebwerk RB199, dem modernsten Programm seiner Zeit. Der deutsche Hersteller, der die hochkomplexen Systeme beherrscht. Heute ist das Unternehmen der exklusive Systempartner der Luftwaffe. Und diese Tradition setzt sich fort. Bestes Beispiel ist das TP400-D6, der Antrieb des künftigen Militärtransporters A400M. Die stärkste Propellerturbine der westlichen Welt ist ebenfalls eine Spitzenleistung europäischer Ingenieurskunst – mit der MTU als einzigem deutschen Programmpartner.

Aber nicht nur bei der Neu- und Weiterentwicklung von Luftfahrtantrieben hat die MTU von Anfang an eng mit der Luftwaffe zusammengearbeitet, sondern auch bei der Logistik und Kundenunterstützung. Für Soldaten und Zivilangestellte der Bundeswehr werden Schulungen aller Art durchgeführt sowie kontinuierlich neue, innovative Instandhaltungsverfahren und -konzepte erarbeitet. Jüngstes Beispiel ist das Kooperative Modell, bei dem die zu betreuenden Triebwerke nur mehr an einem Ort instand gehalten werden – bei der MTU. Das verhindert Doppelkapazitäten,

Whitney auf der Verdichtertechnologie des EJ200 – er ist weltweit Benchmark seiner Klasse. Gleiches gilt für eine weitere MTU-Paradedisziplin: Auch bei fortschrittlichen Niederdruckturbinen sind die Münchner führend. Einen Spitzenplatz hat sich das Unternehmen auch bei der Triebwerks-Regelung – sie ist bei militärischen Antrieben von besonderer Komplexität – erarbeitet.

Unter anderem die Zusammenarbeit mit dem militärischen Partner hat die MTU zu dem gemacht, was sie ist: Mit ihren rund 6.800 Mitarbeitern ist das Unternehmen nicht nur Deutschlands führendes Unternehmen der Branche, sondern weltweit der führende Anbieter von Modulen und Subsystemen für militärische und zivile Triebwerke. Im militärischen Bereich steht das Unternehmen nicht nur der Luftwaffe als Systempartner zur Seite sondern auch Marine und Heer. In Europa ist die MTU seit Jahrzehnten wichtiger Partner bedeutender Triebwerksprogramme – militärischer und ziviler.

Antrieb zeichnet sich unter anderem durch niedrigen Kraftstoffverbrauch, kurze Reaktionszeit und hohe Zuverlässigkeit aus. Das hat das RB199 unter widrigsten Bedingungen immer wieder unter Beweis gestellt. Die technologischen Erfahrungen dieses Programms ermöglichten es der MTU, wertvolle Erkenntnisse für den Einstieg in das darauf folgende militärische Hochleistungstriebwerk – das EJ200 des Eurofighters – zu sammeln sowie Entwicklungsaktivitäten im zivilen Bereich anzugehen.

J79, RB199 und EJ200 – die drei Antriebe, jeder für sich ein Spitzenprodukt seiner Zeit – zeigen: Die MTU Aero Engines ist der einzige

spart Zeit und Kosten. Damit die Luftwaffe die Gesamtkompetenz behält, arbeiten Soldaten und MTUler Seite an Seite zusammen.

Die Erfahrungen, die das Münchner Unternehmen, dessen Wurzeln bis zu den Anfängen der motorisierten Fliegerei zurückreichen, bei den militärischen Luftfahrtantrieben gesammelt hat, waren von entscheidender Bedeutung für den Aufbau eines starken zivilen Standbeins. Viele Technologien, die die MTU für Militärtriebwerke entwickelte, haben ihren Niederschlag in zivilen Antrieben gefunden. So basiert der von der MTU Aero Engines entwickelte Hochdruckverdichter des Airbus-Antriebs PW6000 von Pratt &

CAE
The Essential Edge

Johannes Steinhoff
Jagdflieger und Manager

Johannes Steinhoff wurde am 15. September 1913 in Bottendorf bei Roßleben an der Unstrut als Sohn eines Mühlenbesitzers geboren. Nach dem Abitur ging er nach Jena, um an der dortigen Universität Germanistik und Sport zu studieren. Bereits in dieser Zeit war Johannes Steinhoff – wie viele seiner Altersgenossen – vom Fliegen fasziniert.

So brach er nach vier Semestern sein Studium ab und trat als Marinefliegeranwärter in die Reichsmarine ein. Hier sammelte er erste fliegerische Erfahrungen und kam zu ersten Erfolgen. In dieser Zeit stellte er im Juli 1935 mit 504 Kilometern einen Weltrekord im Streckensegelflug auf. 1936 wechselte Steinhoff zur inzwischen offiziell zur dritten Teilstreitkraft erklärten Luftwaffe. Kurz darauf wurde er zum Leutnant befördert und zum Jagdpiloten ausgebildet.

Bei Ausbruch des Zweiten Weltkrieges war Oberleutnant Steinhoff Staffelkapitän im Jagdgeschwader 26, dem damals einzigen Nachtjagdverband. Im Dezember 1939 errang er in der »Luftschlacht über der Deutschen Bucht« seine ersten Luftsiege. Ein rascher Aufstieg folgte, der ihn im Herbst 1942 als 29jährigen Major zum Kommodore des Jagdgeschwaders 77 führte.

Im Krieg avancierte Johannes Steinhoff zu einem der herausragenden Jagdflieger. Bis Februar 1943 hatte er seinen 150. Luftsieg erzielt und wurde als eines der »Top-Asse« der nationalsozialistischen Luftwaffe im Juli 1944 mit dem »Ritterkreuz mit Eichenlaub und Schwertern« ausgezeichnet. Am 1. Oktober 1944 erfolgte seine Beförderung zum Oberst.

Aber Johannes Steinhoff war nicht nur ein erfolgreicher Jagdflieger. Bei allem bewies er ritterliche Tugenden und Fairneß – selbst gegenüber dem Gegner in der Luft. So wird berichtet, daß er nach einem Luftsieg über eine Lightning neben dem abgeschossenen Piloten landete und ihn für die Nacht in sein eigenes Zelt aufnahm. Dabei sah er davon ab, den Gefangenen zu fesseln. Stattdessen verließ er sich auf das Ehrenwort seines Gegners.

Als Oberst schulte Steinhoff auf die neue, strahlgetriebene Messerschmitt Me 262 um und übernahm am 1. Dezember 1944 als Kommodore das mit diesem Flugzeugmuster ausgestattete Jagdgeschwader 7. Diese Verwendung sollte allerdings nur von kurzer Dauer sein. Im Januar 1945 wurde er wegen tiefgreifender Differenzen mit der Luftwaffenführung von seinem Kommando entbunden. Es ist typisch für Johannes Steinhoff, daß er sich daraufhin als »normaler Pilot« freiwillig zum neu aufgestellten Jagdverband 44 meldete. Noch in den letzten Kriegstagen errang er auf der zweistrahligen Me 262 sechs Luftsiege.

Am 18. April 1945 verlor Johannes Steinhoff beim Start zu einem Einsatz gegen einen amerikanischen

Oberst Steinhoff, Kommodore des Jagdgeschwaders 77

Bomberpulk auf der von schlecht ausgebesserten Bombenkratern übersäten Startbahn des Fliegerhorstes München-Riem die Kontrolle über sein Flugzeug. Das Fahrwerk brach, die Maschine wurde durch den ungebremsten Schub der beiden 900-kp-Turbinen hochgerissen und schlug etwa 50 Meter hinter der Startbahn in einem riesigen Flammenmeer auf. Trotz schwerster Brandverletzungen, dem Schock und einigen Knochenbrüchen gelang es Steinhoff, die Pilotenkanzel zu verlassen und sich unmittelbar vor der Explosion des Wracks aus dem Gefahrenbereich zu schleppen. Durch eine Notoperation überlebte er. Erst 1947 konnte er nach einer langen, komplizierten Genesungsphase aus dem Krankenhaus entlassen werden.

So blickte Oberst Steinhoff am Ende des Zweiten Weltkriegs auf eine nicht ungebrochene Karriere als herausragender Jagdflieger und Verbandsführers zurück – mit 993 Feindflügen und 176 Luftsiegen sowie zwölf gefechtsbedingten Notlandungen an verschiedenen Fronten.

Geblieben sind die Folgen des Unfalls. Die schweren Verbrennungen ließen bleibende Narben zurück, die das Gesicht von Johannes Steinhoff bis zu seinem Lebensende zeichneten.

Und prägend blieb dauerhaft das Gemeinschaftsgefühl der Jagdflieger. So war Johannes Steinhoff einer der Gründer der späteren »Gemeinschaft der Jagdflieger«. Im Januar 1951 wurde er zum Sprecher, später zum langjährigen Stellvertretenden Vorsitzenden gewählt.

Beruflich nutzte Johannes Steinhoff nach dem Krieg und nach seiner Genesung ein weiteres seiner vielfältigen Talente: die Malerei. Er wurde Leiter der Malerei bei der Keramikmanufaktur Majolika. Später arbeitete er kurzzeitig bei einer Werbeagentur.

Als Anfang der 50er Jahre der Neuaufbau der Streitkräfte in der Bundesrepublik Deutschland geplant wurde, erinnerte man sich dieses profilierten Offiziers. 1952 erhielt Johannes Steinhoff den Ruf in das »Amt Blank«. Dort und im Pariser EVG-Ausschuß wirkte er in den Jahren 1952 bis 1954 als Mitglied der deutschen Delegation an der Vorbereitung des Aufbaus der Bundeswehr und der geplanten europäischen Armee mit und wurde damit bereits zu diesem frühen Zeitpunkt mit Militärpolitik auf übernationaler Ebene befaßt. Im »Amt Blank« übernahm er in der Abteilung Luftstreitkräfte das Referat für Jagdfliegerei.

1955 trat er dann als Oberst in die neu geschaffene Bundesluftwaffe ein. 1956 erhielt er in den USA eine Einweisung auf den damals modernsten Düsenflugzeugen und als erster Deutscher die Berechtigung zum Führen amerikanischer strahlgetriebener Flugzeuge.

In der Folge war Johannes Steinhoff Planungschef der Luftwaffe; 1958 wurde er zum Brigadegeneral befördert. Von 1960 bis 1963 vertrat er die Bundesrepublik Deutschland im NATO-Militärausschuß in Washington.

Nach seiner Rückkehr aus den USA übernahm er als Kommandeur die 4. Luftwaffendivision, bevor er ab

Als Inspekteur geschätzt und durchsetzungsfähig – Generalleutnant Johannes Steinhoff

Mai 1965 – zum Generalleutnant befördert – als Chef des Stabes und Stellvertretender Befehlshaber im NATO-Hauptquartier der Alliierten Luftstreitkräfte Europa Mitte erneut international eingesetzt wurde. Seine bis dahin erworbene Anerkennung wurde 1965 mit der durch die US Air Force verliehenen Auszeichnung »Pilot of the Year« unterstrichen.

Als Generalleutnant Panitzki in Folge der »Starfighter-Krise« zurücktrat, ernannte Verteidigungsminister von Hassel 1966 Johannes Steinhoff zum Inspekteur. Dieser nahm die Berufung jedoch erst an, nachdem ihm der Minister weitgehende Handlungsfreiheit und Vollmachten zugestanden hatte. Hierbei ging es unter anderem um die Einrichtung eines System-Management-Stabes oder die drastische Modernisierung von Struktur und Ausbildung der Luftwaffe. Die Krise wurde gemeistert. In dieser Zeit beschrieb eine deutsche Zeitung Johannes Steinhoff als »Manager in Uniform«.

Auch wenn er die »Starfighter-Krise« nicht allein bewältigt hat, so gab Steinhoff doch die entscheidenden Impulse. Vor allem aber ist es seiner Überzeugungs- und Durchsetzungskraft und seiner Kompromißlosigkeit zuzurechnen, daß »alte Zöpfe« abgeschnitten und moderne Managementmethoden eingeführt wurden. Funktionalität und technische Disziplin waren Steinhoff wichtiger als traditionelle, soldatische Formaldisziplin.

So wirkte er über die Luftwaffe hinaus und trug wesentlich dazu bei, daß Ende der 60er Jahre etliche Reformvorhaben in Gang gesetzt wurden. Dies gilt insbesondere für die bundeswehreinheitliche Offizierausbildung, aber auch im Hinblick auf die Einführung der Laufbahn der Offiziere des Militärfachlichen Dienstes und der Berufsoffiziere mit der besonderen Altersgrenze von damals 40 Jahren für Strahlflugzeugführer.

In Anerkennung seiner Verdienste als Inspekteur der Luftwaffe und für die Bundeswehr, vor allem aber wegen seiner hohen Wertschätzung im internationalen Bereich wurde Johannes Steinhoff 1971 als Vier-Sterne-General zum Vorsitzenden des NATO-Militärausschusses in Brüssel berufen. Dieses Amt übte er bis zu seinem Ausscheiden aus dem aktiven Dienst 1974 aus. Der niederländische NATO-Generalsekretär Joseph Luns attestierte ihm damals, daß er »die Kompetenz eines professionellen Militärs und den Gedankenreichtum eines weisen Mannes« in den Rat eingebracht hätte. Bundeskanzler Helmut Schmidt gab seiner Wertschätzung für Johannes Steinhoff durch die Bemerkung »Der steckt zehn Staatssekretäre in die Tasche« Ausdruck. Steinhoffs Leistungen waren zudem durch zahlreiche nationale und internationale Ehrungen und Auszeichnungen gewürdigt worden, unter anderem durch die Verleihung des »Großen Bundesverdienstkreuzes mit Stern und Schulterband«, des amerikanischen Ordens »Legion of Merit« und der Insignien eines Kommandeurs der französischen Ehrenlegion.

Im Ruhestand war Johannes Steinhoff langjähriger Aufsichtsratsvorsitzender der Flugzeugfirma Dornier. Daneben publizierte und referierte er regelmäßig über militärpolitische Themen. In dieser Zeit erschienen auch einige seiner wichtigsten Bücher: »In letzter Stunde« (1974) und »Wohin treibt die NATO?« (1976) In seiner Freizeit widmete er sich der Malerei und dem Reiten.

General Johannes Steinhoff starb am 21. Februar 1994 im 81. Lebensjahr in Wachtberg-Pech bei Bonn. Acht Monate später erhielt die Luftwaffen-Kaserne in Berlin-Gatow seinen Namen. Und im September 1997 verlieh Verteidigungsminister Volker Rühe dem Jagdgeschwader 73 in Laage den Traditionsnamen »Steinhoff«.

Auch im Ruhestand ein überzeugter »Atlantiker« – mit US-Präsident Reagan und Bundeskanzler Kohl in Bitburg

Johannes Steinhoff hat die deutsche Luftwaffe nicht nur in seiner Zeit, sondern bis in das 21. Jahrhundert hinein geprägt. Fliegen war seine Passion. Funktionalität und Fortschritt waren für ihn Teile eines elitären Selbstverständnisses, das für Kompromisse wenig Raum ließ. Steinhoff forderte seine Umgebung, schuf sich freilich nicht nur Freunde. Aber: Was er verlangte, konnte er selbst.

General Johannes Steinhoff war und bleibt in der deutschen Luftwaffe ein Vorbild – nicht nur in der Rükkschau, sondern gerade angesichts der vielfältigen Herausforderungen der Zukunft.

Ludger Hölker

Vorbild für die Jugend

Das Jahr 1964 war für die fliegenden Einheiten der Bundeswehr ein schwarzes Jahr: Bei über 100 Unfällen kamen 36 Menschen ums Leben, 55 Luftfahrzeuge wurden zerstört. Auch ein Flugzeugführer des Jagdbombergeschwaders 32 aus Lechfeld starb im Alter von 30 Jahren den Fliegertod. Doch warum versammelten sich sogar noch 40 Jahre später mehrere hundert Menschen in der Nähe der Unfallstelle südlich von Augsburg, um an diesen Flugzeugabsturz zu erinnern und den dabei ums Leben gekommenen Piloten zu ehren?

Am Vormittag des 15. September 1964 war vom Militärflugplatz Lechfeld ein doppelsitziges Flugzeug vom Typ Lockheed T-33A »T-Bird« zu einem Trainingsflug gestartet. Der 42jährige Major Walter Sütterlin saß im hinteren Cockpit und hatte die »Gardinen« zugezogen. Als Stabspilot nahm er sporadisch am Flugbetrieb teil, bei diesem Flug sollte er das Fliegen nach Instrumenten üben. Vorn saß Oberleutnant Ludger Hölker als verantwortlicher Luftfahrzeugführer. Der Hauptteil des Fluges verlief ohne Probleme.

Nach rund einer Stunde Flugzeit beabsichtigte Major Sütterlin einen Radaranflug auf den Heimatflugplatz. Zu Beginn dieses Verfahrens stellte die Besatzung in rund 1.000 Metern Höhe einen Leistungsverlust des Triebwerks fest. Oberleutnant Hölker übernahm daraufhin die Steuerführung des Luftfahrzeugs und versuchte, eine höhere Triebwerksleistung zu erreichen. Das gelang ihm nur kurzzeitig. Danach befand sich das Flugzeug mit defektem Triebwerk in stetigem Sinkflug. Major Sütterlin sagte zum steuerführenden Piloten im vorderen Cockpit: »Wir müssen aussteigen!« Oberleutnant Hölker entgegnete: »Noch nicht! Erst müssen wir über die Häuser weg!« So glitten sie über ein Betriebsgelände mit mehreren tausend Arbeitern hinweg und erreichten den nordöstlichen Ortsrand der Gemeinde Straßberg.

Oberleutnant Ludger Hölker

Der Pilot im hinteren Cockpit löste den Schleudersitz als erster aus, gefolgt von Oberleutnant Hölker. Während Major Sütterlin am Fallschirm hängend durch die Baumkronen fiel, schlug Oberleutnant Hölker mit voller Wucht gegen einen Baum und wurde dabei schwer verletzt. Für einen sicheren Ausschuß mit dem Schleudersitz zur Rettung seines eigenen Lebens war es durch seine Entscheidung zugunsten der Menschen in Straßberg zu spät geworden.

Beide Offiziere wurden in das Krankenhaus Schwabmünchen eingeliefert, doch Ludger Hölker erlag drei Stunden nach dem Flugunfall seinen Verletzungen. Der Inspizient Flugsicherheit bestätigte in seinem Untersuchungsbericht offiziell, daß der verantwortliche Luftfahrzeugführer Oberleutnant Hölker nach dem Schubverlust bewußt lange im Flugzeug geblieben war, um den Absturz auf besiedeltes Gelände zu vermeiden.

Ludger Hölker wurde 1934 in Billerbeck im Kreis Coesfeld geboren. Er wuchs als ältestes von acht Geschwistern in einer westfälischen Bauernfamilie auf. Die Mutter bestimmte durch ihre Ernsthaftigkeit das Leben der Familie und prägte Ludgers Erziehung in Anlehnung an den katholischen Glauben. Nach sechs Jahren Volksschule, zwei Jahren Realschule und einem Jahr Gymnasium mußte er im Alter von 15 Jahren die Verwaltung des elterlichen Hofes übernehmen, da sein Vater schwer erkrankt war. Zwei Jahre später begann Hölker eine Lehre als Schmied, die er 1954 nach dreijähriger Ausbildung mit der Note »sehr gut« abschloß. Er konzentrierte sich erneut auf die schulische Ausbildung und erlangte die Mittlere Reife.

Ein halbes Jahr später wurde er Soldat. Er wollte unbedingt Flugzeugführer werden. Nach der Offiziersausbildung wurde er am 1. Oktober 1959 zum Leutnant befördert. Das Training zum Strahlflugzeugführer führte ihn ab Januar 1960 für 18 Monate in die USA. In der ersten Staffel des Jagdbombergeschwaders 32 in Lechfeld wurde er anschließend Einsatzpilot auf der F-84F Thunderstreak. Zusätzlich flog er das Trainingsflugzeug T-33A.

Obwohl er als Pilot der Luftwaffe zwei Flugzeugmuster beherrschen mußte und dienstlich voll ausgelastet war, besuchte er nebenher die Volkshochschule Schwabmünchen, um in Abendkursen das Abitur nachzuholen. Dazu kam es durch seinen tödlichen Absturz nicht mehr. Aus der Sicht seiner Kameraden war Lutz, wie sie ihn nannten, bescheiden, hilfsbereit, immer gut gelaunt und freundlich. Über einen Staffelkameraden hatte er die Studienassessorin Charlotte Hagg kennengelernt. Am 24. Juli 1964 gaben sie sich vor dem Standesbeamten in Landsberg am Lech das Jawort, die kirchliche Feier folgte zweieinhalb Wochen später in Billerbeck. Nach nur 35 Tagen fand die Ehe ein jähes Ende.

Im Alter von 30 Jahren hat Ludger Hölker in Ausübung des militärischen Flugdienstes sein Leben verloren. Durch seine Entscheidung, im Cockpit seines Flugzeugs zu bleiben, hatte er die Anwohner von Straßberg vor einer Katastrophe bewahrt. Bei einem Absturz in den Ort hätte es mit hoher Wahrscheinlichkeit viele Opfer und erheblichen Sachschaden gegeben.

Einige Wochen nach dem Flugunfall beschloß der Gemeinderat von Straßberg daher einstimmig, in Dankbarkeit eine Straße nach Oberleutnant Hölker zu benennen. Der bayerische Ministerpräsident Alfons Goppel verlieh Oberleutnant Ludger Hölker postum die Rettungsmedaille am Band für »sein einzigartiges

Leutnant Hölker vor einer T-33A während der Ausbildung in Lackland Air Force Base, Texas

Beispiel an Opferbereitschaft und Tapferkeit«. Diese Rettungsmedaille erhält ausschließlich, wer zur Abwendung von Lebensgefahr für Menschen oder zur Rettung eines Menschen aus Lebensgefahr sein eigenes Leben einsetzt.

Als die Offizierschule der Luftwaffe 1977 von Neubiberg nach Fürstenfeldbruck verlegt wurde, erinnerte man sich an die beispielgebende Haltung Ludger Hölkers. Das Auditorium Maximum mit rund 850 Sitzplätzen wurde vom damaligen Inspekteur nach ihm benannt. In seiner Rede begründete Generalleutnant Limberg die Entscheidung: »Jeder wird die Luftwaffe in ihrem Willen verstehen, das Andenken eines Mannes zu ehren, der in Ausübung des Auftrages für die Erhaltung des Friedens bewußt sein Leben opferte, um andere zu retten.

Wir wissen mit an Sicherheit grenzender Wahrscheinlichkeit, daß auch andere so wie Ludger Hölker in ähnlicher Lage gehandelt haben. Aber nur in seltenen Fällen wird überliefert, was den verantwortlichen Flugzeugführer in den Sekunden vor dem Absturz bewegte. So soll der Name Ludger Hölker zugleich für die anderen und alle Toten der Luftwaffe stehen, die seit Beginn der Luftwaffe unserer Bundesrepublik Deutschland ihr Leben in Erfüllung ihrer Pflicht verloren.«

Bei der Gedenkfeier 40 Jahre nach seinem Unglücks flug wurden in Anwesenheit seiner Witwe, zahlreicher Familienangehöriger, ehemaliger Kameraden und vieler Bürger Straßbergs die Einzelheiten des Geschehens nochmals geschildert. Ein Gedenkstein an der Absturzstelle erinnert seitdem an die Tat von Oberleutnant Hölker. Seine Inschrift: »Er opferte sein Leben für die Bewohner von Straßberg und verunglückte mit seinem Flugzeug an dieser Stelle«.

Der Offizier und Flugzeugführer Ludger Hölker hat in einer kritischen Situation Verantwortung übernommen und sein eigenes Leben vorbehaltlos hinter das anderer gestellt. Für diese schwerwiegende Entscheidung blieben ihm nur wenige Sekunden. Sein selbstloses Handeln erfolgte im Cockpit eines militärischen Flugzeugs, seine Opferbereitschaft und die Entscheidung zur Rettung vieler Menschen sind beispielgebend für alle, die in Ausnahmesituationen Verantwortung tragen.

Deshalb ist Ludger Hölker zu Recht Vorbild für unseren Führungsnachwuchs.

Eberhard Eimler

Er formte das »Team Luftwaffe«

General Eberhard Eimler war der erste Luftwaffenchef, der nicht in der Wehrmacht gedient hatte. Als Inspekteur traf er zahlreiche zukunftsweisende Entscheidungen. Doch dies gilt auch für andere Inspekteure.

Was also war das Besondere an seinen Verdiensten? Wodurch hat er die Luftwaffe nachhaltig geprägt? Und wieso hatte gerade er solch einen Blick für wesentliche Zusammenhänge und das Gespür für den erfolgreichsten Weg entwickelt?

Sicherlich haben Elternhaus und Jugend eine Rolle gespielt. 1930 in Ulm geboren, kurz vor Kriegsende noch als Flak-Helfer eingesetzt, hatte Eberhard Eimler – wie mancher andere seiner Generation – früh begriffen, welch furchtbare Konsequenzen totalitäre Politik und Krieg für die Menschen haben. Bei vielen führten diese Erfahrungen zu einer »Ohne-mich-Haltung«. Für Eberhard Eimler kam Wegducken nie in Frage. Als es um den Beitrag Deutschlands im Rahmen des Atlantischen Verteidigungsbündnisses ging, gab er 1956 einen erfolgversprechenden Berufsweg als angehender Ingenieur auf, um in den neuen deutschen Streitkräften zu dienen: Er wollte Marineflieger werden. Da die Luftwaffe jedoch für einen Flieger interessantere Perspektiven bot, wechselte Eberhard Eimler bald dorthin.

Früh stellte sich heraus, daß hier nicht nur ein bemerkenswertes fliegerisches Talent, sondern auch ein exzellenter Offizier heranwuchs. So verwundert es nicht, daß General Steinhoff auf diesen »Fluglehrer mit Generalstabsausbildung« aufmerksam wurde und Oberstleutnant Eimler zu seinem Adjutanten machte.

Generalleutnant Eberhard Eimler im Cockpit einer Transall C-160

Steinhoff und Eimler waren völlig unterschiedliche Charaktere – und kamen prächtig miteinander aus. Aus der frühen Nähe zur politischen und militärischen Spitze des Ministeriums und des Bündnisses hat der spätere Deputy SACEUR für seinen weiteren Berufsweg manchen Nutzen gezogen.

Zunächst durchlief Eberhard Eimler in den 70er Jahren eine Bilderbuchkarriere: Erfolgreiche Kommandeurverwendungen auf Gruppen-, Geschwader- und Divisionsebene wechselten mit anspruchsvollen Stabs- und Führungsverwendungen im Verteidigungsministerium und in der Luftflotte. Bereits mit 44 Jahren übernahm er als Stabsabteilungsleiter im Ministerium einen Generalsdienstposten. Mit 50 Jahren erhielt Eimler den dritten Stern und war als Stellvertretender Befehlshaber der Luftstreitkräfte

Mitteleuropa der höchste europäische Luftwaffenoffizier in der NATO-Hierarchie, zuständig für die Kampfverbände aus sechs Nationen. Mit 52 Jahren stand er als Inspekteur an der Spitze der Luftwaffe.

Sein breiter Verwendungsaufbau erwies sich als ausgezeichnete Investition: Generalleutnant Eimler kannte seinen Verantwortungsbereich umfassend, als er kreativ und immer offen für neue Ideen seine Luftwaffe zu neuem Selbstverständnis führte. Er forderte nicht nur kooperativen Führungsstil, er praktizierte ihn – die Referenten im Führungsstab gewöhnten sich bald an die Besuche ihres Inspekteurs, wenn dieser Fragen zu Vorlagen unmittelbar mit den Fachleuten klärte, manchmal zum Schrecken der Zwischenvorgesetzten.

General Eimler wußte, daß auch in einem technikabhängigen Umfeld die Menschen die entscheidende Rolle behalten. Deshalb besaßen Erziehung und Ausbildung für ihn einen herausragenden Wert. In diesem Punkt akzeptierte er keine Abstriche. So setzte er gegen erhebliche interne Widerstände die Einrichtung einer zentralen Unteroffizierschule für die Luftwaffe durch. General Eimler entwickelte aber ebenso Strategien für die Auswahl des Schlüssel- und Spitzenpersonals und machte den Personal-Beraterausschuß zu einem zentralen Führungsinstrument des Inspekteurs.

Als hervorragender Pilot mußte er niemals um seine Glaubwürdigkeit bangen, als er die anderen Dienstbereiche des Teams Luftwaffe in ihrer Rolle für die gemeinsame Auftragserfüllung aufwertete.

Pilot und Truppenführer

Doch neben dieser starken Wirkung nach innen gelang es General Eimler, mit konzeptionell griffiger Argumentation, die Bedeutung von Luftstreitkräften im Parlament und in der Öffentlichkeit überzeugend zu vertreten. Die in einer Demokratie wichtige Funktion der Medien verstand er, durch gezielte und bedachte Information, geschickt im Sinne der Luftwaffe einzusetzen.

Wohl niemals hat es in der Geschichte der Bundeswehr einen Inspekteur gegeben, der vergleichbares Vertrauen bei Parlamentariern aller Parteien besaß. Seinen ausgezeichneten Kontakten zu den Mitgliedern des Verteidigungs- und Haushaltsausschusses ist es zu verdanken, daß über eine ganze Reihe von Vorhaben positiv entschieden wurde, die bis heute tragende Säulen der Luftwaffe sind. Die Parlamentarier wußten, daß es Eimler stets um die Qualität, nie um das Prestige der Projekte ging. Ein Paradebeispiel war die kurzfristige Einführung des ECR-Tornado, dessen Einsatzwert wenige Jahre später im Kosovo-Konflikt bei den Bündnispartnern herausragende Anerkennung fand.

Eimlers ganzheitliches Denken ebnete auch den Zugang zu einem partnerschaftlichen Verhältnis mit der Industrie, das zur Beherrschung von Spitzentechnologie in Einsatzverbänden unverzichtbar ist – und das bis hin zu den gegenwärtigen Kooperationsmodellen ständig ausgebaut wurde. Das von General Eimler eingeführte, traditionelle »Industrieessen« der Luftwaffenführung hat in der Luft- und Raumfahrtindustrie nach wie vor einen herausragenden Stellenwert.

Zu Übungen flog der DSACEUR selber – General Eimler bei Ardent Ground 1989

Urteilskraft und Weitsicht waren auch in seiner letzten militärischen Verwendung ab 1987 als Deputy Supreme Allied Commander Europe General Eimlers Markenzeichen. Für den damaligen SACEUR, US-Heeresgeneral John Galvin, wurde er zum Alter ego, zum Impulsgeber für sämtliche strukturellen und operativen Fragen. General Eimler schuf für die bis dahin im Befehlsbereich Europa eher nachrangig behandelten Gebiete der Luft- und Seekriegführung Gremien auf Generals-/Admiralsebene, die er selbst leitete. Für den SACEUR pflegte er die Kontakte in die Hauptstädte – und er war General Galvin ein zuverlässiger Freund. Die stilvolle Gastfreundschaft der Eimlerschen Residenz in Mons bot viele Male ein ideales Klima für fruchtbare Gespräche zwischen Politik, Wirtschaft und der Bündnis-Generalität auf höchster Ebene.

Nach seinem Ausscheiden aus dem aktiven Militärdienst engagierte sich General Eimler als Ratgeber in der Wirtschaft. Seine Erfahrung, sein Urteil und seine kreative Denkweise blieben hoch geschätzt. Bei der Vernichtung der gewaltigen Munitionsbestände der ehemaligen NVA-Streitkräfte wurden viele seiner pragmatischen Vorstellungen unmittelbar umgesetzt.

Doch bei allen herausragenden militärischen Erfolgen hat der Pilot Eberhard Eimler nie die »Bodenhaftung« verloren. Weit über seine aktive Dienstzeit hinaus ist er eine außergewöhnlich elegante Erscheinung geblieben, wenn auch aus dem passionierten Bergsteiger inzwischen ein Bergwanderer geworden ist. Seine Urlaube verbrachte Eberhard Eimler – noch als Vier-Sterner und danach als Pensionär – häufig mit seiner Familie im Campmobil. Und schließlich ist er ein ausgewiesener Kunstliebhaber, der beim Anblick einer KPM-Porzellanfigur schon mal in Begeisterung ausbricht.

Den Kontakt zu seiner Luftwaffe hat Eberhard Eimler niemals vernachlässigt.

Und so sind bis heute sein Rat und sein Urteil im Team Luftwaffe hoch geschätzt.

Bernhard Mende
General der Einheit

Bernhard Mende wurde 1937 in Klausberg, Oberschlesien, geboren. In den Wirren des Weltkriegs zweimal vertrieben, fand seine Familie schließlich in Dortmund eine neue Heimat. Unter dem Eindruck der Niederschlagung des Volksaufstands in Ungarn durch die Sowjetunion im Herbst 1956 bewarb sich der sportbegeisterte Abiturient bei den gerade aufgestellten Streitkräften.

Übergabe der Truppenfahnen durch Generalmajor Mende im Frühjahr 1991 in Strausberg

Im April 1958 trat Bernhard Mende als Offizieranwärter in die Luftwaffe ein. An der Offizierschule bekam er – nachdem er bei einem Kameradschaftsabend überzeugend als Wallenstein aufgetreten war – den Beinamen »Wally«, den zunächst seine Kameraden, später fast die gesamte Luftwaffe, freilich ohne die Vorgeschichte zu kennen, nutzten. »Wally« Mende war ein Mann der leisen Töne, doch strahlte er Souveränität aus. Diese Wirkung auf andere sollte ihm in den entscheidenden Abschnitten seiner Laufbahn noch von großem Nutzen sein. Nicht nur im militärischen Umfeld, auch bei Industrie und im Parlament begegnete man ihm mit großem Respekt.

Leutnant Mende zählte zu den ersten Soldaten der Luftwaffe, die in Fort Bliss, Texas, an den Flugabwehrraketensystemen Nike und Hawk ausgebildet wurden. Die Zeit in den USA prägte seine Einstellung nachhaltig; die damaligen Eindrücke beeinflußten manche seiner späteren Entscheidungen. Beim Aufbau der noch jungen Luftwaffe übernahm Bernhard Mende früh Verantwortung als Zugführer und Batteriechef.

Nach der Generalstabsausbildung an der Führungsakademie der Bundeswehr bekleidete er in den nächsten Jahren Verwendungen, die ihn intensiv mit der Luftverteidigung verbanden. Dabei wurde die Führung auf ihn aufmerksam: Oberstleutnant Mende wurde zunächst Adjutant des Generalinspekteurs und danach Kommandeur des Flugabwehrraketenbataillons 21 in Möhnesee. Wie bei allen Vorgesetztenaufgaben, die Bernhard Mende übertragen wurden, sicherte ihm als Kommandeur seine souveräne und fürsorgliche Art die Gefolgschaft seiner Mitarbeiter.

Nach seiner Zeit als Chef des Stabes 2. Luftwaffendivision in Birkenfeld wurde Oberst Mende 1983 eine Aufgabe im Internationalen Militärstab der NATO in Brüssel übertragen. Bündnisweit für Luftverteidigungsangelegenheiten zuständig, kamen ihm hier nicht nur die profunden Fachkenntnisse, sondern vor allem seine Fähigkeit zugute, für kontroverse Fragestellungen mehrheitsfähige Lösungen zu finden. In Brüssel knüpfte er manche Verbindung und machte wichtige Erfahrungen für höherwertige Verwendungen, die er zunächst als Referatsleiter Luftverteidigungsplanung und ab Oktober 1987, unter Beförderung zum Brigadegeneral mit gerade 50 Jahren, als Planungschef der Luftwaffe weiter ausbaute.

1989 kehrte Mende als Kommandeur der 2. Luftwaffendivision nach Birkenfeld zurück und erlebte dort den Fall der Mauer. Was bei seinem Eintritt in die Bundeswehr in unerreichbarer Ferne schien, wurde nun für ihn Berufung: die deutsche Einheit. Im Oktober 1990 wurde Generalmajor Mende die schwierige Aufgabe übertragen, die Luftstreitkräfte der NVA zu übernehmen, aufzulösen und die verbleibenden Teile zu einer »5. Luftwaffendivision« zu formen. Für Bernhard Mende begann mit der Integration der Streitkräfte des ehemaligen Gegners in unsere Luftwaffe sowie in die NATO-Luftverteidigung das bedeutendste Jahr seiner Soldatenlaufbahn.

Innerhalb von fünf Monaten mußte er 239 Dienststellen der ehemaligen NVA-LSK/LV umgliedern oder auflösen, umfangreiche Personalentscheidungen treffen und – unter anderem – 450 Kampfflugzeuge außer Dienst stellen. Von Anfang an war es ihm ein Anliegen, die Bürger in den Neuen Ländern und die ehemaligen Soldaten der Nationalen Volksarmee erfahren zu lassen, was eine Armee in der Demokratie ausmacht und durch welche Werte sich das Selbstverständnis des Staatsbürgers in Uniform auszeichnet. Die Armee der Einheit, das gegenseitige Verständnis zwischen den Menschen in Ost und West und insbesondere die Menschenführung waren Generalmajor Mende nicht nur Auftrag, sondern Herzensanliegen. Er suchte den persönlichen Kontakt zu seinen Soldaten über alle Ebenen hinweg. Daß ihn die Entscheidungen zu Einzelschicksalen erkennbar bewegten, paßte so gar nicht in das Bild, das ein NVA-Soldat vormals von einem Luftwaffengeneral gehabt hatte. Doch jedermann spürte, daß das Motto des Divisionskommandeurs »Mit Herz und Kopf« nicht nur für sein aus dem Westen mitgebrachtes Team galt, sondern gleichermaßen für jeden Bürger und Soldaten der ehemaligen DDR. Zu Recht wurde er in der Luftwaffe als General der Einheit bezeichnet, denn auch als die 5. Luftwaffendivision 1994 in die »neue« 3. Luftwaffendivision überführt und nach Berlin-Gatow verlegt wurde, war er persönlich am Entscheidungsprozeß beteiligt.

Ab Oktober 1991 gestaltete Generalleutnant Mende die Luftwaffe bereits als Stellvertreter des Inspekteurs mit; drei Jahre später wurde er zum ersten Inspekteur der Luftwaffe ernannt, der nicht dem fliegerischen Dienst angehörte.

In seiner Zeit an der Spitze der Luftwaffe waren einschneidende Veränderungen zu bewältigen. Deutschland erhielt mit dem Zwei-plus-Vier-Vertrag die volle Souveränität zurück. In Folge nahm die Luftwaffe erstmals nach dem Zweiten Weltkrieg die nationalen lufthoheitlichen Aufgaben in vollem Umfang wahr.

Nachdem das Bundesverfassungsgericht im Juli 1994 entschieden hatte, daß sich die Bundesrepublik Deutschland im Rahmen kollektiver Sicherheitssysteme an bewaffneten Einsätzen beteiligen könne, beschloß der Bundestag den Einsatz von ECR-Tornados, Transport- und Aufklärungsflugzeugen sowie Sanitätspersonal zur Unterstützung der NATO im ehemaligen Jugoslawien. Im Juli 1995 landeten die ersten Luftwaffen-Tornados des Einsatzgeschwaders 1 in Piacenza, der Absprungbasis für diese Einsätze. 14 Tornados und rund 500 Soldaten entsandte Generalleutnant Mende in den ersten bewaffneten Einsatz seit Aufstellung der Luftwaffe.

Auch bei ihren Übungen betrat die Luftwaffe ab 1995 Neuland: Mit bis zu 1.500 Mann beteiligte sie sich an Krisenreaktions-Übungen mit NATO-Partnern in den USA, Norwegen und Spanien, später auch in Griechenland und der Türkei.

Das hohe Ansehen, das Bernhard Mende als »nicht fliegender« Inspekteur auch bei seinen fliegenden Besatzungen besaß, erwarb er mit feinem Gespür für den Geist der Truppe, mit Menschenkenntnis, mit beeindruckender Expertise in operativen Fragen und durch sein überzeugendes Eintreten für alle Bereiche der Luftwaffe. Mit seiner Ausstrahlung, seinem Engagement und allseits anerkannter Kompetenz erreichte er für die Luftwaffe bei Alliierten und neuen Partnern hohes Ansehen. So hat er die Gründung der European Air Chiefs Association, eines informellen Forums der europäischen Luftwaffenchefs, vorangetrieben und maßgeblich geprägt.

Als für die Offizierlehrgänge des Truppendienstes ab 1996 Mentoren benannt werden sollten, wurde General Mende als Vorbild für die junge Offiziergeneration gewählt. Die Rolle des ersten Mentors in der Geschichte der Offizierschule der Luftwaffe hat der

Erster Mentor eines Offizierlehrgangs

damalige Inspekteur mit ganzem Herzen angenommen: »Gerade die verantwortungsvolle und fordernde Aufgabe, Menschen zu führen ist untrennbar mit dem Offizierberuf verbunden, ›ich will‹ muß für Sie besondere Bedeutung besitzen!« gab er den Offizieranwärtern mit auf den Weg.

Seine ebenso außergewöhnliche wie erfolgreiche aktive Karriere als Offizier der Luftwaffe beendete Bernhard Mende Ende September 1997. Der Abschied war vom tragischen Absturz der Tupolew im Südatlantik überschattet, seine letzten Tage an der Spitze der Luftwaffe von der Trauer um die Opfer geprägt.

Nach seiner aktiven Dienstzeit engagierte sich Generalleutnant a.D. Mende weiterhin für die Belange der Streitkräfte. Als Vorsitzender der Deutschen Gesellschaft für Wehrtechnik blieb er der Luftwaffe verbunden. Unter seinem Vorsitz wurde die DWT auf einen Kurs geführt, der den tiefgreifenden Veränderungen in Sicherheitspolitik und Bundeswehr, in Wirtschaft und Wissenschaft sowie in der Gesellschaft Rechnung trug. Der Initiativkreis »Zukunft zur besseren Einbindung der jungen Generation« und der Arbeitskreis »Mittelstand zur Förderung von Innovationskraft und Wirtschaftlichkeit bei kleinen und mittleren Unternehmen« gingen auf seine Anregungen zurück.

Generalleutnant Bernhard Mende hat den Auf- und Umbau der Luftwaffe in wichtigen Phasen entscheidend mitgestaltet. Im Zuge der Wiedervereinigung hat er vor Ort geführt. Als es um die risikoreiche Unterstützung für Ex-Jugoslawien und die ersten bewaffneten Einsätze ging, war er der verantwortliche Inspekteur.

Im Oktober 2004 starb Bernhard Mende, für seine Familie, für seine Freunde und für seine Luftwaffe viel zu früh. Seine Gelassenheit, seine Ausstrahlung, sein treffsicherer Rat und seine Kameradschaft werden uns allen fehlen.

Als Vorsitzender der Deutschen Gesellschaft für Wehrtechnik

Die Unteroffiziere

Tragende Säulen in bewegten Zeiten

Das Bild des Unteroffiziers hat sich seit Beginn des 20. Jahrhunderts stark gewandelt. Der technische Fortschritt forcierte – übrigens nicht nur in Deutschland – gerade bei den Luftstreitkräften für den Unteroffizier eine neue Rolle: weg vom Befehlsempfänger, hin zum eigenverantwortlichen Spezialisten.

Beim Aufbau der neuen Luftwaffe gewann diese Entwicklung gleich aus mehreren Gründen sogar noch an Dynamik: Erstens duldete der Technologiesprung, der sich in der Luftfahrt zwischen 1945 und 1955 abgespielt hatte, kein Innehalten. Zum zweiten bereitete das Menschenbild der Inneren Führung den Boden für ein demokratisch gereiftes, gestärktes Selbstbewußtsein der Unteroffiziere. Und drittens fehlten der jungen Luftwaffe in den ersten Jahren Offiziere, deren Aufgaben von tüchtigen Unteroffizieren wahrgenommen werden mußten. Herausragendes Beispiel war die Situation bei den Flugzeugführern. Zahlreiche Unteroffiziere erhielten damals die Chance, Jetpilot zu werden – und sie nutzten sie derart überzeugend, daß sie später nicht nur in den Offizierstand wechselten, sondern einzelne bis in höchste Ränge vorstießen. Kein Wunder, daß gerade in den ersten Jahren die Erwartungen an die Unteroffiziere, die Anforderungen an ihre fachliche Qualifikation, an ihre Selbständigkeit und Eigenverantwortung ständig stiegen. Und in dem Maße, in dem immer wieder neue Anforderungen erfüllt wurden, wuchs im Unteroffizierkorps ein gesundes Selbstvertrauen.

Es dauerte eine Weile, bis diese zunächst interne Veränderung in der Öffentlichkeit Beachtung fand. Doch nach und nach setzte sich in der Gesellschaft der Bundesrepublik das moderne Berufsbild des Unteroffiziers der Luftwaffe durch, das bis heute seine Attraktivität ausmacht: hohe fachliche, meist technisch ausgerichtete Ausbildung, Flexibilität im Denken, im Handeln und in der Kommunikation – der Unteroffizier als Führer im Team.

Techniker des Jagdgeschwaders 73 »Steinhoff« warten eine MiG-29

Der Unteroffizier rückte damit näher an den Offizier heran. Der erste Kommandeur der damaligen Unteroffizierschule der Luftwaffe in Gürzenich-Wald drückte es so aus: »Der Unteroffizier soll wieder das werden, was sein Name sagt: der erste Mitarbeiter des Offiziers.« Damit sprach er zugleich die »Unternehmenskultur« der Luftwaffe an: die Arbeit im Team. Bestimmende Größe ist der gemeinsame Erfolg. Jeder bringt seine Kompetenz für die gemeinsame Sache ein und definiert über seinen Beitrag zur Auftragserfüllung – unabhängig vom Dienstgrad – seinen Wert für das Team.

Zugegeben: Das Bild hat idealtypische Züge, die Alltagserfahrung weicht gelegentlich davon ab. Doch definitiv prägt das partnerschaftliche Verständnis den Umgang zwischen Offizieren, Unteroffizieren und Mannschaften in der Luftwaffe. Wenn sich – wie gerade in den letzten Jahren – Rahmenbedingungen und Anforderungen schnell und vielfältig ändern, gewinnen Partnerschaft und Teamdenken im Dienstalltag sogar noch an Bedeutung: Je schwieriger die Aufgabe, desto mehr kommt es darauf an, die Fähigkeiten aller zusammenzuführen. Und hierbei haben die Unteroffiziere sowohl als unersetzbare Spezialisten wie als »Umsetzer« zwischen Führung und Durchführung zentrale Aufgaben.

Hinzu kommt, daß Unteroffiziere in der Luftwaffe wesentliche Träger der Ausbildungs- und Erziehungsarbeit sind. Sie sind in der Regel die ersten, die als militärische Vorgesetzte Einfluß auf den militärischen Nachwuchs der Luftwaffe ausüben. Sie sind täglich erlebtes Beispiel und Vorbild für die Mannschaften, auch für die Offizieranwärter.

Als Vorgesetzter, ob in der Technik oder in der allgemeinmilitärischen Ausbildung, ob als Teileinheits- oder Schichtführer – immer befindet sich der Unteroffizier unmittelbar bei den jungen Soldaten. Er ist auch derjenige, der beeindruckt und prägt, indem er die gleichen Entbehrungen wie seine Untergebenen erträgt und von sich selbst oft mehr fordert als von ihnen.

Und: Unteroffiziere kennen ihre Soldaten durch die unmittelbare Dienstaufsicht besonders gut. Als unentbehrliche Bindeglieder zwischen Offizieren und Mannschaften müssen sie sowohl loyal dienen als auch vorbildlich auftreten und sich beispielgebend verhalten. Dem Unteroffizier kommt – gerade in Ausbildungs- und Einsatzverbänden – hohe Verantwortung zu, der er nur gerecht werden kann, wenn er Kritikfähigkeit – auch gegenüber der eigenen Person – besitzt und bereit ist, sich um die anvertrauten Soldaten zu kümmern.

Diese sozialen Fähigkeiten sind die Grundvoraussetzung, um Menschen in belastenden Einsatzsituationen führen zu können, um Probleme sachgerecht erfassen und angemessen lösen zu können. Deshalb stehen sie als Lernziele auch im Vordergrund der modernen Ausbildung, wie sie an der Unteroffizierschule der Luftwaffe in Appen bei Hamburg geleistet wird. An dieser zentralen Ausbildungsstätte erhalten seit 1988 alle Unteroffiziere und Feldwebel der Luftwaffe ihre allgemeinmilitärische Ausbildung.

Unteroffiziere haben in allen Dienststellungen ihren ganz besonderen Stellenwert. Im Vergleich zu Offizieren gehören sie zumeist viel länger einem Verband an. Häufig sind es die Unteroffiziere, die damit die Gewähr bieten, daß das Leistungsvermögen der Truppe auf hohem Stand gehalten wird. Durch die »Ausbildung am Mann« sind sie die Garanten für Leistungsstabilität bei den Mannschaften sowie beim eigenen Nachwuchs im Unteroffizierkorps – oft sogar bei den jungen Offizieren. Unteroffiziere erfüllen die Kameradschaft in der Truppe mit Leben. Die »Spieße« sind

Der »Flieger« – Hörsaalgebäude der Unteroffizierschule der Luftwaffe

in den Verbänden der Luftwaffe nicht nur die »Führer der Unteroffizierkorps« – sie haben erheblichen Einfluß auf das Betriebsklima und letztlich auf den Einsatzwert ihrer Einheit. Denn überall, wo komplexe Aufgaben in Teamarbeit gelöst werden müssen, sind gutes Miteinander und gegenseitiges Vertrauen entscheidend für den Erfolg.

Auch zur Verankerung unserer Truppe im zivilen Umfeld tragen die Unteroffiziere der Luftwaffe seit jeher bei. Viele Kontakte zur Öffentlichkeit werden von Unteroffizieren gepflegt. Am Standort wohnende Unteroffiziere stehen als Mitglieder in Vereinen oder als gewählte Vertreter in kommunalen Körperschaften für die Verbundenheit mit der Bevölkerung.

Luftwaffenobjektschützer im Einsatz

Von jeher kommen die Unteroffiziere der Luftwaffe jedoch nicht nur in den Verbänden der Luftwaffe oder an reinen Luftwaffenstandorten zum Einsatz. In den Kommandobehörden der NATO und in anderen internationalen Stäben dienen sie seit Jahrzehnten als verläßliche Stützen. Und auch in den Dienststellen der Streitkräftebasis, in der mit der Bundeswehrreform übergreifende Fähigkeiten zentralisiert worden sind, haben sich unsere Unteroffiziere inzwischen Anerkennung und Wertschätzung erworben.

Heute bestimmen die Auslandseinsätze der Bundeswehr auch das Berufsfeld des Unteroffiziers der Luftwaffe – von der Katastrophen- und humanitären Hilfe bis hin zu den Einsätzen im Rahmen der Terrorbekämpfung in Afghanistan. Die Erfahrungen aus den Einsätzen sind Herausforderung und Chance zugleich. In internationalen Strukturen erweisen sich Unteroffiziere der Luftwaffe als fremdsprachlich versierte, kompetente Gesprächspartner, Mitarbeiter und Verantwortliche. Sie agieren effektiv und respektvoll in anderen Kulturkreisen. Die Praxis der bisherigen Einsatzerfahrungen hat so bestätigt, daß unsere Unteroffiziere auf die Anforderungen und Belastungen des Einsatzes gut eingestellt sind.

Aber die Herausforderungen bleiben spannend. Neue Szenarien, rasante Veränderungen in der Technologie und Anpassungen der Struktur der Streitkräfte verlangen von allen Soldaten, über das gesamte Berufsleben lernfähig zu bleiben. In ihrer gewachsenen Rolle wirken unsere Unteroffiziere oftmals genau an der Schnittstelle, an der die Transformation der Streitkräfte umgesetzt werden muß. In den vergangenen fünf Jahrzehnten haben sie unsere Luftwaffe in unzähligen Facetten geprägt und mitgestaltet – und es besteht kein Zweifel, daß sie auch in den laufenden Prozeß der Veränderung wichtige Beiträge einbringen werden.

An der Spitze des Fortschritts zu marschieren, bietet immer zugleich die Chance, neue Traditionen wachsen zu lassen, Traditionen mit eigenen Erfahrungen. Wir entwickeln derzeit in den Streitkräften ein modernes Berufsverständnis – der Soldat nicht nur als Kämpfer und Landesverteidiger, sondern ebenso im Dienst der aktiven Friedenssicherung. In einer Armee von »Staatsbürgern in Uniform« wird dieses erweiterte Selbstverständnis dazu beitragen können, für die künftigen Einsätze Motivation und Berufszufriedenheit zu gewährleisten.

Auch hier wächst den Unteroffizieren der Luftwaffe eine Schlüsselrolle zu. Denn keiner kann solche Veränderungen glaubwürdiger vermitteln als sie: zentrale Figuren im »Team Luftwaffe«.

Die Mannschaften

Zu wenig beachtete Leistungsträger

Obwohl fast jeder Soldat der Luftwaffe zumindest für kurze Zeit diesen Status hatte – der übliche Einstiegsdienstgrad ist der »Flieger« – wird die Rolle der Mannschaften oft unterschätzt. Man mag dies damit erklären, daß ihre Aufgaben wenig spektakulär sind und es sich meist um die Ausführung von Weisungen anderer handelt. Aber gerade mit diesen beiden »Einschränkungen« ist die eigentliche Bedeutung der Mannschaften für unsere Teilstreitkraft treffend umschrieben: Wo stünde die Luftwaffe heute, wenn es die unzähligen Leistungsträger nicht gegeben hätte, die zuverlässig, wenn auch unauffällig, für die Routine sorgten? Es wäre unverzeihlich, wenn ein Jubiläumsbuch der Luftwaffe unsere Mannschaften nicht angemessen würdigte. Doch warum geschieht dies in dem Kapitel, das von Menschen spricht, die unsere Luftwaffe prägten?

Zwei Antworten: Zum einen ist die Mannschaftslaufbahn der hauptsächliche Erfahrungsraum all jener Staatsbürger, die ihre Wehrpflicht abgeleistet haben.

Gemeinsame Erstellung von Unterrichtsmaterial

Die Wehrpflichtigen nehmen ihre Eindrücke mit nach Hause – und wenn sie sinnvoll eingesetzt und gut behandelt wurden, sind sie unsere besten Botschafter.

Es sind vor allem die Mannschaften, die das Bild der Bundeswehr – und dies gilt auch für die Luftwaffe – in unserer Gesellschaft bestimmen. Zudem haben viele spätere Leistungsträger während ihrer Wehrdienstzeit erst ihr Interesse am Soldatenberuf erkannt und Jahre später als Stabsfeldwebel, Oberstleutnant oder General einen erfolgreichen Berufsweg abgeschlossen. Unter den Mannschaften wurde manches große Talent entdeckt.

Soldaten helfen beim Beladen einer Transall mit Versorgungsgütern für den Kososvo

Und: Die Grundwehrdienstleistenden bringen ein großartiges Reservoir an Fähigkeiten ein. In der Informationstechnik, im Fotolabor bei der Luftbildaufklärung, als Fluggerätemechaniker im fliegenden Verband oder in den Presse- und Informationszentren leisten Mannschaftssoldaten wichtige Beiträge zur Auftragserfüllung der Luftwaffe. Und wie bei Heer und Marine gibt es in der Luftwaffe viele Wehrpflichtige, die freiwillig länger dienen und bereit sind, unter persönlichen Risiken und Entbehrungen im Rahmen der Auslandseinsätze für unser Land und für die Menschen vor Ort einzutreten.

Zweitens war und ist es in der Luftwaffe geübte Praxis, Mannschaftsdienstgraden bei entsprechendem Fachwissen und Talent Aufgaben anzuvertrauen, die sie mitunter weit über ihre dienstgradgemäße Ebene hinaus fordern. Seit der Gründung der Luftwaffe entscheiden persönliches Können und Leistungsbereitschaft über das Maß der anvertrauten Verantwortung und die Wertschätzung des Einzelnen. Das selbstverständliche Nutzen vorhandenen Wissens und Könnens entspricht nicht nur dem Teamgedanken der Luftwaffe, sondern ebenso den Erfordernissen einer funktionalen Arbeitsweise, wie sie in der von Technik bestimmten Luftwaffe unverzichtbar ist. Als in der Aufbauphase Offiziere fehlten und ihre Aufgaben von Unteroffizieren übernommen werden mußten, rückten die Mannschaften nach und trugen oftmals auf Unteroffizierpositionen erhebliche Verantwortung. Fast in allen Bereichen der Luftwaffe haben wir sie erlebt: im technischen Dienst an unseren Flugzeugen, an den Waffensystemen der FlaRak, im Radarführungsdienst, in der Versorgung – bei entsprechender Begabung auch in der Ausbildung, mit Verantwortung für unser höchstes Gut: für den Menschen.

Die hohe Anerkennung, die an dieser Stelle den Mannschaften der Luftwaffe gezollt wird, richtet sich bewußt nicht an einzelne Individuen; sie soll die Gesamtleistung der nahezu 1,5 Millionen wehrpflichtigen Soldaten, die in der Luftwaffe gedient haben, und der ständigen unauffälligen Leistung unserer Zeitsoldaten in den Mannschaftsrängen Rechnung tragen. Sie haben es mehr als verdient!

Im Spiegel der Öffentlichkeit

Antje Krekeler-Jöris

Über den Horizont hinaus

»Die Sicherheitslage hat sich entscheidend verändert. Deutschland wird absehbar nicht mehr durch konventionelle Streitkräfte bedroht. Unsere Sicherheit wird nicht nur, aber auch am Hindukusch verteidigt. Wenn sich dort Bedrohungen für unser Land, wie im Falle international organisierter Terroristen, formieren.«

Mit diesen Worten beschrieb Verteidigungsminister Dr. Peter Struck am 11. März 2004 eindringlich neue Krisenszenarien, denen sich auch die Luftwaffe stellen muß. Nicht erst seit dem 11. September 2001, als von Terroristen entführte Flugzeuge in das World Trade Center rasten, hat sich die globale Sicherheitslage dramatisch geändert. Mit dem Ende des Kalten Krieges sind neuartige Krisenherde entstanden, auf die sich die Streitkräfte einstellen müssen. Aus der bipolaren Weltordnung ist eine »Weltunordnung« geworden.

Faktisch beteiligte sich die Bundesrepublik seit den 70er Jahren an Auslandseinsätzen. Meist war die Luftwaffe dabei: beim Transport von Ausrüstung für die

Luftbild einer serbischen Radaranlage

UN-Truppen im Libanon Ende der 70er Jahre, mit Transportflügen für die UN-Mission in Namibia 1989, 1992 bei der Luftbrücke nach Sarajevo. Doch »out of area«-Einsätze waren politisch und verfassungsrechtlich lange umstritten.

Erst 1994 stellte das Bundesverfassungsgericht klar: Die Bundesrepublik kann sich an bewaffneten Einsätzen innerhalb von Systemen der kollektiven Sicherheit beteiligen, wenn der Bundestag dem jeweiligen Einsatz mit einfacher Mehrheit zustimmt.

Am ersten Kampfeinsatz der Bundeswehr zwischen März und Juni 1999 auf dem Balkan waren deutsche ECR- und Recce-Tornados gefordert.

Inzwischen besteht in der Bundesrepublik ein breiter gesellschaftlicher Konsens über die Aufgaben der Bundeswehr: Ihre Kernaufgabe ist und bleibt die Landesverteidigung. Doch angesichts der neuen Bedrohungen findet der Einsatz für Frieden und Freiheit »auch am Hindukusch« statt.

Einsatzgeschwader 1 der Luftwaffe

Auszug aus dem Einsatztagebuch von Oberstleutnant Manfred Wittig. Er war von August bis November 2003 der erste Sprecher im ISAF-Hauptquartier unter NATO-Flagge:

Donnerstag, 11. September 2003

»Heulende Sirenen. Kurze, gebrüllte Kommandos. Raketenalarm in Kabul. Es ist der zweite Jahrestag der Anschläge von New York und Washington.
Ich werde aus dem Schlaf gerissen, renne in den Schutz-Shelter. In und um Kabul hat es mehrere Einschläge gegeben. Erst langsam ergibt sich ein klares Lagebild.
Ununterbrochen klingelt mein Handy. Journalisten wollen Genaueres wissen. Immer wieder sind die Leitungen unterbrochen, Wortfetzen, Gesprächs-Stakkato.
Bilanz des Angriffes: Ein Kanadier wurde im Camp Warehouse verletzt, der Sachschaden hält sich in Grenzen.
Ich atme auf. Doch ich weiß auch, daß es morgen schlimmer kommen kann.«

Sicherheit im Luftraum

5. Januar 2003. Ein sonniger Wintertag. Dem Motorsegler, der gegen 15 Uhr am wolkenlosen Himmel erscheint, schenken die Frankfurter anfangs keine Beachtung. Plötzlich ein anderes Geräusch: zwei Abfangjäger der Luftwaffe, ein Polizeihubschrauber. Bis zur Landung kontrollieren sie jede Flugbewegung des geistig verwirrten Piloten, der über Funk angedroht hatte, sich in die Europäische Zentralbank zu stürzen.

Durch den Frankfurter Vorfall wird einer breiten Öffentlichkeit bewußt, daß die Sicherung des Luftraums

Rechts:
Nationales Lage- und Führungszentrum – Sicherheit im Luftraum

F-4F beim Start

gegen terroristischen oder kriminellen Mißbrauch gesetzlich geregelt werden muß. Zwar haben die Ereignisse des 11. September 2001 auch in Deutschland zu einer Reihe von Sofortmaßnahmen der Luftwaffe geführt, doch ein Gesetz fehlt. Inzwischen ist dieses Luftsicherheitsgesetz beschlossen. Damit ist das Regelwerk – einschließlich der Gewaltanwendung – legitimiert.

Um die lufthoheitlichen Aufgaben koordinieren und vor allem um die politische

Oben: NATO E-3A

Links: Permanente Kontrolle des Luftraums

Unten: Alarmrotte F-4F

Führung in kritischen Situationen lagegerecht beraten zu können, nahm bereits im Juli 2003 das Nationale Lage- und Führungszentrum Sicherheit im Luftraum in Kalkar seinen Dienst auf. Hier laufen alle Informationen der NATO-Luftverteidigung, der zivilen Flugsicherung und der Sicherheitslage des Innenministeriums zusammen. Denn die Verantwortung des Verteidigungsministers für jede Gewaltanwendung gegen eine terroristische Bedrohung aus der Luft erfordert trotz des Zwangs, rasch zu reagieren, eine umfassende Information, um die Lage beurteilen zu können.

Hilfe aus der Luft

Humanitäre Einsätze rund um den Globus

Es ist die Nacht vom 29. Februar zum 1. März 1960. Für 15 Sekunden bebt in der marokkanischen Hafenstadt Agadir die Erde, eine gewaltige Springflut folgt. Mehr als 12.000 Menschen finden den Tod. Die blühende Hafenstadt Agadir existiert nicht mehr.

Für die Bundeswehr ist die Hilfe für die Erdbebenopfer von Agadir der erste humanitäre Auslandseinsatz. Gefordert sind – wie bei allen anderen humanitären Einsätzen – vor allem die Luftwaffe und der Sanitätsdienst. Und spätestens seit der Dürrekatastrophe in der Sahelzone 1973/74 sind das Transportflugzeug Transall C-160 und die Transporthubschrauber weltweit zum Symbol für deutsche Hilfe geworden.

Die Bilanz der humanitären Einsätze ist beeindruckend:

- Über 170 Einsätze im Ausland, bei denen
- in über 45.000 Flugstunden,
- weit über 75.000 Tonnen Hilfsgüter und
- rund 50.000 Menschen befördert werden.

Die Afrika-Einsätze brachten auch die ersten Kontakte zu Soldaten der Nationalen Volksarmee (NVA), wenngleich die begleitenden Stasi-Aufpasser alles versuchten, um dies zu verhindern. Daß es dabei durchaus humorig-locker zugehen konnte, belegt die nachfolgende Geschichte:

Im Zuge der Weiterentwicklung der Verfahren hatte die Luftwaffe das Africa Drop-Verfahren entwickelt. Dabei wurden im Tiefstflug durch ein leichtes Hochziehen der Maschine die Getreidesäcke von der Ladefläche nach hinten ausgerollt. Die interessierte Frage eines NVA-Airman in Äthiopien an einen Transall-Navigator, wie das funktioniere, beantwortete dieser mit den Worten: »Das ist streng geheim, das darf ich Dir nicht sagen!« Zweite Frage: »Und wie viele Säcke bleiben dabei ganz?« »Ist auch geheim. Aber weil Du so'n netter Kerl bist, sag' ich es Dir: Wie bei Euren Wahlen, 110 Prozent!«

Einsatz auf unbefestigten Pisten – Transall in Belet Huen, Somalia

Die deutschen Medien berichten anerkennend über die »Retter in höchster Not«. Doch manch einem Besatzungsmitglied ist so viel öffentliches Lob unangenehm. Im Gespräch mit der Rheinischen Post unterstreicht ein Oberstleutnant aus Landsberg: »Einen Orden für diese Art von Einsätzen lehne ich strikt ab, auch wenn ich mit den Hilfsflügen viele hundert Menschenleben gerettet habe. Der humanitäre Einsatz ist mein Beruf.«

»Africa Drop«-Verfahren – sehnlich erwartete Hilfe

Katastrophenhilfe im Inland

Sie ist als »Jahrhundert-Sturmflut« in die Geschichtsbücher eingegangen: die Flutkatastrophe in Hamburg 1962. Nachdem am 16. Februar der erste Deich gebrochen ist, steht ein Fünftel Hamburgs unter Wasser. 100.000 Bewohner sind von den Fluten eingeschlossen.

Bei Hilfseinsätzen ist Präzision Trumpf

Auf eine solche Katastrophe war niemand vorbereitet. Die ersten Stunden sind chaotisch. Erst als Hamburgs Innensenator Helmut Schmidt entschlossen die Führung an sich zieht und die Hilfe der Bundeswehr anfordert, ordnen sich die Verhältnisse. Neun Soldaten verlieren in diesem Einsatz ihr Leben. Eine Konsequenz aus der Hamburger Katastrophe: Die Hilfeleistung der Bundeswehr bei Naturkatastrophen wird ins Grundgesetz aufgenommen.

Die »Oderflut« 1997 wird eine weitere große Bewährungsprobe. Am 17. Juli erreicht die Flutwelle Brandenburg. Deichbrüche, Überflutungen. 30.000 Bundeswehrsoldaten helfen der verzweifelten Bevölkerung.

August 2002. Hochwasserkatastrophe an Donau und Elbe. Ganze Landstriche sind nur aus der Luft erreichbar. Für viele Menschen sind die Hubschrauber der Bundeswehr die letzte Hoffnung, aus den reißenden Fluten geborgen zu werden.

»Wir werden diejenigen, die auf unsere Hilfe setzen, nicht enttäuschen«, so Verteidigungsminister Struck in seinem Tagesbefehl vom 18. August 2002. Und die Bundeswehr hält dieses Versprechen. Über 40.000 Sol-

»Hilfe nach der Hilfe« leistete die Flugabwehrraketengruppe 25:

»Die Jahrhundertflut an der Elbe vernichtete große Teile der Ernte. Spontan spendeten Landwirte in ganz Deutschland größere Mengen von Stroh und Silage für ihre Kollegen im Osten. Doch das Hauptproblem war der Transport dieser voluminösen Spenden.

Auch hier half die Bundeswehr. So transportierte die Flugabwehrraketengruppe 25 rund 850 Stroh- und Silageballen in den Großraum Dresden – ein unüblicher Auftrag für die Luftwaffe. Vom Fliegerhorst Ahlhorn wurden die dringend für die Überwinterung des Viehbestandes benötigten Güter an die Elbe transportiert. 60 Fahrten waren nötig.

Erfreulicher Nebeneffekt dieses Hilfstransportes: Die Soldaten – immerhin legten sie 40.000 Kilometer unfallfrei zurück – gewannen viel Routine am Lenkrad.«

Seit über vier Jahrzehnten engagiert sich die Luftwaffe für an der Mittelmeeranämie erkrankte Kinder auf Sardinien.
Dr. med. Franz Grell, Präsident der »Deutschen Thalassämiehilfe e.V.«, zieht Bilanz:

»Seit den frühen 60er Jahren sammeln Soldaten des Luftwaffenübungsplatzkommandos Decimomannu (später Taktisches Ausbildungskommando der Luftwaffe in Italien) sowie der übenden Geschwaderkommandos Geld und Hilfsgüter und spenden Blut für die auf Sardinien so zahlreich von der Thalassämie, der ›Mittelmeeranämie‹, betroffenen Kinder. Seit 1996 werden die Hilfsmaßnahmen der Bundeswehr koordiniert durch die bei der 1. Luftwaffendivision angesiedelte ›Deutsche Thalassämiehilfe e.V.‹ Bislang wurden Geld- und Sachspenden in Höhe von ca. 1 Mio. Euro und 50.000 Blutkonserven im Werte von ca. 2 Mio. Euro den kranken Kindern zur Verfügung gestellt.«

daten und Reservisten sind wochenlang im Einsatz. Gemeinsam mit den Betroffenen, aber auch vielen Freiwilligen aus der ganzen Bundesrepublik, schaufeln sie Millionen Tonnen Sand in Säcke, um die Deiche zu schützen. Unterstützt werden sie unter anderem von den Transall C-160 der Luftwaffe, die über 100 Tonnen Material zu den Helfern transportieren.

Die Luftwaffe erfüllt – neben der tatkräftigen Hilfe am Boden – Aufgaben, für die sie besonders qualifiziert ist. Denn angesichts der überfluteten Straßen ist der Lufttransport oft der einzige Ausweg. Zum Beispiel für die Patienten aus den Dresdner Intensivstationen. Rechtzeitig verlegt das Lufttransportkommando Maschinen auf den Flugplatz Dresden-Klotsche, darunter einen Airbus A310 MedEvac und eine mit einem MedEvac-Rüstsatz versehene Transall, um die Patienten nach Leipzig, Berlin und Köln auszufliegen.

Ebenfalls im Einsatz: Tornados der Luftwaffe. Gemeinsam mit den Marinefliegern überwachen sie die Deiche. Ihre Luft- und Wärmebilder liefern den Krisenstäben die dringend benötigten Informationen, wo ein weiterer Deichbruch zu befürchten steht. Aufgeweichte Deiche können so rechtzeitig verstärkt werden.

Search-and-Rescue

Sie haben Tausenden von Menschen das Leben gerettet, die Männer in den orangefarbenen Fliegerkombis. Allein im Jahr 2004 flogen sie 4.190 Einsätze. Über 90 Prozent waren »dringende Nothilfe«, also die Erstversorgung von Unfallopfern.

Das Einsatzspektrum des Such- und Rettungsdienstes (SAR, Search-and-Rescue) reicht von der Rettung verunglückter Bergsteiger über die Suche von Schiffbrüchigen bis hin zum Transport von im Einsatz verwundeten Soldaten.

Bei SAR arbeiten Luftwaffe und Marine eng mit anderen Rettungskräften zusammen. Dazu zählen zivile Einrichtungen wie Polizei, Bundesgrenzschutz, ADAC oder die Deutsche Gesellschaft zur Rettung Schiffbrüchiger.

Luftrettung – oft die letzte Chance

Anerkannt und ausgezeichnet

Seit ihrer Gründung arbeitet die Luftwaffe eng mit den Luftwaffen der verbündeten Nationen zusammen. Intensive Kontakte auf allen Ebenen sind mehr als eine »gute Tradition«: Sie sind seit fünf Jahrzehnten gelebter Alltag.

Bei gemeinsamen Übungen mit den Partnernationen, bei der Ausbildung und im multinationalen Einsatz – Kooperation mit anderen Nationen ist für die Luftwaffe selbstverständlich.

Neben engen zwischenmenschlichen Beziehungen sind es vor allem der gute Mannschaftsgeist und die exzellente Zusammenarbeit, die von den Freunden und Partnern immer wieder gelobt werden. So hob Andrew

Aus dem Gratulationsschreiben des Deputy Secretary General der NATO, Ambassador Alessandro Minuto Rizzo, aus Anlaß des 50jährigen Bestehens der Luftwaffe:

DEPUTY SECRETARY GENERAL
LE SECRÉTAIRE GÉNÉRAL DÉLÉGUÉ
AMBASSADOR – AMBASSADEUR
ALESSANDRO MINUTO RIZZO

»In 2005, Germany will celebrate the 50th anniversary of Alliance membership, as well the Luftwaffe (German Air Force) will celebrate its 50th birthday. From the very beginning the Lufwaffe has been an integral part of NATO's military command structure. During the Cold War era operational units of the Luftwaffe were assigned as NATO Command Forces. They contributed substantially to the historic success of the North Atlantic Alliance.

The Alliance's 1999 effort, Operation Allied Force, NATO's first sustained combat operation, showed solidarity throughout NATO and clearly marked a new epoch, especially for the Luftwaffe. In today's NATO operations in Afghanistan and the Balkans the Luftwaffe acts as force enabler and force multiplier. At the same time the Luftwaffe is in the midst of a process of transformation, adapting capabilities to the requirements as derived from the new NATO strategy. The Luftwaffe is currently introducing the EUROFIGHTER. The successful realisation of this programme will strengthen the NATO Alliance as much as the fielding of the Air Command and Control System. The latter will at the same time ensure an important contribution to NATO Network Enabled Capabilities. PATRIOT PAC 3 and the development of MEADS will offer, for the first time, core Ballistic Missile Defence capabilities. The procurement of the A400M will add a strategic airlift capability to NATO which represents a significant step in overcoming one of NATO's and EU's major capability shortfalls in the area of ›Strategic Airlift‹.

The Luftwaffe is at the centre of transformation to meet the security challenges of the 21st century. Consequently, the Alliance welcomed the German initiative to establish the Joint Airpower Competence Center at Kalkar. I am very pleased to have this opportunity to express my deep appreciation to the Luftwaffe and to offer my congratulations on its fifty years of dedicated service within NATO to the cause of peace and stability in Europe and beyond.«

Alessandro Minuto Rizzo
Chairman of the NATO Air Defence Committee

Herzliche Verbundenheit – Besuch des US Air Chiefs, General Jumper (2. v. l.), bei Baltic Jump (2004)

Humphrey, Air Marshal und ehemaliger Chef des Stabes der Königlich Britischen Luftwaffe, insbesondere die »Bereitschaft, vom anderen zu lernen« und den »gegenseitigen Respekt, der auf erwiesener Leistung beruht« hervor.

Doch nicht nur durch guten Willen, sondern vor allem durch ihre Leistungsfähigkeit hat sich die Luftwaffe internationale Anerkennung erarbeitet. General D.C. Jones, damals Chef der amerikanischen Luftwaffe, wünschte bereits vor drei Jahrzehnten: »Mögen Sie den ausgezeichneten fachlichen Ruf, der Erbe und Schlüssel für zukünftige Erfolge der deutschen Luftwaffe ist, auch für die Zukunft bewahren.« Die Angehörigen der Luftwaffe erfüllen diese Herausforderung Tag für Tag.

Lob und Anerkennung finden ihren Ausdruck oft in sehr persönlichem Dank: Das kleine Mädchen aus Sarajevo, das für den Piloten einer Transall ein Bild malt. Der Vater, der sich für den Rücktransport seines schwerverletzten Sohnes nach der Tsunami-Katastrophe in Südostasien bedankt. Der verunglückte Bergsteiger, der von einem SAR-Team gerettet wurde und noch aus dem Krankenhaus eine Postkarte schickt. Der Kuchen, den eine alte Frau für die Soldaten backt, die am Vortag ihr Haus gegen das Oderhochwasser gesichert haben. Und manchmal ist ein solches Dankeschön wertvoller als ein Orden …

Schwere Stunden

Tod und Trauer werden in unserer Gesellschaft häufig verdrängt. Für Soldaten ist die Auseinandersetzung mit diesen Themen jedoch ein wichtiger Bestandteil ihres beruflichen Selbstverständnisses, sie müssen sich dem Thema auseinandersetzen.

Jedes Unglück, jeder Tod eines Kameraden ist ein schwerer Einschnitt – unvorhersehbar, unerwartet, in seiner Einzigartigkeit nicht vergleichbar. Und Risiken sind im militärischen Dienst nie völlig auszuschalten. Das haben nicht erst die Auslandseinsätze der Bundeswehr in den letzten zehn Jahren gezeigt. Selbst bei höchster Priorität für Flugsicherheit bleibt im militärischen Flugbetrieb immer ein Restrisiko.

Natürlich ist Trauer eine sehr persönliche Auseinandersetzung mit dem Geschehenen, dem Unfaßbaren. Sie ist wichtig, denn Trauer ist der erste Schritt zum Weiterleben.

Doch in der Luftwaffe ist es Tradition, diese persönliche Betroffenheit auch gemeinsam durchzustehen. Mit Gefühlen wie der eigenen Hilflosigkeit, den Fragen nach der eigenen Verantwortung darf der Einzelne nicht allein bleiben. Die Luftwaffe setzt sich bei jedem Unfall intensiv damit auseinander.

Traurige Heimkehr – die Opfer des Flugunfalls auf Kreta im Februar 1975 werden in Hohn mit einem Trauerappell gewürdigt

Selbstverständlich sind die individuelle kameradschaftliche Hilfe und die Unterstützung der Angehörigen in schweren Stunden.

Wichtig ist für alle Luftwaffenangehörigen aber auch das Ehrenmal in Fürstenfeldbruck als zentraler Ort der Rückbesinnung, des Nachdenkens. Am Standort der Offizierschule wird alljährlich der Opfer der beiden Weltkriege, der Opfer der Luftfahrt und der Kameraden gedacht, die für die Erhaltung des Friedens im Dienst ihr Leben verloren.

Über 100 Flugzeugführer verloren bei Starfighter-Abstürzen ihr Leben

Zur Totenehrung am Luftwaffen-Ehrenmal wird das folgende Gedicht von Archibald MacLeish traditionell von einem Offizieranwärter vorgetragen:

Die jungen toten Soldaten sprechen nicht.
Aber man hört sie in stillen Häusern:
Wer hat sie nicht gehört?
Sie haben ein Schweigen, das spricht für sie,
nachts, wenn die Uhr schlägt.

Sie sagen: Wir waren jung. Wir sind gestorben.
Denkt an uns.
Sie sagen: Wir haben getan, was wir konnten,
aber bevor es vorbei ist,
ist es nicht getan.
Sie sagen: Wir haben unser Leben gegeben,
aber bevor es vorbei ist,
kann keiner wissen, was unsere
Leben geben.
Sie sagen: Unser Tod ist nicht unser, es ist Euer;
er wird bedeuten, was Ihr daraus
macht.
Sie sagen: Ob unser Leben und Tod für Frieden
war, und für neue Hoffnung,
oder für nichts, können wir nicht
sagen, denn Ihr müßt es sagen.
Sie sagen: Wir lassen Euch unsere Tode.
Gebt ihnen Sinn.

Wir waren jung, sagen Sie. Wir sind gestorben.
Denkt an uns.

Ehrenmal der Luftwaffe in Fürstenfeldbruck

Kranzniederlegung durch den Inspekteur

Kritische Kontrolle

In ihrer 50jährigen Geschichte haben Journalisten die Luftwaffe als Chronisten kritisch begleitet. Wie jeder Betroffene hat sich die Luftwaffe mit der Logik der Medien – »bad news are good news« – nicht immer leicht getan. Manche Schlagzeile, vor allem aber Bilder sind im Bewußtsein haften geblieben.

Drei Themen haben die Luftwaffe über die Jahrzehnte begleitet: Flugunfälle, Beschaffungskosten und das Thema »Tiefflug«. Das erste große Thema war allerdings die Aufstellung der Luftwaffe.

Ende der 50er Jahre besuchen viele Journalisten »Fürsty«, berichten über diese Oase der fliegerischen Ausbildung mit internationalem Flair und Luxus. Fast zwangsläufig rücken damit auch die Kosten der Pilotenausbildung ins Blickfeld des journalistischen Interesses. Im Februar 1956 steht der kommissarische Leiter der Luftwaffe, Oberst Werner Panitzki, der Süddeutschen Zeitung Rede und Antwort: Die »Ausbildung eines ungedienten Flugzeugführers wird rund 200.000 Mark kosten«. Mitte der 50er Jahre für den Durchschnittsleser eine astronomisch hohe Summe.

Titelbild zur Starfighter-Krise

Schon wenige Jahre später tritt das Thema »Ausbildung« in den Hintergrund und wird vom Thema »Flugunfälle« überlagert. Die Starfighter-Krise hat begonnen, ihren Höhepunkt erreicht sie Mitte der 60er Jahre. Anfangs als »Wunderwaffe« gefeiert, wird in den Medien aus der F-104G bald der »Witwenmacher« – ein Begriff, mit dem übrigens viel früher schon die amerikanische C-119 und die F-84F tituliert wurden.

Doch die Öffentlichkeit ist nicht nur über die Abstürze schockiert. Die Starfighter-Krise geht tiefer. Allen voran klagt »Der Spiegel« Anfang 1966 an: »In einem Anflug militärpolitischer Großmachtsucht und in dem zielstrebigen Drang nach Teilhabe an der atomaren Schlagkraft des westlichen Abendlandes hat sich die Bundeswehr, mit mangelndem Sachverstand und überstürzt, ein technisch äußerst kompliziertes Waffensystem aufgebürdet – in einer Größenordnung, die das technische und personelle Vermögen der noch jungen Luftwaffe weit überfordert.« Letztlich habe bei der hastigen Beschaffung niemand die Konsequenzen bedacht.

Die Medien führen akribisch Buch über die F-104G-Unfälle. Nach dem Absturz des 100. Starfighter veröffentlichte der »Stern« am 13. Oktober 1969 Portraitfotos von toten Starfighter-Piloten. Damit bekommt die Diskussion eine emotionale Qualität, der sich auch die Luftwaffe nicht entziehen kann. Wie soll man in einer solchen Situation noch erklären, daß »der Mensch eben nicht bis in die letzte Quadratwurzel berechenbar sein wird und technische Fehler am Flugzeug nie ganz auszuschließen sind«? (Rhein-Neckar-Zeitung, 10. Juli 1970)

Auch nach der Starfighter-Ära prägen immer wieder Flugunfälle die Berichterstattung. Sei es der Absturz von »German Air Force 50+63« auf Kreta (1975), die Unfälle der Frecce Tricolore in Ramstein und der amerikanischen A-10 in Remscheid (1988), der Absturz der Tupolew Tu-154M über dem Südatlantik (1997), der Hubschrauber-Absturz während der Jugendmesse YOU in Dortmund (1998), der Absturz eines Rettungshubschraubers in Hamburg (2002) – im Mittelpunkt der Berichterstattung stehen immer dieselben Fragen: Warum passieren solche Unfälle? Ist es menschliches Versagen? Ist die Technik nicht zuverlässig? Wer trägt die Verantwortung?

Das zweite große Thema, das über drei Jahrzehnte für Schlagzeilen sorgt, ist der Tiefflug. Bereits Anfang der 60er Jahre spitzt sich die Diskussion zu, Menschen, die in unmittelbarer Nähe von militärischen Flugplätzen leben, protestieren. »Ein Dorf flieht vor dem Lärm« titelt der »Tagesspiegel« im März 1962 – gemeint ist Oberbolheim in der Nähe des Fliegerhorstes Nörvenich. Nicht nur Oberbolheim wird umgesiedelt, es trifft auch Orte wie Rehbach, Eckweiler und andere, in deren Nachbarschaft Geschwader stationiert sind. Die Politik hat entschieden: »Wenn man den Menschen den Lärm nicht wegnehmen kann, dann muß man die Menschen vom Lärm wegnehmen – egal, was es kosten mag.«

Betroffene Bürger machen mitunter mit spektakulären und medienwirksamen Aktionen auf ihre Anliegen öffentlich aufmerksam. Bereits im Sommer 1967 rät der streitbare bayerische SPD-Bundestagsabgeordnete Georg Kann-Ackermann zu »Ballonsperren gegen die Tiefflieger der Luftwaffe«. Bürgermeister und Landräte schließen sich zu der Interessengemeinschaft zur Verminderung des Tieffluglärms zusammen.

Immer wieder geraten die Piloten ins Kreuzfeuer der Kritik. Sie gelten als »Rowdys im Jet«, die »mit Vollgas übers Vaterland« (»Die Zeit«, 8. April 1988) donnern. Die Piloten fühlen sich zu unrecht angegriffen, wollen »nicht die Prügelknaben sein«. In einem Gespräch mit der »Neue Rhein Zeitung« bringt es ein Pilot im Januar 1989 auf den Punkt: »Wir bringen extreme Leistungen, setzen unsere Gesundheit aufs Spiel, sind pro Jahr drei bis vier Monate von unseren Familien getrennt und werden als ›Mörder‹, ›Luftrowdy‹ und ›Helldriver am Himmel‹ beschimpft.« Er fordert, die Politiker sollten den Piloten endlich Rückendeckung geben oder den »ihnen gestellten Kampfauftrag mit allen Konsequenzen ändern.«

Einen letzten Höhepunkt erreicht die Tiefflugdiskussion Ende der 80er Jahre, als es zu medienwirksamen Bürgerprotesten kommt. In einer bundesweiten Aktion gegen den Tiefflug steigen im März 1989 hunderte bunter Luftballons in den Himmel auf. In einer Zeit der Entspannung zwischen Ost und West scheint es nicht mehr vermittelbar zu sein, wieso weiterhin Tiefflug geübt werden muß. Körbeweise landen Protestbriefe beim Bundeskanzler und den Parteien. Empörte Bürger rufen die Gerichte an. Auf Medieninteresse stoßen vor allem die spektakulären Schadenersatzforderungen einiger Landwirte. So werden einem Landwirt nach einem NATO-Manöver 17.500 DM Schadenersatz zugesprochen. Das Gericht war überzeugt, daß tieffliegende Maschinen eine »Panik im Putenstall« ausgelöst hatten, wie der »Neuen Westfälischen« zu entnehmen ist. Andere Landwirte berichten der Boulevard-Presse: »Unsre Hühner legen keine Eier mehr«

Skyguard – Überwachung von Flugbewegungen im deutschen Luftraum

(»Express«, 25. Januar 1989). Ein Bauer tritt gar in den Hungerstreik.

Die Reduzierung des Tiefflugs – eine lange, nicht immer schmerzfreie Geschichte. Bereits 1967 hat General Steinhoff damit begonnen. Ein Teil der Tiefflüge wurde ins weniger dicht besiedelte Ausland verlegt, innerhalb Deutschlands wies man Tieffluggebiete aus, Verstöße wurden empfindlich geahndet. Wer von der Tiefflugvermessungsanlage Skyguard beim unerlaubten Tiefflug »geblitzt« wurde, hatte mit harten Sanktionen zu rechnen. Die Luftwaffe stellte den »direkten Draht« zur Bevölkerung her: das kostenlose Bürgertelefon.

Äthiopien-Hilfseinsätze 1974

Ein anderes, immer wiederkehrendes Thema sind die Kosten. Bei jedem Rüstungsprojekt geht ein Rauschen durch den Blätterwald. Kern der Diskussionen um Rüstungsbeschaffung ist die Einschätzung von Bedrohungsszenarien. Weltpolitische Zäsuren wie das Ende des Ost-West-Konflikts führten zwangsläufig zu der Frage: »Brauchen wir noch eine deutsche Luftverteidigung?« (»Handelsblatt«, 5. Juni 1990). Seitens der Politik wurde diese Frage mit »Ja« beantwortet. Angesichts leerer Kassen wurde daraus oft ein »Ja, aber« und aus dem neuen Jagdflugzeug »Jäger 90« schließlich der Eurofighter. Und auch die Diskussion um das Raketenabwehrsystem MEADS drehte sich im Kern um die Einschätzung der Bedrohungsszenarien und die daraus resultierenden Anforderungen.

15 Uhr – tägliche Pressekonferenz während Allied Force im NATO-Hauptquartier in Brüssel (li. Generalmajor Walter Jertz, re. Prof. Dr. Jamie Shea)

Allerdings – und auch das muß klar gesagt sein – wird die Auftragserfüllung der Luftwaffe seit

Erste Information der Presse noch am Unfallort (nach dem Absturz von zwei Tornados im April 2004)

den 50er Jahren oft auch positiv gewürdigt. An erster Stelle sind hier natürlich die humanitären Einsätze zu nennen. Immer wieder ist von den »Engeln der Luftwaffe« und den »Rettern in höchster Not« zu lesen. Ihr Engagement und ihre Professionalität werden in vielen Reportagen und Berichten gewürdigt.

Die Transall C-160 ist seit Jahren schon in vielen Teilen der Welt Symbol für Hilfe aus Deutschland: sei es für die Evakuierung von Menschen bei Katastrophen, für Lebensmitteltransporte in Krisenregionen, für Krankentransporte nach Unglücken. Gegenüber den »Westfälischen Nachrichten« brachte eine deutsche Entwicklungshelferin im Oktober 1987 auf den Punkt, was viele Menschen beim Anblick einer C-160 empfinden: »Ich hätte nie gedacht, daß ich mal vor Freude Menschen umarmen könnte, wenn ich Militärflugzeuge sehe, aber ohne die Transall wäre Assernie (im Sudan) verloren gewesen.«

Und auch der Einsatz der SAR-Staffeln ist in den Medien synonym für schnelle und professionelle Hilfe – auch in beinahe ausweglosen Situationen: »Tausende Menschen verdanken besonders ausgebildeten Rettern der Luftwaffe ihr Leben«, faßt beispielsweise die »Westdeutsche Allgemeine Zeitung« zusammen.

Die aktive Öffentlichkeitsarbeit der Luftwaffe trägt wesentlich zur Information der Bevölkerung bei. Wenn beispielsweise das AG 51 »Immelmann« im Schleswiger Stadtmuseum Luftaufnahmen präsentiert, so ist dies ein Blick hinter die Kulissen. Dem Besucher wird klar, daß die Infrarotkameras der Tornados während der Hochwasserkatastrophen unerläßlich waren, um sich abzeichnende Deichbrüche rechtzeitig festzustellen. »Ihre ›Waffe‹ ist ein scharfes Auge«, titelten die »Kieler Nachrichten« 2002.

50 Jahre Berichterstattung über die Luftwaffe – insgesamt läßt sich ein positives Fazit ziehen. Die Berichterstattung war in der Regel fair und sachlich, oft positiv. Das Interesse der Journalisten an den manchmal nicht ganz einfachen Luftwaffen-Themen ist seit fünf Jahrzehnten enorm. Natürlich gab es schmerzhafte Kritik. Und auch der Zeitgeist war der Luftwaffe nicht immer wohlgesonnen. Doch letztlich stärkten die Medien das Vertrauen der Öffentlichkeit in die Luftwaffe und ihre Fähigkeiten.

Anhang

Vier-Sterne-Generale der Luftwaffe

Josef Kammhuber
geboren: 19. August 1896 in Burgkirchen an der Alz
gestorben: 25. Januar 1986
Juni 1957–September 1962 erster Inspekteur der Luftwaffe

Johannes Steinhoff
geboren: 15. September 1913 in Bottendorf
gestorben: 21. Februar 1994
Oktober 1966–Dezember 1970 Inspekteur der Luftwaffe
April 1971–März 1974 Chairman of the NATO Military Committee

Harald Wust
geboren: 14. Januar 1921 in Kiel
Oktober 1975–Dezember 1976 Stellvertretender Generalinspekteur
Dezember 1976–Dezember 1978 Generalinspekteur der Bundeswehr (erster Luftwaffenoffizier an der Spitze der Bundeswehr)

Eberhard Eimler
geboren: 30. November 1930 in Ulm
April 1983–September 1987 Inspekteur der Luftwaffe
Oktober 1987–September 1990 Deputy Supreme Allied Commander Europe

Harald Kujat
geboren: 1. März 1942 in Mielke, Westpreußen
Juni 2000–Juli 2002 Generalinspekteur der Bundeswehr
Juli 2002–Juni 2005 Chairman of the NATO Military Committee

Gerhard W. Back
geboren: 10. Dezember 1944 in Mannheim
April 2001–Januar 2004 Inspekteur der Luftwaffe
seit Januar 2004 Commander-in-Chief Allied Forces Northern Europe

Inspekteure der Luftwaffe

General Josef Kammhuber* (1957–1962)

Generalleutnant Werner Panitzki
geboren: 27. Mai 1911 in Kiel
gestorben: 2. Juni 2000
Oktober 1962–September 1966
Inspekteur der Luftwaffe

General Johannes Steinhoff* (1966–1970)

Generalleutnant Günther Rall
geboren: 10. März 1918
in Gaggenau, Baden
Dezember 1970–März 1974
Inspekteur der Luftwaffe
Anschließend bis Oktober 1975
Deutscher Vertreter beim
NATO Military Committee

Generalleutnant Gerhard Limberg
geboren: 7. Juli 1920
in Eidinghausen, Kreis Minden
April 1974–September 1978
Inspekteur der Luftwaffe

Generalleutnant Friedrich Obleser
geboren: 21. Februar 1923
in Pottenstein, Niederösterreich
gestorben: 5. Juni 2004
von Oktober 1978–März 1982
Inspekteur der Luftwaffe

General Eberhard Eimler*
(1983–1987)

Generalleutnant Horst Jungkurth
geboren: 24. Januar 1933
in Osnabrück
Oktober 1987–März 1991
Inspekteur der Luftwaffe
zuvor 1985–1987
Stellvertretender Generalinspekteur

Generalleutnant Jörg Kuebart
geboren: 2. September 1934
in Allenstein, Ostpreußen
April 1991–September 1994
Inspekteur der Luftwaffe

Generalleutnant Bernhard Mende
geboren: 2. August 1937
in Klausberg, Oberschlesien
gestorben: 7. Oktober 2004
Oktober 1994–September 1997
Inspekteur der Luftwaffe

Generalleutnant Rolf H. Portz
geboren: 15. Oktober 1940
in Bremen
Oktober 1997–März 2001
Inspekteur der Luftwaffe

General Gerhard W. Back*
(2001–2004)

Generalleutnant Klaus-Peter Stieglitz
geboren: 3. Oktober 1947
in Lutherstadt Eisleben
seit Januar 2004
Inspekteur der Luftwaffe

Die mit * gekennzeichneten Inspekteure sind in der **Liste der Vier-Sterne-Generale** erfaßt.

Luftwaffenoffiziere in herausragenden Positionen

Stellvertreter des Generalinspekteurs der Bundeswehr (1967–2001 zugleich Inspekteure der Zentralen Militärischen Dienststellen der Bundeswehr)

Generalleutnant	Herbert Büchs	1967–1971
Generalleutnant	Harald Wust	1975–1976, anschließend Generalinspekteur
Generalleutnant	Helmut Heinz	1979–1982
Generalleutnant	Walter Windisch	1982–1985
Generalleutnant	Horst Jungkurth	1985–1987, anschließend Inspekteur der Luftwaffe
Generalleutnant	Dr. Jürgen Schnell	1991–1994
Generalleutnant	Hartmut Moede	1999–2000, anschl. Deputy Commander-in-Chief Allied Forces Northern Europe
Generalleutnant	Dirk Böcker	2002–2005
Generalleutnant	Johann Georg Dora	seit 2005

Inspekteure des Sanitätsdienstes

Generaloberstabsarzt Dr. Hubertus Grunhofer	1980–1982
Generaloberstabsarzt Dr. Hansjoachim Linde	1982–1986

Kommandierende Generale der Luftflotte Befehlshaber Luftwaffenführungskommando (ab 1994)

Generalleutnant	Günther Rall	1970, anschließend Inspekteur der Luftwaffe
Generalleutnant	Herbert Wehnelt	1971–1974
Generalleutnant	Walter Krupinski	1974–1976
Generalleutnant	Bruno Loosen	1976–1981
Generalleutnant	Fritz Wegner	1981–1983
Generalleutnant	Jörg Kuebart	1983–1989, ab 1991 Inspekteur der Luftwaffe
Generalleutnant	Walter Schmitz	1989–1991
Generalleutnant	Gerhard John	1991–1995
Generalleutnant	Jürgen Höche	1995–2000
Generalleutnant	Peter Vogler	2000–2002
Generalleutnant	Dirk Böcker	April–August 2002, anschließend Stellvertreter des Generalinspekteurs
Generalleutnant	Walter Jertz	seit September 2002

Amtschefs Luftwaffenamt (bis 1962 Allgemeines Luftwaffenamt)

Oberst	Joachim Schneider	1956–1958
Brigadegeneral	Hermann Busch	1958–1961
Brigadegeneral	Ernst Kusserow	1961–1963
Generalmajor	Kurt-Gustav Nagel	1963–1967
Generalmajor	Helmut Mahlke	1967–1968
Generalleutnant	Dr. Adolf Hempel	1968–1971
Generalleutnant	Uwe Vogel	1971–1975
Generalleutnant	Ernst-Dieter Bernhard	1975–1976
Generalleutnant	Friedrich Obleser	1976–1977
Generalleutnant	Richard Frodl	1977–1982
Generalleutnant	Günther Raulf	1982–1984
Generalleutnant	Theodor Sommerhoff	1984–1987
Generalleutnant	Walter Schmitz	1987–1989
Generalleutnant	Joachim Sochaczewski	1989–1992
Generalleutnant	Peter Haarhaus	1992–1994
Generalmajor	Botho Engelien	1994–1998
Generalmajor	Jörg P. Köpke	1998–2001
Generalmajor	Servatius Maeßen	2001–2003
Generalmajor	Wolfgang Döring	seit 2003

Kommandierende Generale Luftwaffenunterstützungskommando (ab 1994 Kommandeure Luftwaffenunterstützungskommando)

Generalleutnant	Helmuth Hauser	1970–1974
Generalleutnant	Paul Haeffner	1974–1977
Generalleutnant	Friedrich Obleser	1977–1978, anschließend Inspekteur der Luftwaffe
Generalleutnant	Wolfgang Meißner	1978–1981
Generalleutnant	Claus Thierschmann	1981–1986
Generalleutnant	Günther Hertel	1986–1991
Generalleutnant	Peter Klatte	1991–1993
Generalmajor	Andries Schlieper	1994–1997
Generalmajor	Karl-Heinz Richter	1997–2000
Generalmajor	Ulf von Krause	2000–2001, anschl. Befehlshaber Streitkräfteunterstützungskommando

Seit 2001 sind die logistischen Kommandobehörden und Verbände dem Amtschef Luftwaffenamt unterstellt.

Stand: September 2005

Zeittafel

1950	Juni	Die NATO beschließt die Strategie der Vorwärtsverteidigung MC 14/1.
	Oktober	Expertentagung im Kloster Himmerod.
		Theodor Blank wird »Beauftragter des Bundeskanzlers für die mit der Vermehrung der alliierten Truppen zusammenhängenden Fragen«.
1951	Januar	»Petersberg-Gespräche« über deutschen Verteidigungsbeitrag.
1954	März	Veröffentlichte Pläne der Dienststelle Blank sehen eine taktische Luftwaffe mit rund 1.400 Flugzeugen vor.
	August	Die Französische Nationalversammlung nimmt von der Europäischen Verteidigungsgemeinschaft (EVG) Abstand. Ende der »Europaarmee«.
	Oktober	Unterzeichnung der »Pariser Verträge«
1955	Mai	Die Bundesrepublik Deutschland tritt der NATO bei.
	Juni	Amt Blank wird »Bundesministerium für Verteidigung«.
	Juli	Beginn der fliegerischen Ausbildung der Luftwaffe in den USA, in Kanada und in Großbritannien.
	November	Am 12. November (Scharnhorsts 200. Geburtstag) erhalten die ersten 101 Berufssoldaten der Bundeswehr die Ernennungsurkunden.
1956	Januar	Die ersten Freiwilligen der Luftwaffe in Nörvenich.
		Deutsche Piloten nehmen am Mutual Defense Assistance Program in Fürstenfeldbruck teil (Ausbildungsbeginn in Deutschland).
	September	Übergabe der ersten Schulflugzeuge in Fürstenfeldbruck.
		Zehn Piloten erhalten das neue Flugzeugführerabzeichen.
		Bundespräsident Heuss legt das »Eiserne Kreuz« als Erkennungszeichen auf Land- und Luftfahrzeugen der Bundeswehr fest.
	November	Übernahme der ersten Einsatzflugzeuge (F-84F Thunderstreak).
1957	März	NATO geht zur Strategie der »Massiven Vergeltung« MC 14/2 über.
	Juni	Generalleutnant Josef Kammhuber wird der erste Inspekteur der Luftwaffe.
	August	Lufttransportgeschwader 61 wird als erster fliegender Verband der Luftwaffe in Dienst gestellt.
	September	Aufstellung Jagdbombergeschwader 31 (erster Kampfverband).
1958	Januar	Die ersten Wehrpflichtigen der Luftwaffe werden einberufen.
1959		Einführung des Flugabwehrraketensystems Nike.
	Februar	Deutschland bestellt 96 F-104 Starfighter.
1960	März	Erste Auslands-Katastrophenhilfe: Transportflieger fliegen ein Sanitätszentrum nach Agadir, Marokko, helfen nach einem Erdbeben.
	Juli	Beginn der Pilotenausbildung auf F-104 in Deutschland.
1961	April	Generalleutnant Kammhuber verleiht die Traditionsnamen »Richthofen« an das Jagdgeschwader 71, »Boelcke« an das Jagdbombergeschwader 31 und »Immelmann« an das Aufklärungsgeschwader 51.
	September	Zwei Piloten des Jagdbombergeschwaders 32 aus Lechfeld verfliegen sich nach Berlin-Tegel.
1962		Das Kommando der Schulen wird außer Dienst gestellt.
	Februar	Die Luftwaffe leistet (mit Marine und Heer) bei der Sturmflutkatastrophe in Norddeutschland Hilfe. Hubschrauber der Bundeswehr retten 1.117 Menschen.
	Juni	Nahe Nörvenich stürzen vier F-104F Starfighter der Waffenschule 10 bei einem Übungsflug für eine Kunstflugvorführung ab.
	Oktober	Generalleutnant Werner Panitzki wird der zweite Inspekteur der Luftwaffe.
1963	Juni	Die Luftwaffe erhält die ersten Flugabwehrraketen Hawk.
		Luftwaffenausbildungsregiment 2 verlegt von Stade nach Budel, Niederlande.
	Juli	Vereinbarung zur F-104-Ausbildung in Luke Air Force Base, Arizona
	September	Indienststellung Flugkörpergeschwader 1 mit Pershing I
		Portugal stellt der Luftwaffe den Flugplatz Beja zur Verfügung.
1964	Oktober	Unteroffizierschule nimmt in Gürzenich/Wald Ausbildungstätigkeit auf.
1965	April	Die Verbände der Luftwaffe erhalten ihre Truppenfahnen.
	Juli	Erste zivil-militärische Patenschaft eines Verbandes (Stadt Heideck, Mittelfranken – I./Luftwaffenausbildungsregiment 3, Roth).
1966	Januar	Umbenennung der Fiat G-91-Geschwader in Leichte Kampfgeschwader.
	Mai	Verlegung der Raketenschule der Luftwaffe nach Fort Bliss, Texas.

	Mai	Das Ehrenmal in Fürstenfeldbruck wird an die Luftwaffe übergeben.
	September	Generalleutnant Steinhoff wird der dritte Inspekteur der Luftwaffe.
1967	März	Ausbildungsbeginn auf Sheppard Air Force Base mit T-38.
	Oktober	Umgliederung der Divisionen in Luftangriffs-, Luftverteidigungs- und Einsatzunterstützungsdivisionen.
	Dezember	NATO-Rat beschließt Strategie der »Flexible Response« MC 14/3.
1968	Februar	Übernahme der ersten Transporthubschrauber Bell UH-1D.
	März	Erstes Jahresschießen der Flugabwehrraketentruppe in NAMFI auf Kreta.
	April	Aufstellung des Lufttransportkommandos in Köln-Wahn.
	April	Die Luftwaffe übernimmt die erste Transall C-160.
1969	März	Einführung der verwendungsbezogenen Altersgrenze für Strahlflugzeugführer (bis zur Vollendung des 40. Lebensjahres).
1970	Juni	Einführung der Tätigkeitsabzeichen für Flugabwehrraketen-, Flugsicherungs- und Radarleitpersonal.
	Oktober	Luftwaffenstruktur 1970: Aufstellung des Luftflottenkommandos sowie des Luftwaffenunterstützungskommandos.
1971	Januar	Generalleutnant Günther Rall wird der vierte Inspekteur der Luftwaffe, General Johannes Steinhoff Vorsitzender des Militärausschusses der NATO.
	Januar	Übergabe der ersten RF-4E Phantom II.
	September	Aufstellung der truppendienstlichen Fachschule, Auflösung der Unteroffizierschule der Luftwaffe.
1972	September	Olympiade in München, Geiseldrama in Fürstenfeldbruck.
1973	November	Das Jagdgeschwader 74 erhält den Traditionsnamen »Mölders«.
1974	März	Umrüstung der Jagdgeschwader auf F-4F Phantom II.
	April	Generalleutnant Gerhard Limberg folgt Generalleutnant Rall, der als Deutscher Militärischer Vertreter zum NATO-Militärausschuß wechselt, als fünfter Inspekteur der Luftwaffe.
	August	Erstflug des Multi Role Combat Aircraft (MRCA) Tornado.
1975	Februar	Absturz einer Transall C-160 auf Kreta, 42 Soldaten und zivile Mitarbeiter kommen ums Leben.
1976	Dezember	General Harald Wust wird Generalinspekteur der Bundeswehr.
1978	Oktober	Generalleutnant Friedrich Obleser wird sechster Inspekteur der Luftwaffe.
1979	Dezember	NATO-Doppelbeschluß.
1980		Aufnahme der Tiefstflugausbildung in Goose Bay, Kanada.
	März	Indienststellung des Alpha Jet.
1981	Januar	Beginn der Tornado-Ausbildung in Cottesmore, Großbritannien.
1982	Juni	Stationierung der AWACS-Flotte in Geilenkirchen-Teveren.
1983	März	Beendigung der Starfighter-Ausbildung in Luke AFB.
	April	Generalleutnant Eberhard Eimler wird siebter Inspekteur der Luftwaffe.
	Dezember	Deutsch-US-amerikanisches Roland-Patriot-Abkommen.
1985	August	Die Bundesrepublik Deutschland, Großbritannien und Italien beschließen den gemeinsamen Bau eines Jagdflugzeugs (»Jäger 90«).
1986	Mai	Festlegung der Tiefflug-Mittagspause.
	Dezember	Beginn der Umrüstung der Flugabwehrraketentruppe von Nike auf Patriot.
1987	Oktober	Generalleutnant Horst Jungkurth wird achter Inspekteur der Luftwaffe.
		General Eimler wird Deputy SACEUR.
	Oktober	Abschluß der Umrüstung der Jabo-Verbände auf Tornado.
1988	Oktober	Indienststellung der Unteroffizierschule der Luftwaffe in Appen.
1989		Beginn der Hochwertausbildung im Rahmen der »Flag Exercises«.
		Flugabwehrraketen- und Radarführungsregimenter werden Kommandos.
	November	Die Berliner Mauer fällt.
1990	April	Auslieferung des ECR-Tornado.
	September	Bis 1994 Ausbildung von Offizieren der NVA an der OSLw.
	Oktober	Aufstellung des Stabes 5. Luftwaffendivision in Strausberg-Eggersdorf.
	November	Erstmalige souveräne Übernahme des Air Policing.
1991	Januar	Verlegung des AMF-Anteils Jagdbombergeschwader 43 sowie von Hawk- und Roland-Einheiten in die Türkei.
	April	Generalleutnant Jörg Kuebart wird neunter Inspekteur der Luftwaffe.
1992	Januar	Auflösung der Flugkörpergeschwader.
	Juli	Aufnahme der Versorgungsflüge nach Sarajevo.
1993	Januar	Umbenennung der FlaRak-Kommandos in Geschwader.
	April/Juli	Auflösung der Jagdbombergeschwader 41, 43 und 49, der Aufklärungsgeschwader 51 und 52 sowie des Luftwaffenausbildungskommandos.

1994		Zusammenführung der SOC und ATOC in ICAOC (Interim Combined Air Operation Center).
		Aufstellung des Reaction Force Air Staff (RFAS) in Kalkar.
	Januar	Indienststellung des Aufklärungsgeschwaders 51 »Immelmann« mit Tornado.
	März	Erstflug des Eurofighters in Manching.
	April	Generalarzt Dr. med. Verena von Weymarn erreicht als erste Frau Generalsrang.
	April	Umsetzung der Luftwaffenstruktur 4: Außerdienststellung der 3. Luftwaffendivision in Kalkar und Umbenennung der 5. Luftwaffendivision in Eggersdorf unter gleichzeitiger Verlegung nach Berlin-Gatow in 3. Luftwaffendivision.
		Aufstellung der Luftwaffenkommandos Nord und Süd.
	Juli	Auflösung des Ausbildungskommandos in Beja, Portugal.
	Oktober	Generalleutnant Bernhard Mende wird zehnter Inspekteur der Luftwaffe.
1995	Januar	Truppenteile in den neuen Ländern werden der NATO unterstellt.
	Juni	Bundestagsbeschluß zum Schnellen Eingreifverband der NATO im ehemaligen Jugoslawien.
	Juli	Aufstellung des Einsatzgeschwaders 1 in Piacenza, Italien.
	Dezember	Beginn des IFOR-Einsatzes.
1996	Mai	Indienststellung des Taktischen Ausbildungskommandos der Luftwaffe in Holloman AFB, New Mexico.
	Dezember	Außerdienststellung des Luftwaffenausbildungsregiments 2 in Budel, Niederlande, und Aufstellung eines neuen Ausbildungsbataillons dort.
1997	März	Aufstellung des Objektschutzbataillons der Luftwaffe in Jever.
	Juni	Mit der Fluglehrgruppe Fürstenfeldbruck wird der Alpha Jet außer Dienst gestellt.
	Juli	Verlegung des F-4F-Anteils des Jagdgeschwaders 73 nach Aufgabe des Standortes Sobernheim/Pferdsfeld nach Laage.
	September	Indienststellung des Jagdgeschwaders 73 in Laage und Verleihung des Traditionsnamens »Steinhoff«.
	Oktober	Generalleutnant Rolf Portz wird elfter Inspekteur der Luftwaffe.
1998	März	Recce-Tornados des Einsatzgeschwaders (EG) 1 fliegen den 1.000sten Aufklärungseinsatz über Bosnien.
1999	März–Juni	NATO-Operation Allied Force.
	März	Ende der Ausbildung in Cottesmore.
	April	Die NATO verkündet ihr neues Strategisches Konzept als Nachfolger der Strategie der Flexiblen Antwort.
	August	Aufstellung der trinationalen (USA/GE/NL) Extended Air Defence Task Force in Burbach.
2000	Mai	Harald Kujat wird als zweiter General der Luftwaffe Generalinspekteur der Bundeswehr.
2001	April	Generalleutnant Gerhard Back wird zwölfter Inspekteur der Luftwaffe.
		Luftwaffenstruktur 5: Auflösung der Luftwaffenkommandos Nord und Süd, Abgabe nicht luftwaffenspezifischer Aufgaben (Logistik, Führungs- und Fernmeldedienste, Sanität) und Truppenteile an die Streitkräftebasis und den Zentralen Sanitätsdienst.
	September	Terroranschläge in den USA.
2002	Januar	Beginn des Einsatzes im Rahmen der ISAF-Schutztruppe für Afghanistan.
	Juni	Auflösung des Führungsdienstkommandos und Aufstellung des Führungsunterstützungsbereich.
	Juli	General Harald Kujat übernimmt als fünfter deutscher General den Vorsitz des NATO-Militärausschusses.
		Auflösung der FlaRak-Geschwader 3 und 6.
2003	Februar	Die Luftwaffe betreibt bis zum Juni 2004 den Internationalen Flughafen in Kabul.
	Juli	Das »Nationale Lage- und Führungszentrum – Sicherheit im Luftraum« (NLFZ-SiLuRa) in Kalkar nimmt seinen Dienst auf.
	September	Erster Ausbildungsflug auf dem Eurofighter.
	September	Übergabe der Mig-29 an die Luftwaffe Polens.
2004	Januar	Generalleutnant Klaus-Peter Stieglitz wird 13. Inspekteur der Luftwaffe. General Back wird Oberbefehlshaber der Alliierten Streitkräfte Europa Nord (Commander-in-Chief Allied Forces North) in Brunssum, Niederlande.
	April	Beginn der Eurofighter-Ausbildung beim JG 73.
	September	Auflösung der Radarführungsregimenter 1 und 2.
	Oktober	Luftwaffe übernimmt das Air Policing für die baltischen NATO-Mitglieder Estland, Lettland und Litauen.
	Dezember	Ende der Phantom-Ausbildung in den USA.
		Auflösung FlaRak-Geschwader 4.
2005	Januar	Bundesminister Dr. Struck gibt Umbenennung des Jagdgeschwaders 74 bekannt.
	Januar	Auflösung des RFAS und Einrichtung des Joint Air Power Competence Center in Kalkar.
	April	Außerdienststellung der Raketenschule der Luftwaffe und Aufstellung des Taktischen Aus- und Weiterbildungszentrums der Flugabwehrraketentruppen der Luftwaffe.

Verzeichnis der Autoren/Beitragenden

Autoren

Broekelschen, Hanspeter, Brigadegeneral, Stellvertreter des Amtschefs Luftwaffenamt (»In der Diaspora«, »Zentrale Verantwortung«)

Hoppe, Reinhart, Generalmajor a. D., letzte aktive Verwendung bis 31. Mai 2005: Kommandeur Lufttransportkommando (»First In and Last Out«)

Jarosch, Hans-Werner, Generalleutnant a.D., letzte aktive Verwendung bis 31. März 2004: Stellvertreter des Inspekteurs der Luftwaffe (Herausgeber, »Zukunftsgerecht im Wandel der Zeit«, »Menschen, die die Luftwaffe prägten«)

Köpke, Jörg Peter, Dr. h. c., Generalmajor a. D., letzte aktive Verwendung bis 30. September 2001: Amtschef Luftwaffenamt (»For Some must watch that Most can sleep«)

Krekeler-Jöris, Antje, Major, Pressestabsoffizier Kommando 3. Luftwaffendivision (»Im Spiegel der Öffentlichkeit«)

Kuebart, Jörg, Generalleutnant a. D., Präsident der Gemeinschaft der Jagdflieger, letzte aktive Verwendung bis 30. September 1994: Inspekteur der Luftwaffe (»Fliegen für die Freiheit«)

Kügler, Eckehard, Brigadegeneral a. D., letzte aktive Verwendung bis 30. April 2005: Stellvertreter des Befehlshabers im Wehrbereich IV (»Ein Team im Team«)

Pommerin, Reiner, Prof. Dr. habil., Oberst d. R., Lehrstuhl für neuere und neueste Geschichte an der Technischen Universität Dresden (»Der Luftwaffe verbunden«)

Poschwatta, Siegfried, Generalmajor a. D., letzte aktive Verwendung bis 30. September 1993: Vice Chairman NATO Air Defence Committee (»Der Führung dienen – im Einsatz wirken«)

Reiter, Thomas, Oberst, beurlaubt zur European Space Agency (»Mein Weg zur Mir«)

Rödig, Erich, Dr. med., Generalarzt, Generalarzt der Luftwaffe (»Vom Luftwaffensanitätsdienst zur operativen Flugmedizin«)

Schreiner, Karl H., Brigadegeneral, Stabsabteilungsleiter im Führungsstab der Streitkräfte (»Grüne Qualität in der blauen Luftwaffe«)

Schubert, Martin, Hauptgefreiter OA, Teilnehmer am 90. Offizieranwärterlehrgang (»Wir stellen uns der Herausforderung«, unter Mitwirkung der Hauptgefreiten OA Torsten Braun und Dirk Schäfer sowie des Obergefreiten OA Jacob Sänger)

Schulz, Gerhard, Brigadegeneral, Kommandeur der Offizierschule der Luftwaffe (»Die neue Normalität«)

Straka, Norbert, Oberstleutnant, Kommandeur Technische Gruppe des Fliegerischen Ausbildungszentrums der Luftwaffe in Holloman, New Mexico (»Die Teilung überwinden«)

von Weymarn, Verena, Dr. med., Generalarzt a. D., letzte aktive Verwendung bis 31. Juli 2004: Chefarzt Bundeswehrzentralkrankenhaus Koblenz (Co-Autorin »Die neue Normalität«)

Beiträge

Braun, Roland, Oberst, Kommandeur der Unteroffizierschule der Luftwaffe (Beiträge zu »Die Unteroffiziere« u. »Die Mannschaften«)

Dahmen, Toni, Hauptmann, Presse- und Informationszentrum der Luftwaffe (Zusammenstellung Bildmaterial und Bildnachweis)

Dora, Johann Georg, Generalleutnant, Stellvertreter des Generalinspekteurs der Bundeswehr (Beitrag zu »Im erweiterten Aufgabenspektrum«)

Heeg, Rüdiger, Brigadegeneral, Verteidigungsattaché, Botschaft der Bundesrepublik Deutschland in London (Beitrag zu »Bernhard Mende«)

Jertz, Walter, Generalleutnant, Befehlshaber Führungskommando der Luftwaffe (Beitrag zu »Im erweiterten Aufgabenspektrum«)

Kleppien, Axel-Björn, Generalleutnant a.D., letzte aktive Verwendung bis 30. September 1999: Kommandierender General Luftwaffenkommando Nord, zugleich Commander Combined Air Operations Center 2 und Director Reaction Force Air Staff (Beitrag zu »Der Weg zur Einheit«)

Kolmsee, Hans, Oberstleutnant, Dezernatsleiter Luftwaffenamt (Beitrag zur internationalen Zusammenarbeit nach der Wende)

Kreuzinger-Janik, Aarne E., Generalmajor, Kommandeur 3. Luftwaffendivision (Beitrag zu »Im erweiterten Aufgabenspektrum«)

Meyer, Harald, Oberstleutnant, Offizierschule der Luftwaffe (Beitrag zu »Ludger Hölker«)

Möllers, Heiner, Dr. phil., Oberstleutnant, Historiker des Luftwaffenamts (Beitrag zum historischen Teil bis 1989 und zur Zeittafel)

Pfeiffer, Andreas, Oberstleutnant i. G., Referent im Führungsstab der Luftwaffe (Beiträge zur konzeptionellen Einordnung der geschichtlichen Abläufe)

Schachthöfer, Gero, Brigadegeneral, Stellvertreter des Kommandeurs 3. Luftwaffendivision (Beiträge zu »Im erweiterten Aufgabenspektrum«)

Schelzig, Peter, Generalmajor, Kommandeur 4. Luftwaffendivision (Beitrag zu »Im erweiterten Aufgabenspektrum«)

Wibel, Detlef, Generalmajor a. D., letzte aktive Verwendung bis 31. März 1995: Stellvertreter des Befehlshabers Luftwaffenführungskommando (Beitrag zu »Nutzung europäischer Spitzentechnologie«)

In der fachlichen Beratung zu verschiedenen Abschnitten wirkten mit:

General a.D. Eberhard Eimler, General a.D. Harald Wust, Generalleutnant a.D. Hans-Heinz Feldhoff, Generalleutnant a.D. Peter Haarhaus, Generalleutnant a.D. Axel-Björn Kleppien, Generalleutnant a.D. Hartmut Moede, Generalmajor a.D. Roderich Cescotti, Generalmajor a.D. Dr. h.c. Jörg P. Köpke, Generalmajor a.D. Siegfried Poschwatta, Brigadegeneral a.D. Manfred Erl, Brigadegeneral a.D. Helmut Schwarz, Oberst d.R. Professor Dr. phil. Reiner Pommerin, Oberst a.D. Henning Bartels, Oberst a.D. Michael Bracher, Oberst a.D. Helmut F. Meyer, Oberst a.D. Peter Preylowski, Wissenschaftlicher Rat Dr. Bernd Lemke, Archivoberinspektorin Ines Zandeck sowie zahlreiche Offiziere des Führungsstabes der Luftwaffe, des Führungskommandos und des Luftwaffenamtes

Bildnachweis

Privatpersonen

- Achterberg 85
- Albrecht 190
- Alexander 35, 225
- Bitterle 178, 178
- Breiden 112, 135
- Eberlein 61
- Fülber 113
- Gräfe 320
- Hofmann 38, 41
- Jarosch 70, 284, 318
- Jertz 139, 140, 294, 294
- Knappe 24, 308
- Köpke 135
- Kreikenbom 28
- Kügler 145, 227, 228, 229, 230
- Lang 71, 190
- Lüttge 113
- Meyer 21, 181
- Niemeyer 56, 62
- Schachthöfer 293
- Vesper 48
- Woidich 254
- Wolters 236
- Zeckai 85
- Zillmann 41

Militärische Dienststellen

Bundesministerium der Verteidigung . . . .
- Archiv 8, 99, 107, 152, 154, 176, 254, 308 (3), 309 (9)

Einsatzgeschwader 1 Luftwaffe
- Bildstelle 141, 143, 144

Einsatzgeschwader 2 Luftwaffe
- Bildstelle 162

Einsatzführungsbereich 2
- Bildstelle 33, 224

Flugabwehrraketengruppe 21
- Bildstelle 87

Flugbereitschaft BMVg
- Bildstelle 123

Flugmedizinisches Institut der Luftwaffe
- Archiv 237, 238

Führungszentrum nationale Luftverteidigung
- Bildstelle 295

Informations- und Medienzentrale der Bundeswehr
- Archiv 37, 217, 233, 298

Jagdbombergeschwader 31 »Boelcke«
- Bildstelle 27, 49, 55, 83, 186

Jagdbombergeschwader 32
- Bildstelle 279, 280

Jagdbombergeschwader 33
- Bildstelle 36, 47, 54, 82, 179, 182, 302

Jagdgeschwader 73 »Steinhoff«
- Bildstelle . . . . 39, 128, 231, Titelbild (F-86)

Kommando 3. Luftwaffendivision
- Bildstelle 117, 276, 278, 285

Lufttransportgeschwader 61
- Bildstelle 215

Lufttransportstützpunkt 3
- Pressestelle 147, 161

Luftwaffenführungskommando
- Archiv 223

Luftwaffeninstandhaltungsregiment 1
- Bildstelle 35

NATO
- Archiv 19, 300, 306, 308 (2)

Offizierschule der Luftwaffe
- Bildstelle 63, 122, 247, 252, 287, 303, 303

Presse- und Informationszentrum der SKB
- Archiv 243

Presse- und Informationszentrum der Luftwaffe
- Archiv 22, 33, 59, 77, 86, 89, 98, 119, 131, 133, 137, 146, 172, 177, 181, 182, 183, 186, 187, 188, 189, 191, 206, 213, 218, 219, 234, 246, 297, 299, 302, 305, 307
- Archiv Historiker 13, 15, 17, 26, 30, 30, 31, 45, 53, 58, 64, 67, 69, 73, 74, 80, 109, 121, 171, 180, 219, 277, 282, 283, 306
- Bicker, Ingo 104, 150, 150, 175, 193, 258, 296
- Dahmen, Toni 66, 75, 101, 115, 159, 163, 164, 194, 192, 210, 211, 221, 295
- Fischer, Oliver 78, 102, 149, 215
- Freude, Andreas 207
- Grenzmeier, Wolfgang 184, 208
- Metternich, Ulrich 84, 167
- Pestel, Nico 262
- Rauch, Marco 158
- Schroff, Daniel . . . . Titelgestaltung, Graphiken
- Treybig, Helge 173, 185, 190, 296, 296, 301

Deutsche Gesellschaft für Wehrtechnik
- Archiv 287

US Department of Defense
- Bildarchiv 257

Unteroffizierschule der Luftwaffe

Bildstelle 265, 288, 289, 290, 291

Wehrtechnische Dienststelle 61

Bildstelle 52, 100

Institutionen und Industrie

- Airbus Military 175
- Büro Bundespräsident a.D. Herzog 7
- Dornier 183
- EADS/LFK 105
- ESA 195, 249, 251
- FOTAGmbH 116
- OHB-System 175
- Soester Anzeiger 166
- Spiegel 304
- Times Magazine 12
- Koehler/Mittler 308

Verzeichnis gebräuchlicher Abkürzungen

AAFCE	Allied Air Forces Central Europe
ABC/Se	atomar, biologisch, chemisch und Selbstschutz
ACCS	Air Command and Control System
AFCENT	Allied Forces Central Europe
AIRBALTAP	Air Forces Baltic Approaches
AIRCENT	Air Forces Central Europe
AIRNORTH	Air Forces Northern Europe
AMF(Air)	Allied Command Europe Mobile Force (Air)
ATAF	Allied Tactical Air Force
ATOC	Allied Tactical Operations Center
AWACS	Airborne Warning And Control System
AWTI	Air Weapons Training Installation
BWB (ML)	Bundesamt für Wehrtechnik und Beschaffung (Musterprüfstelle Luftstreitkräfte)
CAOC	Combined Air Operation Center
CINC	Commander-in-Chief
COM	Commander oder Command
CRC	Control and Reporting Center
CSAR	Combat Search and Rescue
DCOM	Deputy Commander
EAC	European Airlift Command
EACC	European Airlift Coordination Center
ECR	Electronic Combat and Reconnaissance
EG	Einsatzgeschwader
EloKa	Elektronische Kampfführung
EOD	Explosive Ordnance Disposal
EOR	Explosive Ordnance Reconnaissance
FFS	Flugzeugführerschule (alte Bezeichnung)
FK	Flugkörper
Fla	Flugabwehr
Flak	Flugabwehrkanone
FlaObjS	Flugabwehr im Objektschutz
FlaRak	Flugabwehrrakete(n)
FmElo	Fernmeldeelektronik
FS	Flugsicherung
Fürsty	Fürstenfeldbruck
FüZNatLV	Führungszentrum Nationale Luftverteidigung
FüL	Führungsstab der Luftwaffe
FWDL	Freiwillig länger Wehrdienstleistender
GAFCSC	German Air Force Combat and Support Center
GAFTIC	German Air Force Training in Canada
GIADS	German Integrated Air Defence System
GWDL	Grundwehrdienstleistender
HARM	High Speed Anti Radiation Missile
HUD	Head-Up-Display
IBuK	Inhaber der Befehls- und Kommandogewalt
IDS	Interdiction Strike

INF	Intermediate Range Nuclear Forces
InfObjS	Infanteristischer Objektschutz
JG	Jagdgeschwader
JaboG	Jagdbombergeschwader
JAPCC	Joint Air Power Competence Center
JPOW	Joint Project Optic Windmill
KAIA	Kabul International Airport
KBO	Kampfbeobachter (alte Bezeichnung)
KdoOpFüLuSK	Kommando Operative Führung Luftstreitkräfte
KWA/KWS	Kampfwertanpassung/-steigerung
LeKG	leichtes Kampfgeschwader
LEU	Logistische Einsatzübung
LFF	Luftfahrzeugführer
LFZ	Luftfahrzeug
LIVEX	Live Exercise
LMK	Luftwaffenmusikkorps
LRB	Luftraumbeobachter
LSK	Luftstreitkräfte
LTG	Lufttransportgeschwader
LTKdo	Lufttransportkommando
LTStP	Lufttransportstützpunkt
LV	Luftverteidigung
Lw	Luftwaffe
LwDiv	Luftwaffendivision
LwUKdo	Luftwaffenunterstützungskommando
MEADS	Medium Extended Air Defence System
MedEvac	Medical Evacuation
MilFS	Militärische Flugsicherung
MRCA	Multi Role Combat Aircraft
NAMFI	NATO Missile Firing Installation
NDV	Nutzungsdauerverlängerung
NLFZ-SiLuRa	Nationales Lage- und Führungszentrum – Sicherheit im Luftraum
OA	Offizieranwärter
OpEval	Operational Evaluation
ORE	Operational Readiness Evaluation
OSLw	Offizierschule der Luftwaffe
PAC	PATRIOT Advanced Capability
PfP	Partnership for Peace
POCAR	Personalstruktur, Organisation, Controlling, Aufwandsbegrenzung, Rationalisierung
QRA	Quick Reaction Alert
RakSLw	Raketenschule der Luftwaffe
Recce	Reconnaisance
RFAS	Reaction Force Air Staff
RRP	Remote Radar Post
SACEUR	Supreme Allied Commander Europe

SALT	Strategic Arms Limitation Talks
SAR	Search and Rescue
SDI	Strategic Defence Initiative
SFOR	Stabilisation Force
SHAPE	Supreme Headquarters Allied Powers Europe
SKB	Streitkräftebasis
SOC	Sector Operations Center
START	Strategic Arms Reduction Talks
STO	Survive to operate
STOL	Short Takeoff and Landing
Synadex	Synthetic Air Defence Exercise
TacEval	Tactical Evaluation
TASMO	Tactical Air Support of Maritime Operations
TBM	Tactical Ballistic Missile
TMLD	Tieffliegermelde- und Leitdienst
TSLw	Technische Schule der Luftwaffe
TTTE	Trinational Tornado Training Establishment
UA	Unteroffizieranwärter
USAF(E)	United States Air Force (Europe)
USLw	Unteroffizierschule der Luftwaffe
V/STOL	Very Short Takeoff and Landing
WSO	Waffensystemoffizier (vormals KBO)

Nützliche Adressen

Internet

Homepage der Luftwaffe im Internet:

www.luftwaffe.de

Presse- und Informationszentrum der Luftwaffe

Luftwaffenkaserne WAHN 501/16
Postfach 90 61 10
D-51127 Köln

Tel.: 0 22 03/9 08-31 34
Fax: 0 22 03/9 08-20 71
Mail: PIZLw@Bundeswehr.org

Museen

Luftwaffenmuseum der Bundeswehr

General-Steinhoff-Kaserne
Kladower Damm 182
D-14089 Berlin

Tel.: 0 30/36 87-26 01
Fax: 0 30/36 87-26 10

www.luftwaffenmuseum.de
Öffnungszeiten: Di–So 9.00–17.00 Uhr
(Eintritt frei, Führungen nach Vereinbarung)

Militärhistorisches Museum der Bundeswehr

Olbrichtplatz
01099 Dresden
Tel.: 03 51/823-0 oder -28 00

Öffnungszeiten: Di–So 9.00–17.00 Uhr
(Eintritt frei)

Schlußwort des Herausgebers

50 Jahre Luftwaffenwirklichkeit in aller Vielfalt – mit Hintergründen, Aufgaben, Personen, Strukturen, Leistungen und Ereignissen – *umfassend* in einem einzigen Werk abbilden zu wollen, ist schlichtweg unmöglich. Das vorliegende Buch hat sich daher von vornherein auf eine Auswahl beschränkt. Damit dennoch das Team Luftwaffe und die wesentlichen Ereignisse und Entwicklungen in dem Jubiläumsband erfaßt werden konnten, galt es, zwei Voraussetzungen zu erfüllen: Zum einen war ein breiter Ansatz zu finden, der die Fakten und Abläufe wiedergab und einordnete, zum anderen sollten authentische Beiträge über das Leben in der Luftwaffe berichten.

Der Leser wird entscheiden, ob ersteres gelungen ist. Für das zweite Ziel bewies das Team Luftwaffe auch bei diesem Projekt Geschlossenheit: Nicht ein einziger Wunschautor entzog sich der ihm angetragenen Bitte. Insofern hätte jeder Beitragende eine sehr persönliche Würdigung verdient. Gleiches gilt für die Zuarbeit durch eine Reihe von Verbänden und für diejenigen, die nach dem Internet-Aufruf des Presse- und Informationszentrums der Luftwaffe so zahlreich Bilder eingesandt haben. In dieser Lage ist es nicht einfach – auch angesichts einer Reihe freiwilliger Wortmeldungen und Bilder, die nicht zum Zuge kommen konnten – bei einem Dank das »Gießkannen-Prinzip« zu vermeiden.

Die renommierten Verfasser der Namensartikel sind vielen Lesern bekannt – und ihre lebendigen, treffenden Ausführungen sind klar zuzuordnen. Für sie zählt die Anerkennung, die ihre Berichte bei Freunden, Kameraden und in der Öffentlichkeit erfahren werden, mehr als jeder öffentliche Dank des Herausgebers. Doch lebt dieses Buch gleichermaßen von einer Reihe sachkundiger Beiträge, auf denen die Darstellung der geschichtlichen Abläufe und die ausgewählten Persönlichkeitsbilder aufbauen. Hier ist an erster Stelle der Historiker des Luftwaffenamtes, Oberstleutnant Dr. Heiner Möllers, mit seinen Ausführungen zur Entwicklung der Luftwaffe bis 1989 zu nennen. Besonderer Dank gebührt auch Generalleutnant a. D. Axel B. Kleppien für seine Schilderung des Weges zur Einheit; als Stabsabteilungsleiter war er zunächst für die Übernahme der NVA-Anteile zuständig und folgte anschließend General Mende als Divisionskommandeur in die Neuen Länder. Ebenso ist Generalmajor a.D. Detlef Wibel hervorzuheben, der nicht nur reichhaltige Erfahrungen aus Logistik und Rüstungsmanagement, sondern auch aktuelle Insiderkenntnisse aus der Industrie einbrachte. Für die Aktualität des Buches und für seine Akzeptanz bei unseren aktiven Lesern war es wichtig, daß mit dem Team um Brigadegeneral Gero Schachthöfer durch Generalleutnant Johann G. Dora, Generalleutnant Walter Jertz, Generalmajor Aarne Kreuzinger-Janik und Generalmajor Peter Schelzig frische persönliche Eindrücke von Entscheidungsträgern aus den Auslandseinsätzen einflossen. Zur inhaltlichen Substanz der Rückschau trug aus den Reihen der »Konzeptionäre« des Führungsstabes Oberstleutnant i.G. Andreas Pfeiffer mit einer umfassenden Analyse maßgeblich bei.

Als Generalleutnant a.D. Hans-Werner Jarosch 2004 nach 42 Dienstjahren in den Ruhestand trat, war er Stellvertreter des Inspekteurs der Luftwaffe. Aus der FlaRak-Truppe stammend, hatte er in anspruchsvollen Stabs- und Führungsverwendungen im In- und Ausland, u.a. als Kommandeur der Offizierschule sowie als Leiter der Konzeptionsreferate Luftwaffe und Bundeswehr, Gelegenheit, seine Teilstreitkraft kennenzulernen, teilweise mitzugestalten

Schließlich gilt den Projektbegleitern aus der aktiven Luftwaffe Dank: Dem Beauftragten des Inspekteurs, Brigadegeneral Hanspeter Broekelschen, dem Leiter des Presse- und Informationszentrums, Oberst Rüdiger Knappe, und seinen Mitarbeitern, Hauptmann Toni Dahmen, der die großartigen Fotos zusammenstellte und Oberfeldwebel Daniel Schroff, der das Titelbild entwarf und die Graphiken bearbeitete. Ein spezieller Dank gilt Major Antje Krekeler-Jöris, deren enormes Engagement – überwiegend in ihrer Freizeit – und deren berufliche Erfahrung sich an vielen Stellen außerordentlich gewinnbringend auswirkten und die den Abschnitt »Im Spiegel der Öffentlichkeit« gestaltete.

Der Inspekteur der Luftwaffe hat durch sein Vorwort dem Jubiläumsband Gewicht verliehen. Einen bemerkenswerten Akzent setzte Bundespräsident a. D. Prof. Dr. Roman Herzog mit seinem persönlich gehaltenen Grußwort. Es bedeutet viel für die Luftwaffe, daß ein ehemaliges Staatsoberhaupt die Aufgaben und Leistungen der Luftwaffe in dieser Weise würdigt.

Ziel unseres Jubiläumsbandes war es, die wesentlichen Entwicklungen der letzten 50 Jahre zu erfassen und handelnde Personen, Ereignisse und das Leben in unserer Luftwaffe exemplarisch vorzustellen. Nicht alle, die in dieser Zeit Verantwortung trugen oder wichtige Beiträge einbrachten, konnten in diesem Buch genannt werden. Dafür bitte ich um Verständnis.

Doch hoffe ich, daß es gelungen ist, ein buntes Porträt der gemeinsamen »Heimat Luftwaffe« zu zeichnen, das dazu beitragen wird, die vergangenen 50 Jahre zu bewahren.

Hans-Werner Jarosch

Ein halbes Jahrhundert in Frieden und Freiheit – am 21. September 2005 beging die Luftwaffe das 50jährige Jubiläum der Bundeswehr mit einem Feierlichen Gelöbnis und dem Großen Zapfenstreich vor dem Kölner Dom